Berufliche Bildungschancen von Frauen

Kommission für wirtschaftlichen
und sozialen Wandel 35

Ursula Linnhoff
Dr. Brunhilde Sauer

Berufliche Bildungschancen von Frauen

Verlag Otto Schwartz & Co., Göttingen

Berufliche Bildungschancen von Frauen

Analyse der Literatur in der Bundesrepublik Deutschland, Frankreich, Schweden sowie in der ČSSR, DDR und UdSSR

von Ursula Linnhoff und
Dr. Brunhilde Sauer
unter Mitarbeit von
Lujza Szücs

Verlag Otto Schwartz & Co., Göttingen

ISBN 3-509-00821-9

Druck: Otto Schwartz & Co., Göttingen

Die Bundesregierung hat im Jahre 1971 die Kommission für wirtschaftlichen und sozialen Wandel berufen. Die Kommission ist in ihrer Tätigkeit unabhängig und setzt sich aus Vertretern der Arbeitgeber und Arbeitnehmer sowie der Wissenschaft zusammen. Sie ist beauftragt, die mit dem technischen, wirtschaftlichen und sozialen Wandel zusammenhängenden Auswirkungen und Aufgaben im Hinblick auf eine Weiterentwicklung der Gesellschaftspolitik zu untersuchen und wirtschafts-, sozial- und bildungspolitische Gestaltungsmöglichkeiten aufzuzeigen.

Die Kommission vergibt hierzu Forschungsaufträge. Sie legt hiermit unabhängig von ihrer Stellungnahme das Ergebnis eines Forschungsauftrags vor. Auf Beschluß der Bundesregierung äußert sich die Kommission gegenüber der Öffentlichkeit nur in Form eines Schlußgutachtens.

Teil I

von

Ursula Linnhoff
Dr. Brunhilde Sauer

Inhaltsverzeichnis

		Seiten
	Vorbemerkung	I
	Einleitung: Die Problematik der Einteilung in direkte und indirekte Ansatzstellen	1
1	Das Leitbild der Frau	4
1.1	In der BRD	4
1.2	In Frankreich	5
1.3	In Schweden	5
Hauptteil A		
1	Indirekte Ansatzstellen zur aktiven Förderung beruflicher Bildungschancen von Frauen in der BRD, Frankreich und Schweden	8
1.1	In der Familiensituation	8
1.1.1	Allgemeine Vorbemerkungen	8
1.1.2	BRD	10
1.1.3	Frankreich	12
1.1.4	Schweden	15
1.2	In allgemeinen Rechtsnormen	17
1.2.1	Relevanz	17
1.2.2	BRD	17
1.2.2.1	Verfassung	17
1.2.2.2	Familiengesetz	17
1.2.3	Frankreich	20
1.2.3.1	Verfassung	20
1.2.3.2	Familiengesetz	20
1.2.3.3	Gesetze, die die Berufstätigkeit der Frau betreffen	21
1.2.4	Schweden	22
1.2.4.1	Verfassung	22
1.2.4.2	Familiengesetz	22
1.3	Im allgemeinbildenden Schulsystem	23
1.3.1	Relevanz	23
1.3.2	Schullesebücher und anderes Unterrichtsmaterial	23
1.3.2.1	BRD	23
1.3.2.2	Frankreich	26
1.3.2.3	Schweden	26

		Seiten
1.3.3	Lehrpläne	27
1.3.3.1	BRD	27
1.3.3.2	Frankreich	29
1.3.3.3	Schweden	29
1.3.4	Verhalten der Lehrer	30
1.3.4.1	Relevanz	30
1.3.4.2	BRD	30
1.3.4.3	Frankreich	32
1.3.4.4	Schweden	32
1.3.5	Organisation des Schulsystems	34
1.3.5.1	BRD	34
1.3.5.2	Frankreich	36
1.3.5.3	Schweden	38
1.4	In der beruflichen Situation	39
1.4.1	Allgemeine Relevanz	39
1.4.2	Faktoren des Bewußtseins	39
1.4.2.1	Der berufliche Aufstieg	39
1.4.2.2	BRD	39
1.4.2.3	Frankreich	43
1.4.2.4	Schweden	46
1.4.3	Materielle Arbeitsbedingungen	51
1.4.3.1	In der Lohn- und Gehaltssituation	51
1.4.3.1.1	Relevanz	51
1.4.3.1.2	BRD	51
1.4.3.1.2.1	Leichtlohngruppen	51
1.4.3.1.2.2	Entlohnung in typischen Frauenberufen	55
1.4.3.1.2.3	Entlohnung der Frauen in leitenden Positionen	57
1.4.3.1.3	Frankreich	58
1.4.3.1.4	Schweden	61
1.4.3.1.4.1	Entlohnung in der Industrie	61
1.4.3.1.4.2	Entlohnung in typischen Frauenberufen	63
1.4.3.1.4.3	Entlohnung der Frauen in leitenden Positionen	64
1.4.3.2	Sicherheit des Arbeitsplatzes	64
1.4.3.2.1	BRD	64
1.4.3.2.2	Frankreich	66
1.4.3.2.3	Schweden	66

Seiten

1.4.3.3	Gestaltung des Arbeitsplatzes	68
1.4.3.3.1	Teilzeitarbeit	68
1.4.3.3.1.1	BRD	68
1.4.3.3.1.2	Frankreich	71
1.4.3.3.1.3	Schweden	73
1.4.4	Rechtliche Faktoren	76
1.4.4.1	Arbeitsschutzgesetz	76
1.4.4.1.1	Relevanz	76
1.4.4.1.2	Arbeitszeitvorschriften	76
1.4.4.1.2.1	BRD	76
1.4.4.1.2.2	Frankreich	81
1.4.4.1.2.3	Schweden	81
1.4.4.1.3	Beschäftigungsverbote	82
1.4.4.1.3.1	BRD	82
1.4.4.1.3.2	Frankreich	84
1.4.4.1.3.3	Schweden	85
1.4.4.1.4	Mutterschutzgesetz	86
1.4.4.1.3.1	BRD	86
1.4.4.1.3.2	Frankreich	90
1.4.4.1.3.3	Schweden	93
1.4.4.2	Bestimmungen der Sozialversicherung	95
1.4.4.2.1	Relevanz	95
1.4.4.2.2	BRD	96
1.4.4.2.3	Frankreich	99
1.4.4.2.4	Schweden	100
1.4.4.3	Das Steuersystem	102
1.4.4.3.1	BRD	102
1.4.4.3.1.1	Splittingverfahren	102
1.4.4.3.1.2	Sonderausgabenregelung	105
1.4.4.3.1.3	Werbungskostenregelung	105
1.4.4.3.1.4	Regelungen über außergewöhnliche Belastungen	106
1.4.4.3.1.5	Regelungen über Freibeträge	106
1.4.4.3.2	Frankreich	107
1.4.4.3.3	Schweden	107
1.5	Infrastrukturelle Maßnahmen	110
1.5.1	Relevanz	110
1.5.2	Einrichtungen zur Betreuung von Kindern	111

Seiten

1.5.2.1	Kinderhorte, Kindergärten, Tagesheime Freizeitheime, Ganztagsschulen etc.	111
1.5.2.1.1	BRD	111
1.5.2.1.2	Frankreich	116
1.5.2.1.3	Schweden	118
1.5.2.2	Familienbetreuung (Tagesmütter)	122
1.5.2.2.1	BRD	122
1.5.2.2.2	Frankreich	123
1.5.2.2.3	Schweden	124
1.5.3	Einrichtungen zur Versorgung des Haushalts	126
1.5.3.1	BRD	126
1.5.3.2	Frankreich	129
1.5.3.3	Schweden	129
1.6	Der Ausschuß für Frauenarbeit in Frankreich	130
Hauptteil B		
2	Direkte konkrete Ansatzstellen zur aktiven Förderung beruflicher Bildungschancen von Frauen in der BRD, Frankreich und Schweden	134
2.1	In der beruflichen Ausbildung	134
2.1.1	Berufsberatung	134
2.1.1.1	BRD	134
2.1.1.2	Frankreich	135
2.1.1.3	Schweden	136
2.1.2	Im unteren Qualifikationsbereich	139
2.1.2.1	BRD	139
2.1.2.2	Frankreich	142
2.1.2.3	Schweden	144
2.1.3	Im mittleren Qualifikationsbereich	145
2.1.3.1	BRD	145
2.1.3.2	Frankreich	145
2.1.3.3	Schweden	146
2.1.4	Im oberen Qualifikationsbereich	147
2.1.4.1	BRD	147
2.1.4.2	Frankreich	148

Seiten

2.1.4.3	Schweden	149
2.2	In der beruflichen Fort- und Weiterbildung	151
2.2.1	BRD	151
2.2.2	Frankreich	157
2.2.3	Schweden	162
Hauptteil C		
1	Zusammenfassende Darstellung konkreter Ansatzstellen zur aktiven Förderung beruflicher Bildungschancen von Frauen in der BRD, Frankreich und Schweden	166
2	Vergleichende Zusammenfassung der konkreten Ansatzstellen zur Förderung beruflicher Bildungschancen von Frauen in der BRD, Frankreich, Schweden (Westländer) und DDR, CSSR und UdSSR (Ostländer)	181
	Literaturverzeichnis	191

Vorbemerkung

Die vorliegende Vorstudie wird aus technischen Gründen in zwei Teilen vorgelegt. In Teil I werden vor der Situationsbeschreibung und -bewertung der Länder BRD, Frankreich und Schweden hinsichtlich der gegebenen Fragestellung auch die grundsätzlichen Erörterungen, die für diese Beschreibung und Bewertung der berücksichtigten Länder notwendig sind, erfolgen. In diesem Teil soll zuletzt auch die vergleichende Zusammenfassung aller Ergebnisse, sowohl bezüglich der "West"- als auch der "Ostländer" geschehen.

In Teil II wird allein die Situation in der DDR, CSSR und UdSSR beschrieben und bewertet werden.

Die Gliederungspunkte von Teil I und II sind auf Grund des verschiedenartigen Materials geringfügig verschieden; soweit wie möglich wurde jedoch die Homogenität hergestellt.

Angesichts des interdisziplinären Charakters, den eine Arbeit, die dem gestellten Thema nur annähernd gerecht werden will, haben muß, bleibt schließlich noch festzustellen, daß die hier geleistete Arbeit zwangsläufig eine Vorstudie darstellt. Die notwendige Folge wäre, vertiefende Untersuchungen zu den einzelnen gesellschaftspolitischen Bereichen, die für die Förderung der beruflichen Bildungschancen der Frauen direkt oder indirekt relevant werden können, zu beginnen.

Köln, Mai 1974

Ursula Linnhoff
Dr. Brunhilde Sauer

Einleitung

Die Problematik der Einteilung in direkte und indirekte Ansatzstellen.

Der Verursachungszusammenhang, in dem die beruflichen Bildungschancen der Frauen stehen, ist sehr komplex und hängt entscheidend von der Rolle der Frau in dieser Gesellschaft ab. In diesem Zusammenhang sind z.B. Normen in der Form von gesellschaftlichen Leitbildern, Einstellungen und allgemeine bzw. mittelbar auf das Problem bezogene Rechtsregelungen sowie institutionelle Hilfen wie Kindergärten, Kantinen etc. von erheblicher Relevanz.

Während man in einem pluralistischen Gesellschaftssystem (z.B. BRD, Frankreich oder Schweden) von einer Vielfalt von Leitbildern einzelner gesellschaftlicher Gruppierungen, die sich teilweise überschneiden und teilweise sogar ausschließen, ausgehen muß, gilt für die sozialistischen Staaten generell ein öffentliches Leitbild der Frau, welches allerdings nicht durchgängig von den einzelnen Bürgern und ihren Bezugsgruppen in gleicher Weise geteilt wird. Darüber hinaus ist es unerläßlich, die Situation der Frau in diesen Gesellschaften nicht nur global zu betrachten, sondern die gesellschaftlichen Sektoren, die kennzeichnend für die Situation der Frau sind, im einzelnen abzutasten, da die konkreten Ansatzstellen nur dann exakt bestimmt werden können.

Bei der Analyse der einzelnen gesellschaftlichen Sektoren - die nicht isoliert betrachtet werden dürfen - stellt sich als Problem die Strukturierung der Darstellung im Hinblick auf die konkreten Ansatzstellen. Da der Rahmen dieser Arbeit so abgesteckt ist, daß auf der Basis der genannten konkreten Ansatzstellen zielorientierte Maßnahmen formuliert werden können, scheint uns eine Gliederung, die die einzelnen gesellschaftlich relevanten Sektoren systematisch darstellt, am sinnvollsten zu sein. Eine systematische Gliederung würde konkrete Ansatzstellen einteilen in solche, die sich direkt auf die Verbesserung der beruflichen Bildungschancen beziehen und solche, die nur eine indirekte Auswirkung darauf haben. Diese Einteilung der Ansatzstellen in direkte und indirekte bedeutet keine Gewichtung bezüglich der Bedeutsam-

keit, sondern lediglich hinsichtlich der spezifischen Wirkungsweise. Die familiare Sozialisation z.B., stellt neben formalen Rechtsregelungen und institutionellen Hilfen nur eine indirekte Ansatzstelle zur Förderung der beruflichen Bildungschancen von Frauen dar, obwohl sie nicht in einem direkten Zusammenhang zur beruflichen Ausbildungssituation steht, sondern nur in einem indirekten wegen der frühen grundlegenden Erziehung seitens der Eltern, die die Einstellung zum Beruf auch umfaßt. Das bedeutet aber nicht, daß die familiare Sozialisation keine große Bedeutung für die Förderung der beruflichen Bildungschancen von Frauen hat, sondern eher das Gegenteil, wenn man entwicklungspsychologische Erkenntnisse mit berücksichtigt. Die Familiensituation als indirekte Ansatzstelle hat danach eine große Bedeutung für die Verbesserung der beruflichen Bildungschancen der Frauen, da früh gelegte Strukturen in der Persönlichkeit der Frauen primären Charakter in bezug auf das aktuelle Verhalten der Frauen haben. Von daher entwickeln sich z.B. Einstellungen einzelner Frauen sowie kollektive Einstellungen z.B. durch die offiziellen bzw. öffentlichen Leitbilder der in Frage stehenden Gesellschaften bzw. Gesellschaftssysteme, wobei alle einen negativen bzw. positiven Einfluß auf die beruflichen Bildungschancen von Frauen haben können. Die Frage der gesellschaftlichen Leitbilder wird in jeweils einführenden Kapiteln zu den West- bzw. Ostländern spezielle behandelt werden.
Vor allem ist die Bemühung dieser Arbeit darauf gerichtet, diese relevanten gesellschaftlichen Sektoren, nachdem sie auf ihre Relevanz hin untersucht worden sind, nach Ansatzstellen zur Förderung der beruflichen Bildungschancen von Frauen "abzuklopfen"; wobei Situationsschilderungen zum Verständnis und Vergleich der verschiedenen Ansatzpunkte unumgänglich sind.
Soweit dies aufgrund des für die einzelnen Länder vorgefundenen Materials möglich ist, werden bei der Situationsschilderung der einzelnen Sektoren für die einzelnen Länder die gleichen Akzente gesetzt.
Dann sollen jeweils in zusammenfassenden Kapiteln Situationsbewertungen für die "Westländer" und für die "Ostländer"

vorgenommen werden.
Aus einer vergleichenden Zusammenfassung der Ergebnisse dieser Bewertung, die auf die Darstellung der Situation in den Westländern folgen wird, sollen vergleichende Schlußfolgerungen gezogen werden, die empfehlenden Charakter hinsichtlich der Einleitung von Maßnahmen im Zusammenhang mit der Problemstellung dieser Studie haben können.

1. Das Leitbild der Frau

1.1 in der BRD

Es ist außerordentlich schwer zu bestimmen, welches Leitbild von der "Frau" in der BRD vertreten wird, da solche globalen Untersuchungen nicht vorliegen.[1] Hinzu kommt, daß in der BRD kein verbindliches Leitbild von der "Frau" wie in den sozialistischen Ländern existiert. Man muß sich daher auf Aussagen der Regierung, Parteien und anderer Interessenverbände beschränken, soweit sie sich mit der "Frau" auseinandersetzen. Die offizielle Meinung der Bundesregierung geht wohl dahin, daß man die werktätige Frau als Leitbild proklamiert.[2] Die "Doppelrolle" wird als Übergangsphänomen gesehen. Das langfristige Ziel: die Revidierung der traditionellen Rollen von Mann und Frau wird allerdings kaum erwähnt.[3]

Was die Parteien anbelangt, so können ganz grob allen drei Parteien verschiedene Modelle zugeordnet werden. Die offizielle Meinung in der CDU ist inzwischen von dem Hausfrauenmodell abgewichen und vertritt nun das Drei-Phasen-Modell.[4] Die FDP lehnt Leitbilder ab und empfiehlt dem mündigen Bürger, seine Lebensform selbst zu bestimmen.[5] Die offizielle Meinung der SPD hat die "Doppelrolle" im Auge, wobei die Phase der aktiven Mutterschaft ohne Berufstätigkeit zu einer Miniphase zusammengeschrumpft ist,[6] d.h. man erwartet von den Frauen, daß, wenn Kinder kommen, sie ihre Berufstätigkeit für 2 - 3 Jahre unterbrechen.[7] So Annemarie Renger: "Hier soll selbstverständlich nicht der Berufstätigkeit von Müttern mit kleinen

---

1) Eine Untersuchung über das Frauenbild im Fernsehen könnte Informationen über das Frauenbild in der öffentlichen Meinung geben. (Vgl. Klein-Albenhausen, H.: Die Darstellung der Frau in Fernsehsendungen mit Spielhandlung. Eine Inhaltsanalyse von Sendungen im 1. Programm des deutschen Fernsehens vom 1.2.1969 bis 30.7.1969, Hamburg 1970.)

2) Frauen sollen eine "gleichberechtigte Rolle in Familie, Beruf, Politik und Gesellschaft spielen". (Vgl. Bericht der Bundesregierung über die Maßnahmen zur Verbesserung der Situation der Frau, Drucksache VI/3689, 6. Wahlperiode, Bonn, S. IX)

3) Bericht der Bundesregierung..., a.a.O., S. 5

4) Brunotte, E.-R.: Die Bildungssituation der Frauen in der Industriegesellschaft, Stuttgart 1968, S. 37; Lisop, I.: Die Situation der berufstätigen Frau in der Industriegesellschaft, Hannover 1972, S. 27; Fülles, M.: Emanzipation heute - eine Bestandsaufnahme, in: Information für die Frau, 11, 12, 1971, S. 24, 25

5) Fülles, M., a.a.O., S. 26

6) Fülles, M., a.a.O., S. 25

7) ebenda

Kindern das Wort geredet werden, im Gegenteil. [1]

1.2 in Frankreich

Obwohl im Jahre 1972 in Frankreich 37,5% der Frauen erwerbstätig sind [2], vertreten weite Kreise sozialer Gruppen der französischen Gesellschaft und insbesondere die Arbeitgeberschaft, daß die Frauen ihren eigentlichen und von ihnen selbst auch gewünschten Platz in der Familie haben. Wenn die Frau berufstätig wird, tut sie es in den Augen dieser Gruppe quasi nur gegen ihren eigenen Willen. Nicht einmal die Doppelrolle der Frau kann mit Hinsicht auf diese Teile der französischen Gesellschaft als akzeptiert gelten. Deutlich charakterisiert wird dieser Tatbestand durch folgende Aussage, die in einer Enquête des Arbeitsministeriums steht und die offensichtlich beeinflußt ist von den Argumenten der Arbeitgeberseite:

> "Frauen denken bei der Arbeit gern an etwas anderes, an das Abendessen, welches sie machen werden, an ihr Familienleben..., ihr eigentliches Interesse gilt keineswegs der Arbeit..., eine Ausweitung ihrer beruflichen Verantwortung ist im Grunde für die Betroffenen gar nicht von Interesse."[3]

Im Grunde wird also die Rolle der Frau in Heim und Familie noch als primär angesehen, die Berufsrolle wird als sekundär aufgefaßt.

1.3 in Schweden

Das Leitbild in Schweden stellt sich sehr differenziert dar. Hier soll stellvertretend dazu die offizielle schwedische Meinung skizziert werden.

Als offizielle Meinung wird die Auffassung der schwedischen Regierung definiert. Aus einer Reihe von Zielvorstellungen,

---

1) Renger, A.: Die Stellung der Frau in unserer Gesellschaft, in: Frauen 1968. Regionalkonferenz der SPD. Hrsg vom Vorstand der SPD, Referat Frauenpolitik, Bad Godesberg o.J., S.9

2) vgl. Callet, C.; du Granrut, C.: Place aux femmes, Paris 1973, Préface, S. 1

3) zitiert in: Les Conditions de Travail des Ouvrieres - Verité - Solutions, Colloque organisé par Antoinette, magazine féminin de la C.G.T., le 9 Jan. 1973, S. 7

die die schwedische Regierung geäußert hat, geht hervor, daß man die Revidierung der traditionellen Arbeitsteilung von Mann und Frau in der Familie anstrebt. "Die Verteilung der Rollen unter den Geschlechtern muß insofern geändert werden, daß Mann und Frau im Familienleben die gleichen Möglichkeiten haben, sich sowohl der Elternschaft als auch dem Erwerbsleben zu widmen. Wenn die Frau die Stellung in der Gesellschaft außerhalb des Hauses erreichen soll, die ihrem zahlenmäßigen Anteil an der Einwohnerschaft entspricht,muß der Mann eine größere Verantwortung für die Kindererziehung und den Haushalt übernehmen."[1] Die schwedische Regierung, deren Bemühungen um die Gleichberechtigung der Frau im Wirtschaftsleben auch die Förderung der beruflichen Bildungschancen beinhalten, hält den Ansatzpunkt in der Familie durch die Änderung der traditionellen Rollenverteilung für besonders wichtig. "Eine Politik, die wohl die Frau im Wirtschaftsleben für gleichberechtigt erklärt, ihr aber traditionsgemäß die Verantwortung für Kinder und Haushalt beläßt, hat keine Aussicht, die genannte Zielsetzung zu verwirklichen."[2]

Diese Ausführungen, die in dieser Arbeit stellvertretend für viele Äußerungen der schwedischen Regierung zu stehen haben,[3]

---

1) Sandlund, M.-B.: Die soziale Stellung der Frau in Schweden. Bericht an die Vereinten Nationen, Stockholm 1968, S. 4

2) Sandlund, M.-B., a.a.O., S. 4

3) The lack of equality between men and women has become an increasingly prominent issue during the reant years. Efforts to advice equality have met with the growing: support from the general public. (die einleitenden Worte in der Direktive, die die schwedische Regierung im November 1972 an die Delegation für Gleichheit von Mann und Frau richtete) in: Ahrland, K.: A Womens Place is on the Job, in: Current Sweden, 3, 1973, S. 1); The Joint female Labour Council, in: AKN: information, 2, 1971; Vestin, M.: School, Instruktion and Sex Role Questions, in: The National Swedish Board of Education, Information Section 1 (18); Wingen, M.:Familienpolitik in Schweden, in: Sozialer Fortschritt, 15, 1966, S. 136

machen deutlich, daß die offizielle Meinung von dem Modell der "Doppelrolle der Frau" abgewichen ist,[1] das 1956 durch das Buch: "Die Doppelrolle der Frau in Familie und Beruf" in Schweden proklamiert wurde.[2]
Man kann wohl davon ausgehen, daß ein großer Teil der schwedischen Bevölkerung inzwischen eine ähnliche Auffassung wie die Regierung und die Massenmedien vertritt. Die Praxis der Menschen aber in Familie und Beruf hinkt nach den Aussagen einiger Autoren[3] noch hinter dem bereits theoretisch erkannten her.

---

1) 1966, zehn Jahre später, leitete Alva Myrdal aber mit einem Vorwort die englische Ausgabe eines schwedischen sozialwissenschaftlichen Buches ein, das einen anderen, neuen Ansatz zur Diskussion und zur Lösung der Probleme der Geschlechterrolle einnimmt. (vgl. Langer - El Sayed,J., Die Lebensrollen von Mann und Frau, a.a.O., s. 26)
2) Myrdal, A.; Klein, V.: Women's Two Roles, Home and Work, London 1956
3) Langer - El Sayed, J.: Die Lebensrollen von Mann und Frau a.a.O., S. 1;
Brun-Gulbrandsen, S.: Sex Roles and Socialisation Process, in: The Changing Roles of Men and Women, London 1967, S.59 ff
Leijon , A.-G.: Swedish Women - Swedish Men, Stockholm 1968 S. 40

Hauptteil A

1 Indirekte Ansatzstellen zur aktiven Förderung beruflicher Bildungschancen von Frauen in der BRD, Frankreich und Schweden

1.1 In der Familiensituation

1.1.1 Allgemeine Vorbemerkungen

Diese Frage ist für uns deshalb so wichtig, weil einmal die frühen Prägungen des Menschen in der Familie von großer Bedeutung sind für die spätere Entwicklung des menschlichen Sozialcharakters. Zum anderen, weil die gegenwärtige Stellung der Frau und die damit verknüpfte traditionelle Rolle eine Beeinträchtigung der beruflichen Bildungschancen bedeuten muß.

Zunächst einmal sind zwei Probleme für das in der Familie lebende weibliche Kind interessant:

a) Die Relevanz der frühen Sozialisation in der Familie in bezug auf die Leistungsmotivation, die Einstellung der Mädchen zu weiterführenden Schulen, zum Lernen und zum Beruf überhaupt.

b) Die hohe Entscheidungskompetenz der Eltern im Hinblick auf die Berufswahl, den Übergang zu weiterführenden Schulen und Hochschulen, die ihnen die Gesellschaft zugesteht. (Dies gilt im großen und ganzen auch für die sozialistischen Länder.)

1. Die Relevanz der frühen Sozialisation

Es steht heute außer Frage, daß die menschliche geistige Begabung nicht primär Produkt einer genetischen Vererbung ist, sondern engstens mit der frühkindlichen und weiteren Erziehung zusammenhängt.[1)]

---

1) Rolff, H.G.: Die Sozialisation und Auslese durch die Schule, Heidelberg 1967, S. 14; vgl. Bergius, R.: Analyse der Begabung: Die Bedingungen des intelligenten Verhaltens, in: Begabung und Lernen, Hrsg. H. Roth, Stuttgart 1969, S. 229-268; Brion, S.: Intelligence, Psychology and Education, 1971; Chomsky, N., in: Ramparts, Cognition, in: Social Policy (Mai'Juni 1972); Ertel, H.: Ein differenzialmethodischer Versuch zum Intelligenzproblem, in: Psychologische Forschung, 30, S. 151-199; Mühle, G.: Definitions- und Methodenprobleme der Begabungsforschung, in: Begabung und Lernen, a.a.O., S. 69-97; Rohwer, W.D.:

Wenn man davon ausgeht, daß der typische Sozialcharakter eines Mädchens nicht aufgrund ihrer angeborenen Begabung entsteht, sondern auf der Basis einer geschlechtsspezifischen Erziehung der Eltern und anderer Erzieher, dann kann auch abgeleitet werden, daß bestimmte Begabungsdefizite der Frauen z.B. im technischen Bereich durch besondere Erziehungsinhalte und Methoden der elterlichen Erziehung grundgelegt worden sind. Das gleiche gilt für die Einstellung zum Beruf, die Leistungsmotivation,[1] die psychische Robustheit und das Durchsetzungsvermögen im beruflichen Sektor.
Auch die starke Belastung der Mädchen mit Hausarbeiten schränkt die Möglichkeit ein, durch Lesen und freies Spiel schöpferische Fähigkeiten zu entwickeln. Darüber hinaus hat neben dem Zeitfaktor vor allem die Monotonie der Hausarbeit einen hemmenden Einfluß auf die Entfaltung schöpferischer Fähigkeiten der Mädchen.[2]

Implications and cognitive for education, in: Manual of Child Development, (Ed.) P.H. Mussen, New York 1970, S. 1379-1454; Skowronek, H.: Nach Jensen: Ist "Begabung" neu zu bewerten?, in: Umwelt und Begabung, (Hrsg.) H. Skowronek, Stuttgart 1973, S. 227-239; Urbach, P.: Progress and Degeneration in the I Q Debate, in: British Journal of the Philosophy of Science, o.O. 1974.
Anderer Meinung neuerdings: Dobzhansky, T.: Genetic Diversity and Human Equality, 1973; Eysenck, H.: The Inequality of Man, 1973; Jensen, A.: How much Can We boost I Q and Scholastic Achievement?, in: Harvard Educational Review, 39, 1969; (deutsche gekürzte Fassung: Wie sehr können wir Intelligenzquotient und schulische Leistungen steigern?, in: Umwelt und Begabung, a.a.O., S. 63-155); Genetics and Education, o.O. 1972; Educational Differences, o.O. 1973; The Differences are real, in: Psychology today, Dez. 1973; Herrnstein, R.: I Q, in: The Atlantic, Sept. 1971; IQ in the Meritocracy, 1973; Chancengleichheit - eine Utopie? Die I Q-bestimmte Klassengesellschaft, 1974.

1) Gottschalch, W. u.a.: Sozialisationsforschung, Frankfurt a.M. 1971, S. 138; Krais, B.: Familienorientierte Erziehung oder berufsbezogene Ausbildung, unveröff. Diplomarbeit, Berlin 1969, S. 25; Heckhausen, H.: Leistungsmotivation, in: Handbuch der Psychologie, Bd. 2, 1965, S. 144 f.; Bub, B.: Familienstruktur und geschlechtsspezifische Sozialisation, unveröff. Diplomarbeit, Frankfurt a.M. 1968, S. 88.

2) Dasselbe gilt auch für ein autonomes, aktives und andauerndes Problemlösungsverhalten (vgl. Gottschalch, W. u.a., Sozialisationsforschung, a.a.O., S. 137)

Zusammenfassend ist zu diesem Problemkreis zu bemerken, wenn die Frauen durch ihre Familie in Richtung eines tradierten Rollenschemas sozialisiert werden, wo eigenständige und anspruchsvolle berufliche Aktivitäten für eine Frau nicht erwartet werden, dann kann dieses Rollenschema auch bei besserer Einsicht nicht ohne Schwierigkeiten abgelegt werden. Somit stellt die frühe familiäre Sozialisation einen besonders gewichtigen Faktor für die Herstellung der Gleichheit der beruflichen Bildungschancen von Mann und Frau dar.

2. Als weiteren wichtigen Punkt muß man die hohe Entscheidungskompetenz der Eltern ansehen. Wenn man davon ausgeht, daß die meisten Eltern dem traditionellen Rollenschema - die Frau gehört ins Haus - noch verhaftet sind, ihre Entscheidungskompetenz aber bezüglich des Schultyps und der Berufswahl von Mädchen[1)] sehr groß ist, so ergibt sich hier eine weitere Barriere für die beruflichen Bildungschancen von Frauen. Es gibt demnach einen weiteren Ansatzpunkt zur Verbesserung der beruflichen Bildungschancen, indem die relativ hohe Entscheidungskompetenz der Eltern in ihren Auswirkungen abgemildert werden kann.

1.1.2 BRD

Zur Veränderung der Sozialisation in der Familie gibt es in der BRD nur sporadische Ansätze, die mehr oder weniger konkret sind.

H. Pross möchte neben einem qualifizierten Bildungsangebot für Mädchen lediglich eine ergänzende, speziell um die Mädchen und ihre Eltern werbende Aufklärung.[2)] Sie sieht in der verstärkten Öffentlichkeitsarbeit des Staates eine mögliche Chance. H. Laurien präzisiert zwar etwas stärker die Einflußmöglichkeiten des Staates auf die Eltern, so hält sie eine Unterstützung der Öffentlichkeitsarbeit bezüglich der Gleichberechtigung der Frau durch "das Bündnis von Erwachsenenbildung, Medien und politischer Diskussion"[3)] für unumgänglich. Langkau-Herrmann und Langkau verbleiben an diesem Punkt ebenfalls im Unverbindlichen.
Sie sehen in der Aufklärung der Eltern über die Notwendigkeit einer guten Schul- und Berufsausbildung für Mädchen sowie über

---

1) für die BRD ist hier der Art. 6 GG besonders relevant
2) Pross, H.: Über die Bildungschancen von Mädchen in der BRD, Frankfurt a.M. 1970, S. 10
3) Laurien, H.-R.: in: Die Frau in der offenen Gesellschaft, a.a.O.

die Möglichkeit der Erziehung von Mädchen zu größerer Selbständigkeit und Kritikfähigkeit[1] einen wichtigen Ansatz zur Verbesserung der beruflichen Bildungschancen von Frauen. Darüber hinaus empfehlen Langkau-Herrmann und Langkau die Heraufsetzung des Übergangsalters zu weiterführenden Schulen,[2] um die hohe Entscheidungskompetenz der Eltern zu unterlaufen. Wenn die Mädchen älter sind bei der Entscheidung für den weiteren Bildungsweg, besteht eine größere Chance, daß ihr potentieller Wille, eine qualifizierte Ausbildung zu erhalten, stärker ins Gewicht fällt als die Auffassung der Eltern, die in der Regel an den traditionellen Rollenklischees orientiert sind.
Die Zuschreibung der Funktion der Haushaltsführung und der Kindererziehung an die Frau, wie es rechtlich[3] und faktisch in der BRD noch immer geschieht, erzeugt bei gleichzeitiger Vollzeitarbeit eine Doppelbelastung der Frau in der BRD, die nicht geeignet ist, die beruflichen Bildungschancen der betroffenen Frauen zu erhöhen. Solange in der Familie zwischen Mann und Frau keine neue Arbeitsteilung gefunden wird, kann zum einen die berufstätige Frau insbesondere keine weitere Zeit für die berufliche Fort- und Weiterbildung aufbringen. Zum anderen wird der Beruf dann als sekundär betrachtet, da er weniger in das traditionelle Rollenklischee von Frau paßt, das in den meisten Familien der BRD noch Gültigkeit hat.[4] Auf diesem

---

1) Langkau-Herrmann, M.; Langkau, J.: Arbeitsmarktstrategien zur verstärkten Integration der Frau in die Arbeits- und Berufswelt, Bonn - Bad Godesberg 1971, S. 80

2) Langkau-Herrmann, M.; Langkau, J., a.a.O., S. 78

3) s. Ausführungen zum Familienrecht der BRD

4) vgl. Pross, H.: Über die Bildungschancen von Mädchen in der BRD, Frankfurt 1971;
Brandt, G.; Kootz, J.; Steppke, G.: Zur Fragenfrage im Kapitalismus, Frankfurt 1973
Langkau-Herrmann, M.; Langkau, J., a.a.O.

Hintergrund bleibt die berufliche Weiterqualifizierung eine Fehlinvestition, weil die Frauen wegen der Doppelbelastung kaum leitende Funktionen übernehmen können. Konkrete Vorschläge zur Revidierung der traditionellen Rollenverteilung zwischen Mann und Frau werden in der BRD nicht formuliert.

1.1.3 Frankreich

Einen wichtigen Hinweis darauf, welche Rollenvorstellungen in der französischen Familie herrschen, geben u.a. Einstellungsbefragungen unter Jugendlichen (Mädchen und Jungen) zu dem Problem der Berufstätigkeit von verheirateten Frauen. In diesen Einstellungen liegen, wenn sie an traditionellen Rollenmustern orientiert sind, beträchtliche Hindernisse der Förderung der beruflichen Bildungschancen von Frauen.
Agnès Pitrou [1] weist in diesem Zusammenhang auf die Tatsache hin, daß nur 42% der insgesamt befragten Jungen bzw. Männer wollen, daß ihre zukünftige Frau berufstätig ist, während sich 68% der befragten Mädchen bzw. Frauen dafür entscheiden, nach der Heirat berufstätig zu bleiben. Im Durchschnitt, so sagt Pitrou, sind in allen sozialen Schichten gegenüber 10 Mädchen, die nach der Heirat weiterarbeiten wollen, nur 6 Männer bereit, dies zu akzeptieren. Die Ausnahmen bilden die Familien von mittleren und höheren Angestellten (Führungskräften), wo die Übereinstimmung zwischen den Jungen und ihren zukünftigen Ehefrauen stärker ist (8 Jungen sind positiv eingestellt gegenüber 10 Mädchen).
Pitrou zieht u.a. folgendes Fazit aus ihren Untersuchungen: Die Jugendlichen des bäuerlichen Milieus nehmen die rückständigste Einstellung zur Frauenerwerbstätigkeit ein; die zukünftigen männlichen Führungskräfte repräsentieren die aufgeschlossensten männlichen Einstellungen zu dem Problem. Sie nehmen damit etwa den gleichen Rang ein wie die rückständigste weibliche Gruppe, die Töchter der Bäuerinnen.

---

1) Pitrou, A.: La famille dans la vie de tous les jour, Toulouse 1972, S. 162 ff.

Die am stärksten für die Berufstätigkeit der Frau aufgeschlossene weibliche Gruppe stellen die Töchter von Handwerkern und kleinen/mittleren Angestellten dar.
Ein anderer wichtiger Hinweis darauf, wie stark traditionell geschlechtsspezifische Rollenvorstellungen in den französischen Familien vorhanden sind, kann man auch an folgenden Feststellungen Pitrou's ablesen:[2]

> "Bei besonders monotonen hausfraulichen Tätigkeiten wie Küchentätigkeiten (inklusive Abwaschen d.V.), Wäschewaschen, Bügeln, Nähen beteiligen sich die Familienväter durchschnittlich nur in sehr geringem Ausmaß. Betrachtet man die Regelmäßigkeit, mit der diese Beteiligung geschieht, ergibt sich ein noch geringeres Ausmaß."

Tabelle

"Beteiligung des Vaters an Haushaltsaufgaben in der Familie."

An Küchentätigkeiten durchschnittlich zu	22 %
Am Wäschewaschen durchschnittlich zu	10 %
An Kinderbeaufsichtigung durchschnittlich zu	24 %
Am Bügeln durchschnittlich zu	4 %
Am Nähen durchschnittlich zu	3 %
An Küchentätigkeiten regelmäßig zu	15 %
Am Wäschewaschen regelmäßig zu	7 %
An Kinderbeaufsichtigung regelmäßig zu	11 %
Am Bügeln regelmäßig zu	3 %
Am Nähen regelmäßig zu	2 %

Obwohl der Mann also mithilft, kann man insbesondere angesichts der Diskrepanz des gelegentlich/durchschnittlichen Helfens und des regelmäßigen Helfens nicht von einem Verschwinden der traditionellen Rollenvorstellungen in der französischen Familie sprechen. Wie Pitrou noch bemerkt, ist der Mann vielmehr eher bereit, weniger "geschlechtsspezifisch belastete" Tätigkeiten (die aber auch weniger mono-

---

1) Pitrou, A.: La famille dans la vie de tous les jours, a.a.O., S. 162/163

2) Pitrou, A., a.a.O., S.93

ton sind) wie Wohnungsreparaturen, Basteln in der Wohnung, Instandhalten der Wohnung, größere, von der Frau vorgeplante Einkäufe als Routinearbeit im Haushalt zu übernehmen.
Die positive oder negative Einstellung der Männer gegenüber der Beteiligung im Haushalt ist auch wieder abhängig von der sozialen Schicht dieser Männer. Pitrou meint, daß die Männer der oberen sozialen Schichten wohl eher bereit seien, ihr eigenes Rollenbild durch eine solche Beteiligung in Frage zu stellen, weil sie im Beruf sowieso eine unabhängige Position einnähmen und dadurch nicht genötigt seien, ihre Unabhängigkeit und damit Dominanz im familiären Bereich unter Beweis zu stellen. Auf der anderen Seite gelte dies, so fährt sie fort, wohl auch für die Frauen selbst, die in den niedrigeren sozialen Schichten aufgrund größerer möglicher Rollenverunsicherung auch weniger bereit seien, ihre häuslichen Aufgaben ab- und aufzugeben, d.h. den Mann mitzubeteiligen.[1]
Schließlich gilt aufgrund der Untersuchungsergebnisse von Pitrou, daß auch in Frankreich die Mädchen durch Mithelfen im Haushalt wesentlich stärker beansprucht werden als die Jungen.
Nach Aussagen der Eltern mußten die Jungen z.B. mithelfen:

In der Küche:	zu 7 %
Beim Wäschewaschen:	zu 1 %
Beim Bügeln:	zu 1 %
Bei der Kinderbeaufsichtigung:	zu 4 %
Beim Einkaufen (geplantes und ungeplantes):	zu40 %

Dagegen die Mädchen:

In der Küche:	zu 29 %
Beim Waschen:	zu 16 %
Beim Bügeln:	zu 23 %
Bei der Kinderbeaufsichtigung:	zu 14 %
Beim Einkaufen (geplantes und ungeplantes):	zu 68 %

Die prozentualen Unterschiede im Vergleich der Jungen und Mädchen sprechen hier für sich.[2]

---

1) vgl. Pitrou,A.: La famille dans la vie de tous les jours, a.a.O., S. 95

2) Pitrou,A.: a.a.O., S. 93

Konkrete Maßnahmen, die in Bezug zu französischen Familie im Hinblick auf die hier interessierende Fragestellung als positive Ansatzstellen wirken könnten, müßten noch geplant werden. Sie könnten u.a. in speziellen Weiterbildungsprogrammen für Männer liegen, die die notwendige Einstellungsveränderung in Gang setzen und festigen würden. H. Pross z.B. vermißt gerade soetwas auch für die DDR.

1.1.4 Schweden

Wenn man davon ausgeht, daß ein großer Teil der Menschen in Schweden die unterschiedlichen Rollen von Mann und Frau ablehnt, so könnte man annehmen, daß die Vermittlung dieser neuen Leitbilder von den Eltern in Schweden im primären Sozialisationsprozeß geleistet wird. Brun-Gulbrandsen kommt aber in einer Untersuchung bei acht- und elfjährigen Kindern zu einem anderen Ergebnis. Selbst Kinder, deren Mütter davon überzeugt sind, daß Mädchen und Jungen gleich erzogen werden müssen, hatten feste Vorstellungen von Mann und Frau, die an dem traditionellen Leitbild orientiert waren.[1] "Es stellte sich heraus, daß das Bekenntnis der Mutter zum neuen Leitbild von Mann und Frau wenig Einfluß auf die tatsächliche Erziehung und den gesamten Sozialisationsprozeß hat."[2]
Es gibt einige Ansätze, wie von Seiten des Staates auf die Familie bezüglich der Sozialisation von traditionellen Rollenbildern eingewirkt werden kann.[3] Man hofft wohl,

---

1) Brun-Gulbrandsen,S.: Sex Roles and the Socialisation Process, a.a.O., S. 59 ff.; Langer-El Sayed, .:Die Lebensrollen von Mann und Frau, a.a.O., S. 29
2) Langer- El Sayed, I., a.a.O., S.29
3) Die Aufklärung der Eltern wird als zu spät angesehen. Man möchte schon die Jugendlichen, bevor sie Eltern werden, im Hinblick auf die "eine Rolle" erziehen. So wird im Moment diskutiert, ob die Männer während ihrer Wehrdienstzeit nicht stärker mit diesen Problemen konfrontiert werden sollten. (Auskunft: Fasterius-Mundebo,L. Leiterin des Frauenbundes der Volkspartei (liberale Partei))

daß die Massenmedien einen starken innovierenden Einfluß auf die Öffentlichkeit haben, die stärker als in der BRD das neue Leitbild proklamieren. [1] Ansonsten aber unterstützt die schwedische Regierung alle geschlechtsspezifische Sozialisationsforschung.

Was die Stellung der verheirateten Frau in der Familie anbelangt, so weicht die Praxis auch hier von dem Ideal ab, das sehr stark propagiert wird. Die meisten berufstägigen Frauen füllen eine Doppelrolle aus, denn die Ehemänner übernehmen nicht die Hälfte der Familienrolle der Frau. Über 50% der Männer helfen aber ihren berufstätigen Ehefrauen bei den verschiedenen Hausarbeiten.[2]
Die schwedische Regierung strebt zwar eine Arbeitszeitverkürzung für Männer und Frauen mit Familienpflichten an, [3] aber die Realisierung wird als langfristiges Problem angesehen. So bleibt es weitgehend dem privaten Arrangement der Eheleute selbst überlassen, ob die Pflichten in Haushalt und Familie gleichgeteilt werden.

---

1) Leijon, A.G.: Swdish Women - Swdish Men, a.a.O., S.38; den Rekord einer schlechten Reklame hält folgender Slogan:"Die Zahnbürste ist wie die Frauen, sie sollte oft benutzt und oft gewechselt werden." (vgl.AKN - Information, 2, 1971, S. 7)

2) Organisation de Cooperation et de Developpement Economiques (O.C.D.E.), Comité de la Main - d' Oeuvre et des Affaires Sociales: Le rôle des femmes dans l'Economie, Rapport national: Suede, Paris 1973, S. 35

3) Sandlund, M.B.: Die soziale Stellung der Frau in Schweden, a.a.O., S. 4

1.2. In allgemeinen Rechtsnormen

1.2.1 Relevanz

Als allgemeine Rechtsnormen kann man diejenigen bezeichnen, die sich nicht nur auf berufstätige Frauen beziehen, die z.B. durch das Arbeitsrecht und Beamtenrecht speziell betroffen sind, sondern auf die Frauen ganz allgemein. Besonders relevant sind rechtliche Normen, die eine spezifische Wertung des Gesetzgebers der Berufstätigkeit der Frau sichtbar machen. Eine positive oder negative Haltung des Staates kann einen fördernden oder bremsenden Einfluß auf die beruflichen Bildungschancen der Frauen in den in Frage stehenden Ländern haben. Diese Problematik wird im weiteren noch in den einzelnen Ländern untersucht werden müssen.

1.2.2 BRD

1.2.2.1 Die Verfassung

In Artikel 3 GG wird die Gleichberechtigung extra herausgehoben.[1)]

(1) Alle Menschen sind vor dem Gesetz gleich.

(2) Männer und Frauen sind gleichberechtigt.

(3) Niemand darf wegen seines Geschlechtes, seiner Abstammung seiner Rasse, seiner Sprache, seiner Heimat und Herkunft, seines Glaubens, seiner religiösen und politischen Anschauung benachteiligt werden oder bevorzugt werden.

Aus der Verfassungsnorm Art. 3 GG ergeben sich keine Benachteiligungen für die beruflichen Bildungschancen der Frau, eher das Gegenteil.

1.2.2.2 Familiengesetze (BGB)

Für die BRD sind im Hinblick auf die beruflichen Bildungschancen besonders die §§ 1356, 1360 BGB [2)] relevant.

---

1) Sartorius, C.: Verfassungs- und Verwaltungsgesetze in der BRD, München 1973, S. 3a

2) Der § 1356 Abs. 1 BGB lautet:" Die Frau führt den Haushalt in eigener Verantwortung. Sie ist berechtigt, erwerbstätig zu sein, soweit dies mit ihren Pflichten in Ehe und Familie vereinbar ist."

Aus den §§ 1356, 1360 BGB geht hervor, daß der Gesetzgeber das Modell der Hausfrauenehe normiert, d.h. der Mann ist der Ernährer der Familie, die Frau führt den Haushalt.[1] Von diesem Modell soll nur in Notfällen abgewichen werden können.[2] Binder-Wehberg sieht das Recht der Frau auf Erwerbstätigkeit, das sie aus dem allgemeinen Persönlichkeitsrecht (Art.2) ableitet, als verfassungswidrig eingeschränkt an.[3] Besonders die in § 1356 Abs. 1 festgelegte eheliche Arbeitsteilung hält Binder-Wehberg gemäß Art. 6 Abs. 1 GG für nicht verfassungsgemäß.[4] Auch wenn die Frage der Verfassungsmäßigkeit an dieser Stelle beiseite bleiben kann, so bedeutet dies aber im Rahmen dieser Arbeit, daß der Gesetzgeber der Berufstätigkeit der Frau nur subsidiären Charakter zuschreibt und den Beruf als Lebensaufgabe für die Frau ablehnt. Pross stellt den Widerspruch, der in den §§ 1356, 1360 zum Ausdruck kommt, als symptomatisch für die generelle Einstellung zu den Rechten der Frau heraus. So H. Pross:
"Etwas überspitzt kann man sie auf die Formel bringen, daß

---

1) Der § 1360 lautet: "Die Ehegatten sind einander verpflichtet, durch ihre Arbeit und mit ihrem Vermögen die Familie angemessen zu unterhalten. Die Frau erfüllt ihre Verpflichtungen, zum Unterhalt der Familie beizutragen, in der Regel durch die Führung des Haushalts; zu einer Erwerbstätigkeit ist sie nur verpflichtet, soweit die Arbeitskraft des Mannes und die Einkünfte der Ehegatten zum Unterhalt der Familie nicht ausreichen und es den Verhältnissen der Ehegatten auch nicht entspricht, daß sie den Stamm ihres Vermögen verwerten."

2) Damit wird u.a. einer gesellschaftlichen Entwicklung Rechnung getragen, die dahin geht, daß viele Männer nicht mehr in der Lage sind, allein durch ihre Arbeit den Lebensunterhalt der Familie zu gewährleieten. (vgl. Brandt,G., Kootz,J.,Zur Frauenfrage im Kapitalismus, Frankfurt 1973, S.50)

3) Binder-Wehberg,F.: Ungleichbehandlungen von Mann und Frau, Berlin 1970, S. 69/70

4) Binder-Wehberg,F., a.a.O., S.71

die Frau nicht erwerbstätig sein darf, wenn sie es sein will, und es sein muß, wenn sie es nicht will. Prinzipieller formuliert: die Entscheidung über ihre eigene Existenz soll nicht ihr selbst überlassen sein; sie wird im Konfliktfall durch die traditionelle Auffassung vom Vorrang der familiaren Funktionen und der weiblichen Bestimmung zum Dienst für die Familie fixiert".[1)]
Auch wenn man dieser von Pross selbst als überspitzt bezeichneten Formel nicht folgen will, so ist doch zuzugeben, daß die vom bundesrepublikanischen Gesetzgeber abgelehnte Berufstätigkeit der Frau als sinnvolle Lebensaufgabe einen negativen Einfluß auf die beruflichen Bildungschancen der Frauen in der BRD hat. Die Entscheidung der Frauen für eine qualifizierte Berufsausbildung wird nur dann erfolgen, wenn sie den Beruf als Lebensaufgabe für sich selbst akzeptieren.[2)]
Die in den §§ 1356, 1360 BGB enthaltene negative Einstellung des Gesetzgebers hat sicherlich neben anderen gewichtigen gesellschaftlichen Faktoren einen nicht unerheblichen Einfluß auf die vielfach festgestellte negative Einstellung der Frauen zum Beruf.[3)]
Inzwischen wird eine Familienrechtsreform seitens der Bundesregierung geplant, um das Familienrecht der BRD, u.a. auch die §§ 1356, 1369 BGB zu reformieren, sodaß die positive Wertung der traditionellen Arbeitsteilung zwischen Mann und Frau entfällt.[4)] Auch die Forderungen anderer Autoren gehen in diese Richtung.[5)]

---

1) Pross, H.: Über die Bildungschancen von Mädchen in der BRD, Frankfurt 1970, S.36
2) vgl. Familiensituation
3) Infas-Report "Frau und Öffentlichkeit", Bad - Godesberg, Institut für Angewandte Sozialforschung, 1965, S. 48
4) Entwurf der Familienrechtsreform
5) Pross,H.: Über die Bildungschancen von Mädchen in der BRD, a.a.O.,S. 39

1.2.3 Frankreich

In Frankreich sind für die Frauen seit den 60er Jahren und insbesondere in den Jahren 1970/71 und 1972 allgemeine Gesetze verabschiedet worden, die ihre Lage in familien- und sozialrechtlicher Hinsicht verbessern und ebenfalls auf eine Verbesserung der Situation der berufstätigen Fran unter dem Aspekt ihrer beruflichen Fortbildung hinzielen.

1.2.3.1 Verfassung

Zwar enthält schon die Präambel der französischen Verfassung von 1946 die Formulierung: "Das Gesetz garantiert der Frau die gleichen Rechte mit dem Mann in allen Bereichen"[1], aber diese schlug sich in den "speziellen Rechtsbereichen" lange Zeit nicht nieder.

1.2.3.2 Familienrecht

An Regelungen, die die familienrechtliche Situation betreffen,ist vor allem wichtig:
Das Gesetz vom 4.6.1970 (in Kraft seit dem 1.1.1971)[2], danach ist die Frau, was die elterliche Gewalt angeht, dem Manne gleichgestellt[3]:

- die Ehegatten sind gemeinsam für die sittliche und materielle Leitung der Familie verantwortlich.[4]

An grundsätzlichen Regelungen, die die ökonomische Situation insbesondere der berufstätigen Frau betreffen, ist hier zu nennen:

das Gesetz vom 30.7.1965 (in Kraft seit dem 14.2.1966)[5]
Es ist eine Art Gleichberechtigungsgesetz, das die Geschäftfähigkeit beider Ehegatten - also auch der Frau-

---

1) zitiert in: Sullerot, E.: Sept Millions de Femmes hors de la Loi, in: Le Nouvel Observateur, 22.Janv. 1973, S. 70

2) vgl. hierzu: Cinq anneés de legislature, Actualité Service, Supplement au Nr. 183 publié par le Comité Interministeriel pour l'information , Janv. 1973, S. 30/31; Bochan, S.: Europäisches Familienrecht, München 1972, S. 131

3) Artikel 372 Cc (Code Civil), zitiert in Bochan, a.a.O., S. 138

4) Artikel 213 Cc, ebenda

5) vgl. hierzu: Cinq anneés de legislature, a.a.O., S. 30 und Bochan, S.: Europäisches Familienrecht, a.a.O., S. 139

regelt.[1] Seit damals erst kann die französische Frau ohne Einverständnis ihres Ehemannes einer Berufstätigkeit[2] nachgehen. Erst seit diesem Zeitpunkt kann sie z.B. ohne Einverständnis des anderen Eheteiles ein Kapital- oder Wertpapierkonto auf ihren eigenen Namen eröffnen.

1.2.3.3 Gesetze, die die Berufstätigkeit der Frau betreffen

Das Gesetz vom 22. Dezember 1972 bezüglich der gleichen Entlohnung von Männern und Frauen[4] enthält den gesetzgeberischen Versuch, das Problem der Lohndiskriminierung der Frauen in Frankreich in besonderer Weise anzugehen. Hinsichtlich der Regelung der Aus- und Weiterbildungssituation der Berufstätigen in Frankreich, die insbesondere auch für Frauen von Bedeutung ist, ist hier außerdem auf drei Gesetze , die am 16. Juli 1971 verabschiedet wurden, und ein nationales Abkommen vom 9. Juli 1970 hinzuweisen:

a) Das Gesetz bezüglich der Neuorientierung der gewerblichen Berufsausbildung. Auf Grund dieses Gesetzes sollen die Zielvorstellungen in bezug auf die Ausbildung in technischen Berufszweigen auf ihre aktuelle Valenz überprüft werden.

b) Das Gesetz über die gewerbliche Lehre. Durch dieses soll eine bessere Integration von Jugendlichen in eine Berufsausbildung mit Lehrverhältnis nach Beendigung der obligatorischen Schulzeit (in Frankreich endet die obligatorische Schulzeit mit 16 Jahren) erreicht werden.

c) Das Gesetz bezüglich der lebenslangen beruflichen Weiterbildung, in dem ein sehr allgemeiner Rahmen der Entwicklung dieser Weiterbildung definiert wird. (Das Gesetz

---

1) Artikel 216 Cc, Zitiert in:Bochan, S., a.a.O., S. 139

2) Artikel 213 Cc, ebenda

3) Artikel 221 Cc, ebenda

4) vgl. hierzu:Cinq anneés de la legislature, a.a.O., S. 31 und weitere Ausführungen S. 59 ff

ist eine Fortsetzung des Rahmengesetzes über die berufliche Bildung vom 3. Dezember 1966)[1]

d) Das nationale Abkommen bezüglich der beruflichen Weiterbildung (zwischen Staat, bestimmten Bildungsinstitutionen, Arbeitgebern und Arbeitnehmervertretungen) vom 9. Juli 1970 (in Kraft getreten seit dem 1.1.1972)

In dem genannten Abkommen werden Rechte der Arbeiter und Verpflichtungen der Arbeitgeber hinsichtlich der Weiterbildung niedergelegt.
Bei den Rechten der Arbeitnehmer handelt es sich vor allem um bezahlten Bildungsurlaub aller Lohnempfänger unter bestimmten Modalitäten.
Bis 1976 sind die Arbeitgeber gehalten, o,8 % ihres betrieblichen Lohnaufkommens für Weiterbildungszwecke beizutragen. Ab 1976 soll dieser Betrag auf 2 % erhöht werden.

1.2.4 Schweden

1.2.4.1 Verfassung

Da die Verfassung Schwedens keine Grundrechte enthält, sondern nur staatsrechtliche Artikel, werden keine Aussagen zur Gleichberechtigung der Frau gemacht.

1.2.4.2 Familiengesetz

1921 trat ein Familiengesetz in Kraft, das keine geschlechtsspezifische Arbeitsteilung, wie sie das BGB ausdrücklich verankert, beinhaltet.[2] "Beide Ehegatten tragen also gemeinsam die Verantwortung für die Familie, und darum sind auch beide Ehegatten verpflichtet, für deren Unterhalt zu sorgen."[3] Die Haushaltstätigkeit einer nichtberufstätigen Hausfrau wird allerdings auch nicht abgewertet, sondern ausdrücklich als möglicher Beitrag zur Unterhaltspflicht gewertet.[4]

---

1) vgl. Cinq anneés de la legislature, a.a.O., S. 29
2) Meyer, H.H.: Das Eherecht unter dem Gesichtspunkt der Gleichberechtigung von Mann und Frau, Bern 1937, S. 108/114
3) Meyer, H.H., a.a.O., S. 114
4) Meyer, H.H., a.a.O., S. 115

1.3 Im allgemeinbildenden Schulsystem

1.3.1 Relevanz

Die Relevanz, eine Ansatzstelle zur Förderung beruflicher Bildungschancen im allgemeinbildenden Schulsystem zu suchen, ergibt sich vor allem für die Westländer aus der Tatsache, daß

1. die Überrepräsentierung bzw. Unterrepräsentierung der Mädchen an weiterführenden Schulen (wie z.B. Realschule, Gymnasium) über die Berufswahl und Qualifikation der Berufsausbildung eine gewichtige Vorentscheidung trifft,
2. die Inhalte, die in Lehrplänen, Unterrichtsmaterial u.ä. zu finden sind, geeignet sind, eine vorprogrammierende Wirkung auf die Rollenvorstellungen der Mädchen zu entfalten und somit die Berufswahl und die Entscheidung zur beruflichen Qualifikation beeinflussen,
3. Das Lehrerverhalten in hohem Maße wert- bzw. rollenvermittelnden Charakter und somit Auswirkungen auf die berufliche Qualifikation der Mädchen hat,
4. die Organisation des Schulsystems bezüglich der Durchlässigkeit ihrer Schultypen einen korrigierenden bzw. nicht korrigierenden Einfluß auf Frühentscheidungen der Mädchen im Hinblick auf schulische und berufliche Ausbildung hat.

1.3.2 Schullesebücher und anderes Unterrichtsmaterial

1.3.2.1 BRD

In einer Inhaltsanalyse von 1970[1] wird festgestellt, daß das Mutter- und Frauenstereotyp freundlichere und aktivere Züge in den neuen Lesebüchern gewonnen hat, daß aber an dem grundsätzlichen Weiblichkeitsidol (Schwerpunkt der

---

1) Schulbücher werden seit 10 Jahren ideologiekritisch untersucht, vgl. vor allem Sollwedel, J.: Das Mädchen- und Frauenbild in den Lesebüchern der Volksschulen, in: Informationen für die Frau 1968, 17, H 3, S. 12-14; ders.: Das neue Frauenbild in den Lesebüchern, in: Informationen für die Frau, 1970, 19, H 6, S. 6-8; Robisch, K.; Leibrand F.: Das Bild der Frau in den Lesebüchern der Grundschule, in: Die Schulwarte, 1969, H 22, S. 91-97

Frauenrolle liegt in Familie und Haushalt) außer einigen kosmetischen Korrekturen keine grundlegenden Veränderungen vorgenommen sind.[1]
Für Gymnasien der BRD ergibt sich folgende Situation:
Die Repräsentanz männlicher Hauptpersonen in den Lesestücken nimmt zu, die der Frau entschieden ab.[2] Der gesellschaftliche Status der Frau ist gering, wobei der Indikator Schulbildung als einfach bezeichnet werden muß. Besonders interessant für unsere Aufgabenstellung ist der Fund, daß 90 % aller schulentlassenen Frauen keine abgeschlossene Schulausbildung vorweisen können.[3]
Diese kurze Skizzierung der Problemlage macht deutlich, welche eminent wichtigen Ansatzstellen doch in dem Unterrichtsmaterial zu sehen sind.
Die Überrepräsentanz von Mädchen an der Haupt- bzw. Realschule[4] und die Unterrepräsentanz am Gymnasium[5] veranschaulicht deutlich, daß für Mädchen im Gegensatz zu Jun-

---

1) Sollwedel, J.: Das neue Frauenbild in den Lesebüchern, a.a.O., S. 7; Ritz, Fröhlich, G.: Weltsicht und Weltverständnis im Lesebuch der Volksschule, Weinheim 1969; Grömminger, A.: Die deutschen Fibeln der Gegenwart, Weinheim 1969

2) vgl. Sollwedel, J.: Das neue Frauenbild in den Lesebüchern, a.a.O., S. 6 ff.; Krüger, U.M.: Kurzfassung der Untersuchung von A. Silbermann, in: Informationen für die Frau, 1971, S. 11 ff.; Silbermann, A.: Das Fremdbild des Mädchens und der Frau in Schulbüchern der BRD, Köln 1969; Langkau-Herrmann, M.; Langkau, J.: Arbeitsmarktstrategien zur verstärkten Integration der Frau in die Arbeits- und Berufswelt, a.a.O., S. 60

3) vgl. Sollwedel, J., a.a.O.; Krüger, U.M., a.a.O.;Silbermann, A., a.a.O.; Langkau-Herrmann, M., Langkau,J., a.a.O.

4) Pross, H.: Über die Bildungschancen von Mädchen in der BRD, a.a.O., S. 13

5) Pross, H., a.a.O., S. 11

gen im Durchschnitt die Chancen für eine qualifizierte Berufsausbildung schon bei der Wahl des Schultyps eingeschränkt wird.
Die Entscheidung der Mädchen für Schulabschlüsse mittlerer Qualifikation ist Ausdruck eines modifizierten Leitbildes der Frau. Die Berufstätigkeit wird grundsätzlich akzeptiert, aber nur auf einem mittleren Niveau, da der Beruf für die Frau in der BRD Nebensache ist.
Neben der Frage der Repräsentanz, die Ausdruck der Chancengleichheit sein kann, sind die Inhalte von Bildungsplänen, Lehrplänen und Unterrichtsmaterial in der BRD hinsichtlich ihrer Verhinderung oder Kompensierung der beruflichen Chancengleichheit von Frauen zu prüfen.
Langkau-Herrman und Langkau schlagen folgende Verbesserungen vor: "Überprüfung und Reform der Unterrichtsmaterialien, insbesondere der Lesebücher, mit dem Ziel, Klischeevorstellungen über die Rolle der Frau abzubauen."[1] Mit Klischeevorstellungen meinen Langkau-Herrmann und Langkau im wesentlichen die traditionellen Rollenvorstellungen von "Frau", die gekennzeichnet sind durch die 3 K's (Küche, Kirche, Kinder). Andere Autoren verlangen wie bei den Lehrplänen eine nicht näher bestimmte Revidierung der Inhalte von Unterrichtsmitteln.[2] Konkretere Vorschläge über die Art und Weise der Durchsetzung, z.B. in Form einer Kommission, die die Schulbücher laufend kontrolliert, existieren leider nicht. Dies ist besonders bedauerlich, da das Zusammenspiel von Schulbuchverlagen und der Genehmigungbehörde für die Durchsetzung einer Reform von großem Interesse ist.

---

1) Langkau-Herrmann, M. u. Langkau, J., a.a.O., S.78
2) Brück,D.: Berufstätige Frauen - Vorschläge zur Situationsverbesserung, in:Informationen für die Frau, a.a.O., S.20
Hoffmann-Bludau, B.: Das Gleichberechtigungsangebot im Arbeits- und Sozialversicherungsrecht, Bonn,Bad Godesberg, 1972, S. 76

1.3.2.2 Frankreich

Für Frankreich ist zu dem Problem Schullesebücher etc. kein Material bekannt, das sich mit diesen ideologiekritisch auseinandersetzt.

1.3.2.3 Schweden

Die Diskussion um die Lesebücher begann in Schweden schon Ende der 50iger Jahre.[1] Die Regierung ist in Schweden sehr bemüht, ihre Reformen in der Schule bezüglich der Gleichstellung der Geschlechter weiter auszubauen, wobei sie von folgendem ausgeht: "Der Inhalt der Lehrbücher und von anderem Material für den Unterricht darf nicht die traditionelle Vorstellung, welche Rolle das Geschlecht spielt, fördern, sondern soll sie im Gegenteil durch Aufklärung bekämpfen."[2] Was die Praxis anbelangt, gab es in der Vergangenheit kritische Stimmen, die zeigten, daß z.B. die Handbücher, die in dem Schulfach Sozialwissenschaften benutzt wurden, noch Elemente enthalten, die die traditionellen Rollenvorstellungen der Geschlechter bewahren.[3] Eine dänische Untersuchung zeigte, wie die Textbücher, die im Mathematikunterricht verwendet wurden, die Welt der Kinder in der selben Weise einteilen wie die Welt der Erwachsenen.[4] Der staatliche Lehrbuchausschuß untersucht regelmäßig die Schulbücher und anderes Unterrichtsmaterial, bevor es auf

---

1) Westmann-Berg, K.: Schoolbooks and roles of the sexes, in: Hertha, 5, 1969, S. 48/49

2) Sandlund, M.B.: Die Stellung der Frau in Schweden, a.a.O., S. 25

3) Frederiksson, J.: Die Stellung der Frau in Schweden, a.a.O.

4) "die Jungen bauen Eisenbahnen, Autos, Sprungfedern und Motorboote, sie sammeln Briefmarken, haben Aquarien, arbeiten mit Werkzeugen und haben Jobs als Boten. Die Mädchen kaufen puzzles, Plätteisen für die Puppenstube, sie spielen mit Puppen, kaufen Stoffe und Knöpfe und sind schrecklich wild auf Handarbeiten. Als Ergänzung kaufen sie für ihre Mutter ein und verdienen sich ihr Taschengeld durch Kinderhüten oder machen Besorgungen.

den Markt kommt.[1] Die Schulbuchverlage haben sich wohl weitgehend dieser Situation angepaßt, da Schulbücher, die die traditionelle Geschlechtsrolle beinhalten, nicht genehmigt werden. Gänzlich zufrieden ist man noch nicht in Schweden, da Unterrichtsmaterial wie z.B. Zeitungen und Zeitschriften nach wie vor traditionelle Leitbilder von Mann und Frau vermitteln.[2] Sicherlich finden sich noch Reste der traditionellen Leitbilder in den Schulbüchern, aber im Ganzen hat sich die Situation doch verbessert.[3] Die Frederika Bremer Assoziation möchte im Zusammenhang mit Lesebüchern und dem anderen Unterrichtsmaterial folgende Maßnahmen verwirklicht sehen:

1) Eine Revision der Textbücher und des anderen Bildungsmaterials.
2) Eine Unterstützung der Forschung in der Geschichte der Frauen.[4]

Diese Ansätze kann man als konkrete Ansätze zur Förderung beruflicher Bildungschancen bezeichnen.

1.3.3 Lehrpläne

1.3.3.1 BRD

Inzwischen hat in den meisten Bundesländern eine Reform der Lehrpläne stattgefunden. Nur noch in wenigen Bundesländern[5] finden sich in den Lehrplänen noch inhaltliche Erziehungsziele, die sich an der "wesensmäßigen Bestimmung der Frau"

---

1) Sandlund, M.-B.: Die soziale Stellung der Frau in Schweden, a.a.O., S. 29
2) lt. Auskunft L. Fasterius-Mundebo (Frauenverband der liberalen Partei = Folkspartiets Kvinnoförbund); ähnlich Vestin, M.: School, Instruction, and Sex Role Questions, in: The National Swedish Board of Education, Information Section, Stockholm 1971, S. 8
3) Vestin, M.: School, Instruction, and Sex Role Questions, a.a.O., S. 8
4) Westman Berg, K.: Schoolbooks and roles of sexes, a.a.O., S. 53
5) vgl. die Lehrpläne z.B. in Bayern

orientieren. [1] Dies wird besonders deutlich für den Hauswirtschafts- und Handarbeitsunterricht, der auch in den Bundesländern, die bereits ihre Lehrpläne reformiert haben, fakultativ als Alternative zum Werkunterricht angeboten wird, so daß wegen der traditionellen Vorprogrammierung seitens des Elternhauses die Mädchen nach wie vor den Hauswirtschafts- und Handarbeitsunterricht besuchen, während die Jungen den Werkunterricht vorziehen. Die Inhalte, die in dem Hauswirtschafts- und Handarbeitsunterricht vermittelt werden, sind noch stark den traditionellen Vorstellungen von der Frau verpflichtet, [2] da die Beamten der Kultusministerien auf Referentenebene, die die Richtlinien und Lehrpläne der Haupt- und Realschulen vorbereiten, Fachvertreterinnen, die in der Regel noch das Konzept der spezifischen "Mädchenbildung" vertreten, einen zu starken Einfluß auf die Erstellung der Lehrpläne zugestehen. [3]

Die Vorstellungen, die als Verbesserungsmaßnahmen geäußert werden, sind als wenig konkret zu bezeichnen. So schlagen Langkau-Herrmann, M. und Langkau,J. den Abbau geschlechtsspezifischer Differenzierungen in den Lehrplänen vor.[4] Auch Bezeichnungen "fortschrittliche und zukunftsorientierte Lehrpläne und Stundentafeln unterschiedslos für Jungen und Mädchen" [5], "geschlechtsneutrale Inhalte" [6] oder "gleicher Lehrstoff" bedürfen der Präzisierung, um konkret zu sein. [7] Die Wahlfreiheit z.B. zwischen Hand-

---

1) Hagenmaier,T.: Mädchenbildung in den Bildungsplänen der BRD, in: Die Schulwarte, 22, 1969
2) Borris,M. Die Benachteiligung der Mädchen in Schulen der BRD und Westberlin, a.a.O., S. 57
3) Borris, M., a.a.O., S. 83
4) Langkau-Herrmann,M.; Langkau,J.: Arbeitsmarktstrategien... a.a.O., S. 78
5) Programm des Deutschen Gewerkschaftsbundes für Arbeitnehmerinnen, Hrsg. Frauen im Bundesvorstand des DGB, Düsseldorf 1969
6) Laurien, H.: a.a.O., S. 10
7) Brück, D.: Berufstätige Frauen - Vorschläge zur Situationsverbesserung, a.a.O., S. 20

arbeit und Werken soll nach Auffassung befragter Referenten an den verschiedenen Kultusministerien nicht eingeschränkt werden. Sie lehnten auch ab, die Interessen der Mädchen auf die wissenschaftlichen und technischen Fächer zu lenken. "Die Erweiterung des Fächerangebotes genüge, so meinen sie, ohne zu berücksichtigen, daß Mädchen aus der Tradition heraus - die zu bewahren die Schule bisher aktiv mitgewirkt hat - bestimmte Fächerkombinationen wählen, insbesondere die der musischen, sozialpädagogischen, sozialpflegerischen und kaufmännischen Richtung."[1)]

1.3.3.2 Frankreich

Zu den Lehrplänen liegt für Frankreich leider kein Material vor.

1.3.3.3 Schweden

Die schwedische Regierung stellt die Schulen in den Dienst der Gleichberechtigung der Geschlechter. Sie sollen für den demokratischen Grundsatz der Gleichbehandlung der Geschlechter arbeiten. Sie sollen auch den Schülern behilflich sein, so unbefangen wie möglich ihre Voraussetzungen für verschiedene Studien und Berufe zu beurteilen. Weiterhin äußert man, daß Mädchen, die Interesse an Technik und Naturwissenschaft zeigen, ermutigt werden sollen, dieses zu pflegen und daß man die traditionelle Auffassung in diesen Fragen bekämpfen sollte.[2)]
Darüber hinaus will man auch keine unterschiedlichen Fächer für Mädchen und Jungen.[3)] "Auch die Jungen erhalten nämlich obligatorischen Unterricht in Haushaltskenntnissen, Kochen und Kinderpflege."[4)] Zu diesem Zweck wurde 1968 im

---

1) Borris, M. Die Benachteiligung der Mädchen in den Schulen der BRD und Westberlins, a.a.O., S. 83
2) Sandlund, M.-B., Die soziale Stellung der Frau in Schweden, a.a.O., S. 25
3) Leijon, A.-G., Swedish Women - Swedish Men, a.a.O., S. 70
Langer-El Sayed, I., Die Lebensrolle von Mann und Frau, a.a.O., S. 30
4) Sandlund, M.-B., a.a.O., S. 21

schwedischen Kultusministerium der Lehrplan für die obligatorische Grundschule überprüft mit Vorschlägen zum Unterricht für alle Schüler in Kenntnissen des Haushalts, der Kinderpflége, der Nadelarbeit, der Metall- und Holzarbeit.[1] Als sehr wichtig muß man vor allem die Tatsache ansehen, daß Jungen und Mädchen dieselben Stundentafeln haben. Sehr konkret wird das Problem vom schwedischen Kultusministerium angesetzt, indem es die einzelnen relevanten Fächer systematisch bezüglich der Gleichstellung der Frau untersucht.[2] Die schwedische Regierung schlug bereits 1968 vor, den Unterricht in Holz- und Metallarbeit und Nadelarbeit für Jungen und Mädchen für die ganze Grundschule (9Jahre) verbindlich zu machen, um endlich die Ansicht über die Rollen der Geschlechter zu verändern.[3]

1.3.4 Verhalten der Lehrer

1.3.4.1 Relevanz

In Zusammenhang mit der Förderung beruflicher Bildungschancen von Frauen ist das Verhalten der Lehrer zu sehen. Ihre Einstellung zur Rolle der Frau in unserer Gesellschaft hat einen sozialisierenden Einfluß auf Mädchen und Jungen.

1.3.4.2 BRD

Die Situation in der BRD bezüglich des Lehrerverhaltens zu erfassen, ist auf der Basis des wenigen empirischen Materials außerordentlich schwierig.[4] Pross schließt aus den Ergebnissen einer Befragung von Anger im Jahre 1960, daß der durchschnittliche Lehrer, ob an einer Volksschule, ob in der höheren Schule, kaum aufgeklärter sein

---

1) Sandlund, M.-B.: Die soziale Stellung der Frau in Schweden, a.a.O., S.21

2) Exerpt from the central standard curriculum for compulsory comprehensive school in Sweden, Hrsg. Swedish Ministry of Education, 1, 1971, S.1

3) Sandlund, M.-B., a.a.O., S.28

4) Langkau-Herrmann, M.; Langkau, J: Arbeitsmarktstrategien..., a.a.O., S.62

dürfte als seine eigenen Lehrer, die Professoren.[1] Es existiert lediglich eine Untersuchung über die Einstellungen von Hauptschulrektoren, die jüngeren Datums ist.[2] Sie ergab, daß "die meisten befragten Rektoren in bezug auf die Beurteilung der Begabung, das unterschiedliche Interesse von Jungen und Mädchen, in bezug auf die gesellschaftlichen Aufgaben der Frauen, in bezug auf das Bildungsziel der Hauswirtschaft sowohl als auch in bezug auf die generelle Ausrichtung der Hauptschulen den überkommenen Vorstellungen anhängen."[3] Die Direktoren der Realschulen vertreten diese traditionellen Auffassungen nicht so einheitlich wie die Hauptschulrektoren.[4]

Wenn das Verhalten der meisten Lehrer ähnlich dem der Schulleiter ist, dann dürfte sich in den Grund- und Hauptschulen bzw. den Realschulen eine traditionelle Geschlechtsrollenvermittlung entfalten, die die beruflichen Bildungschancen der Mädchen stark einschränkt. Das Verhalten der Gymnasiallehrer, die sich nach Lüscher primär als Fachwissenschaftler begreifen, die Wissensstoff vermitteln[5] und von ihrer Ausbildung her wenig Kenntnisse von den psycho-sozialen Aspekten der Bildungs- und Erziehungsprozesse haben[6], ist vermutlich ebenfalls wenig geeignet, eine kompensatorische Wirkung auf die berufliche Chancengleichheit zu entwickeln.

---

1) Pross, H.: Über die Bildungschancen von Mädchen in der BRD, a.a.O., S. 62;Neuere Untersuchungen liegen noch nicht vor.

2) Borris, M.: Die Benachteiligung der Mädchen..., a.a.O.,S. 77

3) Borris, M., a.a.O., S. 77

4) Borris, M., a.a.O., S. 81

5) Zur Frage des Rollenverständnisses von Lehrern (vgl. u.a. Kob, I.: Die Stellung des Lehrers in der modernen Gesellschaft, in: Bildung und Erziehung, 1966, S. 279 ff.)

6) Lüscher, K.: Der Beruf des Gymnasiallehrers, Bern 1965 S. 179

Als Maßnahmen fordern Langkau-Herrmann-Langkau die "Reform der Lehrerausbildung in Richtung auf die Vermittlung von Kenntnissen über psychologische und soziale Zusammenhänge" [1]. Dieser Ansatz steht im Zusammenhang mit der Erkenntnis, daß das Nichterkennen von Motivationsbarrieren bei Schülern, bzw. Schülerinnen auf die Unkenntnis der Gymnasiallehrer in Psychologie und Soziologie zurückzuführen ist. Andere Autoren beschränken sich lediglich auf die Forderung, die Lehrerausbildung müsse reformiert werden. [2]

1.3.4.3 Frankreich

Zum Verhalten der Lehrer liegt kein Material vor, das die geschlechtsspezifische Sozialisation der Lehrer ideologiekritisch untersucht bzw. verbessern will.

1.3.4.4 Schweden

Ob die Lehrer sich entsprechend den Lehrplänen verhalten, oder ob sie nach dem traditionellen Schema unterrichten, ist sehr schwer für die schwedischen Verhältnisse zu entscheiden.[3]
Da die Richtlinien in Schweden viel eindeutiger die Gleichstellung von Mann und Frau fordern, dürfte es sehr schwer für die Lehrer sein, in dieser Hinsicht abzuweichen. Außerdem besitzt Schweden eine Zentralschulverwaltung, die eine unvergleichlich hohe Kompetenz gegenüber den Inhalten und

---

1) Langkau-Herrmann, M.; Langkau, J.: Arbeitsmarktstrategien..., a.a.O., S. 78
2) Hoffmann-Bludau, B.: Das Gleichberechtigungsangebot im Arbeits- und Sozialversicherungsrecht, a.a.O., S.76; Brück, D.: Berufstätige Frauen - Vorschläge zur Situationsverbesserung, a.a.O., S. 20
3) Empirische Untersuchungen, die sich in englischer Sprache mit diesem Problem befassen, gibt es leider nicht.

Methoden hat, die in der Schule praktiziert werden.[1] Außerdem hat sich mit der radikalen Erhöhung der Lehrerzahlen in den 60iger Jahren[2] das Lehrerkollegium radikal verjüngt,[3] sodaß der Einfluß der traditionellen Rollenvorstellung bei den Lehrern als gering vermutet werden kann. Von Seiten der Frauenverbände wird gefordert, daß die zukünftigen Lehrer in obligatorischen Lehrgängen für ihre Aufgabe, als Vertreter der modernen Auffassung von der Gleichstellung von Mann und Frau in der Schule zu wirken, vorbereitet werden.[4]

---

1) Die Weisungskompetenz der Zentralschulverwaltung reichte und reicht bis in den Unterricht, wodurch es erleichtert wurde, Reformimpulse radikal, bis ins Curriculum und in die Unterrichtsmethode hinein, zu konzipieren und ihnen von einem Zentrum her Durchsetzungskraft zu verleihen. Trotz dieser Konzentration von Weisungsbefugnis hat man offenbar während des Reformprozesses die naheliegende Gefahr weitgehend vermeiden können, daß der Zentralismus zum Dirigismus entartet. (vgl. Teschner,W.P., Pädagogische Innovation in Schweden, Stuttgart 1972,S.16/131)

2) Stenholm,B.: Education in Sweden, Stockholm 1970, S. 70

3) lt.Auskunft von Frau Fasterius-Mundebo, Frauenbund der liberalen Partei (Folkspartiets Kvinnoförbund)

4) Westman Berg, K.: Schoolbooks and roles of the sexes, a.a.O., S.53

1.3.5 Organisation des Schulsystems

1.3.5.1 BRD

Wenn man die Situation in der BRD betrachtet, so ergeben sich Chancengleichheiten für Mädchen in der schulischen Qualifizierung (und damit auch für die berufliche Qualifizierung) durch die Organisationsform des Schulsystems und durch die Art und Weise der Finanzierung der qualifizierten Schulausbildung. [1]

Koedukation ist in der BRD für die weiterführenden Schulen nicht obligatorisch. "Statistische Angaben über den Anteil der Jungen und Mädchen, die gemeinsam unterrichtet werden, liegen nicht vor." [2] In NRW soll die Koedukation sehr selten sein. [3]

Das dreigliedrige Schulsystem in der BRD bringt es mit sich, daß die Entscheidung für den Übergang zu weiterführenden Schulen in der Regel nach vier Grundschuljahren [4] fällt. Dieser frühe Termin wirkt sich genauso negativ auf Mädchen aus wie auf Arbeiterkinder. [5] In dieser Hinsicht stellt die BRD einen Sonderfall dar, da sie als einziges Land unter den großen Industrienationen bereits nach dem 4. Schuljahr ausliest und zugleich den höchsten Grad

---

1) Langkau-Herrmann, M.; Langkau, J.: Arbeitsmarktstrategien..., a.a.O., S. 67

2) Langkau-Herrmann, M.; Langkau, J., a.a.O., S. 59

3) César, C., u.a.: Die Diskriminierung der Schülerinnen. Am Beispiel der nordrheinwestfälischen Lehrpläne, in: Blätter für deutsche und internationale Politik, 15. Jg., 1970, S. 963

4) Eine Ausnahme bildet Westberlin. M. Langkau-Herrmann und J. Langkau führen den höheren Anteil der Abiturientinnen in Westberlin auf den späteren Übergang zu weiterführenden Schulen zurück.

5) Hitpass, J.: Einstellung der Industriearbeiterschaft zu höherer Bildung, Ratingen, 1965, S. 72; Schlaga, G.: Grundschule und weiterführende Schulen, Vortrag, gehalten vor der Bundesfrauenkonferenz der SPD in Nürnberg 1970, Hrsg. Vorstand der SPD Bonn 1970, S. 58

sozialer Auslese aufweist.[1] Aber auch der Mangel an Durchlässigkeit des dreiglierigen Schulsystems in der BRD engt die Bildungs- und Berufschancen ein, da er die Korrekturen an zu früh gefällten Entscheidungen erschwert.[2]
Im Hinblick auf das allgemeinbildende Schulsystem gibt es im Gegensatz zur Familiensituation wesentlich mehr konkrete Ansätze in der bundesrepublikanischen Literatur. Es gilt allerdings auch Tendenzen weiter zu bekämpfen, die auf der Basis einer ganzheitlichen Erziehung die allumfassende Mädchenerziehung wieder installieren möchte.[3] Im weiteren werden folgende Reformvorschläge für die BRD gemacht:

"1. Gemischte Klassen auf allen Stufen zur Aufhebung der Ghettosituation von Mädchen und um eine spezifische Mädchenbildung auf Kosten der naturwissenschaftlichen und technischen Ausbildung zu verhindern.[4]
2. Heraufsetzung des Übergangsalters zu weiterführenden

---

1) Schlaga, G., a.a.O., S. 58
2) Langkau-Herrmann, M.; Langkau, J., a.a.O., S.69
3) Haas, J.: Gibt es noch das junge Mädchen?, in: Die unfertige Emanzipation. Hrsg. Wisselinck, E., München 1965, S. 36 ff.; Verein katholischer deutscher Lehrerinnen. Empfehlungen zur Mädchenbildung, in: Katholische Frauenbildung, 1967, S. 300 - 302; Dessauer, R.: Probleme moderner Frauenbildung. Vortrag der 73. Hauptversammlung des VKdL in Trier, in: Katholische Frauenbildung 1967, 68, S. 273 - 286; Das Bildungsprogramm des Vereins katholischer Lehrerinnen 1964, in: Katholische Frauenbildung, Doppelheft Sept./ Okt, 1964
4) Brück, D.: Berufstätige Frauen - Vorschläge zur Situationsverbesserung, a.a.O., S. 20; "wenn auch die Förderung der beruflichen Bildungschancen von Frauen nicht die Zielvorstellung von Langkau-Herrmann - Langkau ist, sondern die Integration von Frauen in die Arbeits- und Berufswelt, so stellen ihre Vorschläge auch indirekte Maßnahmen zur Verbesserung beruflicher Bildungschancen von Frauen dar. (vgl. Langkau-Herrmann, M.; Langkau, J. Arbeitsmarktstrategien ..., a.a.O., S.78)

Schulen[1], um Frühentscheidungen für einen bestimmten Schultyp zu vermeiden.

3. Schaffung größerer Flexibilität und Durchlässigkeit in den Bildungsgängen zwischen den Schularten und innerhalb der Schularten z.B. durch Einführung der Gesamtschulen."[2]

H. Laurien, die ebenfalls die mangelnde Durchlässigkeit der Realschule bzw. anderer Bildungsgänge sieht, möchte lediglich die Durchlässigkeit der Realschule bzw. des Gymnasiums erhöhen.[3]

1.3.5.2 Frankreich

Das dem Erziehungsministerium unterstehende allgemeinbildende französische Schulsystem ist vor allem durch eine große Anzahl privater Erziehungsträger neben den staatlichen Institutionen charakterisiert. Unter den privaten Erziehungsinstitutionen dominieren die kirchlichen, vor allem katholische Institutionen. Das hat teilweise noch heute zur Folge, daß nur etwa 50 % der weiterführenden Schulen in Frankreich Koedukation kennen.

Das französische Ausbildungssystem ist durch große Differenziertheit und durch eine gezielte Tendenz zur Eliteauslese gekennzeichnet.

Das allgemeinbildende Schulsystem gliedert sich - unter Ausklammerung der Vorschulerziehung - grob gesehen in:

1. Die Primarschulen, "Ecoles primaires", die heute fast nur noch die fünfklassige Volksschulunterstufe umfassen oder dazu die sechsklassige Volksschuloberstufe.
2. Die mittleren und höheren Schulen
   a) Die "Collèges d'Enseignement Général"(C.E.G.), an die Grundschulen angeschlossene Mittelschulen mit einer Schulzeit von 2 Jahren (kurze Ausbildung) bzw. 4 Jahren. Diese C.E.G. bestehen vor allem in der französischen Provinz, obwohl sie nach der Fouchet - Re-

---

1) Langkau-Herrmann, M.; Langkau, J., Arbeitsmarktstrategien..., a.a.O., S. 78

2) Langkau-Herrmann, M.; Langkau, J., a.a.O., S. 79

3) Laurien, H., a.a.O., S. 8

form von 1964 hatten aufgegeben werden sollen, um sie samt der Volksschuloberstufe und sämtlicher Zweige der Lycées (den deutschen Gymnasien vergleichbar) in den sogenannten Collèges d'Enseignement sécondaires aufgehen zu lassen.
Die C.E.G. haben nur neusprachliche und naturwissenschaftliche Zweige und werden vorwiegend von Kindern der Unterschicht und der unteren Mittelschicht besucht; unter diesen Kindern sind es wieder vor allem Mädchen, die sie besuchen.
Im Schuljahr 1970/71 besuchten insgesamt 546.300 Mädchen gegenüber 266.200 Jungen diese Schulen [1], die wegen ihrer wenig spezifischen und gleichzeitig nicht genügend theoretisch-vertiefenden Ausbildungsziele eine ziemlich schlechte Ausgangslage für einen den Arbeitsmarktanforderungen entsprechenden Berufseintritt der Jugendlichen bieten.

b) Die "Collèges d'Enseignement sécondaires" (C.E.S.). Dies ist der noch nicht überall in Frankreich seit der "Fouchet - Reform" geschaffene neue Typus einer Gesamtmittelschule, die sämtliche Zweige der unteren Klasse Lycée, des C.E.G und die Volksschuloberstufe umfaßt und die der Durchlässigkeit der Schularten dienen soll.

c) Das Lycée, das zu verschiedenen Arten des Abiturs führt. Aus einer Statistik aus dem Jahre 1970/71 geht hierzu z.B. hervor, daß 38.85700 Mädchen gegenüber 15.83200 Jungen eine Abiturklasse des literarisch-sprachlichen Typs besuchten und nur 569 000 Mädchen z.B. die naturwissenschaftlich-technischen Abiturklassen gegenüber 8.181 000 Jungen. [2]

Es gibt sowohl in den C.E.G. wie in den C.E.S. und in

---

1) Annuaire statistique de la France, Resultats du 1971, Paris 1973, S. 84

2) Annuaire statistique de la France, a.a.O. S. 91

den Lycées keine institutionalisierte Berufsberatung, die auf die spezifischen Erfordernisse der Bildungswege von Mädchen angesichts der Entwicklungen moderner Industriestaaten ausgerichtet wäre.
Allgemein ist festzustellen, daß im französischen allgemeinbildenden Schulsystem bis jetzt keine besonderen Ansatzstellen zur Förderung der beruflichen Bildungschancen von Frauen zu finden sind.

1.3.5.3 Schweden

In Schweden ergeben sich keine Chancenungleichheiten für Mädchen durch die Organisationsform des Schulsystems.

1. Es existiert die Koedukationsform der Schulen für alle Schüler.[1] Sie besteht seit 1962 für alle Schulen verbindlich. Darin sieht man einen wichtigen Punkt zur Realisierung der Gleichberechtigung der Frau.[2]
2. Alle Schüler besuchen gemeinsam die Grundschule.
3. Auch die weiterführende Gymnasialschule ist wie die Grundschule eine Einheitsschule. Sie hat viele verschiedene Studiengänge. Gemeinsam für alle Studiengänge ist, daß sie sowohl eine Vorbereitung für höhere Studien wie eine mehr oder weniger umfassende Berufsausbildung vermitteln können.[3]
4. Die Gesamtschule ist seit 1971 eingeführt. Diese wichtigsten Daten der Organisationsform machen deutlich, daß man a) Frühentscheidungen, die zu einer negativen Auslese für Mädchen führen würden und b) typische Studiengänge für Mädchen vermeiden möchte. Der Erfolg ist, was den Schulbesuch der Mädchen anbelangt, auch nicht ausgeblieben. Es besuchen genausoviele Mädchen wie Jungen das Gymnasium.

---

1) Leijon, A.G.: Swedish Women - Swedish Men, a.a.O., S. 68
2) Langer - El Sayed, I.:Die Lebensrollen von Mann und Frau, a.a.O., S. 30
3) O.C.D.E. Rapport national: Le rôle des Femmes dans l' Economie: Suede, a.a.O., S. 23

1.4 In der beruflichen Situation

1.4.1 Allgemeine Relevanz

Grundsätzlich ist zu bemerken, daß die Berufstätigkeit nur dann als Indikator für die Emanzipation der Frau anzusehen ist, wenn die Aufgabenstellung und die Art der zu verrichtenden Berufsarbeit eine relative Selbstbestimmung der Frau zuläßt. Fließbandarbeit und ähnliche Tätigkeiten haben keine bzw. eine gegenteilige Wirkung auf die Emanzipation der Frauen.
Die berufliche Situation, wie sie sich für die Frau darstellt, hat je nachdem, ob Frauen Benachteiligung erfahren oder nicht, eine positiv motivierende Wirkung auf die Bereitschaft der Frauen, sich beruflich zu qualifizieren. Die Motivation wird erheblich durch die Erfolgschancen und die Lohn- und Gehaltssituation im Beruf bestimmt. Die soziale Distanz der Frauen zum beruflichen Bereich, die durch die Sozialisation der Mädchen in Familie und Schule erzeugt wird, ist größer als bei Männern. Sie kann verringert werden, wenn die Erfahrungen der Frauen im Beruf positiv sind. Die Erfolgschancen der Frauen im Beruf haben andererseits auch Einfluß auf die Bereitschaft der Vorgesetzten und Kollegen, Frauen in der beruflichen Arbeit als gleichrangig zu betrachten, sie entsprechend sorgfältig auszubilden und weiterzubilden, obwohl deren Einstellungen sicherlich in den meisten Fällen als vorurteilsvoll zu bezeichnen sind. Auch die Gestaltung des Arbeitsplatzes und der Arbeitsschutz beeinflussen die Motivation der Auszubildenden und der Ausbilder.

1.4.2 Faktoren des Bewußtseins

1.4.2.1 Der berufliche Aufstieg

Der berufliche Aufstieg muß als gewichtiger Faktor für die berufliche Situation gesehen werden.

1.4.2.2 BRD

Daten über die Aufstiegsmöglichkeiten von Frauen in der BRD zu erhalten, stellt einen vor einige Schwierigkeiten, da keine statistischen Erhebungen zu diesem Sachverhalt

vorliegen.[1] Es existieren lediglich Auskünfte der Bundesanstalt für Arbeit,[2] statistische Angaben zur Lage im öffentlichen Dienst[3] und Aussagen der Arbeitgeberverbände. Auf der Basis dieser lückenhaften Ergebnisse kommt E. König zu der Schlußfolgerung, daß die Gruppe der weiblichen Führungskräfte, gemessen an über 22 Mill. unselbständiger Erwerbstätiger, insgesamt klein ist.[4] Dies gilt besonders für obere Führungsstellen in Großbetrieben, wo die Akademikerinnen vorzugsweise in Stabsstellen beschäftigt werden.[5] Auf der mittleren Führungsebene sieht die Situation etwas besser aus.[6]
In kleineren Unternehmen und auch in bestimmten Branchen, z.B. im kaufmännischen Bereich, im Handel und zum Teil im Versicherungsgewerbe gestalten sich die Aufstiegsmöglichkeiten der Frauen in obere Führungspositionen etwas besser.[7]
Nach den Angaben des Statistischen Bundesamtes befinden sich weniger als ein Zehntel der erwerbstätigen Frauen in leitenden Positionen.[8]
Als Verursachungsmomente für die schlechtere Aufstiegslage der Frauen werden neben den ungünstigeren Ausbildungsmöglichkeiten der Frauen[9] mangelnde Berufskontinuität,[10]

---

1) König, E.: Die Einstellung der Behörden und der Wirtschaft zu weiblichen Vorgesetzten und Stabskräften, in: VDI - Informationen - Frauen im Ingenieurberuf, 1969, S. 23.
2) König, E., a.a.O., S. 23-24
3) "mittelbare Anhaltspunkte für die Bundesverwaltung und für die Gruppe der Hochschullehrer sind vorhanden." (König, E., a.a.O., S. 23)
4) König, E., a.a.O., S. 23
5) ebenda
6) ebenda
7) ebenda
8) Wirtschafts und Statistik, 11, 1971, S. 679 ff.
9) Brunotte, E.-R.: Die Bildungssituation der Frauen in der Industriegesellschaft, Stuttgart 1968, S. 35;
Wilms, D.: Ausbildung, Weiterbildung, Aufstieg von Mädchen und Frauen in der modernen Arbeitswelt. Hrsg.: Deutsches Industrieinstitut, Köln 1964, S. 37
10) Wilms, D.; Dennebaum, E.-M.: Probleme der Ausbildung und des Aufstiegs von weiblichen Beschäftigten in der Wirtschaft, in: Wirtschafts- und Sozialpolitische Grundinformationen für Vortrag, Rede, Unterricht und Diskussion, IV, 13, 1968, S. 14

der nichtautoritäreFührungsstil[1], ihre persönliche Immobilität[2], die Doppelbelastung der Frau und auch einige Rechtsregelungen[3], auch die negative Einstellung zu eigener Vorgesetztentätigkeit gesehen[4]. Die Vorurteile der Vorgesetzten und Kollegen werden nur als letzte Möglichkeit erwähnt.
Auf Grund der starken Sozialisation der Frau in Richtung eines dienenden und helfenden Rollenklischees von Frau, das in Familie und Schulen den Frauen in der BRD immer noch nahe gebracht wird, fällt es den Frauen außerordentlich schwer, die Angst- und Schuldgefühle zu überwinden, die sich mit der Abweichung vom traditionellen weiblichen Verhalten automatisch einstellen.[5] Ihre Abhängigkeit von dem Urteil der Umwelt läßt sie nicht in dem geforderten Maße eine positive Haltung zur eigenen Vorgesetztentätigkeit entwickeln, da das herausgehobene Chefdasein das Geborgensein in einem beziehungsreichen Team nicht zuläßt.[6]

---

1) Laube, H.: Berufsaufstieg der Frauen durch berufliche Weiterbildung, in: Material- und Nachrichtendienst Deutscher Lehrerverbände (GEW), Celle 1962, S. 88-101; Menschik, J.: Gleichberechtigung oder Emanzipation?, Frankfurt 1971, S. 113; Wilms, D.; Dennebaum, E.-M., a.a.O., S. 15
2) Wilms, D.; Dennebaum, E.-M., a.a.O., S. 14
3) bis heute sind z.B. Frauen an der Börse nicht als Makler zugelassen, was sich hemmend auf den Aufstieg im Bankwesen auswirkt. (vgl. Wilms, D.; Dennebaum, E.-M., a.a.O., S. 19
4) Wilms,D., a.a.O., S. 30; DAG Untersuchung über Motivation von Teilnehmern an Maßnahmen beruflicher Erwachsenenbildung, Hamburg 1970, S. 176; sogar Unternehmerinnen äußerten diese Meinung. (vgl. Hartmann, H.: Die Unternehmerin. Selbstverständnis und soziale Rolle, Köln/Opladen 1968); Laube, H., a.a.O.; Menschik, J., a.a.O., S. 118)
5) Langkau-Herrmann, M.; Langkau, J., a.a.O., S. 132
6) ebenda

Wenn auch sichtlich die eigene Angst der Frauen vor einer exponierten Vorgesetztenrolle den Aufstieg der berufstätigen Frau behindert, so gibt es aber auf der anderen Seite Frauen, die entweder anders sozialisiert sind oder die Sozialisationsdefizite abgelegt haben. Diese Frauen sind bereit, Vorgesetztenfunktionen zu übernehmen und haben auch zum größten Teil ihr ganzes Leben auf eine qualifizierte Berufstätigkeit eingestellt. Die möglichen Vorurteile der Vorgesetzten und Kollegen werden zumeist als letzte Möglichkeit erwähnt.[1]

So werden die negativen Ergebnisse im öffentlichen Dienst immerhin z.T. auf die Vorurteile von Vorgesetzten und Kollegen zurückgeführt.[2]

Um die Aufstiegsmöglichkeiten zu verbessern, gibt es eine ganze Reihe Verbesserungsvorschläge. Viele Vorschläge gehen dahin, daß eine verstärkte berufliche Förderung der Ausbildung von Frauen die beruflichen Aufstiegschancen der Frauen ganz erheblich verbessern werde .[3] An dieser Stelle wird die Wechselbeziehung zwischen Aufstieg und beruflicher Ausbildung besonders deutlich. Mir scheint dies ein wichtiges Argument zu sein.

Um den Frauen die Vorgesetztenrolle zu erleichtern, hält man es für notwendig, die autoritären Herrschaftsformen z.B. in den öffentlichen Verwaltungen abzubauen.[4] Darüber hinaus empfehlen Langkau-Herrmann und Langkau Maß-

---

1) König, E.: Die Einstellung der Behörden und der Wirtschaft zu weiblichen Vorgesetzten und Stabskräften, a.a.O., S. 24; anderer Ansicht: Laube , H.: Frauen als Vorgesetzte. Hrsg. Das Rationalisierungskuratorium der Deutschen Wirtschaft (RKW), Förderung der Frauenarbeit, Bad Harzburg und Frankfurt 1964, S. 16

2) König, E., a.a.O., S. 24

3) König, E. , a.a.O., S. 24

4) Langkau-Herrmann, M.; Langkau, J.: Arbeitsmarktstrategien..., a.a.O., S. 164

nahmen zur Erhöhung der Berufskontinuität von Frauen durch die Einführung eines Karenzurlaubs, durch längerfristige Unterbrechungsmöglichkeiten analog den Sonderregelungen für Beamtinnen, durch gesetzlichen oder tarifvertraglichen Anspruch auf Teilzeitarbeit unter Wahrung der Rechte, die sich aus der Dauer der Betriebszugehörigkeit insbesondere für den Aufstieg ableiten.[1]
Als Maßnahme wird der Abbau der Vorurteile empfohlen, wobei die Frauen besonders zur Vorgesetztentätigkeit ermutigt werden sollen.[2] Das überkritische Kontrollieren soll von den Vorgesetzten durch eine geduldige Unterstützung der Frauen in leitenden Positionen ersetzt werden.[3]

1.4.2.3 Frankreich

Die berufstätigen Frauen in Frankreich stellen zu 81 % das Dienstleistungspersonal, zu 63 % die (kleinen) Angestellten, zu 51,8 % die mittleren Führungskräfte, zu nur 26,3 % die höheren Führungskräfte und Selbständigen und zu 24 % die Arbeiter.
Frauen waren 1968 als höhere Führungskräfte allein zu 45,1 % als Lehrkräfte tätig, hingegen nur zu 19,4 % als Selbständige, zu 12,8 % als höhere Führungskräfte der Verwaltung und z.B. nur zu 3,5 % als Diplomingenieure.
Von den weiblichen Arbeiterinnen waren nur 1,6 % Meister, 39,9 % "spezialisierte Arbeiterinnen", 26,9% Facharbeiterinnen und 29,8 % Hilfsarbeiterinnen.[4]
Man sieht an diesen Daten, daß der Anteil der Frauen, die in den Aufstiegspositionen. d.h.,z.B. als höhere Führungskräfte, tätig sind, verhältnismäßig gering ist.
M. Guilbert[5] weist darauf hin, daß insbesondere die fran-

---

1) Langkau-Herrmann,M.; Langkau,J., a.a.O., S.164/165
2) Wilms, D.: Ausbildung, Weiterbildung, Aufstieg..., a.a.O., S. 30
3) ebenda
4) zitiert nach: I.N.S.E.E., 1972 in: OCDE Rapport national: France, le Rôle des Femmes dans l'Economie, Paris 1973 S. 109/111
5) vgl. Guilbert,M.: Les Fonctions des Femmes dans l' Industrie, Paris/ La Haye 1966, S. 208

zösischen Arbeitgeber hinsichtlich der Frauenberufstätigkeit zu bedenken geben, daß diese gern einfache Tätigkeiten ausführen.
In der Arbeiterschicht, so sagt Gilbert weiter, sind die Eltern und die betroffenen Frauen noch sehr stark auf geschlechtsrollentypische Berufstätigkeiten und entsprechende Berufsausbildungen fixiert. Innovatorische Haltungen sind hier gering. Sie meint jedoch auch, man solle die Geschlechtsrollenvorstellungen als hemmende Faktoren nicht überbewerten. Auch das tatsächliche Nichtvorhandensein von Berufsperspektiven (insbesondere im technischen Bereich) könne die Entscheidung der Eltern und die beruflichen Interessen bzw. die Berufsorientierung der Mädchen beeinflussen.[1]
Zur Frage der Einstellung der Arbeiterinnen zu ihren Tätigkeiten sind folgende Untersuchungsergebnisse, die Guilbert in Fabriken des Pariser Raumes erzielte, besonders interessant:[2]
Als man den Arbeiterinnen eine Liste möglicher Arbeiten in der Fabrik (Lehrtätigkeiten ausgenommen) vorlegte und sie bat, diese in drei Gruppen einzuteilen, nämlich in solche, die nur Männern übertragen werden könnten, und in solche, die nur Frauen übertragen werden könnten,und schließlich in solche, die sowohl Männer wie Frauen tun könnten, stellte sich heraus, daß 75 % der Frauen genauso einteilten, wie die Einteilung in ihrem Betrieb vorgenommen worden war (d.h. geschlechtsrollenspezifisch). Bei den Männern, denen die gleiche Aufgabe vorgelegt wurde, waren die situationskonformen Antworten noch höher, sie lagen bei 86,5 %.
Die Frauen akzeptieren im allgemeinen die ihnen zugedachten einfachen Arbeiten. Sie bevorzugen die Serientätigkeiten, die Aufgaben mit Wiederholungscharakter und die sitzenden Tätigkeiten.Die Männer hingegen mögen gerade

---

1) vgl. Guilbert,M.: Les Fonctions des Femmes dans l'Industrie, a.a.O., S. 210
2) vgl. ebenda

diese Tätigkeiten im allgemeinen nicht.
Guilbert weist noch darauf hin, daß ein Grund, weshalb die Arbeiterinnen die ihnen zugewiesenen serienweisen, repetitiven und monotonen Arbeiten vielleicht so gerne akzeptieren auch darin liegen könnte, daß sie den Haushaltstätigkeiten, von denen viele der Frauen in die betriebliche Arbeitswelt hinüberwechseln, ähnlich seien.
Schließlich bemerkt sie noch, daß die größere Motiviertheit der Frauen bezüglich der Höhe der Entlohnung ihrer Tätigkeiten und nicht im Hinblick auf die Qualität ihrer Tätigkeiten damit zusammenhänge, daß viele dieser Industriearbeiterinnen überhaupt keine Qualifikation haben. Sie gingen eben gerade deshalb der Fabrikarbeit nach, weil sie hier - gemessen an ihrer Qualifikation - die besten Einkommenschancen hätten.
"Da es die Frauen des Arbeitermilieus sind, die", wie Guilbert feststellt, "im Prinzip das Familienbudget verwalten, ist es verständlich, daß sie stärker materielle Motive zu ihrer Erwerbstätigkeit haben, und daß sie an Lohnerhöhungen, die durch eine Steigerung, z.B. des Arbeitstempos, zustandekommen, stärker interessiert sind als z.B. die entsprechenden Männer ihres Milieus." [1)]
Die folgende Tabelle von M.-L. Kaplan zeigt, daß die materiellen Motive zur Berufstätigkeit bei allen Frauen in allen Schichten an der Spitze liegen.[2)] Nur bei den Frauen der obersten Schichten ist das Motiv "Liebe zum Beruf" an zweiter Stelle anzutreffen.

---

1) vgl. Guilbert, M.:Les Fonctions des Femmes dans l'Industrie, a.a.O., S. 214
2) vgl. Kaplan, M.-L.: Les Femmes et le Travail, in: Les Cahiers Francais, No 154-155, Mai - Août 1972, S. 44

Tabelle: Motive zur Erwerbstätigkeit der Frau

1. <u>In der Arbeiterschicht</u>:

Um das Familienbudget aufzubessern	95 %
Um den Kindern des Fortsetzung ihrer Ausbildung zu ermöglichen	79 %

2. <u>In der Mittelschicht:</u>

Um das Familienbudget aufzubessern	90 %
Um den Kindern die Fortsetzung ihrer Ausbildung zu ermöglichen	77 %
Um der Langeweile zu Hause zu entgehen	5o %
Aus Liebe zum Beruf	40 %

3. <u>In der Oberschicht</u>:

Um das Familienbudget aufzubessern	90 %
Aus Liebe zum Beruf	58 %
Um der Langeweile zu Hause zu entgehen	40 %

Aus dem Vorangegangenen wird klar, daß die Einstellungen der berufstätigen Frauen in der Industrie, die Einstellungen ihrer Kollegen und der Arbeitgeber in Frankreich dazu angetan sind, die beruflichen Bildungschancen der Frauen negativ zu beeinflussen. Es bestehen in Frankreich keine konkreten Ansätze, um diese in diesem Rahmen zu fördern.

1.4.2.4 Schweden

Die Frage nach dem beruflichen Aufstieg ist hier dahingehend zu präzisieren, ob und wie viele Frauen sich in verantwortungsvollen, d.h. leitenden Positionen, in den verschiedenen Bereichen befinden.
Die Gewerkschaften stellen fest, daß die berufstätigen Frauen in subalternen und ärmlich bezahlten Jobs tätig

sind.[1]
In allen Bereichen befinden sich die Frauen in Schweden vor allem in den unteren Bereichen der Betriebshierarchie. So veröffentlichte die TCO[2] kürzlich einen Überblick über den Beschäftigungsstatus von Frauen und Männern in abhängiger Arbeit. 1970 hatten 80 % der Frauen im industriellen Sektor Beschäftigungen, die als Routinearbeit bezeichnet wurden, im Gegensatz zu grob 19 % der Männer.[3] Über 5 % der Frauen und 50 % der Männer hatten einen unabhängigen Aufgabenbereich, der mit dem Management zusammenhing.[4]
Die schwedische Regierung hält den oft zitierten Grund, Frauen seien deshalb so selten in führenden Positionen, da sie im Durchschnitt jünger als ihre männlichen Kollegen und bedeutend kürzere Zeit im Dienst seien, für

---

1) The family in a society based on equalitiy, in: Towards Equality , First Report of the Working Group on Equality set up by the Swedish Confederation of Trade Unions, Lund 1971, S. 81; Nach den statistischen Daten des Labour Force Surveys gab es 1972 insgesamt 300 500 Unternehmer, davon nur 37 200 Frauen, d.h. 12 %. Der Prozentsatz ist sehr niedrig, aber der Zuwachs beträgt immerhin fast 2 % bei den Frauen, während insgesamt eine deutliche Verringerung der Gesamtzahl der Unternehmer eingetreten ist. (vgl. Report in reply to questionnaire in OECD document MS/S 73.2, concerning the role of women in the economy (Sweden), S. 24
2) Central Organization of Salaried Employees
3) Report in reply..., S. 24
4) ebenda

nur teilweise richtig. [1] Sie weist darauf hin, daß bei den jüngsten Beamten - wo die Zahl der Dienstjahre keine größere Rolle spiel - die Beamtinnen sich trotzdem in größerem Ausmaß in den niedrigsten Gehaltsklassen befinden [2] und keine qualifizierten Positionen bekleiden. Sie sieht den Grund vor allen Dingen darin, daß die Frauen von vornherein für niedrig qualifizierte Tätigkeiten eingestellt werden, die schlechter dotiert sind. [3] Frau Ahrland macht dieses Phänomen mit folgendem Beispiel transparent. "In den staatlichen Ämtern sind die Männer die Übergeordneten oder die Kanzleidiener, während die Frauen als Kontoristinnen und Raumpflegerinnen arbeiten (diese letzteren mit niedrigerem Gehalt als die Männer, jedoch schwererer Arbeit als die Kanzleidiener)."[4] Die Ursachen für dieses Phänomen sieht Frau Ahrland vor allem in der Teilzeitarbeit und in dem mangelnden Selbstvertrauen der Frauen bezüglich ihrer Vorgesetztentätigkeit. [5] Aber auch mehr oder weniger versteckte Diskriminierung der hochqualifizierten Frauen seitens der Leitungen im Unternehmen und in der Behörde werden von einigen Autoren gesehen. Auch wenn die schwedische Regierung sehr

---

1) Aus einer entsprechenden Tabelle ergibt sich, daß nicht weniger als 66% der Frauen Beamte sind. "Theoretisch sollten auch 60% der Frauen und 34% der Männer die höheren und besser bezahlten Posten im Staat und in den Gemeinden bekleiden." Diese Normalverteilungen wird aber nicht annähernd erreicht, obwohl die männlichen und weiblichen Beamten schon seit langem in gleicher Stellung das gleiche Gehalt beziehen. (vgl.: Sandlund, M.-B.: Die soziale Stellung der Frau in Schweden, a.a.O., S. 73/74)
2) Sandlund, M.-B., a.a.O., S. 74
3) ebenda
4) Ahrland, K.: Die Stellung der schwedischen Frauen auf dem Arbeitsmarkt, in: Aktuelle Informationen aus Schweden, Hrsg. Schwedisches Institut, 3, 1973, S. 2
5) Ahrland, K., a.a.O., S. 3

vorsichtig formuliert, so weist sie unverbindlich auf die Diskriminierung seitens der Betriebsleiter hin, wenn sie sagt:"Es wird auch behauptet, daß Frauen, die sich um traditionelle männliche und besser bezahlte Posten bewerben, geringere Aussichten haben, angestellt zu werden als Männer, die weniger befähigt sind."[1] Frau Leijon spricht in diesem Zusammenhang ganz offen von der Diskriminierung der Frauen. "Sie werden fast nie für Berufe eingestellt, die zu höheren Positionen führen, wie exzellent auch immer ihre Qualifikationen sein mögen."[2]
Thorsell hält ebenfalls die Attitüden der Firmenleitung für sehr wichtig, da sie die Entscheidung bei der Einstellung von Frauen trifft. [3] Thorsell fand heraus, daß einige Attitüden ganz offensichtlich auf Vorurteilen beruhen. [4] Alle anderen sind bezüglich ihres Realitätsgehaltes schwer zu prüfen. [5]
Auf den weiteren Grund für die schlechte Aufstiegssituation der Frauen - die Teilzeitarbeit - wird an anderer Stelle der Arbeit detailliert eingegangen werden. Was die Einstellung der Frauen zu ihren Aufstiegsmöglichkeiten anbelangt, gibt es eine Untersuchung in Schweden, die diese Problematik besonders sichtbar macht. 84% der Männer in einer großen Versicherungsgesellschaft glauben, daß sie eine höhere Stellung erhalten. Dagegen waren nur 47% der Frauen derselben Meinung im Hinblick auf ihren Aufstieg, obwohl 72% aufsteigen wollten. Ein großer Teil der Frauen war mit den Aufstiegsmöglichkeiten unzufrieden. [6]

---

1) Sandlund, M.B.: Die soziale Stellung der Frau in Schweden, a.a.O., S.78
2) Leijon, A.G.: Swdish Women - Swedish Man, a.a.O., S.52
3) Thorsell, S.: Employer Attitudes to Female Employees, in: The Changing Roles of Men and Women, a.a.O., S. 137
4) Thorsell, S., a.a.O., S. 143
5) Thorsell, S., a.a.O., S. 164
6) Ahrland, K.: Die Stellung der schwedischen Frauen auf dem Arbeitsmarkt, a.a.O., S.4

Man versucht in Schweden durch Ausbau der Vorschulerziehung[1], Erziehung in der Schule[2] usw. die Fixierung der Frau auf bestimmte traditionelle Berufe abzubauen, Vorurteile über die Leistungen der Frauen zu eliminieren und insgesamt die Frauen und Männer bezüglich der Gleichheit zu erziehen.[3] Außerdem schlägt die Regierung in Schweden eine Zusammenarbeit aller Interessierten mit den Arbeitgebern vor.[4]

---

1) In spätestens drei Jahren soll die Vorschule für alle obligatorisch sein.
2) Die folgenden Instruktionen können gefunden werden in dem offiziellen Leitfaden für Lehrer an Gesamtschulen: "Wenn die Mädchen beruflich beraten werden, dann sollte man sie sehr klar darüber informieren, daß Frauen bedeutende Beiträge auf wissenschaftlichem, mathematischem und technischem Feld liefern können. Das sich entfaltende natürliche Talent oder Interesse bezüglich solcher Bereiche sollte positiv unterstützt werden, um ihre Fähigkeit und ihr Interesse weiterzuentwickeln." (vgl.: Baude, A.; Holmberg, P.: The Positions of Women and Men in the Labour Market, in: The Changing Roles of Men and Women, a.a.O., S.124; Leijon, A.-G.: Swedish Women - Swedish Men, a.a.O., S. 68; Die Gewerkschaftsbewegung und die Familienpolitik. Ein Bericht des Ausschusses für Familienfragen beim Gewerkschaftsbund, 1969, S. 39; Towards Equality, a.a.O., S. 82; Sandlund, M.-B.: Die soziale Stellung der Frau in Schweden, a.a.O., S. 79)
3) Sandlund, M.-B., a.a.O., S. 25; Leijon, A.-G., a.a.O., S. 76
4) Sandlund, M.-B., a.a.O., S. 79

1.4.3 Materielle Arbeitsbedingungen

1.4.3.1 In der Lohn- und Gehaltssituation

1.4.3.1.1 Relevanz

Das Einkommen, das Menschen mit ihrer Berufstätigkeit erzielen, stellt eine Bewertung ihrer Arbeit seitens der Gesellschaft dar. Dies gilt auch für die Frauen. Zwar differieren die Löhne und Gehälter unter den Frauen ganz erheblich, wenn man sie aber mit den Gehältern und Löhnen der Männer insgesamt vergleicht, so stellt man fest, daß hier durchweg in allen beruflichen Positionen eine Unterbezahlung der Frauen zu konstatieren ist.[1] Diese in der Unterbezahlung liegende Abwertung der weiblichen Berufstätigkeit hat keine günstigen Auswirkungen auf die Motivation der Frauen, sich beruflich zu qualifizieren.

1.4.3.1.2 BRD

1.4.3.1.2.1 Leichtlohngruppen

Als ein besonderes Problem bei der Entlohnung der Frauenarbeit werden die Leichtlohngruppen angesehen. Auch wenn noch nicht hinlänglich erwiesen ist, daß die Leichtlohngruppen die verfassungswidrigen Frauenlohngruppen[2] ersetzen,[3] so bestanden seit geraumer Zeit doch starke Bedenken gegen die Einteilungskriterien der Betriebe, die sich z.T. an arbeitswissenschaftlichen Erkenntnissen[4] orientieren, die als überholt bezeichnet werden können. Besonders das Kriterium der körperlich schweren bzw. leichten Arbeit wurde zum Ansatzpunkt der allgemeinen Kritik.[5] Seit dem 'Jahr

---

1) Der Anteil der Frauenlöhne an den Männerlöhnen betrug im Oktober 1970 immer noch nur etwa 68 % (vgl. Frankfurter Rundschau vom 27.1.1971; Brandt, G. u.a.: Zur Frauenfrage im Kapitalismus, Frankfurt 1973, S. 70; Statistisches Jahrbuch 1973, S. 485)

2) erst 1955 wurden die Frauenlohngruppen für verfassungswidrig erklärt, wobei der Art. 3 GG gemäß dem Grundsatz "gleicher Lohn für gleiche Arbeit" angewendet wurde (vgl. AP, Nr. 18 zu Art. 366)

3) wegen der ungeklärten Lage hat die Bundesregierung einen Forschungsauftrag vergeben, der untersuchen soll, ob die Leichtlohngruppen lediglich die Frauenlohngruppen substituieren und die "Leistungen" der Frauen diskriminieren (vgl. Bericht der Bundesregierung über die Maßnahmen zur Verbesserung der Situation der Frau, Drucksache VI 3689, S. 5)

4) vgl. Rutenfranz, J.: Überlegungen zur arbeitsmedizinischen Bewertung sogenannter "leichter" Frauenarbeit, Schriftenreihe der IG Metall für die BRD, Nr. 54, o.O.u.J.

5) vgl. Binder-Wehberg, F.: Ungleichbehandlung von Mann und

der Arbeitnehmerin 1972' verstärkte sich der Druck der Gewerkschaften, eine Änderung im Bereich der Leichtlohngruppen zu erreichen.
Diese Intention wurde im Bereich der IG Metall auf der Frauenkonferenz 1970 folgendermaßen formuliert:

1. "die bisherigen unteren Lohngruppen anzuheben bzw. zu streichen;
2. eine bessere Textgestaltung der Lohngruppen zu erreichen, die eine höhere Bewertung der von Frauen zu bewältigenden Arbeitsschwierigkeiten zuläßt;
3. durch lineare Lohnerhöhungen dazu beizutragen, daß die Differenz in den absoluten Geldbeträgen der untersten zur obersten Lohngruppe verringert wird."[1)]

Da die ersten beiden Veränderungen nicht in den nächstfolgenden Tarifverträgen festgelegt werden konnten, sondern in den relevanten Lohnrahmen bzw. Manteltarifverträgen, kündigten die regionalen Tarifkommissionen der IG Metall die Verträge, um vor allem die unteren Lohngruppen anzuheben oder zu streichen.[2)]

Der Erfolg der Bemühungen der verschiedenen Gewerkschaften ist unterschiedlich. Die Anhebung der Löhne in den unteren Lohngruppen konnte in allen Tarifgebieten erreicht werden,[3)] wobei unterschiedliche Strategien von den Gewerkschaften verfolgt wurden. "Bei einigen Lohntarifabschlüssen ist der Prozentsatz für die unteren Lohngruppen höher als für die mittleren und oberen Lohngruppen angesetzt worden. In anderen Fällen konnte die Relation der untersten Lohngruppe zum sog. Ecklohn angehoben oder die unterste Lohngruppe gestrichen werden. Einige Gewerkschaften haben Stufenpläne zur Beseitigung der unteren Lohngruppen vereinbaren können."[4)] Das eindrucksvollste Ergebnis konnte im Tarifgebiet Lippe der Metallindustrie erzielt

---

Frau, Berlin 1970; Geschäftsbericht der Abteilung Frauen im Bundesvorstand des Deutschen Gewerkschaftsbundes, o.O.u.J.

1) Auszug aus dem Protokoll der 8. Frauenkonferenz der IG Metall am 28./29. Juni 1973 in Berlin, S. 81
2) ebenda
3) vgl. Auszug aus dem Protokoll der 8. Frauenkonferenz..., a.a.O., S. 81-84
4) Geschäftsbericht der Abteilung Frauen im Bundesvorstand des Deutschen Gewerkschaftsbundes, a.a.O., S. 42; Frauen und Arbeit, Heft 5, 1973, S. 6

werden. Die Forderung der IG Metall auf "ersatzlose Streichung der beiden unteren Lohngruppen" konnte voll durchgesetzt werden. Alle Arbeitnehmer, die bisher den Lohngruppen 1 und 2 angehörten, werden ab 1. Juli 1973 in die Lohngruppe 3 übernommen und erhalten in dieser Gruppe einen Tariflohn von 4,82 DM. Das sind 82 % des Ecklohns.[1] Im Tarifgebiet Bayern, Bremen, Bremerhaven, Hessen, Niedersachsen, Rheinland-Pfalz, Schleswig-Holstein, Südwürttemberg-Hohenzollern der Metallindustrie wurden die unteren Lohngruppen zwar nicht beseitigt, aber angehoben oder für die nächsten Lohnverhandlungen Lohnanhebungen vereinbart. Im Tarifgebiet Berlin (M) wurden die unteren Lohngruppen 01 70 % zum Ecklohn und 02 72,5 % zu einer neuen Lohngruppe 0 mit 75 % zum Ecklohn zusammengefaßt.[2] In Nordrhein-Westfalen (M) wurde die untere Lohngruppe 1 gestrichen.[3]
Was das Einteilungskriterium "körperliche Schwere bzw. Leichte der Arbeit" anbelangt, konnten von der IG Metall nur bescheidene Erfolge erzielt werden. In Hessen konnte 1970 der ursprüngliche Text des Manteltarifvertrages, der u.a. auf die körperliche Belastung abstellte,[4] folgendermaßen abgeändert werden: "Die Tarifvertragsparteien sind sich darüber einig, daß eine alsbald zu bildende Kommission sich mit dem Lohnschlüssel und den Tätigkeitsmerkmalen befaßt..."[5] In Nordrhein-Westfalen konnte bei der Beschreibung der Tätigkeitsmerkmale der verbliebenen unteren Lohngruppe 2 nicht das Kriterium der körperlichen Belastung durch die Kriterien einer allgemein körperlichen oder nervlichen Belastung ersetzt werden.[6] Außer in den Tarifgebieten Nordwürttemberg/Nordbaden, Südbaden und Südwürttemberg/Hohenzollern der Metallindustrie besteht in allen Tarifgebieten, wo die unteren Lohngruppen nicht aufgehoben wurden, das Einteilungskriterium der "körperlichen" Belastung weiterhin.[7]

---

1) Auszug aus dem Protokoll der 8. Frauenkonferenz..., a.a.O., S. 84
2) a.a.O., S. 82
3) a.a.O., S. 83
4) "Einfache Arbeiten, die ohne vorherige Arbeitskenntnis und wegen ihrer geringen körperlichen Belastung in dem betreffenden Betrieb üblicherweise von Frauen ausgeführt werden." (vgl. Auszug aus dem Protokoll der 8. Frauenkonferenz..., a.a.O., S. 82)
5) a.a.O., S. 82
6) a.a.O., S. 83
7) a.a.O., S. 91-94

Als Beispiel für die fortschrittliche Entwicklung bei der Einteilung in die Lohngruppen kann der Lohnrahmentarifvertrag vom 8. November 1967 im Tarifgebiet Nordwürttemberg/ Nordbaden gelten. Die Tätigkeitsmerkmale der Lohngruppe 1 werden folgendermaßen beschrieben: "Arbeiten mit geringen Belastungen, die ohne vorherige Arbeitskenntnisse und ohne jegliche Ausbildung nach kurzer Anweisung ausgeführt werden können."[1] Unter Belastung versteht man: a) körperliche Belastungen (Muskeln). "Hierbei ist zu beachten, daß es kurzfristig sehr hohe oder länger andauernde mittelschwere oder ständig leichtere körperliche Belastungen gibt, die in ihrer Wirkung gleichwertig sein können."[2] b) geistige Belastungen (Sinne und Nerven). "Hierunter wird verstanden, Nervenbelastung bei gleichförmiger Arbeit, besondere Beanspruchung der Sehnerven bei Kleinstteilen und Arbeiten mit Lupen, ferner Arbeiten, bei denen höchste Konzentration verlangt wird, und schließlich Arbeiten, die häufig oder ständig umfassendes Nachdenken verlangen."[3] Aus den Beschreibungen wird deutlich, daß die spezifischen Belastungen der Frauenarbeit berücksichtigt werden, und somit die Frauenarbeit nicht als "körperlich leichte" Arbeiten unterbezahlt werden kann.

Zusammenfassend ist festzuhalten, daß die Gewerkschaften einiges erreicht haben. Die Einschätzung der Abteilung Frauen im Bundesvorstand ist folgende: "Es ist festzustellen, daß die Lohndiskriminierung der Frauen nicht beseitigt worden ist. Jedoch konnten in einigen Tarifverträgen Verbesserungen erzielt werden."[4]

---

1) Auszug aus dem Protokoll...., a.a.O., S. 91

2) a.a.O., S. 92

3) a.a.O., S. 92

4) Geschäftsbericht der Abteilung Frauen im Bundesvorstand des DGB, Frauenarbeit 1971-73, o.O.u.J., S. 42

1.4.3.1.2.2 Entlohnung in typischen Frauenberufen

Als typische Frauenberufe könnte man alle diejenigen bezeichnen, die in irgendeiner Form sich an das traditionelle Rollenklischee anlehnen, wie z.B. Verkäuferin, Kindergärtnerin, Krankenschwester, Arzthelferin, Stenotypistin, Sekretärin u.ä.[1)]

Diese typischen Frauenberufe zeichnen sich neben den geringen Aufstiegschancen (Sackgassenberufe) durch

1) Rohr, U.: Situation der weiblichen kaufmännischen Angestellten, in: Informationen für die Frau, 1, 1972, S. 7

geringe Bezahlung aus. [1] Hier stellt sich die Frage nach der nichtleistungsgerechten Entlohnung viel schwieriger als bei den Leichtlohngruppen. [2]
Frau Rohr kommt zu dem Ergebnis, daß im Juli 1971 eine weibliche kaufmännische Angestellte in der Industrie, Handel, Banken- und Versicherungswesen im Durchschnitt 533,- DM weniger als ein männlicher Angestellter verdiente. [3] Das sind 66% des Verdienstes des Mannes. [4]
Die genannten Gründe, schlechte bzw. kürzere Ausbildung und vorübergehende Berufsausübung, zeigen wiederum deutlich den oben bereits angedeuteten Regelkreis.
Aber selbst bei gleicher beruflicher Qualifikation werden erhebliche Unterschiede zwischen Männern und Frauen gemacht. [5] So stellt Frau Rohr für den Einzelhandel fest, daß in der Leistungsgruppe II eine durchschnittliche Gehaltsdifferenz bei Mann und Frau von 272,- DM monatlich bestehe. [6]
Aber auch typische Frauenberufe außerhalb der Privatwirtschaft, wie z.B. Krankenschwester und Kindergärtnerin, waren jahrelang die schlechtesten und unterbe-

---

1) Rohr, U.: Situation der weiblichen kaufmännischen Angestellten, a.a.O., S. 7
2) ebenda
3) ebenda
4) ebenda
5) ebenda
6) Rohr, U., a.a.O., S.8; Dieses geschieht über die übertariflichen Zulagen, die der Arbeitgeber ohne Kontrolle des Betriebsrates gewährt. Die unterschiedliche Gewährung der übertariflichen Zulagen ist ein Problem, was allgemein auftritt, sowohl bei den Arbeitern als auch bei den Angestellten in der Industrie. (vgl.Lisop, I.: Die Situation der Frau in der Industriegesellschaft, Hannover, 1967, S. 25)

zahltesten Berufe überhaupt.
Wenn auch in diesem Bereich Gehaltsverbesserungen vorgenommen worden sind - da sonst die Krankenhäuser und Kindergärten wegen Personalmangel hätten schließen müssen - so ist die Situation noch keineswegs als befriedigend zu bezeichnen.[1)]

1.4.3.1.2.3 Entlohnung der Frauen in leitenden Positionen

Im öffentlichen Dienst der BRD ist es ausgeschlossen, daß Frauen, die denselben Dienstrang wie Männer haben, unterschiedlich besoldet werden. In der Privatwirtschaft aber haben Erhebungen ergeben, daß Frauen in leitenden Stellungen 21 % weniger verdienen[2)] als ihre männlichen Kollegen in denselben Positionen.[3)]
Diese unterschiedliche Besoldung trifft zwar nur einen kleinen Teil der berufstätigen Frauen, stellt aber einen besonders krassen Fall der gesellschaftlichen Ablehnung der qualifizierten beruflichen Tätigkeit der Frauen dar.
Es bestehen keine Verbesserungsvorschläge zur Verbesserung der Gehaltssituation der Frauen in leitenden Positionen.

---

1) In diesen Ghettoberufen ist die Situation besonders prekär, weil bei dem geringen gewerkschaftlichen Organisationsgrad der Frauen niemand sehr entschieden die Interessen dieser Arbeitnehmerinnen vertritt und die Vergleichbarkeit mit den Männergehältern nicht gegeben ist.

2) Kienbaum -Untersuchung, zitiert in König, E.: Die Einstellung der Behörden und der Wirtschaft..., a.a.O., S. 16 ff.

3) Diese unterschiedliche Bezahlung, die eindeutig gegen den Gleichheitsgrundsatz des Art. 3 GG verstößt, wird gerade in den leitenden Positionen möglich, da die Gehälter, die außertariflich ausgehandelt wurden, einer starken Geheimhaltung unterliegen.

1.4.3.1.3 Frankreich

Die Experten des Sechsten Planes haben festgestellt, daß ein wachsender Trend hinsichtlich des Grades der Frauenerwerbstätigkeit festzustellen ist, und zwar in den Altersklassen 25 - 50. Dem steht ein Mangel an Arbeitsplätzen gegenüber. (Auf das Problem der Unterbeschäftigung bzw. der verdeckten Arbeitslosigkeit für Frauen - insbesondere in manchen gewerblichen frauenspezifischen Berufen - soll hier nicht eingegangen werden.)
Auch in Frankreich besteht das Problem der Lohn und Gehaltsdiskriminierung von Frauen; gerade in letzter Zeit versucht man es durch das erwähnte Gesetz Nr. 72-1143 vom 22.12.1972 bezüglich der Gleichheit der Bezahlung von Mann und Frau und den dazugehörigen Ausführungsbestimmungen vom 27.3.1973 zu lösen.
37% der weiblichen Gehaltsempfänger verdienten 1972 weniger als 920 Fr. pro Monat, 23,1% verdienten zwischen 920 und 1150 Fr. pro Monat, 56,7% der erwerbstätigen Frauen hatten weniger als 1150 Fr.Monatseinkommen. Das durchschnittliche Gehalt der Arbeiterin lag bei 862 Fr. pro Monat, das der Angestellten bei 964 Fr. pro Monat. [1] Die folgende Tabelle zeigt typische Lohnunterschiede zwischen männlichen und weiblichen Arbeitnehmern.

---

1) vgl. Informationsblatt der Gewerkschaft, "Conféderation Générale du Travail", Mai 1973, S. 1

Tabelle: Durchschnittliches jährliches Nettoeinkommen (1972)

Kathegorie	durchschnittl. jährl. Nettoeink. Männer	Frauen	prozentualer Abstand zwischen männl. und weibl. Einkommen
Höhere Führungskräfte	5.885	3.780	35,7
Mittlere Führungskräfte	2.985	2.170	27,3
Angestellte	1.712	1.313	23,3
Meister	2.417	1.921	20,5
Arbeiter	1.411	983	30,3
Dienstleistungspersonal	1.233	986	20,0
Sonstige	2.230	1.915	14,2

Quelle: I.N.S.E.E. (Institut National de Statistiques et d'Etudes Economiques) - Journal Officiel vom 14.11.1972

Insgesamt betrug der Lohnunterschied zwischen allen erwerbstätigen Männern und allen erwerbstätigen Frauen nach Angabe des Institut National de Statistiques et d'Etudes Economique (I.N.S.E.E.) im Jahre 1968 noch 33,6 %.
Nach Angaben der Statistischen Abteilung des Ministerium für Soziale Angelegenheiten betrug er jedoch am 1. April 1972 insgesamt nur noch 6,6 Prozent.
Besonders problematisch ist die Situation für die Gruppe der Führungskräfte (cadres),wo die Lohnunterschiede zwischen Männern und Frauen 1972 noch 37,5 % ausmachten, während sie bei höheren Angestellten 24,6 %, bei Ingenieuren 14,4 % und bei mittleren Angestellten 22 % betrugen.[1)]
Bemerkenswert ist für die französische Situation die Tatsache, daß von den gesamten weiblichen Gehaltsempfängern im Jahre 1972 allein zwei Drittel Empfänger des gesetzlich verfügten Mindestlohns (750 Fr.) sind.[2)]
Nach dem Gesetz vom 22.Dezember 1972 können jetzt die Frauen, die sich unterbezahlt fühlen, über die Personal-

---

1) vgl. Le Creuset, La Voix des Cadres, No 636, 5 Mai 1973, S. 23

2) vgl. Sullerot,E. Sept millions de femmes hors de loi, in: Nouvel Observateur, 22.Janv. 1973, S. 70

beauftragten (délégués du personnel), die Gewerkschaftsbeauftragten oder an die Verantwortlichen des Gewerbeamtes (Inspecteurs du Travail), die dann eine entsprechende Untersuchung einleiten können, höhere Lohnforderungen stellen.
Entweder wird dann der Lohnkonflikt von seiten des Arbeitgebers friedlich bereinigt, oder die Betroffene kann vor dem Arbeitsgericht klagen.
Der Arbeitgeber kann mit einer Geldstrafe von 600 - 1000 Fr. belegt werden, und diese Strafe kann multipliziert werden mit der Anzahl weiterer unterbezahlter Arbeitnehmerinnen in seinem Betrieb. Im Fall der Weigerung des Arbeitgebers, die klagende Arbeitnehmerin entsprechend ihrer Leistungen zu bezahlen, kann seine Strafe auf 2 000 Fr. oder 10 Tage Haft erhöht werden.
Grundsätzlich könnte ein solches Gesetz eine konkrete Ansatzstelle zur Förderung der beruflichen Bildungschancen von Frauen im Sinne der Motivierung zur qualifizierten Berufstätigkeit darstellen. Inwieweit die Arbeitnehmerinnen davon angesicht von Angst vor Kündigung Gebrauch machen werden, ist allerdings eine Frage, die die positive Förderungsmöglichkeit wiederum zweifelhaft macht.
Außerdem besteht die Schwierigkeit, daß sich dieses Gesetz tatsächlich zugunsten der Frauen auswirkt, vor allem darin, daß keine präzisen Arbeitsplatzbewertungen und Arbeitsklassifizierungen vorliegen.
Die formalrechtliche Forderung nach gleichem Lohn für Mann und Frau bei gleichwertiger Arbeit setzt präzise Arbeitsplatzbewertungen und Klassifizierungen aber voraus. Bei der aktuellen Lage in Frankreich müßte die staatliche Kontrolle durch die "Inspecteurs du Travail" in Zweifelsfragen einsetzen. Aber hier besteht das Problem, daß in Frankreich nicht genügend Personalstellen für diese "Inspektoren" vorhanden sind.
Die ganze Frage der Lohndiskriminierung der Frau ist auch in Frankreich deshalb so schwierig zu lösen, weil sich die französischen Gewerkschaften für die Lohnforderungen der Frauen nicht in genügender Weise einsetzen. Dieses

wiederum hängt mit der Tatsache zusammen, daß die Frauen nur in einem geringen Maße gewerkschaftlich organisiert und dementsprechend in gewerkschaftlichen Führungspositionen unterrepräsentiert sind.
Eine Befragung hinsichtlich des Vertretungsgrades von Frauen in gewerkschaftlichen Funktionen in 12 französischen Mittel- bzw. Großstädten im Jahr 1965 konnte z.B. ermitteln, daß dieser nur bei 24,6% lag, d.h. 38 weibliche Funktionäre der Gewerkschaft standen 154 männlichen gegenüber. [1]

1.4.3.1.4 Schweden

1.4.3.1.4.1 Entlohnung in der Industrie

Diskriminierende Frauenlohngruppen sind in Schweden verboten.[2] Ausgesprochene Leichtlohngruppen, in denen vorzugsweise Frauen arbeiten, existieren in Schweden allerdings auch nicht. Trotzdem erreicht der Durchschnittslohn einer Industriearbeiterin noch nicht den der Männer.

Tabelle: Stundenlohn in der Industrie 1965 - 1969

Jahr:	Männer skr	Frauen skr	weiblicher Stundenlohn in % des männl. Stundenlohns
1965	9,45	7,08	75
1966	10,26	7,85	77
1967	11,10	8,61	78
1968	11,83	9,25	78
1969	12,85	10,16	79

Die Angaben gelten für Arbeiter in sämtlichen Industrien ausschließlich staatlicher Werkstätten.
Quelle: SA 1969 und SCB, in: Die Frau in Schweden in statistischer Beleuchtung, Hrsg. Der paritätische Frauenausschuß, Stockholm 1971, S. 44

1) Renaud, M.-T.: La participation des femmes à la vie civique, Paris 1965, S. 165
2) 1960 wurde ein Abkommen zwischen LO (Gewerkschaften) und SAF (Arbeitgeberorganisation) geschlossen, das gleichen Lohn für gleiche Arbeit in der Industrie vorschreibt.

Aber 1972 betrug der Durchschnittslohn der Industriearbeiterin 84% des Industriearbeiters. [1] Man spricht in Schweden von einem geteilten Arbeitsmarkt,[2] wobei von diesem Phänomen nicht nur Industriearbeiterinnen betroffen sind. Traditionelle Männerberufe auch in dem untersten Bereich der Betriebshierarchie werden grundsätzlich besser bezahlt.[3] Dies gilt nicht nur für die Privatwirtschaft, sondern auch für den staatlichen Bereich.[4]
Auf Grund dieser Tatsache versucht die von der schwedischen Regierung eigens eingesetzte Delegation für die Gleichstellung zwischen den beiden Geschlechtern einen Einfluß auf die Unternehmen zu nehmen, daß Frauen zukünftig mehr für traditionelle Männerberufe rekrutiert werden.[5]
K. Ahrland faßt die Vorschläge der Arbeitsmarktpolitik dieser Delegation folgendermaßen zusammen: Arbeitgeber, die bereit sind, Frauen für traditionell männliche Beschäftigungen auszubilden oder anzustellen, z.B. für Blech- und Schweißarbeiten, Maschinenbau usw., sollen einen Ausbildungsvertrag für eine Dauer von höchstens sechs Monaten erhalten.
Falls Reichstag und Regierung diesen Vorschlag gutheissen - und damit rechnet die Delegation - kann mit dieser Ausbildung bereits im Herbst 1973 begonnen werden.
Weiter schlägt die Delegation vor, daß Darlehen und Beiträge an Unternehmen, die sich in wirtschaftlich benachteiligten Regionen niederzulassen wünschen, nur dann bewilligt werden, wenn dafür garantiert wird, daß Arbeitskräfte beider Geschlechter angestellt werden. Diese Bedingung gilt ebenfalls für die sog. Ausbildung in wirt-

---

1) Report in reply to questionnaire in OECD document MS/S. 73,2 concerning the role of women in economy (Sweden), S. 25
2) Ahrland, K., Die Stellung der schwedischen Frauen auf dem Arbeitsmarkt, a.a.O., S.2
3) ebenda
4) ebenda
5) Sandlund, M.B.: Die soziale Stellung der Frau in Schweden, a.a.O., S. 9

schaftlich benachteiligten Regionen, wo vorgeschlagen wird, daß beide Geschlechter mindestens 40 % der Gesamtzahl der Ausbildungsplätze erhalten sollten.
Der dritte Vorschlag geht darauf hinaus, daß der Arbeitsdirektion finanzielle Mittel zugeteilt werden, damit diese Arbeitsvermittlungen einrichten können, die sich ganz den weiblichen Arbeitssuchenden widmen."[1]

1.4.3.1.4.2 Entlohnung in typischen Frauenberufen

Auch in Schweden dominieren die Frauen als Bürohilfe, Krankenschwester und in den Läden.[2] Die Gehaltssituation in diesen typischen Frauenberufen ist schlechter als in den typischen Männerberufen.[3] Der geteilte Arbeitsmarkt macht es möglich, daß trotz formalem Rechtsanspruch auf Lohngleichheit die Frauen unterbezahlt werden können. Daher wird von vielen in der Überwindung dieses geteilten Arbeitsmarkts ein wichtiger Schritt zur Lohngleichheit zwischen Mann und Frau in Schweden gesehen.
Um die Situation der berufstätigen Frauen zu verbessern, versucht man in Schweden nicht nur die Frauen in attraktive traditionelle männliche Berufe hineinzuziehen,[4] sondern Überlegungen in Schweden gehen auch dahin, wie man sogenannte Frauenberufe für Männer anziehender gestalten kann.[5] Das gewagteste Experiment war die Einführung von Geschlechtsquotierungen bei Krankenschwestern

---

1) Ahrland, K.: Die Stellung der schwedischen Frauen auf dem Arbeitsmarkt, a.a.O., S.6. Ähnliches verlangen die Sozialdemokratische Partei und der Schwedische Gewerkschaftsbund, vgl. Towards Equality, a.a.O., S.49
2) Leijon, A.G.: Swedish Women - Swedish Men, a.a.O., S.48
3) Sterner, R.: Slow Conversion of a Man, in: Swedish Women - Swedish Men, a.a.O., S. 26
4) vgl. BRD, Frankreich
5) vgl. S. 67

und Kindergärtnerinnen,[1] d.h. daß der Anteil der Frauen auf bestimmte Prozentsätze beschränkt wurde. Die Erfahrungen, die mit diesem Quotenverfahren gemacht wurden, sind aber umstritten, sodaß man von dieser Praxis wieder abgewichen ist.[2]

Die sozialdemokratische Partei und die Gewerkschaften fordern, "um traditionelle Diskriminierung zu überwinden, braucht man aktive Maßnahmen, um den unterrepräsentierten Teil anzuregen, z.B. durch Mittel der öffentlichen Bekanntmachung, Rekrutierungsfeldzüge etc."[3]

Sterner schlägt vor, die Löhne und Gehälter in diesen "Frauenberufen" so weit anzuheben, daß auch Männer sie übernehmen.[4] Ansonsten gelten auch für die Frauenberufe im privaten Bereich die vorgeschlagenen arbeitsmarktpolitischen Maßnahmen, die bereits bei den Industriearbeiterinnen eingeführt wurden.[5]

1.4.3.1.4.3 Entlohnung der Frauen in leitenden Positionen

Es gibt keine Anhaltspunkte dafür, daß in Schweden Frauen in leitenden Positionen schlechter bezahlt werden als ihre männlichen Kollegen, die dieselbe Position haben.

1.4.3.2 Sicherheit des Arbeitsplatzes

1.4.3.2.1 BRD

Stabile Frauenarbeitsplätze und damit keine allzu großen Schwankungen der Einkommen weiblicher Beschäftigter tragen dazu bei, die Frau in die Berufswelt zu integrieren.[6]

---

1) Ahrland, K.: Die Stellung der schwedischen Frauen auf dem Arbeitsmarkt, a.a.O., S. 5

2) Ahrland, K., a.a.O., S.5; auch TCO (Swedish Control of Salaried Employees) ist gegen Geschlechtsquotierungen, weil sie nicht von der Meinung der Mehrheit getragen wird (vgl. Edgren, G.: Still al long way to equal earnings, in Hertha, a.a.O., S. 70)

3) Towards Equality, a.a.O., S. 27

4) Sterner, R.: Slow Conversion of a Man, a.a.O., S. 28

5) vgl. S. 62

6) Langkau-Herrmann, M.; Langkau, J., a.a.O., S. 113

und fördern auch langfristig die Bereitschaft der Frauen, sich beruflich zu qualifizieren.
Langkau-Herrmann und Langkau haben sehr genau geprüft, ob Frauenarbeitsplätze "strukturell und konjunkturell krisenanfälliger sind als männliche Arbeitsplätze." [1]
Für Strukturkrisen, die oft nicht von Konjunkturkrisen getrennt werden können, weil in Konjunkturkrisen oft Rationalisierungen, die die Struktur betreffen, vorgenommen werden, [2] kommen Langkau-Herrmann und Langkau zu folgendem Ergebnis: "Frauen in hohem Maße minderqualifizierte Tätigkeiten ausüben, die bei technischen Umstellungen wegrationalisiert werden und - bei den nach der Rationalisierung verbleibenden Tätigkeiten eine Polarisierung in hochqualifizierte und minderqualifizierte Tätigkeiten erfolgt, wobei den Frauen in der Regel letztere zugewiesen werden." [3] Verschärfend kommt noch hinzu, daß die Frauen den im Rationalisierungsabkommen garantierten Entlassungsschutz nicht genießen, da sie "in der Regel die Voraussetzungen einer genügend langen Betriebszugehörigkeit (mindestens 10 Jahre) nicht erfüllen." [4]
Langkau-Herrmann und Langkau kommen ebenfalls bei Konjunkturkrisen zu dem Ergebnis, daß Frauen eher entlassen werden als Männer. Sie sehen folgende Beweggründe der Arbeitgeber. "Unternehmer sind eher bereit, in Konjunkturabschwüngen Frauen zu entlassen und Männer zu halten, weil sie glauben, bei einem Aufschwung leichter dem Reservoir der Frauen Arbeitskräfte abwerben zu können. Bei konjunkturellen Arbeitskräftefreisetzungen ist wie bei strukturellen Freisetzungen wiederum festzustellen, daß Frauen oft wegen des Doppelverdienstes entlassen und Männer, weil sie eine Familie zu versorgen haben, nicht entlassen werden. Die Gewerkschaften liegen hier offenbar auf einer Linie." [5] An Maßnahmen schlagen Langkau-Herrmann

---

1) Langkau-Herrmann, M.;Langkau, J.: Arbeitsmarktstrategien... a.a.O., S. 113
2) Langkau-Herrmann,M.;Langkau,J., a.a.O., S. 113
3) Langkau-Herrmann,M.;Langkau,J., a.a.O., S. 114
4) Langkau-Herrmann,M.;Langkau,J., a.a.O., S. 121
5) Langkau-Herrmann,M.;Langkau,J., a.a.O., S. 129

und Langkau folgende vor.

1. "Langfristiger Abbau des Senioritätsprinzips zugunsten des Leistungsprinzips, z.B. zunächst in der öffentlichen Verwaltung.
2. Gleichzeitige Verbesserung des Rationalisierungsschutzes in Richtung auf Entlassungsschutz bei kürzerer Betriebszugehörigkeit.
3. Einarbeitungszuschüsse für Unternehmen zwecks Umschulung von Frauen bei Rationalisierungen auf mindestens gleichwertige (gleichbezahlte) Tätigkeiten.
4. Überprüfung der Anmeldung konjunktureller und strukturell bedingter Entlassung bei der Arbeitsverwaltung darauf hin, ob weibliche und männliche Arbeitskräfte in der gleichen Situation gleich betroffen sind, gleichzeitige Verschärfung der Anmeldebedingungen, die die Zahl der Entlassungsfälle und den Zeitraum der Entlassungen betreffen."[1]

1.4.3.2.2 Frankreich

Zu diesem Problemfeld gibt es in Frankreich kein Material, das in Hinsicht auf die ebenfalls bestehenden Schwierigkeiten klärend wirken könnte.

1.4.3.2.3 Schweden

Als weiteres sehr wichtiges Problem kann die Konjunkturabhängigkeit der weiblichen Berufstätigkeit angesehen werden.[2] Diese Konjunkturabhängigkeit bringt ein unsicheres Moment in die Berufstätigkeit der Frau, die von daher auch viele Frauen in der Haltung bestätigen könnte, Berufstätigkeit sei keine Lebensaufgabe für sie, sondern nur vorübergehend.

Die schwedische Arbeitsmarktpolitik, die die Arbeitslosigkeit in Schweden bekämpfen bzw. die Vollbeschäftigung erhalten soll, zielt heute besonders auch auf die

---

1) Langkau-Herrmann, M.; Langkau, J.: Arbeitsmarktstrategien..., a.a.O., S. 165

2) Langkau-Herrmann, M.; Langkau, J., a.a.O., S. 122/123

latente Arbeitslosigkeit in industriell unterentwickelten Regionen und auf die Erhaltung von Frauenarbeitsplätzen bzw. deren Umschulung. So werden folgende Ziele zur Förderung der berufstätigen Frau im Rahmen der Arbeitsmarktpolitik formuliert:

" Die arbeitsmarktpolitische Zielsetzung soll für weibliche Arbeitskraft die gleiche sein wie für männliche. Bei Verwendung der zur Verfügung stehenden Mittel darf kein Unterschied zwischen den Geschlechtern gemacht werden.

Arbeitsuchende Frauen sollen nach denselben Regeln wie Männer beurteilt werden. - Es darf nicht geprüft werden, ob für eine arbeitsuchende Frau ein wirtschaftliches Bedürfnis vorliegt.

Die verborgene Arbeitslosigkeit vor allem unter den Ehefrauen ist energisch zu bekämpfen.

Arbeitsmarktpolitische Maßnahmen, die die Erwerbstätigkeit der Frauen sichern sollen, dürfen nicht - auch nicht nur teilweise - widerrufen werden, wenn die Konjunktur rückgängig ist.

Die Arbeitsämter sollen Halbtagsstellungen schaffen, um der großen Nachfrage von seiten der Frau nachzukommen. Auch Arbeitsämter sollen zusehen, daß die Grenzen zwischen Geschlechtern auf dem Arbeitsmarkt beseitigt werden. Sie sollen aus diesem Grund die Bedingungen näher untersuchen, die ein Arbeitgeber hinsichtlich weiblicher oder männlicher Arbeitskraft für seinen Betrieb aufstellt, und die Stellungen, die dem einen Geschlecht vorbehalten sind, registrieren. Dabei sollen sie mit den Unternehmen zusammenarbeiten. Männliche Arbeitssuchende sollen so weit wie möglich in "weiblichen" Berufen ausgebildet und angestellt werden, z.B. in der Kinder-, Kranken- und Altenpflege und in Kundendienstberufen."[1)]

---

1) Sandlund, M.B., Die soziale Stellung der Frau in Schweden, a.a.O., S. 58

1.4.3.3 Gestaltung des Arbeitsplatzes

Detaillierte Arbeitsplatzbeschreibungen zu Frauenarbeitsplätzen, wie sie in der DDR gemacht werden, liegen für die BRD, Frankreich und Schweden nicht vor.

1.4.3.3.1 Teilzeitarbeit

1.4.3.3.1.1 BRD

Ob die Einführung der Teilzeitarbeit eine konkrete Ansatzstelle zur Förderung beruflicher Bildungschancen darstellt, läßt sich nicht so ohne weiteres mit ja oder nein beantworten.

Sicherlich erweisen sich bei gegebener Rollenverteilung zwischen Mann und Frau "die inflexible Gestaltung der Arbeitszeit allgemein und die Starrheit qualifizierter Berufspositionen in Wirtschaft und öffentlicher Verwaltung, die nur wenig organisatorische Möglichkeiten der Aufteilung von Funktionen vorsehen," [1] als gewichtiges Berufshemmnis.[2] Aber nicht jede angebotene Teilzeitarbeit hilft. So fordern Langkau-Herrmann und Langkau, daß die Teilzeitarbeit, wenn sie der Förderung der Frau dienen soll, einmal eine organisatorische Bewältigung in den Betrieben dergestalt vorausgesetzt, daß Teilzeitarbeit nicht zu einem Reservat minderqualifizierter Tätigkeiten wird, sondern auch einen betrieblichen Aufstieg ermöglicht.[3] Diese minderqualifizierten Tätigkeiten bezeichnet V.Klein als "Beschäftigungen, die ihrer Natur nach nur während einer begrenzten Stundenzahl ausgeführt werden, wie z.B. Reinigungstätigkeiten, Tätigkeiten in Kantinen, Platzanweiserinnen usw. aber auch Aushilfstätigkeiten während Geschäftsspitzenzeiten in Warenhäusern und Restaurants." [4] Es ist wohl deutlich, daß diese Art von Teilzeittätigkeiten weder die

---

1) Langkau-Herrmann,M.; Langkau,J.: Arbeitsmarktstrategien..., a.a.O., S. 152

2) ebenda

3) Langkau-Herrmann,M.;Langkau, J., a.a.O., S. 153

4) Klein, V.: Woman Workers,Working Hours and Services, Hrsg. OECD, Paris 1965, S. 47

Qualifizierungsbemühungen für Frauen unterstützen würden, noch den Beruf als befriedigende Lebensaufgabe den Frauen vermitteln können, sondern lediglich die Entwicklung der jobbenden Hausfrau fördern würden, die den Mann von der erdrückenden Verpflichtung, Alleinernährer der Familie zu sein, teilweise entlastet, ohne auf der anderen Seite von ihrem Mann Unterstützung in der familialen Rolle zu erfahren.

In der BRD dominieren gerade die weniger qualifizierten Teilzeitbeschäftigungen.[1] So kommen Langkau-Herrmann und Langkau zu dem Resumeé: "Teilzeitarbeit ist bisher nur in den seltensten Fällen organisatorisch in den Betrieb integriert, d.h. es handelt sich meistens nicht um Beschäftigungen, die üblicherweise von Vollzeitarbeitern ausgeführt werden. Neben dem Einsatz in minderqualifizierten Tätigkeiten wie Reinigungsarbeiten etc. werden Teilzeitarbeitskräfte vorwiegend als willkommene Arbeitskraftreserve für konjunkturelle Auftragsspitzen im Handel, Dienstleistungsbereich und in der Verwaltung angesehen. Das beweist die besonders starke Konjunkturabhängigkeit der Angebote offener Teilzeitstellen in der BRD."[2]

Um die beruflichen Bildungschancen zu fördern, dürften vor allen Dingen sich solche Betriebe nicht weiterhin der allgemeinen öffentlichen Anerkennung erfreuen, deren Angebote sich lediglich nach Rentabilitätsüberlegungen richten, und die Erwägung, den Frauen eine sinnvolle Übergangslösung zur Kombination von Familien- und Berufsrolle, kaum eine Rolle spielt.[3] Als sinnvollere Teilzeitarbeit sind wohl die Beschäftigungen anzusehen, "die üblicherweise von einer Vollzeitkraft ausgeführt werden, d.h. bei denen zwei Teilzeitkräfte für die Arbeit einer Vollzeitkraft eingesetzt werden."[4] Diese anspruchsvolle Teilzeitarbeit würde

---

1) Langkau-Herrmann, M.; Langkau, J.: Arbeitsmarktstrategien..., a.a.O., S. 159 ff.

2) Langkau-Herrmann, M.; Langkau, J., a.a.O., S. 161

3) Erfahrungen mit der Teilzeitarbeit der Frauen, in: Der neue Betrieb, Heft 14, a.a.O., S. 34

4) Klein, V.: **Woman Workers**, a.a.O., S. 47

auch langfristig beiden Geschlechtern den Zugang zur Teilzeitarbeit ermöglichen und somit die Austauschbarkeit der Rollen von Mann und Frau erleichtern.[1)]
Die anspruchsvolle Teilzeitarbeit erfordert zwar einen beträchtlichen organisatorischen Aufwand[2)], insgesamt aber ist die Aufteilung von Funktionen nicht unrentabel,[3)] sondern eher das Gegenteil.[4)] Da aber die meisten Betriebe sich in dieser Hinsicht noch "gar keine Gedanken gemacht haben",[5)] wird diese qualifizierte Teilzeitarbeit in den meisten Fällen nicht angeboten.[6)]
Aus dieser Sachlage heraus formulieren Langkau-Herrmann und Langkau folgende Zielvorstellungen:

1. "Finanzielle Anreize für Unternehmen bei Umstellung auf Teilzeitarbeit in qualifizierten Positionen.
2. Förderung von Forschungsarbeiten, die sich mit dem Problem der inhaltlichen und damit auch zeitlichen Aufteilung von qualifizierten Tätigkeiten im Arbeitsprozeß befassen."[7)]

---

1) Langkau-Herrmann, M.; Langkau, J.: Arbeitsmarktstrategien..., a.a.O., S. 153
2) Langkau-Herrmann, M.; Langkau,J., a.a.O., S. 162
3) Erfahrungen mit der Teilzeitarbeit der Frauen,a.a.O.,S.34
4) So liegt die betriebliche Leistung der Teilzeitkräfte in der Regel über dem Durchschnitt der Vollkräfte. Teilzeitkräfte weisen in der Regel geringere Fehlzeiten auf als Vollkräfte, bei Anlerntätigkeiten lernen Teilzeitkräfte üblicherweise jeden Tag gleich viel wie Vollkräfte, d.h. sie benötigen als Anlernzeit nur die halbe Zeit der Vollkräfte. Teilzeitkräfte fehlen weniger als Vollzeitkräfte wegen Krankheit, die Fluktuation der Teilzeitkräfte ist etwas niedriger als die der Vollzeitkräfte (vgl. Erfahrungen mit der Teilzeitarbeit der Frauen, a.a.O., S. 34)
5) vgl. Erfahrungen mit der Teilzeitarbeit, a.a.O., S. 36
6) Langkau-Herrmann,M.; Langkau,J., a.a.O., S. 161
7) Langkau-Herrmann,M.; Langkau,J., a.a.O., S. 167

1.4.3.3.1.2 Frankreich

Im Jahre 1971 wurden im Auftrag des französischen Arbeitsministeriums durch I.F.O.P.[1] insgesamt 1.731 Frauen (877 erwerbstätige und 854 nicht erwerbstätige) verschiedenster Qualifikationshöhen zum Problem der Teilzeitarbeit befragt (zur Hälfte in der Pariser Region, zur anderen Hälfte in städtischen Gebieten der Provinz).
75 % der Frauen, die zur Zeit der Befragung eine ganztätige Brufstätigkeit ausübten und 63 % derjenigen, die nicht berufstätig waren, sprachen sich positiv gegenüber der Teilzeitarbeit aus (tägliche Teilzeitarbeit mindestens drei ganze Tage pro Woche).
Allerdings sahen 60 % der Frauen, vor allem die Mütter kleiner Kinder, hierin nur eine Übergangslösung. Die übrigen 40 % sahen in der Teilzeitarbeit für sich eine Möglichkeit, die sie bis zum Rentenalter wahrnehmen könnten.[2]
Obwohl die meisten Frauen gegenüber einer Teilzeitarbeit aufgeschlossen sind, möchten sie doch dafür ungefähr 60 - 70 % des Gehaltes haben, das sie bei Vollbeschäftigung bekämen. Viele sehen eine Teilzeitbeschäftigung als Vollbeschäftigung mit verminderter wöchentlicher Stundenzahl (statt 40 Stunden 25 - 30 Stunden) an.[3] Im Juni 1970 wurde in Frankreich ein Gesetz verabschiedet, das die Frauen im öffentlichen Dienst und die Beamtinnen in die Lage versetzt, ein reguläres Teilzeitarbeitsverhältnis einzugehen. Das Interesse der betroffenen Frauen an solchen Arbeitsverhältnissen war jedoch gering. Christine Callet und Claude du Granrut sehen den Grund dafür u.a. in der Tatsache, daß damals die weiblichen Familienvorstände, die mehr als 120 Stunden arbeiteten, nicht mehr die Beihilfe für Alleinverdienst und Haus-

---

1) Institut Francais d'Opinion Publique
2) Notes du Ministère du Travail, de l'Emploi et de la Population, No 8, 21 - 17 Juin 1971, S. 2
3) zitiert in: Callet,C; Granrut, C.: Place aux femmes, a.a.O., S. 140/145

frauenzulage bekamen und deshalb von der materiellen Seite kaum motiviert waren. Insgesamt kann man sagen, daß die französischen Frauen um so mehr für Teilzeitarbeit motiviert sind, je mehr ihre materiellen Motive befriedigt werden. Wenn sie dabei aber mehr Steuern bezahlen müssen, z.B. die Beihilfe zum Alleinverdienst verlieren, unter Umständen noch eine Tagesmutter "und Fahrkosten" zu zahlen haben, erscheinen ihnen diese Einbußen bzw. Kosten im Vergleich zu den unter Umständen verdienten 500 - 700 Fr. monatlich zu hoch.
Insgesamt arbeiten so auch von 300.000 erwerbstätigen Frauen in Frankreich nur 7% in der Teilzeitbeschäftigung. [1] (Auf die Probleme der Teilzeitarbeit im Sinne von Interimstätigkeit soll hier nicht eingegangen werden). Bis heute sind hier Möglichkeiten qualifizierter Teilzeitbeschäftigungen (abgesehen vom öffentlichen Dienst) so gut wie nicht vorhanden. Wer weiterkommen will, aufsteigen möchte, kann an eine solche Beschäftigung nicht denken. Darüber hinaus ist nach Callet und Granrut das Interesse der Arbeitgeber an dieser Arbeitsform, angesicht der Tatsache, daß sie dabei für zwei Teilzeitbeschäftigte im Vergleich zu einem Vollbeschäftigten mehr Arbeitgeberanteile an der Rentenversicherung zahlen müssen, relativ gering.[2]
Man kann diesen kurzen Erörterungen entnehmen, daß die Formen und Modalitäten, unter denen Teilzeitarbeit heute in Frankreich möglich ist, keinerlei indirekte Ansatzstellen zur Förderung der beruflichen Bildungschancen von Frauen darstellen können.

---

1) zitiert in: Callet, C.; du Granut, C.: Place aux femmes, a.a.O., S. 148
2) ebenda

1.4.3.3.1.3 Schweden

In Schweden ist die Teilzeitarbeit besonders bei Frauen verbreitet. [1] Halbstagsarbeit ist weniger als 34 Stunden Arbeit pro Woche. [2]
Zwischen 1965 und 1972 erhöhte sich die Erwerbstätigkeit von 3,74 auf 3,97 Millionen (+ 227.600 Personen), während die Zahl der Teilzeitbeschäftigten sich um 156.900 Personen erhöhte, von 626.000 auf 782.900 (Jahresdurchschnitt: im Jahre 1972 waren etwa 85% der Teilzeitbeschäftigten Frauen. [3])
Es überrascht auch nicht, daß die meisten Teilzeitbeschäftigten sich in der öffentlichen Verwaltung und Diensten befinden; sie umfaßt die Elementarbildung,

---

1) Die Gewerkschaftsbewegung und die Familienpolitik, a.a.O., S. 42; Baude, A.;Holmberg, P.: The Position of Men and Women in the Labour Market, in: The Changing Roles of Men and Women, a.a.O., S. 110
2) Erwerbstätige Personen (100) im Jahr 1972, gegliedert nach Geschlecht, Familienstand, Arbeitsstunden, relative Vollzeit- und Halbzeit-Anteile

Zeit	alle %	Frauen %	verh. Frauen %	verh.Frauen mit Kindern unter 7 Jahren %
Vollzeit	83,2	63,8	52,1	42,1
Teilzeit unter 20 Stunden	11,2	24,6	32,6	33,4
Teilzeit über 20 Stunden	15,6	11,6	15,3	19,5
Relat. Vollzeit-Anteile	55,9	34,9	28,4	24,6
Relat. Vollzeit-Anteile	3,8	6,4	8,3	10,2

(vgl. Report in reply to questionnaire, in: OECD document MS/S 73.2, concerning the role of women in the economy (Schweden), S. 7

3) Report in reply to questionnaire, a.a.O., S. 6

Krankenpflege, Verwaltung und Sozialfürsorge.[1] Es bleibt zu fragen, ob diese Gestaltung der Arbeitsplätze in Form von Arbeitszeitverkürzung, die von der Privatwirtschaft und vom Staat vorgenommen wurde, geeignet ist, die beruflichen Bildungschancen der Frauen in Schweden zu fördern. Zunächst war man sehr zufrieden [2] mit den steigenden Teilzeitarbeitsplätzen, [3] inzwischen aber ist man kritischer geworden. [4] Man weist vor allen Dingen darauf hin, daß soziale Vergütungen wie Krankenversicherung, Arbeitslosenversicherung und ähnliches nur in begrenztem Ausmaß ausbezahlt werden oder gar wegfallen.[5] Hinzu kommt, daß das Arbeitsangebot sehr klein ist, d.h. nur ganz bestimmte, unterbezahlte Frauenberufe werden als Teilzeit-

---

1) Report in reply to questionnaire, in OECD document MS/S 73.2 concerning the role of women in the economy (Sweden), S. 7

2) Bei A.-G. Leijon kommt der etwas unkritische Standpunkt etwas zum Ausdruck; vgl. Leijon, A.-G.: Swedish Women - Swedish Men, a.a.O., S. 57; ebenso Sandlund, M.-B.: Die soziale Stellung der Frau in Schweden, a.a.O., S. 10

3) Die Polemik der radikalen linken Frauengruppen gegen die bürgerliche Frauenbewegung, sie kämpften nur für die Haltagsarbeit, weil sie von ihren Männern ausreichend versorgt würden (vgl. Orlander, K.: Emanzipation, in: Schweden als Beispiel, Hrsg. H. Schröder, Frankfurt/Main 1970, S. 266), stimmt sicher nicht. Die Teilzeitarbeit wurde in Schweden immer als Notlösung angesehen, die vorübergehenden Charakter haben würde.

4) Ahrland, K.: Die Stellung der schwedischen Frauen auf dem Arbeitsmarkt, a.a.O., S. 4; Die Gewerkschaftsbewegung und Familienpolitik, a.a.O., S. 47

5) Ahrland, K., a.a.O., S. 4; Die Gewerkschaftsbewegung und die Familienpolitik, a.a.O., S. 47; Social benefits for part-time employees, Hrsg. National Labour Market Board, 1969

beruf angeboten.[1]
Dabei ist auch feststellbar, daß die Anstellungssicherheit und Aufstiegsmöglichkeiten noch schlechter bei Teilzeitbeschäftigung sind als in anderen Frauenberufen.[2]
Außerdem besteht für die Frauen die Gefahr, daß die Teilzeitbeschäftigung das Geschlechtsrollenmodell konserviert; sie arbeiten Teilzeit, um für die übrigen Familienmitglieder zur Verfügung stehen zu können, die dadurch ihrer Verantwortung für die Hausarbeit entgehen.[3]
Als konkrete Verbesserungsvorschläge kann man diejenigen ansehen, die nur die qualifizierte Teilzeitbeschäftigung von staatlicher Seite fördern wollen.[4] Der weitestgehende Vorschlag, der von den Gewerkschaften und den Frauenverbänden kommt, zielt auf eine allgemeine Arbeitszeitverkürzung für Mann und Frau. Die Frauen unterstreichen allerdings stark, daß man nicht eine Vier-Tage-Woche mit langen Arbeitstagen will, sondern einen sechstündigen Arbeitstag, der für alle gelten sollte.[5]
Der letzte Vorschlag scheint, langfristig gesehen, derjenige zu sein, der am effektivsten die beruflichen Bildungschancen der Frauen fördern wird, da erstens der Aspekt des geteilten Arbeitsmarktes, daß Teilzeitarbeit nur für Frauen gilt, aufgehoben wird, und zweitens die Veränderung der arbeitsteiligen Rolle zwischen Mann und Frau in der Familie erleichtert wird. Zudem scheint sie auch eine optimale Bedingung für die Betreuung der Kleinkinder und für das Familienleben überhaupt zu sein.

---

1) Ahrland, K.: Die Stellung der schwedischen Frauen auf dem Arbeitsmarkt, a.a.O., S. 4; Die Gewerkschaftsbewegung und die Familienpolitik, a.a.O., S. 44
2) Ahrland, K., a.a.O., S. 4; Die Gewerkschaftsbewegung und die Familienpolitik, a.a.O., S. 47/48
3) Die Gewerkschaftsbewegung und die Familienpolitik, a.a.O., S. 47; Langer-El Sayed,I.: Die Lebensrollen von Mann und Frau, a.a.O., S. 28
4) Langer-El Sayed, I.,a.a.O., S. 31
5) Ahrland, K., a.a.O., S. 4

1.4.4 Rechtliche Faktoren

1.4.4.1 Arbeitsschutzgesetz

1.4.4.1.1 Relevanz

Im Bereich der Arbeitsschutzgesetze werden Frauen unterschiedlich behandelt und ihre Beschäftigung vielfach eingeschränkt bzw. erschwert. Es gilt zu untersuchen, inwieweit diese Vorschriften noch bei dem heutigen Stand der Medizin durch körperliche und biologische Gegebenheiten[1] der Frau gerechtfertigt sind.
Auf dieser Basis wird dann zu prüfen sein, ob z.B. die möglicherweise nicht global zu rechtfertigenden Beschäftigungsverbote von Frauen nicht die Chancengleichheit der Frauen im Beruf beeinträchtigen und somit die Ausbildung und die Weiterbildung für bestimmte Berufe unmöglich machen bzw. in die völlige Willkür der Betriebe stellen. Dies würde dann als Barriere für die Chancengleichheit der Frau im Bereich der beruflichen Bildung anzusehen sein.

1.4.4.1.2 Arbeitszeitvorschriften

1.4.4.1.2.1 BRD

Die §§ 17,19 AZO und der § 3 der Anordnung des Reichsministers über Arbeitszeitverkürzung für Frauen, Schwerbeschädigte und minderleistungsfähige Personen vom 22.10.1943[2] sind im Rahmen unserer Themenstellung von besonderem Interesse.
Im § 17 AZO sind besondere Begrenzungen der Höchst-

---

1) Diese Kriterien sind von der Rechtsprechung entwickelt worden, die eine Ungleichbehandlung der Frauen rechtfertigen ohne gegen Art. 3 GG zu verstoßen. (vgl. Hoffmann-Bludau,B.: Das Gleichberechtigungsgebot im Arbeits- und Sozialversicherungsrecht, Bonn - Bad Godesberg 1972, S. 22

2) RAB L III, S. 325

arbeitszeit für weibliche Arbeitnehmer festgelegt.[1] Gemäß § 17 II dürfen die Frauen nicht mehr als 10 Stunden pro Tag arbeiten, während Männer gemäß § 4 III 2, 5 III, 7 II, 8 II, 10, 14, AZO. länger als zehn Stunden arbeiten können.[2] Abweichungen von dieser Regelung werden allerdings zugestanden, wenn betriebliche Notfälle, dringendes öffenliches Interesse vorliegen oder aus betriebstechnischen oder allgemeinen wirtschaftlichen Gründen dies erforderlich wird.[3]
Selbst wenn diese unterschiedliche Regelung sich an "objektiv - biologischen und funktionalen Unterschieden von Mann und Frau"[4] orientiert, so bleiben die zahlreichen Ausnahmeregelungen des § 17 unverständlich. Entweder werden die Frauen durch alle aufgezählten Tat-

---

1) § 17 AZO lautet in vollem Wortlaut: (1) mit den in § 5 Abs. 1 genannten Vor- und Abschlußarbeiten dürfen weibliche Gefolgschaftsmitglieder höchstens eine Stunde über die für den Betrieb oder die Betriebsabteilung zulässige Dauer der Arbeitszeit hinaus beschäftigt werden. (2) Bei Anwendung der Ausnahmen des zweiten Abschnittes dürfen weibliche Gefolgschaftsmitglieder nicht länger als zehn Stunden täglich beschäftigt werden. An den Tagen vor Sonn- und Feiertagen darf die Arbeitszeit 8 Stunden nicht überschreiten. (3) Die Vorschrift des Absatzes 2 Satz 2 gilt nicht für das Verkehrswesen , für das Friseurhandwerk, für Badeanstalten, für Krankenpflegeanstalten, für Musikaufführungen, Theatervorstellungen, andere Schaustellungen, Darbietungen oder Lustbarkeiten, für Filmaufnahmen, für Gärtnereien, für Apotheken, für offene Verkaufsstellen und für die mit ihnen verbundenen Änderungswerkstätten sowie für den Marktverkehr.

2) Hoffmann-Bludau, B.: Das Gleichberechtigunggebot im Arbeits- und Sozialversicherungsrecht, a.a.O., S. 39

3) ebenda

4) B.Verf.G., 59, S. 12

bestände des § 17 AZO körperlich oder seelisch überfordert, dann kann und darf es aber auch keine Ausnahmen geben, oder diese Sonderregelungen machen deutlich, daß das prinzipielle Verbot überholt ist. Dieser Verstoß gegen Art. 3 GG beeinträchtigt die beruflichen Bildungschancen von Frauen.[1]

Sehr wichtig im Hinblick auf den Einfluß der Arbeitsvorschriften auf berufliche Bildungschancen der Frauen scheint der § 19 AZO zu sein,[2] der das Nachtarbeitsverbot von Frauen regelt.

Es steht außer Frage, daß alle Organe während des Tages mehr auf äußere Leistung und während der Nacht mehr auf Erholung eingestellt sind,[3] und diese Disposition durch

---

1) Die Überprüfung des § 3 der Anordnung des Reichsministers über Arbeitszeitverkürzung für Frauen, Schwerbeschädigte und minderleistungsfähige Personen vom 22.10. 1943 ergibt, daß diese Regelung die beruflichen Bildungschancen der Frauen nicht von Staats wegen beeinträchtigt, sondern in dieser Hinsicht unproblematisch ist, da diese Regelung nur eingreift auf Antrag der Frauen selbst. Die Frauen sind somit nicht von der Initiative der Betriebe abhängig, die möglicherweise gegen ihre Interessen verstoßen.

2) Die Vorschrift des § 19 AZO in vollem Wortlaut:"(1) Arbeiterinnen dürfen nicht in der Nachtzeit von zwanzig bis sechs Uhr, an den Tagen vor Sonn- und Feiertagen nicht nach 17.00 Uhr beschäftigt werden. (2) In mehrschichtigen Betrieben dürfen Arbeiterinnen bis 23.00 Uhr beschäftigt werden. Nach vorheriger Anzeige an das Gewerbeaufsichtsamt kann die Frühschicht regelmäßig frühstens um 5.00 Uhr beginnen, wenn die Spätschicht entsprechend früher endet. Das Gewerbeaufsichtsamt kann zulassen, daß die Spätschicht regelmäßig spätestens um 24.00 Uhr endet, wenn die Frühschicht entsprechend später beginnt. (3) Die Vorschriften der Absätze 1 und 2 gelten nicht für die in § 17 Abs. 3 genannten Betriebe."

3) Rutenfranz, J.: Ist Nachtarbeit für Frauen gesundheitsschädlicher als für Männer?, a.a.O., S. 79

die Nachtarbeit gestört wird. Aber ebenso sicher ist es, daß alle entscheidenden Kriterien der Nachtarbeit und der Symptome gesundheitlicher Störungen bei Nachtarbeit nicht geschlechtsspezifisch auftreten.[1)]
Das Problem der Doppelbelastung, das in diesem Zusammenhang oft als Kriterium hinzugenommen wird, sollte nicht durch das Nachtarbeitsverbot gelöst werden,[2)] sondern sollte seine Regelung im Rahmen aller Maßnahmen zur Rollenrevidierung von Mann und Frau finden (Sozialisation, Arbeitszeitverkürzung, männlicher Beitrag zur Haushaltsführung).
Da das Nachtarbeitsverbot nicht aus biologischen Gründen für die Ungleichbehandlung der Frauen unabdingbar ist,[3)] verstößt es unserer Ansicht nach gegen Art. 3 GG und beeinträchtigt die beruflichen Bildungschancen von Frauen insofern, da das Nachtarbeitsverbot die Betriebe vor die Aufgabe stellt, Frauen nur in Tagesschichten einzusetzen. Dies bedeutet, daß entweder gar keine Nachtschichten gefahren werden, oder Männer nur Nachtschichten ableisten müssen, oder gar keine Frauen eingestellt werden.
Da Frauen auch als Vorarbeiter nicht in Nachtschichten eingesetzt werden können, werden durch das Nachtverbot ihre Aufstiegsmöglichkeiten beschränkt.[4)] Auch die auf Initiative der Betriebsleitung erhältliche Sondergenehmigung seitens der Behörde ändert an dieser Sache nur unwesentliches, da dieses im Ermessen der Betriebsleitung steht.

---

1) Rutenfranz,J.: Ist Nachtarbeit für Frauen gesundheitsschädlicher als für Männer?, a.a.O., S. 30

2) Hoffmann-Bludau,B.: Das Gleichberechtigungsgebot im Arbeits- und Sozialversicherungsrecht, a.a.O., S. 46

3) Lehmann: Das physische Leistungsvermögen des Menschen,in: Handbuch der gesamten Arbeitsmedizin, Band I Berlin/ München / Wien 1961, S. 97

4) Die Aufstiegschancen der Frauen in Textilbetrieben sind durch die Einführung des Dreischichtensystems wegen der teuren Maschinenanlagen und des Nachtarbeitsverbots gesunken. (vgl. Wilms,D.;Dennebaum,E.-M.: Probleme der Ausbildung und des Aufstiegs..., a.a.O., S. 18

Frau Hoffmann-Bludau schlägt aus juristischen und medizinischen Überlegungen vor, generelle, nicht nach biogenital-medizinischen Gesichtspunkten differenzierende materielle Arbeitsbeschränkungen grundsätzlich abzulehnen.[1)] Sie weist darauf hin, daß es sowohl Männer als auch Frauen mit schwacher bzw. starker Konstitution gibt,[2)] und leitet daraus die Forderungen ab, daß z.B. "die als Auswirkungen der Nachtarbeit entstehenden medizinisch-physiologischen Probleme in dem medizinisch indizierten Rahmen einer für männliche und weibliche Arbeitnehmer einheitlichen Schutzregelung" gelöst werden.[3)]
Langkau-Herrmann und Langkau schlagen folgende Maßnahmen vor: "Eine generelle Überprüfung der bestehenden Arbeitsschutzgesetze an Hand wissenschaftlicher, insbesondere arbeitsmedizinisch überprüfbarer Kriterien mit dem Ziel, Beschäftigungsverbote, die ausschließlich für Frauen gelten, auf wenige, relativ konstante Situationen (z.B. Beschäftigungsverbot während der Schwangerschaft) zu beschränken."[4)] Dieser Vorschlag hätte einen förderlichen Einfluß auf die beruflichen Bildungschancen von Frauen.
Die Regierung in der BRD läßt bereits selbst gesetzliche Vorlagen erarbeiten, die sich mit diesem Problemkreis beschäftigen.[5)]

---

1) Hoffmann-Bludau, B.: Das Gleichberechtigungsgebot im Arbeits- und Sozialrecht, a.a.O., S. 47
2) ebenda
3) ebenda
4) Langkau-Herrmann, M.; Langkau,J.: Arbeitsmarktstrategien..., a.a.O., S. 165
5) Arendt, W.: Chancengleichheit für die Frauen in der heutigen Gesellschaft, a.a.O., S. 19

1.4.4.1.2.2 Frankreich

Auch für die französische Frau existieren spezielle Nachtarbeitsverbote, die im zweiten Buch, Kapitel 3, in den Artikeln 21 - 23 des Code du Travail geregelt sind. Davon können zwar auf Grund von Artikel 24 bestimmte Ausnahmen gemacht werden, trotzdem haben diese Verbote teilweise negative Auswirkungen auf die Berufstätigkeit, bzw. die beruflichen Bildungschancen von Frauen.

Der Artikel 22 des Code du Travail schreibt vor:"daß jede Arbeit zwischen 22 Uhr und 5 Uhr als Nachtarbeit anzusehen ist." Er wird ergänzt durch den Artikel 23, der vorschreibt, daß die Nachtruhe der Frauen 11 Stunden betragen muß.

Frauen, die im Bereich des Gesundheitswesens (Krankenhäuser...) und in bestimmten anderen Geschäftsunternehmen arbeiten, sind von den Nachtarbeitsbestimmungen ausgenommen. Für letzteres müssen Ausnahmeerlaubnisse eingeholt werden, die im Prinzip 15 Nächte pro Jahr und pro weibliche Beschäftigte nicht überschreiten dürfen, wenn nicht weitergehende Sonderregelungen getroffen werden.[1]

Eine Abschaffung des Nachtarbeitsverbotes wird in Frankreich weder gefordert noch geplant.

1.4.4.1.2.3 Schweden

Arbeitszeitbeschränkungen für Frauen existieren in Schweden nicht.[2] Schon 1962 wurde das Nachtarbeitsverbot für Frauen aufgehoben,[3] um die Gleichstellung der Frau auf

---

1) OCDE Rapport national: France, le Rôle des Femmes dans l'Economie, Paris, 30 Octobre 1973, S. 145

2) Hoffmann-Bludau, B.: Das Gleichberechtigungsgebot im Arbeits- und Sozialversicherungsrecht, a.a.O., S. 119; Sandlund, M.B.: Die soziale Stellung der Frau in Schweden, a.a.O., S. 18

3) Hoffmann-Bludau, B., a.a.O., S. 119; Sandlund, M.B., a.a.O., S. 18; Langer-El Sayad, I.: Die Lebensrollen von Mann und Frau, a.a.O., S. 32

dem Arbeitsmarkt mit dem Mann zu erreichen. "Hier kam noch hinzu, daß gerade dieses Verbot durch Ausnahmen (sämtliche Dienstleistungsunternehmen, Schank- und Restaurationsbetriebe etc. waren suspendiert) derart entmaterialisiert war, daß die Aufrechterhaltung des übrigbleibenden Verbotstorsos als ungerechtfertigt angesehen wurde." Es bestehen auch sonst für die tägliche Arbeitszeit,[1] diese wird von Arbeitnehmer- und Arbeitgeberorganisationen ausgehandelt. Nur die wöchentliche Arbeitszeit ist fixiert auf 40 Stunden. Im Jahr dürfen nicht mehr als 150 Überstunden gemacht werden.[2] Da keine unterschiedlichen Arbeitszeitvorschriften für Frauen in Schweden existieren, so können auch keine hemmenden Auswirkungen auf die beruflichen Bildungschancen von Frauen von ihnen ausgehen.

1.4.4.1.3 Beschäftigungsverbote

1.4.4.1.3.1 BRD

Einige Beschäftigungsverbote von Frauen sind inzwischen aufgehoben worden, so z.B. die Arbeits- und Zeiteinschränkungen für Frauen im Gastwirtschaftsgewerbe (§ 17 Abs. 2 Gastst. G)[3] Dasselbe gilt für die Beschäfti-

---

1) Dieses Gesetz trat am 1.1.1971 in Kraft

2) Hoffmann-Bludau, B.: Das Gleichberechtigungsgebot im Arbeits- und Sozialversicherungsgesetz, a.a.O., S. 118

3) So durften weibliche Arbeitnehmerinnen Gäste nicht zum Trinken anreizen. Der Gastwirt mußte eine Erlaubnis der zuständigen Ortspolizei einholen, wenn er Frauen beschäftigte. (vgl. Binder-Wehberg, F.: Die Ungleichbehandlung von Mann und Frau, a.a.O.,

gung der Frauen auf Fahrzeugen.[1]
In diesen Bereichen ist immerhin punktuell die Benachteiligung der Frauen aufgehoben worden, auf der Grundlage der Erkenntnis, daß hier keine biologisch-geschlechtsspezifischen Gesundheitsgefährdungen vorliegen, die eine Ungleichbehandlung der Frauen verfassungsmäßig rechtfertigen würden. Auf der anderen Seite ist aber der generelle Schutz der Frauen nicht abgebaut worden.
Auch die noch bestehenden gewerblichen Beschäftigungsverbote, die auf Grund des § 120 GWO[2] erlassen wurden, und " die zu § 16 III AZO erlassenen Verordnungen zum Schutz gegen Staublungenerkrankungen in der keramischen Industrie vom 1.9.1951[3] und die Ausführung von Anstricharbeiten

---

1) In einem im Juli 1970 erstellten Entwurf des Arbeitsministerium für eine neue Verordnung für die Beschäftigung von Frauen geht es dahin, daß das generelle Beschäftigungsverbot von Frauen zugunsten eines individuellen geschlechtsneutralen Gesundheitsdienstes aufgehöben wird. (vgl. Hoffmann-Bludau,B.: Das Gleichberechtigungsgebot..., a.a.Ø.,S. 33)

2) Es handelt sich im wesentlichen um Verordnungen, die Verbote für als gefährlich geltende Arbeiten beinhalten, wie z.B. Druckluft, Röntgenstrahlen, Blei, Zigarren, Alkali-Chromaten, Elektrische Akkumulatoren aus Blei, Zichorie,Rohrzucker, Zink, Thomasmehl. (Die speziellen Verordnungen regeln näheres.) Darüberhinaus gibt es Arbeitsverbote für Frauen in bestimmten Produktionsstätten, so in Steinbrüchen, Ziegeleien und Glashütten. (vgl. Hoffmann-Bludau, B.: Das Gleichberechtigungsgebot im Arbeits- und Sozialversicherungsrecht, a.a.O., S. 34/ 35)

3) BGBl. I S. 787

in Wasserfahrzeugen und schwimmfähigen Hohlkörpern vom 7.9.1961"[1] sollen ebenfalls noch entsprechend verändert werden.[2]
"Um einen optimalen Gesundheitsschutz jedes Arbeitnehmers - Frau als auch Mann - zu garantieren, sind individuelle Eignungsuntersuchungen erforderlich, die speziell an den Anforderungen jedes einzelnen Arbeitsplatzes orientiert sein müssen.[3] Diese Tendenz wird auch im Gesundheitsbericht der Bundesregierung deutlich.[4]

1.4.4.1.2.2 Frankreich

Den Frauen sind nach Kapitel 5, erster Teil, Artikel 55 des Code du Travail Untertagetätigkeiten verboten. Nach Artikel 1 eines Dekrets vom 19. Juli 1958, das die Beschäftigung von Kindern und Frauen in der öffentlichen Verwaltung mit Bezug auf gefährliche Tätigkeiten beschreibt, wird darüber hinaus den Arbeitgebern verboten, Kinder unter 18 Jahren und Frauen mit der Reparatur laufender Maschinen, Maschinenteile und Maschinenmotoren zu beschäftigen. Außerdem werden nach Artikel 11 dieses Dekrets Frauen und Kindern gewisse Tätigkeiten verboten.[5] Die Tätigkeiten beziehen sich insbesondere auf solche, die den Umgang mit chemischen Stoffen erfordern. Schließlich ist es auf Grund des Dekrets vom 8. Februar 1955 und auf Grund der Ordonnance No. 59/107 vom 7. Januar 1959[6] verboten, Frauen, die jünger als 21 Jahre sind, in Schankwirtschaften zu beschäftigen - es sei denn, sie seien die Ehefrauen

---

1) BGBL. I S. 1713
2) Verhandlung des Deutschen Bundestages, 5. Wahlperiode, 1968, S. 8983
3) Hoffmann-Bludau, B.: Das Gleichberechtigungsgebot im Arbeits- und Sozialversicherungsrecht, a.a.O., S. 37; DAG-Aktionsprogramm, Die Stellung der Frau in der Gesellschaft, 1, 173, S. 3
4) BT-Drucksache VI, 1967, S. 91 und S. 171
5) in: Code du Travail, Paris 1968, S. 861 ff.
6) in: Code du Travail, a.a.O., S. 868

des Schankwirts.
Da diese Bestimmungen selten eingehalten wurden, wurde durch ein Dekret Nr. 66/755 vom 1. Oktober 1966 [1] bestimmt, daß Schankwirte, die solche Frauen trotzdem beschäftigen, mit Strafen zwischen 400 und 1.000 Fr. belegt werden.
Schließlich ist im Zusammenhang mit den Arbeitsverboten in Frankreich noch das Dekret vom 21. März 1914 interessant, in dessen Artikel 12 geregelt wird, daß Frauen in bestimmten Tätigkeiten, die entweder gegen den sittlichen Anstand verstoßen oder ihre Auffassung von Sittlichkeit verletzen, nicht beschäftigt werden können.[2]
Konkrete Ansätze zur Veränderung des Arbeitsschutzes im Hinblick auf die Abschaffung der globalen Beschäftigungsverbote existieren nicht.

1.4.4.1.2.3 Schweden

"Materielle Arbeitsbeschränkungen für Frauen gibt es in Schweden nicht. Die wenigen bestehenden Arbeitsschutzbestimmungen gelten gleichermaßen für Männer und Frauen."[3]
Allerdings gibt es zwei Ausnahmen: Frauen dürfen nicht im Bergbau und in Steinbrüchen arbeiten.[4] Davon kann aber auch Dispenz erteilt werden.[5] Auch im militärischen Bereich dürfen Frauen nicht eingesetzt werden.[6] In der schwedischen Staatskirche tun seit 1960 auch weibliche Pfarrer ihren Dienst.[7] Von den wenigen Beschäftigungsverboten geht keine einschneidende Benachteiligung der Frauen auf dem Arbeitsmarkt aus. Die beruflichen

---

1) in: Code du Travail, Paris 1968, S. 868
2) in: Code du Travail, a.a.O., S. 857
3) Hoffmann-Bludau, B.: Das Gleichberechtigungsgebot..., a.a.O., S. 118
4) ebenda; Sandlund, M.B.: Die soziale Stellung der Frau in Schweden, a.a.O., S. 18
5) Hoffmann-Bludau, B., a.a.O., S. 118
6) Sandlund, M.B., a.a.O., S.11
7) ebenda; Algrim, K.: Eve and Martha - but what about Mary?, in Hertha, 5, 1969, S. 64

Bildungschancen der Frauen sind daher nicht wesentlich durch Arbeitsmarktbeschränkungen auf Grund von Beschäftigungsverboten eingeschränkt. Es existieren aber Vorschläge, auch die Arbeit in Steinbrüchen und im Bergbau für Frauen grundsätzlich zu erlauben, nicht zuletzt, weil die körperlichen Anstrengungen z.B. im Bergbau wegen der starken Automatisierung kaum noch existieren.[1)]

1.4.4.1.3 Mutterschutzgesetz

1.4.4.1.3.1 BRD

Es kann in diesem Punkt nicht darum gehen, den Mutterschutz, der ohne Frage auf einen biologischen Unterschied[2)] zwischen Mann und Frau zurückgeht, abzubauen, sondern eher aufzubauen.[3)] Es ist zu prüfen, "ob die Regelungen des Mutterschutzgesetzes berufliche Beeinträchtigungen, die aus der Mutterschaft entstehen, voll ausgleichen und damit die Frauen wieder Anschluß finden lassen an die beruflichen Positionen, die sie vor ihrer Schwangerschaft hatten.[4)] Es ist offensichtlich, daß dadurch die beruflichen Bildungschancen tangiert sind, denn die Motivation der Ausbilder und der Auszubildenden ist davon sicher beeinflußt. Dazu gehört auch, ob die jetzigen Schutz-

---

1) Leijon, A.-G.: Swedish Women - Swedish Men, a.a.O., S. 49
2) Hein: Schwangerschaft und Mutterschutz der arbeitenden Frau, in: Handbuch der gesamten Arbeitsmedizin, Band IV, Teil 1, a.a.O., S. 147; Holstein, E.: Grundriß der Arbeitsmedizin, 4. Auflage, Leipzig 64, S.15/16
3) B. Hoffmann-Bludau hält einen Ausbau des Mutterschutzgesetzes in einem gewissen Maße (Anrechnung eines pauschalierten Zeitraumes pro Kind als Ersatzzeit im Rahmen der Sozialversicherung) für finanziell von der Gesellschaft tragbar; einen Kinderbetreuungsurlaub von mehreren Jahren wegen der brisanten Kosten für indiskutabel. (vgl. Hoffmann-Bludau, B.: Das Gleichberechtigungsgebot..., a.a.O., S. 55)
4) Hoffmann-Bludau, B., a.a.O., S. 49

maßnahmen (§ 3,4,6,7,8,9,16 MschG) und wirtschaftliche Sicherungen (§ 11,12,13,14,15,17 MschG) der Schwangeren[1] und eine zukünftige Erweiterung des Mutterschutzes zu einer zu hohen bis unzumutbaren Belastung der Arbeitgeber wird.

---

1) Die oben aufgeführten §§ enthalten folgende wichtige Bestimmungen: - Kündigungsschutz während der Schwangerschaft und bis zum Ablauf von 4 Monaten nach der Entbindung. - Erhaltung von Rechten aus dem Arbeitsverhältnis, die von der Dauer der Betriebszugehörigkeit abhängen, wenn eine Frau innerhalb eines Jahres nach der Entbindung in ihrem bisherigen Betrieb wiedereingestellt wird (§ 10) - Beschäftigungsverbot während der gesetzlichen Schutzfrist von 6 Wochen vor und 8 Wochen bzw. 12 Wochen bei Mehrlingsgeburten nach der Niederkunft.(§ 6 Abs. 1 und § 3 Abs. 2) - Über den für Frauen allgemein geltenden Arbeitsschutz hinausgehende Beschäftigungsverbote, wie z.B. Verbot der Akkordarbeit und Arbeitszeitvorschriften. (§§ 3, 4 und 8) - Mutterschaftsgeld in Höhe des durchschnittlichen Nettoeinkommens während der gesetzlichen Schutzfristen, zum Teil auf Kosten der Allgemeinheit (Bund , gesetzliche Krankenkassen), zum großen Teil auf Kosten des Arbeitgebers. (§13) Hiernach erhalten Frauen ein Mutterschaftsgeld vom Bund bzw. den Krankenkassen von kalendertäglich 25 DM.Der Bund übernimmt lediglich 400 DM pro Leistungsfall (vgl. Hoffmann-Bludau, B.: Das Gleichberechtigungsgebot..., a.a.O., S. 52). Die Differenz zwischen diesem Betrag und dem durchschnittlichen Nettoeinkommen zahlt der Arbeitgeber. - Anspruch auf Mutterschaftslohn. Frauen, die wegen eines Beschäftigungsverbotes während der Schwangerschaft bzw. bis zum Ablauf von 4 Monaten danach teilweise oder völlig mit der Arbeit aussetzen,haben Anspruch auf vollen Lohnausgleich in Höhe ihres durchschnittlichen Monatseinkommens vor Beginn der Schwangerschaft zu Lasten des Arbeitgebers (§ 11) - Organisatorische Maßnahmen zum Schutz der werdenden oder stillenden Mütter (z.B. Liegeräume) zu Lasten des Arbeitgebers.(§ 2) (vgl. Langkau-Herrmann,M.;Langkau,J.: Arbeitsmarktstrategien..., a.a.O., S. 144/145)

Ein besonders wichtiger Kostenfaktor ist das Mutterschaftsgeld, das die Mutter gem. § 200 ff RVO i.V.m. § 13 I MSCHG erhält, um den Lohnausfall zu kompensieren, den sie wegen der gesetzlichen Beschäftigungsverbote vor und nach der Niederkunft erleiden würde.[1] An der Finanzierung sind die Krankenkassen - soweit die Mutter pflichtversichert ist -, der Arbeitgeber und der Bund beteiligt. Die Leistung des Bundes und der Krankenkasse sind feste Sätze von 400 höchstens und 25 DM täglich, während der Arbeitgeber die Differenz bis zum Nettodurchschnittseinkommen zu zahlen hat. Es ist offensichtlich, daß bei einem hohen Gehalt die Differenz entsprechend höher liegt. "Angesichts dieser Bestimmung ist es nicht verwunderlich, wenn bei der Einstellung von qualifizierten Kräften männliche Arbeitnehmer bevorzugt werden."[2]

Autoren, die sich mit diesem Problem befassen, empfehlen dem Staat die volle Übernahme der finanziellen Lasten aus dem Mutterschaftsgeld, während der gesetzlichen Schutzfrist und aus dem Mutterschutzlohn bei Beschäftigungsverboten während der Schwangerschaft durch die Allgemeinheit.[3]

Auch die organisatorischen und finanziellen Probleme, die sich aus der Unterbrechung der Erwerbstätigkeit von Frauen ergeben, gehen noch einseitig zu Lasten der Arbeitgeber.[4]

Die weiteren Verbesserungen des Mutterschutzes, die eine stärkere Kontinuität der weiblichen Berufstätigkeit durch

---

1) Hoffmann-Bludau, B.: Das Gleichberechtigungsgebot..., a.a.O., S. 52

2) Langkau-Herrmann, M.; Langkau, J.: Arbeitsmarktstrategien..., a.a.O., S. 151

3) Langkau-Herrmann,M.; Langkau, J., a.a.O., S. 166; Binder-Wehberg, F.: Ungleichbehandlung von Mann und Frau, a.a.O., S. 54; Brandt, G.; Kootz, J.; Steppke, G.: Zur Frauenfrage im Kapitalismus, a.a.O., S. 51

4) Langkau-Herrmann, M.; Langkau, J., a.a.O., S. 151

weiteren Ausbeu des Karenzurlaubes, der Arbeitsplatzsicherung und des Versicherungsschutzes[1] fördern, könnten wegen der einseitigen Belastung des Arbeitgebers in der BRD die beruflichen Bildungschancen der Frauen auf der anderen Seite behindern.
Die in der BRD bestehende Forderung nach einem aus öffentlichen Mitteln finanzierten Sonderurlaub der Frau nach der Geburt für 12 oder 18 Monate zur Pflege und Erziehung des Kleinkindes,[2] stellt eine Lösung dar, die eine große entlastende Funktion für die Berufstätige hat. Die eigene Berufstätigkeit könnte bei einer Verlängerung des Karenzurlaubes auf 18 Monate ohne Angst und Sorgen erfahren werden. Dies hat eine positive Wirkung auf die Bereitschaft, sich für einen qualifizierten Beruf ausbilden zu lassen. Hier ließe sich eine Regelung analog der für die Arbeitslosen finden.[3] Langkau-Herrmann und Langkau fordern für die BRD ohne jeden Vorbehalt "die Einführung eines Karenurlaubs nach Ablauf der Schutzfrist bei staatlichem Lohnausgleich bzw. alternativ ein Anspruch auf Teilzeitarbeit.[4]
Darüber hinaus sieht Barbara Hoffmann-Bludau ein weiteres Berufsrisiko und damit eine Einschränkung der beruflichen Bildungschancen der berufstätigen schwangeren Frau darin,

---

1) Bei Unterbrechung der Berufstätigkeit von mehreren Jahren wegen der Kinderbetreuung entsteht ein Ausfall von Versicherungsjahren und damit eine Minderung der Altersversicherung. (vgl. Hoffmann-Bludau, B.: Das Gleichberechtigungsgebot..., a.a.O., S. 106/107)

2) Forderung der Gewerkschaften (vgl. Protokoll der 7. Frauenkonferenz der IG-Metall, S. 366; Programm des DGB für Arbeitnehmerinnen, in: Frau und Arbeit 10 /1969, S. 17; DAG-Aktionsprogramm: Die Stellung der Frau in der Gesellschaft 1, 1973, S. 3)

3) Karenzurlaub von 12 Monaten in Österreich. (vgl. Langkau-Herrmann, M.; Langkau, J,: Arbeitsmarkstrategien..., a.a.O., S. 147/148)

4) Langkau-Herrmann, M.; Langkau, J., a.a.O., S. 166/167

daß ihr Arbeitsplatz nicht reserviert wird, wenn sie nicht innerhalb von 8 Wochen nach der Geburt zurückkehrt.[1)]
Dieser Arbeitsplatzverlust, der den meisten Müttern droht, stellt einen sehr nachteiligen Einfluß auf die beruflichen Bildungschancen dar, sowohl im Hinblick auf die Motivation der Ausbilder als auch der auszubildenden Frauen.
Eine analoge Anwendung des Soldatengesetzes, das den Wehrpflichtigen über eineinhalb Jahre ihren Arbeitsplatz absichert, während sie ihre Wehrpflicht ableisten, wäre auf Frauen mit kleinen Kindern anwendbar.[2)]
Seit dem 1.1.1974 gibt es in der BRD eine Regelung, wonach Versicherte für ein erkranktes Kind unter acht Jahren bis zu 5 Tage im Jahr von der Arbeit freigestellt werden. Sie erhalten für entgangenen Verdienst ein volles Krankengeld.[3)]
Positive Wirkungen können von dieser Regelung der Wahlmöglichkeit auf die Rollenrevidierung von Mann und Frau ergehen. Allerdings wird insgesamt diese Regelung als unzureichend angesehen.[4)]

1.4.4.1.3.2 Frankreich

Eine Reihe von gesetzlichen Vorschriften von 1909 - 1950 regeln in Frankreich den Schutz der Mutter. Es sind einerseits die kodifizierten Rechtsvorschriften des Code du Travail, andererseits nichtkodifizierte Rechtsvorschriften.[5)]
Artikel 54 Buch 2 des Code du Travail bestimmt eine obligatorische Mindestdauer der Unterbrechung der Arbeit bei

---

1) Hoffmann-Bludau, B.: Das Gleichberchtigungsgebot..., a.a.O., S. 55/56; Langkau-Herrmann, M.; Langkau, J.: Arbeitsmarktstrategien..., a.a.O., S. 151
2) Hoffmann-Bludau, B., a.a.O., S. 55/56
3) Mehr Frauen in die Parlamente. Hrsg. Arbeitsgemeinschaft Sozialdemokratischer Frauen, Bundesvorstand, Bonn 1974, S. 19
4) ebenda
5) vgl. Mutterschutz in den 6 Ländern der EWG, Brüssel 1966, S. 18

Mutterschaft: Die erwerbstätige Frau darf in einer Zeit von 8 Wochen vor oder nach der Geburt ihre Tätigkeit nicht ausüben.
Nach Artikel 29 Buch 1 des Code du Travail hat die Arbeitnehmerin die Möglichkeit, die Arbeit während einer Zeit von insgesamt 14 Wochen zu unterbrechen, die 6 Wochen vor dem mutmaßlichen Zeitpunkt der Niederkunft beginnt und 8 Wochen nach der Niederkunft endet. Diese Bestimmung ermöglicht es der Arbeitnehmerin, die Dauer ihres Mutterschaftsurlaubs um 4 Wochen vor und 2 Wochen nach der Niederkunft zu höhen. Die einzige Verpflichtung der Arbeitnehmerin besteht darin, den Arbeitgeber über die Gründe ihrer Abwesenheit (unter Vorlage eines ärztlichen Zeugnisses) zu unterrichten.
Kollektivverträge einzelner Berufszweige sehen manchmal andere Regelungen vor. Oft sind hier längere Unterbrechungszeiten vorgesehen. Einige Kollektivverträge geben die Möglichkeit zu Arbeitsunterbrechungen von 3 Monaten bis zu 6 Monaten nach der Geburt, wenn die Mutter ihr Kind stillt. Andere Verträge sind bestrebt, Krankheit im Zusammenhang mit Geburt der normalen Handhabung im Krankheitsfall anzupassen. Bis zum Ablauf eines Jahres ab dem Tag der Niederkunft steht stillenden Müttern eine Stunde täglich während der Arbeitszeit zum Stillen zur Verfügung.[1)]

---

1) vgl.: Mutterschutz in den 6 Ländern der EWG, a.a.O., S. 18

Außer dem Verbot der Beschäftigung schwangerer Frauen mit Arbeiten, die den Umgang mit abtreibenden Stoffen erfordern, gibt es keine besonderen Arbeitsverbote für erwerbstätige Mütter, die über die hinausgingen, die vor allem im Code du Travail Buch 2, Titel 1, Kapitel 2 und Kapitel 3 und 4, auf die schon hingewiesen wurde, festgelegt sind.
Die Sozialgesetzgebung verpflichtet die Frauen, die Mitglieder der Sozialversicherung sind, formell für die Dauer von mindestens sechs Wochen nach der Niederkunft keinerlei entlohnte Arbeit zu verrichten.
Während der Arbeitsfreistellung der erwerbstätigen Frauen aus Gründen der Mutterschaft ruht deren Arbeitsvertrag. Der Arbeitgeber kann ihn grundsätzlich nicht lösen, anderenfalls hat er der Arbeitnehmerin Schadenersatz zu leisten.[1)]
Die französische Arbeitnehmerin im Mutterschaftsurlaub erhielt bis 1970 für insgesamt 14 wöchige Ruhezeit eine tägliche Entschädigung, die der Hälfte des täglichen Grundlohnes entsprach. Sie durfte jedoch eine gewisse Höchstgrenze nicht überschreiten. (Am 1.1.1965 betrug diese monatlich 950 frs.) Vom 31. Tag der Arbeitsfreistellung ab erhöhte sich die Entschädigung auf 2/3 des täglichen Grundlohnes, wenn die Versicherte drei oder mehr unterhaltsberechtigte Kinder hatte.[2)]
Es gab und gibt jedoch zahlreiche

---

1) Mutterschutz in den 6 Ländern der EWG, a.a.O., S. 19
2) Mutterschutz..., a.a.O., S. 20

Kollektivverträge, die die teilweise oder volle Lohnfortzahlung durch den Arbeitgeber während der Mutterschaft der Arbeitnehmerin vorsehen.
Auf Grund der sehr niedrigen Lohnausfallzahlungen an die französische Arbeitnehmerin im Mutterschaftsurlaub, machten in der Vergangenheit nur relativ wenige Frauen von dem Anrecht auf diesen Urlaub Gebrauch. Schließlich wurden die Zahlungen durch einen Erlaß vom 23. Dezember 1970 auf 50-90 % des Grundgehaltes erhöht und erreichen seitdem einen Höchstbetrag von 49.50 frs.[1] Um in den Genuß dieser Leistung zu kommen, muß die Frau zudem insgesamt 10 Monate Sozialversicherung nachweisen, 200 Stunden entlohnt gearbeitet haben oder während drei Monaten vor dem Beginn der Schwangerschaft in einem ähnlichen Arbeitsverhältnis gestanden haben. Die Frau, die einen Monat vor Beginn der Schwangerschaft zu arbeiten aufhört, verliert das Recht auf die Zahlungen.
Die Arbeitgeber sind angewiesen, die Frauen,die auf Grund einer Geburt nach dem Mutterschafsurlaub das Arbeitsverhältnis nicht sofort wieder aufgenommen haben, während einer Frist von einem Jahr nach Beendigung ihres Mutterschaftsurlaubs vorrangig wieder einzustellen.
Weitere konkrete Maßnahmen, Mutterschaft ohne Arbeitsplatzverlust zu ermöglichen (durch Karenzurlaub z.B. und gleichzeitige Arbeitsplatzreservierungen) sind in Frankreich nicht geplant.

1.4.4.1.3.3 Schweden

Schweden hat den Mutterschutz ausgebaut und ist weiter dabei, die Leistungen zu verbessern.
"Der gesetzliche Arbeitsschutz beschränkt sich auf das Recht der Frau, ab sechs Wochen vor der Niederkunft für insgesamt sechs Monate der Arbeit fernzubleiben."[2] Diese Mutterschutz-

---

1) OCDE/ Rapport national: France, Le Rôle des Femmes dans l'Economie, Paris, 30 Octobre 1973, S. 143:dies gilt pro Tag
2) Hoffmann-Bludau, B.: Das Gleichberechtigungsgebot..., a.a.O., S. 121; Leijon, A.-G.; Karre,M.: La condition familiale en mutation, Paris 1972, S. 107

frist ist im Gegensatz zur BRD doppelt so lang und zeitlich variabel. [1] Neben dem Mutterschaftsgeld in Höhe von 1.080 SKR (ca. DM 640,-) erhält die berufstätige Mutter ein Zusatzkrankengeld entsprechend ihres Einkommens. [2] Dieses Zusatzkrankengeld wird gezahlt, wenn die Mutter mindestens 270 Tage ohne Unterbrechung vor dem Geburtstermin (oder dem errechneten Geburtstermin) für ein jährliches Erwerbseinkommen von mindestens 2.600 SKR (ca. 1.560,- DM) krankenversichert war. [3] Dieses Zusatzkrankengeld wird gezahlt für die Zeit, in der die Mutter der Erwerbsarbeit fernbleibt, jedoch höchstens für 180 Tage, und zwar frühestens vom 60. Tag vor dem berechneten Zeitpunkt der Geburt und spätestens vom Tag der Entbindung an. [4] "Die Kosten dieser finanziellen Unterstützung, die der Mutter den gleichen Betrag gewährt wie im Krankheitsfall, werden vollständig von der Allgemeinen Versicherungskasse getragen." [5] Dadurch wird der Arbeitgeber, im Gegensatz zur BRD, stark entlastet. Wegen der Kostenneutralität stellen diese Mutterschutzmaßnahmen einen bedeutenden Faktor zur Förderung der beruflichen Bildungschancen dar. Einige Leute in Schweden forderten schon vor ein paar Jahren, daß auch der Vater anstelle der Mutter einen Teil dieses Mutterschaftsurlaubs bekommen müßte, um an Mutterstelle das Kinder versorgen zu können. [6] Anna-Greta Leijon und Marianne

---

1) Hoffmann-Bludau, B.: Das Gleichberechtigungsgebot..., a.a.O., S. 122; Wingen, M.: Familienpolitik in Schweden, in: Sozialer Fortschritt, 15, 1966, S. 154; Tatsachen in Schweden: Die Sozialversicherung in Schweden, Hrsg. Schwedisches Institut, S. 2

2) Hoffmann-Bludau, B., a.a.O., S. 121; Wingen, M., a.a.O., S. 254

3) ebenda

4) ebenda

5) Hoffmann-Bludau, B., a.a.O., S. 122

6) Leijon, A.-G.; Karre, M.: La condition familiale en mutation a.a.O., S. 107; Die Gewerkschaftsbewegung und die Familienpolitik, a.a.O., S. 79

Karre hielten 1972 die Realisation dieses Vorschlages für möglich. Am 1. 1. 1974 wurde dann die Mutterschaftsversicherung durch eine Elternversicherung ersetzt. Diese Versicherung gibt dem das Kind pflegenden Elternteil bei der Geburt eines Kindes sechs Monate lang eine garantierte Unterstützung. Bei Erwerbstätigen hat der Betrag die gleiche Höhe wie das Krankengeld. Die Eltern können selbst bestimmen, wer von ihnen während der sechs Monate zu Hause bleiben und das Kind pflegen soll. Auch können sie sich die Zeit teilen. Außerdem wird das Recht auf Krankengeld für einen Elternteil (Vater oder Mutter) bei der Pflege eines kranken Kindes eingeführt, sowie für den Vater bei der Betreuung eines Kindes, wenn die Mutter der Geburt eines weiteren Kindes entgegensieht.[1]
Ein weiterer Vorschlag der Gewerkschaften hat folgendes zum Inhalt:
"Durch eine Änderung des Gesetzes über das Verbot der Entlassung auf Grund von Ehe und Schwangerschaft muß die Möglichkeit geschaffen werden, weitere sechs Monate vom Dienst befreit werden zu können. Auch diese Befreiung müßte dann entweder vom Mann oder von der Frau in Anspruch genommen werden können."[2]
Es liegt auf der Hand, daß solche Maßnahmen die beruflichen Bildungschancen fördern können, da die berufliche Arbeit der Frau in solchen gesetzlichen Regelungen stark anerkannt wird.

1.4.4.2 Bestimmung der Sozialversicherung

1.4.4.2. 1 Relevanz

Die Relevanz der Sozialversicherung für die beruflichen Bildungschancen von Frauen wird nicht unmittelbar deutlich, sondern bedarf einer kurzen Erläuterung. Wenn die berufstätigen Frauen, die in der Mehrzahl der gesetzlichen Renten-

---

1) Tatsachen über Schweden. Die Sozialversicherung in Schweden, a.a.O., S. 2

2) Die Gewerkschaftsbewegung und die Familienpolitik, a.a.O., S. 80

versicherungspflicht unterliegen, im Verhältnis zum Mann eine gerechtere Berücksichtigung des besonderen Verlaufs und der besonderen Probleme ihrer Erwerbstätigkeit im System der sozialen Sicherheit finden, bedeutet dies einen Anreiz, eine berufliche Tätigkeit aufzunehmen und beizubehalten.[1] Diese Kontinuität der Berufstätigkeit von Frauen würde positiv die beruflichen Bildungschancen von Frauen beeinflussen.

1.4.4.2.2 BRD

Für die BRD kommt vor allen Dingen die Rentenversicherung in Betracht. Formal betrachtet entspricht die Stellung der berufstätigen Frau in der Rentenversicherung bis auf wenige Ausnahmen der des Mannes.
Es gibt eine unterschiedliche rechtliche Regelung im Hinblick auf die Hinterbliebenenrenten. Im Gegensatz zur Witwe, die 60 % der Altersrente ihres Mannes bezieht, hat der Ehemann einer erwerbstätigen Ehefrau, die eigene Rentenansprüche erworben hat, nur dann Anspruch auf eine Hinterbliebenenrente, wenn seine Frau mit ihrem Einkommen überwiegend für den Unterhalt der Familie gesorgt hat.[2] Diese Regelung priviligiert ganz eindeutig die nicht berufstätige Frau.
Es ist wohl einsichtig, daß eine solche Vorschrift die Berufstätigkeit der Frau nicht fördert, sondern eher bestraft, und damit keinen positiven Einfluß auf die beruflichen Bildungschancen hat.
Abgesehen von diesen formalen Unterschieden gibt es eine ganze Menge von faktischen Unterschieden, die man als viel gravierender als die formalen Unterschiede ansehen muß.
Als einen gewichtigen faktischen Unterschied ist die unterschiedliche Rentenhöhe von Mann und Frau anzusehen. Im Durchschnitt beziehen berufstätige Frauen eine erheblich

---

1) Nicht in der GRV erfaßt sind Beamtinnen, freiberuflich Tätige und vor allen Dingen die zahlenmäßig so wichtige Gruppe der mithelfenden Familienangehörigen.

2) Langkau-Herrmann,M.;Langkau, J.: Arbeitsmarktstrategien..., a.a.O., S. 203/204

niedrigere Altersrente als Männer.[1]
Langkau-Herrmann und Langkau stellen die besondere Benachteiligung der Frau präzise heraus. "Da im Rentensystem lediglich die Arbeit im Erwerbsleben bewertet wird, nicht dagegen z.B. die Leistung der Kindererziehung, müssen Frauen, die wegen familiärer Verpflichtungen Einkommenseinbußen erleiden (z.B. wegen Halbtagsarbeit, fehlender Aufstiegschancen, fehlender beruflicher Mobilität) oder ihre Erwerbstätigkeit unterbrechen müssen, auch einsprechende Renteneinbußen hinnehmen.[2]
Diese doppelte Benachteiligung stellt eine gesellschaftliche Abwertung der Berufstätigkeit der Frau dar, die sich kaum positiv auf die beruflichen Bildungschancen der Frauen auswirken wird.
Besonders erschwerend kommt hier noch hinzu, daß bei einem Vergleich der Alterswitwenrenten (Hausfrauen) und Altersrenten von Frauen aus eigener Erwerbstätigkeit sich gravierende Unterschiede zuungunsten der berufstätigen Frauen

---

1) Als Verursachungsgründe kommen einmal die unterschiedliche Einkommenshöhe zwischen Männern und Frauen in Frage, da die Rente in der BRD auf Grund des Arbeitseinkommens berechnet wird. Bei den Versicherungsfällen,die bereits eingetreten sind und die statistisch erfaßt sind, haben die diskriminierenden Frauenlohngruppen der Vorkriegszeit und zu einem geringen Teil auch der Nachkriegszeit einen besonders negativen Einfluß auf die Höhe der Rente.
Als weiterer Grund kann die unterschiedliche Dauer der Erwerbstätigkeit der Männer und Frauen angesehen werden, die sich aus der Unterbrechung der Frauen wegen der Kinderaufzucht ergibt. (vgl. Langkau-Herrmann,M.; Langkau, J.: Arbeitsmarktstrategien ..., a.a.O., S. 207)

2) Langkau-Herrmann, M.; Langkau, J.: Arbeitsmarkstrategien..., a.a.O., S. 208

ergeben.[1]
Als weiteres Problem kann die Erfüllung der Wartezeiten angesehen werden, die für berufstätige Frauen mit Kindern bei längeren Unterbrechungen kaum zu erreichen sind.[2]
Dieses Problem wird besonders brisant für Frauen mit qualifizierter Berufs- und Schulausbildung. Bei der Verlängerung der Ausbildungsdauer von qualifizierten Berufen wird es sehr schwierig für Frauen, die vorgeschriebene Wartezeit von 60 Beitragsmonaten innerhalb von 10 Jahren zu erfüllen, wenn die Berufstätigkeit wegen der Kinder längere Zeit unterbrochen werden muß.[3]
Um die Motivation der Frauen bezüglich der Berufstätigkeit positiv zu beeinflussen und damit die Hemmnisse für die beruflichen Bildungschancen der Frauen im Bereich der Sozialversicherung abzubauen, werden von wenigen Autoren konkrete Ansatzstellen erörtert. So führen Langkau-Herrmann und Langkau folgendes aus:
"-Ausgleich in der Rentenversicherung für Nachteile aus Lohndiskriminierungen in Form von anrechnungsfähigen Jahren. -
- Ausgleich für Zeiten der Kindererziehung durch anrechnungsfähige Rentenjahre, jedoch nur dann, wenn diese auch den erwerbstätigen Müttern zugute kommt. -
- Anerkennung der gesetzlichen Schutzfristen als Ersatzzeiten. -
- Wegfall bzw. Reduzierung der Wartezeit von 60 Beitragsmonaten innerhalb von 10 Jahren für die Möglichkeit freiwilliger Weiterversicherung. -

---

1) Während 1967 die Altersruhegelder der erwerbstätigen Arbeitnehmerinnen 161,30 DM und die der weiblichen Angestellten 357,70 DM betrugen, dürften die entsprechenden Werte für die Arbeiterwitwenrente bei etwa 243,-DM und für die Angestelltenwitwenrente bei 374,-DM liegen. (vgl. Langkau -Herrmann,M.;Langkau,J.: Arbeitsmarktstrategien...a.a.O., S. 213
2) Langkau-Herrmann,M.;Langkau,J., a.a.O., S. 208
3) Langkau-Herrmann,M.;Langkau,J., a.a.O., S. 209

- Anerkennung von Ausfallzeiten ohne die Bedingungen der Halbdeckung. -"[1]
Alle Ansätze, die Langkau-Herrmann und Langkau katalogmäßig aufführen, haben nicht nur kompensatorischen Charakter in Bezug auf die familiären Lasten, die die Frauen immer noch auf Grund einer mangelnden grundsätzlichen Rollenrevidierung von Mann und Frau allein zu tragen haben, sondern versuchen den strafenden Charakter, den die Sozialversicherung bisher für die Berufstätigkeit der Frau hatte,[2] aufzuheben.

1.4.4.2.3 Frankreich

Eine sozialversicherungsrechtliche Regelung, die für unseren Zusammenhang von besonderer Bedeutung ist, stellt die "Anrechnung von Versicherungsjahren für Kindererziehung bei rentenversicherten, vorher berufstätigen Familienmüttern, die mindestens zwei Kinder aufgezogen haben" dar (Stand 1. Halbjahr 1972).[3]
Durch das Gesetz vom 31. Dezember 1972, Nr. 71.1132, ist es ermöglicht worden, daß versicherte Frauen, wenn sie mindestens drei Kinder haben, für jedes dieser Kinder ein Versicherungsjahr auf ihre Rentenversicherung angerechnet bekommen. Außerdem werden der französischen Frau jetzt die Versicherungsbeiträge für die Zeit, in der sie auf Grund der Kinderaufzucht einer Berufstätigkeit nicht nachgehen konnte, durch die "Familienbeihilfskasse" nachbezahlt.
Diese Regelung stellt eine bescheidene Ansatzstelle dar, die beruflichen Bildungschancen der Frauen indirekt zu fördern.

---

1) Langkau-Herrmann, M.; Langkau, J.: Arbeitsmarktstrategien ..., a.a.O., S. 231
2) Hoffmann-Bludau, B.: Das Gleichberechtigungsgebot..., a.a.O., S. 107
3) vgl.: Internationale Revue für Soziale Sicherheit, XXV, Nr. 4, 1972, S. 478

1.4.4.2.4 Schweden

Das Altersruhegeld einer berufstätigen Schwedin setzt sich aus einer Grundrente, der sogenannten Volkspension, und einer Zusatzrente zusammen.[1)] "Die Volkspension ist eine allgemeine, vom schwedischen Staat ohne Eigenbeteiligung des Versicherungsteilnehmers gewährte Altersrente, die jedem schwedischen Staatsbürger zusteht."[2)] Die Zusatzrente ist etwa der Rente in der BRD vergleichbar. Was Wartezeiten anbelangt, ist die Regelung günstig für berufstätige Frauen, da sie nicht so lang ist wie in der BRD.
"Wer während einer Zeit von mindestens drei Jahren ein Arbeitseinkommen hatte, das den sogenannten Grundbetrag überstieg und damit als rentenbegründendes Einkommen gilt, erhält neben der Grundrente auch eine Zusatzrente."[3)]
Diese positive Regelung in Schweden wirkt sich positiv auf die Berufstätigkeit der Frau aus, da auch bei größeren Unterbrechungen oder spätem Berufseintritt die Frauen für ihre gesellschaftliche Funktion der Kinderaufzucht und Kindererziehung belohnt werden, indem man trotz Unterbrechungen das Anrecht auf Zahlung der Zusatzrente eher erreichen kann. Daß man

---

1) Hoffmann-Bludau, B.: Das Gleichberechtigungsgebot ..., a.a.O., S. 137

2) "sie garantiert jedem Schweden vom 67. Lebensjahr an eine Minimalrente, die gerade den Lebensunterhalt deckt und zur Zeit etwa 6.400 SKR (3.840 DM) im Jahr beträgt." (vgl. Hoffmann-Bludau, B., a.a.O., S. 137)

3) Tatsachen über Schweden. Die Sozialversicherung in Schweden. Hrsg. Schwedisches Institut, Stockholm 1973, S. 3

allerdings erst die volle Zusatzrente bei 30 Jahren rentenbegründender Berufstätigkeit erhält (60 % des Nettoeinkommens), ist weniger vorteilhaft für die Frauen. Erreicht man nicht die 30 Jahre, reduziert sich die Rente um 1/30 für jedes fehlende Jahr.[1] Die Zeit, die die Frauen für die Aufzucht und Erziehung der Kleinkinder aufgewendet haben, sollte nicht die Zusatzrente verringern.[2] Bei der Witwenrente ist in Schweden eine Regelung gefunden worden, die junge Frauen daran hindert, eine Versorgung durch einen verstorbenen alten Mann zu erhalten, ohne selbst berufstätig zu sein. Aus der allgemeinen Grundrente werden Witwenrenten in folgenden zwei Fällen gewährt.

1. Wenn die Witwe beim Tod ihres Ehemannes mindestens 36 Jahre alt ist und die Ehe mindestens 5 Jahre bestanden hat. Volle Rente wird gezahlt, wenn die Witwe das 50. Lebensjahr vollendet hat.
2. Wenn die Witwe für Kinder unter 16 Jahren sorgen muß und ständig mit ihnen zusammenwohnt. Das Kind muß sich außerdem beim Tod des Mannes ständig im Haus der Ehegatten oder der Ehefrau aufgehalten haben. In diesem Fall sind das Alter der Witwe und die Dauer der Ehe ohne Bedeutung.

---

1) Tatsachen über Schweden. Die Sozialversicherung in Schweden., a.a.O., S. 4

2) Das sogenannte Babyjahr soll nach Hoffmann-Bludau in Schweden nicht angestrebt werden. (vgl. Hoffmann-Bludau, B.: Das Gleichberechtigungsgebot ..., a.a.O., S. 138)

Auf diese Weise erhält die Berufstätigkeit der Frau eine indirekte Förderung, da das Hausfrauenmodell, das in der Ehe allein die Versorgung der Frau sieht, als Leitmodell abgelehnt wird. Dieses Leitbild beeinflußt nämlich sehr negativ die Motivation der Frauen, sich beruflich zu qualifizieren.[1]

1.4.4.3 Das Steuersystem[2]

1.4.4.3.1 BRD

1.4.4.3.1.1 Splittingverfahren

Im Rahmen dieser Arbeit kann leider nur kurz auf das Steuersystem in bezug auf die beruflichen Bildungschancen eingegangen werden.
In der BRD werden die Ehegatten zusammen veranlagt, wobei nach dem Splittingverfahren[3] vorgegangen wird. "Der Splittingeffekt ist verglichen mit der getrennten Veranlagung am wirksamsten, wenn nur einer der Ehegatten Einkünfte bezieht, er ist entsprechend geringer, wenn beide Ehegatten Einkünfte haben. Je mehr die Einkünfte der Ehegatten sich einander nähern, desto geringer ist der Splittingeffekt, der beiderseits gleich hohen Einkommen beträgt er 0.[4]
Eine zweite Wirkung des Splittingverfahrens sehen Langkau-Herrmann und Langkau darin, daß bei Nichterwerbstätigkeit der Ehefrau bzw. bei unterschiedlicher Einkommenshöhe der Ehegatten im Bereich oberhalb der unteren Proportionalzone

---

1) vgl. Tatsachen über Schweden. Die Sozialversicherung in Schweden, a.a.O., S. 2; Brehmer, C.: Die soziale Sicherung in Schweden, in der BRD und in den USA, a.a.O., S. 70

2) Die vorliegende Vorstudie bezieht sich in ihren Ausführungen auf das "alte" Steuerrecht.

3) Der Splittingeffekt besteht darin, daß das Einkommen der Ehegatten zunächst addiert und dann halbiert wird und die beiden halbierten Einkommen Grundlage der Besteuerung werden, wodurch in der Regel als Folge der Verdoppelung des Grundfreibetrages und - zumindest oberhalb der unteren Proportionalzone des Einkommen-Steuertarifs - durch die Milderung der Steuerprogression eine Steuerersparnis eintritt. (Vgl. Langkau-Herrmann, M., Langkau, J.: Arbeitsmarktstrategien..., a.a.O., S. 174)

4) vgl. Bericht der Bundesregierung über die Lage der Familie in der BRD, Bundestagsdrucksache V/2532, Bad Godesberg 1968, S. 114

des Einkommensteuertarifs der Steuervorteil durch die Halbierung der Einkommen der Ehegatten mit wachsenden Einkommen steigt.[1] Langkau-Herrmann und Langkau schließen daraus zusammenfassend

- "bei Substitution des männlichen Einkommens durch weibliches Einkommen (Gesamthaushaltseinkommen konstant) steht dem zunehmenden Einkommen der Frau ein überproportional wachsender Ersparnisverlust aus dem Splittingeffekt gegenüber.
- das gleiche gilt, wenn das Einkommen des Mannes konstant bleibt, das der Frau aber steigt.
- Steigt das Einkommen der Frau schneller als das des Mannes, so überwiegt der negative Ausgleichungseffekt.
- Steigt das Einkommen des Mannes schneller als das der Frau, so überwiegt der positive Einkommenssteigerungseffekt."[2]

Auf der Basis dieses Wirkungszusammenhangs stellt das oben geschilderte Splittingverfahren eine Benachteiligung der berufstätigen Frau dar, da es die "verminderte hausfrauliche Wertschöpfung und die Freizeiteinbuße"[3] der berufstätigen Frau nicht berücksichtigt.

Als ein wichtiges Problem bei der Frage, ob die beruflichen Bildungschancen von Frauen durch das Steuersystem beeinträchtigt werden, muß auch die Situation der geschiedenen bzw. ledigen Frauen mit Kindern bis zu 18 Jahren angesehen werden. Diese sind auf eine qualifizierte berufliche Tätigkeit besonders angewiesen und eine Benachteiligung könnte ihre Chancen beträchtlich einschränken.

Langkau-Herrmann und Langkau gehen in ihrem Forschungsbericht auf dieses Problem ein. Sie führen aus, daß das "geltende Steuerrecht speziell erwerbstätige ledige Mütter und geschiedene Mütter gegenüber Witwen mit Kindern im Alter bis zu 18 Jahren diskriminiert".[4] Witwen mit Kindern dürfen das gesplittete Einkommen versteuern, während die Ledigen und Geschiedenen mit

---

1) Langkau-Herrmann, M.; Langkau, J., Arbeitsmarktstrategien..., a.a.O., S. 174
2) Langkau-Herrmann, M.; Langkau, J., a.a.O., S. 176
3) Langkau-Herrmann, M.; Langkau, J., a.a.O., S. 180
4) Langkau-Herrmann, M.; Langkau, J., a.a.O., S. 185

Kindern der ungünstigen Steuerklasse II für Ledige zugeordnet werden.[1]

Langkau-Herrmann und Langkau formulieren eine Reihe von Änderungsmöglichkeiten für das Steuersystem in der BRD,[2] die die Benachteiligung der berufstätigen Frau durch das Splittingverfahren aufheben und somit indirekt auch die beruflichen Bildungschancen fördern.
Als Möglichkeiten, die besonders die Benachteiligung der berufstätigen Frauen durch das Splittingverfahren betreffen, sehen Langkau-Herrmann und Langkau folgendes:
- "den Übergang zur Individualbesteuerung[3] oder
- die Beseitigung der Diskriminierung im Splittingsystem."[4]

Die Individualbesteuerung, die in Schweden vor kurzem eingeführt wurde,[5] würde den weitgehendsten Eingriff in das derzeitige Steuersystem der BRD darstellen.

Alternativ werden aber auch Maßnahmen formuliert, die lediglich eine Korrektur des bestehenden Steuersystems darstellen und die oben kurz angedeutete Diskriminierung abmildern könnten.

1. "Konsequente Durchsetzung des Gedankens der Besteuerung der Leistungsfähigkeit durch Einbeziehung sämtlicher Bestandteile des Familieneinkommens (Geldeinkommen plus sonstige Realeinkommensbestandteile wie z.B. die hausfrauliche Wertschöpfung) in die Besteuerungsgrundlage des Splittings. Als Lösung bietet sich an, entweder für die Hausfrauenehe einen höheren Splittingdivisor als für die Erwerbstätigenehe einzuführen oder sämtliche zusätzliche, durch die Erwerbstätigkeit der Ehefrauen entstehenden Nebenkosten steuerlich zu berücksichtigen, z.B. in Form von zusätzlichen Werbekostenbeträgen.

2. Beschränkung des Splittings auf Familien mit Kindern und auf niedrige Einkommen. Getrennte Veranlagung für berufstätige Ehegatten, die nicht dem Splitting unterliegen.[6]

---

1) Langkau-Herrmann, M.; Langkau, J., a.a.O., S. 185
2) Langkau-Herrmann, M.; Langkau, J., a.a.O., S. 197
3) Langkau-Herrmann, M.; Langkau, J., a.a.O., S. 194
4) Langkau-Herrmann, M.; Langkau, J., a.a.O., S. 196
5) Langkau-Herrmann, M.; Langkau, J., a.a.O., S. 195
6) Langkau-Herrmann, M.; Langkau, J., a.a.O., S. 197

Neben dem Splittingverfahren gibt es aber noch eine ganze Reihe von Regelungen im Steuerrecht, die die berufstätige Frau gegenüber der nicht berufstätigen Hausfrau benachteiligen. So z.B. die Sonderausgabenregelung, Werbekostenregelung, Regelungen über außergewöhnliche Belastungen, Regelung über Freibeträge.[1]

1.4.4.3.1.2 Sonderausgabenregelung

Formal sind keine Diskriminierungen durch die Sonderausgabenregelung ersichtlich. Faktisch aber ergibt sich folgende Situation:
Gleiche Höchstgrenzen für steuerlich absetzbare Sonderausgaben haben zur Folge, daß die Hausfrauenehe dadurch steuerlich begünstigt wird, daß in der Regel mehr Sonderausgaben zum Ansatz kommen, da z.B. keine zusätzlichen Kosten durch eine eigene Krankenversicherung der Ehefrau entstehen. In der Ehe, in der beide Ehegatten berufstätig sind, wird die Höchstgrenze durch die doppelten Beiträge zur Rentenversicherung und zur Krankenversicherung wesentlich rascher erreicht als in der Hausfrauenehe, wo die Beiträge für die Ehefrau in der Regel wegfallen.[2] Man müßte hier der berufstätigen Ehefrau zumindest die Möglichkeit einräumen, die zusätzlichen Aufwendungen zur Krankenversicherung in voller Höhe steuerlich abzusetzen.[3]

1.4.4.3.1.3 Werbungskostenregelung

Was die Werbungskosten abelangt, kann zwar die Hausfrau, die für ihre Arbeit im Haushalt kein Entgelt bezieht, keine Werbungskosten geltend machen, aber andererseits bekommt die berufstätige Ehefrau die erhöhten Kosten der Haushaltsführung, die sich durch die Berufstätigkeit beider Ehepartner ergibt, nicht als Werbungskosten anerkannt.[4] Obwohl in anderen Fällen wie z.B. die Kosten einer doppelten Haushaltsführung aus beruflichen Gründen abgesetzt werden können, gilt dies nicht für den Mehraufwand eines Haushaltes, wo beide Ehepartner berufs-

---

1) Langkau-Herrmann, M.; Langkau, J., a.a.O., S. 185-194
2) Langkau-Herrmann, M.; Langkau, J., a.a.O., S. 186-187
3) ebenda
4) ebenda

tätig sind. Dies ist besonders hervorzuheben, da die Versteuerung der Haushaltsführung, besonders wenn Kinder mit zu versorgen sind, beträchtlich ist.[1]

1.4.4.3.1.4 Regelungen über außergewöhnliche Belastungen

Bei den Regelungen über außergewöhnliche Belastungen besteht eine Begünstigung für die berufstätige Frau, da sie bereits vom 2. Kind an eine Haushaltshilfe von dem zu versteuernden Einkommen absetzen kann.[2]
Diese Begünstigung trifft aber nur auf die Berufstätigenhaushalte mit mittlerem und hohem Einkommen zu, da nur sie sich eine Haushaltshilfe finanziell leisten können. Daher kann diese Lösung nicht als zureichend angesehen werden, da sie den berufsbedingten Kosten der meisten Berufstätigenhaushalte kaum gerecht wird.[3]

1.4.4.3.1.5 Regelungen über Freibeträge

Neben dem Grundfreibetrag und dem Arbeitnehmerfreibetrag wird der Kinderfreibetrag pro Kind den erwerbstätigen Ehegatten nur einmal gewährt.[4] Dagegen bekommen in der DDR beide berufstätige Ehepartner pro Kind einen Kinderfreibetrag.[5]
Auch in dieser Hinsicht benachteiligt das Steuerrecht in der BRD das Ehemodell, wo beide Partner berufstätig sind und begünstigt die Hausfrauenehe, obwohl sie sich uneingeschränkter Zustimmung seitens der Öffentlichkeit nicht mehr erfreuen kann.[6]

---

1) Langkau-Herrmann, M.; Langkau, J., a.á.O., S. 188; vgl. Pfeil, E.: Die Berufstätigkeit von Müttern, Tübingen 1961.
2) Langkau-Herrmann, M.; Langkau, J., a.a.O., S. 191
3) Langkau-Herrmann, M.; Langkau, J., a.a.O., S. 192
4) ebenda
5) vgl. Bericht der Bundesregierung zur Lage der Nation 1971, Bundestagsdrucksache VI/1960, Bonn 1971, S. 95.
In den USA wird der berufstätigen Ehefrau ein zusätzlicher Kinderfreibetrag von 600 Dollar eingeräumt, der jedoch auf eine bestimmte Einkommens- und Kindesaltersgrenze von 12 sich begrenzt. Darüber hinaus hat das amerikanische Steuerrecht einen speziellen Freibetrag für verheiratete erwerbstätige Frauen, der ihren erhöhten Lebenskosten Rechnung trägt. (Vgl. The President's Commission on the Status of Woman, Report of the Committee on Social Insurance and Taxes, Washington, D.C. 1963, S. 59-65
6) vgl. S. 4 ff.

1.4.4.3.2 Frankreich

Der Artikel 6 des "Code Général des Impôts" beinhaltet, daß jeder Familienvorstand unter Einbeziehung des Einkommens seiner Frau besteuert wird. Dies heißt, daß das Einkommen der Ehefrau mit dem ihres Ehemannes kumuliert und dieses Gesamteinkommen dann versteuert wird.
Dies hat zur Folge, daß in vielen Fällen eine insgesamt höhere Steuerklasse erreicht wird, als wenn die Einkommen getrennt versteuert würden.
Die entstehende Mehrbesteuerung, zu der u.U. noch Kosten für die Kinderbeaufsichtigung kommen, hat für die Frauen einen negativen Einfluß auf die Bereitschaft, berufstätig zu sein, insbesondere für solche Frauen, die ein mittleres Qualifikationsniveau besitzen.[1] Dies beeinträchtigt selbstverständlich auch die beruflichen Bildungschancen der Frauen. Konkrete Änderungsmaßnahmen sind nicht in der Diskussion.

1.4.4.3.3. Schweden

Am 1.1.1971 wurden die steuerlichen Bestimmungen für Ehepaare radikal verändert.[2]

---

1) vgl. OCDE / Rapport national: France Le Rôle des Femmes dans l'Economie, Paris, 30 Octobre 1973, S. 146

2) Tatsachen über Schweden. Die Steuern in Schweden, Hrsg.: Schwedisches Institut, Stockholm 1972, S. 1.
Die Entscheidung der Regierung fiel bereits 1970. 1971 trat die neue Gesetzgebung für Ehepartner in Kraft (vgl. Leijon, A.-G.; Karre, M.: La condition familiale en mutation, a.a.O., S. 145

Die gemeinsame Besteuerung [1] wurde abgeschafft, stattdessen wurde die individuelle Besteuerung der Ehepartner eingeführt. Jeder Ehepartner muß eine getrennte Steuererklärung vorlegen. [2] Damit kam eine jahrelange Diskussion über die Benachteiligung der berufstätigen Ehefrau durch das Steuersystem zum Abschluß. [3] Schon Burghaus wies 1964 darauf hin, daß besonders die Frauen benachteiligt sind, die eine fundierte Ausbildung haben. "Besonders in akademischen Kreisen hat sich gezeigt, daß die Ehefrau, die zumeist auch einen akademischen Beruf hat und bis zu ihrer Heirat eine Tätigkeit ausgeübt hat, während ihrer Ehe auf eine Weiterarbeit verzichtet, obwohl sie noch keine Kinder hat." [4] Durch das einfache Addieren beider Ein-

---

1) Die gemeinsame Besteuerung, die auch nicht durch ein Splitting abgemildert wurde, sah folgendermaßen aus: Ehegatten, die beide erwerbstätig waren, unterlagen einer gemeinsamen Einkommensbesteuerung. Zwar erhielt die Ehefrau einen Freibetrag von 300 Kronen und konnte zusätzlich 1000 Kronen vom steuerbaren Einkommen abziehen, wenn sie ein oder mehrere Kinder zu versorgen hatte, doch wurden bei der Ermittlung der Einkommensteuer nach Berücksichtigung der Abzüge die Einkünfte beider Ehegatten addiert und die Summe als steuerbares Einkommen betrachtet. Wegen der hohen Progression des schwedischen Einkommensteuertarifs bedeutete diese Regelung eine starke Belastung des zusätzlichen Einkommens, die oft dazu führte, der Ehefrau das Interesse an der Ausübung einer Erwerbstätigkeit zu nehmen. (vgl. Burghaus, H.-J. Schwedische Familienpolitik, Köln 1964, S. 65)

2) Tatsachen über Schweden. Die Steuern in Schweden, a.a.O., S. 1; von dieser allgemeinen Regel gibt es Ausnahmen.

3) Ungleichheit im Wohlfahrtsstaat. Der Alva-Myrdal-Report der schwedischen Sozialdemokraten, Hrsg. Mennigen, W., Reinbek 1969, S. 61/62; Schönberg, A.: The concept of the bread-winner, in: HERTHA, 5, 1969, S. 10 - 12

3) Burghaus, H.-J.: Schwedische Familienpolitik, a.a.O., S. 65

kommen bei starker Progression kam die berufstätige Ehefrau auf einen so geringen Nettoverdienst,[1] daß es sich nicht mehr lohnte, berufstätig zu sein, vor allem, wenn man die Kosten der verteuerten Haushaltsführung und der Kinderbetreuung berücksichtigte. Dadurch wurde die Modellvorstellung von der Hausfrauenehe, " die die Ehe als eine Versorgungsanstalt für die Hausfrau betrachtet"[2] gefördert. Dies wurde vor allen Dingen in den Vorstellungen gesehen, die dem Ehemann mit nicht erwerbstätiger Ehefrau einen doppelt so hohen steuerfreien Betrag gewährten wie einem Alleinstehenden und die Eheleute danach in eine niedrigere Steuerklasse einreihten.[3] Schon 1965 informierte der schwedische Finanzminister die Öffentlichkeit, "daß Vorarbeiten für den Übergang zu einem vollständigen oder teilweisen individuellen Steuersystem in Angriff genommen werden sollen.[4] Ende 1968 unterbreitete der Ausschuß seinen Vorschlag der Öffentlichkeit und 1971 trat das neue Steuergesetz in Kraft.[5]
Durch die individuelle Besteuerung wurde die verheiratete Frau, die einer Berufstätigkeit nachgeht, nicht mehr bestraft.[6] Damit wurde der sogenannte Schwelleneffekt,[7]

---

1) Ungleichheit im Wohlfahrtsstaat, a.a.O., S. 62
2) Sandlund,M.-B.: Die soziale Stellung der Frau..., a.a.O. S. 55; Schönberg,A.: The concept of the bread-winner, a.a.O., S. 12; Leijon, A.-G.; Karre,M.: La condition familiale en mutation, a.a.O., S. 145
3) Sandlund, M.-B., a.a.O., S. 55
4) Sandlung, M.-B., a.a.O., S. 56
5) Sandlund, M.-B., a.a.O., S. 56; aber bereits 1965 wurde den Familien das Recht zur freiwilligen individuellen Veranlagung eingeräumt. (vgl. auch Leijon, A.-G.: Swedish Women - Swedish Men, a.a.O., S. 121)
6) Auf die Sonderausgaben, Werbungskosten und Freibeträge braucht nicht näher eingegangen zu werden, da durch individuelle Besteuerung das Problem an der Wurzel gelöst wurde.
7) Ungleichheit im Wohlfahrtsstaat, a.a.O., S. 62

der den Zutritt verheirateter Frauen zum Arbeitsmarkt erschwert, abgebaut.

1.5 Infrastrukturelle Maßnahmen

1.5.1 Relevanz

Die berufstätigen Frauen mit Kindern haben in den letzten Jahren erheblich zugenommen.[1] Wer die Motivation der Frauen und der Ausbilder zu einer qualifizierten beruflichen Ausbildung positiv beeinflussen will, muß auch infrastrukturelle Maßnahmen institutionalisieren, die die berufstätige Frau und ebenfalls den berufstätigen Mann[2] von der Hausarbeit entlasten und die Versorgung bzw. die qualifizierte Erziehung der Kinder sicherstellen.[3] Der Beruf als Lebensaufgabe für die Frau ist nur dann als gesellschaftliches Rollenverhalten für die Frauen akzeptabel, wenn neben der Bereitschaft des Mannes, Pflichten im Haushalt und in der

---

1) Wirtschaft und Statistik, Heft 2 (1971), S. 86

2) Infrastrukturelle Maßnahmen allein als Hilfeleistung für die Frau verstehen zu wollen, hieße die traditionelle Rolle der Frau bzw. die Doppelrolle auch in Zukunft zu bewahren.

3) hier sind vor allem solche Kinder gemeint, die für peergroups reif sind. Exakte Altersfestlegungen sind wegen der individuellen Verschiedenheit der Reifegrade der Kinder nicht möglich. Aber auch Säuglinge, deren Mütter noch nicht in den Genuß des Karenzurlaubs kommen, und die sonst keine Hilfe haben, müssen von kollektiven Versorgungseinrichtungen einbezogen werden, auch wenn die sogenannte Heimerziehung bei entschiedener Verbesserung nur subsidiär für die betroffenen Säuglinge zu sehen ist.

Kinderbetreuung bzw. Erziehung zu übernehmen [1], auch die Gesellschaft den qualifizierten Beitrag der Frauen in der beruflichen Sphäre durch die gesellschaftliche Verantwortung für den Privatbereich Haushalt und die Kinder in Form von entsprechenden infrastrukturellen Maßnahmen honoriert.

1.5.2 Einrichtungen zur Betreuung von Kindern

1.5.2.1 Kinderhorte, Kindergärten, Tagesheime, Freizeitheime, Ganztagsschulen etc.

1.5.2.1.1 BRD

Langkau-Herrmann und Langkau weisen besonders auf die mangelnde Ausstattung der Kommunen mit Kindertagesstätten in der BRD hin.[2] Darüberhinaus wird auf das quantitativ bzw. qualitativ nicht ausreichende Angebot an sozialpädagogischen Kräften hingewiesen, [3] die für den Aufbau einer vernünftigen Erziehung erforderlich sind. Aus den statistischen Unterlagen läßt sich entnehmen, daß 1969 in der BRD das Angebot von 16.413 Kindergärten mit 1,1 Millionen Plätzen auf eine Nachfrage von 3,1 Millionen Plätzen stieß, [4] da die Zahl der Kinder von 3 bis 6 Jahren sich 1969 auf 3,1 Mill. belief. [5] Wenn man noch die Tatsache hinzunimmt, daß 21%

---

1) bei einem Vergleich in den EG-Ländern (Belgien, BRD, Frankreich, Luxemburg, Niederlande und Italien) ergab sich in allen Ländern das niederschmetternde Ergebnis, daß Väter sich an der Kinderbetreuung außer sonntags fast nicht beteiligen. (2-4% für Italien) (vgl. Pross, H.: Gleichberechtigung im Beruf , Frankfurt a.M. 1973, S. 92)
2) Langkau-Herrmann, M.; Langkau, J.: Arbeitsmarktstrategien a.a.O., S. 238
3) Die Zunahme der Mütterwerbstätigkeit entspricht jedoch in keiner Weise der Zahl der vorhandenen Kinderkrippen und Kindergärten, dasselbe gilt für Kinderhorte (vgl. Brandt, G.; Kootz, J.; Steppke, G.: Zur Frauenfrage im Kapitalismus, a.a.O., S. 85)
4) Langkau-Herrmann, M.; Langkau, J., a.a.O., S. 238
5) Wirtschaft und Statistik, Heft 10 (1970), S. 584

aller Kinder von 2 bis 6 Jahren Mütter haben, die entweder ganztägig oder halbtägig beschäftigt sind[1], so wird für die BRD deutlich, daß der Bedarf an infrastrukturellen Maßnahmen in Form von Kindergärten und Kindertagesstätten "ausserordentlich hoch" ist.[2]
So spielt die öffentliche Betreuung der Kinder berufstätiger Mütter in der BRD nur eine untergeordnete Rolle, sie liegt bei 15 %.[3] Diese unbefriedigende Lösung läßt den Schluß durchaus zu, daß diese Art der Betreuung nur provisorischen Charakter hat,[4] der von den Frauen und Müttern als unbefriedigend und quälend empfunden wird.[5] Die Berufstätigkeit der Frau behält damit einen unsicheren Boden, was sich nicht günstig auf die Motivation der Frauen, sich beruflich zu qualifizieren, auswirkt.
Eine Kombination von Kindergärten, Kindertagesstätten, Familientagesstätten, Freizeitheimen und Nachmittagsheimen, wie sie in Schweden angeboten werden, gibt es in der BRD nicht.[6] Die Öffnungszeiten der Kindergärten und Kinderhorte sind starr und unterschiedlich. Vor allen Dingen die Tatsache,

---

1) vgl. Wirtschaft und Statistik, Heft 2 (1971), S. 87
2) Langkau-Herrmann, M; Langkau, J.: Arbeitsmarktstrategien..., a.a.O., S. 239
3) Pross kommt auf Grund der Auskunft des Statistischen Amtes der EG an die Redaktion Brigitte zu der Quantität 19 % (vgl. Pross, H., a.a.O., S. 89; Menschik, J.: Gleichberechtigung oder Emanzipation, a.a.O., S. 148
4) Menschik, J., a.a.O., S. 146
5) ebenda
6) Langkau-Herrmann, M.; Langkau, J., a.a.O., S. 242

daß die meisten Kindergärten in der Zeit von 12.00 bis 14.00 Uhr schließen,[1] macht es selbst halbtags beschäftigten Müttern schwer, berufstätig zu sein.[2] Die BRD betreut Kinder unter 3 Jahren in Kinderkrippen,[3] Kinder von 3 bis unter sechs Jahren in Kindergärten, von denen nur ein ganz geringer Teil als Kindertagesstätten bezeichnet werden können. Ganztagsschulen sind nur in einem ganz geringen Umfang vorhanden.[4]

Es bedarf keiner weiteren Erklärung, daß solche ungenügenden Lösungen zur Kinderbetreuung keinen positiven Einfluß auf die beruflichen Bildungschancen haben. Die Bundesregierung, die dieses Problem in aller Schärfe erkannt hat,[5] entwickelt Programme, die dieser Notlage der berufstätigen Frauen konkret abhelfen sollen,[6] die aber indirekt auch eine positive Wirkung auf die beruflichen Bildungschancen der Frauen in der BRD haben werden.

Langkau-Herrmann und Langkau schlagen einen konkreten Katalog zur Verbesserung der Infrastruktur im Hinblick auf die Kinderbetreuung vor, der sich z.T. mit den Vorstellungen der Bundesregierung deckt.

" 1. Erhöhung der Zahl der Kindergartenplätze.

---

1) Junker-Seeliger, H.: Die erwerbstätige Frau in der industriellen Gesellschaft, Bonn 1970, S. 12

2) Langkau-Herrmann, M.; Langkau, J., Arbeitsmarktstrategien... a.a.O., S. 240

3) ebenda

4) ebenda

5) vgl. Bildungsbericht 1970 der Bundesregierung, Bericht der Bundesregierung zur Bildungspolitik, (Hrsg.) Der Bundesminister für Bildung und Forschung, Bonn, S. 243

6) vgl. Nordrhein- Westfalen-Programm 1975, Düsseldorf 1975, S. 129; Bildungsbericht 1970 der Bundesregierung, a.a.O., S. 37; Denkschrift zum Bildungsnotstand in Kindertagesstätten für Kleinkinder/ Kindergärten, (Hrsg.) Die Gewerkschaft für Erziehung und Wissenschaft, Frankfurt 1968, S.8

2. Erhöhung der Zahl von Plätzen in Kinderkrippen.
3. Verstärkte Förderung der Einrichtungen von Betriebskindergärten.
4. Einführung der Ganztagsschule und verstärkter Bau von Kinderhorten.[1)]
5. Einrichtung von Freizeit- und Spielheimen.
6. Bessere Ausrüstung der Plätze in Kindertagesstätten.
7. Erhöhung der Zahl sozialpädagogischer Fachkräfte; Ausbau der Schulkapazitäten für die Ausbildung sozialpädagogischer Fachkräfte.
8. Mobilisierung von Privatinitiativen zur Betreuung von schulpflichtigen und nichtschulpflichtigen Kindern und öffentliche Förderung dieser Initiativen, s.B. durch finanzielle Unterstützung von Familientagesheimen, d.h. von Privathäusern, die unter Aufsicht ein bis zwei Kinder zur Betreuung aufnehmen.[2)]
9. Generelle Einführung der Schulspeisung.
10. Ausbau der Freizeit und Ferienbetreuung der Kinder, Öffnung sämtlicher öffentlicher Parkanlagen, Schulhöfe, Sportplätze etc. für Kinder.
11. Abstimmung der Öffnungszeiten von Kinderbetreuungsstätten und Schulen mit den Arbeitszeiten der Eltern."[3)]

---

1) Dieses wird auch von der DAG gefordert (vgl. DAG-Aktionsprogramm: Die Stellung der Frau in der Gesellschaft, 1, 73, S. 1) ähnlich: Junker-Seeliger, H.: Die erwerbstätige Frau in der industriellen Gesellschaft, a.a.O., S. 11

2) Die Lösung der Tagesmütter wird hier als förderungswürdig dargestellt, andere Stellen äußern sich kritisch dazu.

3) Langkau-Herrmann,M.; Langkau,J.: Arbeitsmarktstrategien..., a.a.O., S. 253; die elfte Forderung des Katalogs wird von einigen Autoren ebenfalls sehr stark herausgestellt (vgl. Junker-Seeliger, H.: Die erwerbstätige Frau in der industriellen Gesellschaft, a.a.O., S. 11; Brück, D.: Berufstätige Frauen - Vorschläge zur Situationsverbesserung, a.a.O., S. 21

Im Wesentlichen beziehen sich sie von Langkau-Herrmann und Langkau vorgeschlagenen Veränderungen auf Maßnahmen, die in Schweden und in der DDR bereits stärker realisiert sind.[1] Die unter 1 - 4 geforderten Maßnahmen sind fester Bestandteil der staatlichen Planung in der BRD, wobei hierbei Etappenziele in der Erhöhung der quantitativen Größen angegeben sind.[2] Dazu äußern sich eine ganze Reihe von Autoren, deren Forderungen etwa in dieselbe Richtung gehen.[3] Es gibt aber auch kritische Stimmen, die die angestrebten Termine, zu denen die Kindergartenplätze, das Personal erhöht und die Gruppenstärke erniedrigt werden sollen, als unrealistisch ansehen.[4] Aber auch die unter Punkt 7 geforderten Maßnahmen zur Erhöhung der Zahl sozialpädagogischer Fachkräfte wird ebenfalls von der Bundesregierung als vordringlich angesehen.[5] Die Errichtung von Betriebskindergärten steht zwar immer noch in der öffentlichen Kontroverse, aber durch starke Erhöhung und breite Streuung der Plätze kann das gewichtige Argument der Gewerkschaften, daß Betriebskindergärten ein Mittel zur Betriebsbindung seien, entkräftet werden.[6] Die Bundesanstalt für Arbeit hat sich jedenfalls bereits entschlossen, solche Projekte durch entsprechende Kredite zu fördern.[7]

---

1) vgl. Bruhn, U.-B.: Die vorschulische Tätigkeit in Schweden, Hrsg. v. Schwedischen Institut, Stockholm 1962
2) vgl. Nordrhein-Westfalen-Programm 1975, a.a.O., S. 129; Bildungsbericht der Bundesregierung, a.a.O., S. 37
3) Brück, D.: Berufstätige Frauen - Vorschläge zur Situationsverbesserung, a.a.O., S. 21
4) Pross, H.: Gleichberechtigung im Beruf?, a.a.O., S. 90
5) vgl. Bildungsbericht 1970 der Bundesregierung, a.a.O., S. 37 Denkschrift zum Bildungsnotstand in Kindertagesstätten, a.a.O., S. 8; Norerhein-Westfalen-Programm 1975, a.a.O., S.129
6) Langkau-Herrmann, M.; Langkau, J.: Arbeitsmarktstrategien... a.a.O., S. 245
7) ebenda

1.5.2.1.2 Frankreich

Ein Informationsblatt des Ausschusses für Frauenfragen weist darauf hin, daß es im Augenblick in Frankreich 400.000 erwerbstätige Frauen gibt, die ein Kind unter 3 Jahren haben, daß es dagegen nur 31.752 Plätze in staatlichen und 5.736 Plätze in privaten Kinderkrippen gibt.[1] Die Hälfte der Kinderkrippen befindet sich außerdem in Paris; hier konzentrieren sich auch die wenigen Vorschuleinrichtungen (écoles maternelles) für die 2 - 5jährigen.

Es wird vom "Ausschuß für Frauenarbeit" gefordert,[2] in den nächsten fünf Jahren 150.000 neue Krippenplätze zu schaffen, die Öffnungszeiten an die Zeiten der Berufstätigkeit der Mütter anzupassen, die Zusammenarbeit zwischen Betreuungspersonal und Eltern zu verbessern und auch Möglichkeiten zu schaffen, daß erkrankte Kinder besser betreut werden können. (Entweder durch qualifiziertes staatliches Personal oder dadurch, daß die Mütter erkrankter Kinder bezahlten Extraurlaub bekommen)

Darauf hingewiesen wird weiterhin, daß die Kosten der Unterbringung pro Tag und Kind in einer Krippe sehr hoch liegen: bei etwa 28 - 35 Fr. in einer staatlichen und

---

1) vgl. Informations - Comité du Travail Féminin, N°2, Janv.73, S. 2; Im Jahr 1972 befanden sich in 14 Departements Frankreichs überhaupt keine Krippenplätze und weitere 14 Departements hatten nur eine, Paris allein hat 17.000 Krippenplätze (vgl. Callet, Ch. und du Gran rut, C., a.a.O., S. 107). Übrigens wurde schon im fünften Volkwirtschaftsplan, der von 1965 bis 1970 ging, die Schaffung von 10.000 Krippenplätzen vorgesehen, davon wurden dann nur 50 % realisiert. (vgl. Kaplan, M.-L.: Les Femme et le Travail, in: Les Cahiers Français, Nr. 154-155, mai-août 1972, S. 44)

2) Informations..., a.a.O., S. 2/3

bei 22 - 30 Fr. in einer privaten Krippe.
Deshalb wird der Vorschlag gemacht, daß die Eltern ein Drittel der Kosten, die Gemeinde die Hälfte und der Staat 4 - 5 % der Kosten tragen könnten.
Vom "Ausschuß" wird auch die Forderung erhoben, daß das Aufsichtspersonal der privaten Kinderkrippen künftig ein staatlich anerkanntes Diplom zu erwerben haben und langfristig die Errichtung von sogenannten Kleinkinder-Zentren (Centres de la petite enfance) anzustreben seien, in denen an ein und demselben Ort die vorschulischen, beaufsichtigend-pflegerischen und medizinisch-betreuenden Aufgaben für Kleinkinder übernommen werden könnten.
Von diesen Forderungen her wären in Frankreich im Bereich infrastruktureller Maßnahmen konkrete Ansatzstellen zur Förderung der beruflichen Bildungschancen von Frauen zu realisieren. Das Problem der schulpflichtigen Kinder berufstätiger Frauen wäre freilich auch damit nicht gelöst. Zwar ist die französische Schule (auch die Vorschule) gewöhnlich eine Ganztagsschule, in der z.B. mittags Kantinenverpflegung verabreicht wird, aber die Schulanfangs- und die Schulschlußzeiten sind in den wenigsten Fällen in Übereinstimmung zu bringen mit dem Arbeitsbeginn bzw. dem Arbeitsschluß besonders der berufstätigen Mütter, die im tertiären Sektor oder in der Produktion tätig sind.
Auf Grund des Gesetzes Nr. 728 vom 3. Januar 1972 wurde eine Beihilfe für Kinderbeaufsichtigung geschaffen. Diese wird Familien gegeben, in denen die Frau berufstätig ist, sowie Alleinstehenden, wenn sie berufstätig sind und mindestens ein Kind zu erhalten haben, das in ihrem Haushalt lebt und jünger als ein durch Erlaß festgelegtes Alter ist. Die Beihilfe wird allerdings nur unter der Bedingung gewährt, daß die Einnahmen des Haushaltes oder der Empfängerin eine durch Erlaß eingesetzte Grenze nicht erreichen, wobei die Zahl der unterhaltsberechtigten Kinder berücksichtigt wird und die Kosten für die Aufsicht. Der Höchstbetrag ist allerdings nur 194,50 frs. monatlich.[1)]

---

1) vgl. Internationale Revue für Soziale Sicherheit, a.a.O., S. 478

1.5.2.1.3 Schweden

Das Angebot an infrastrukturellen Maßnahmen ist in Schweden außerordentlich vielfältig und reicht von Familienhelferinnen, Krankenpflegerinnen, Jugendpflegern über Servicehäuser bis zu einem differenzierten System von Kinderbetreuungseinrichtungen.[1)] Das Angebot an Kindergärten, die für 3 Stunden täglich Kinder im Alter von 4 - 7 Jahren betreuen, ist wohl größer als das an Kindertagesheimen.[2)] Aber es ist immer noch nur ein gutes Viertel der Kinder im Alter von 4 bis 6 Jahren, die in die Kindergärten aufgenommen werden können.[3)] Diese Form der Kinderbetreuung bzw. Vorschulerziehung hat keine große Bedeutung für berufstätige Frauen,[4)] da die Arbeitszeit wesentlich länger dauert.

In Tagesheimen werden Kinder berufstätiger Eltern zwischen einem halben und sieben Jahren von 7.00-18.00 Uhr betreut.[5)] Die Tagesheime sind in Schweden auch sehr knapp. Die Kinder werden dort mit allem versorgt, sie können spielen, schlafen und essen.[6)]

---

1) Hoffmann-Bludau, B.: Das Gleichberechtigungsgebot..., a.a.O., S. 132

2) Tatsachen in Schweden. Das Bildungswesen in Schweden. Hrsg. Schwedisches Institut, Stockholm 1973, S.1; Stenholm, B.: Education in Sweden, Stockholm 1970, S. 57

3) Tatsachen in Schweden. Das Bildungswesen in Schweden, a.a.O., S.1

4) Sandlund, M.-B.: Die soziale Stellung der Frau in Schweden, a.a.O., S. 49; Leijon, A.G.: Swedish Women - Swedish Men, a.a.O., S. 91

5) Hoffmann-Bludau, B.: Das Gleichberechtigungsgebot..., a.a.O., S. 133; Grimm, G.: Schweden. Studienbericht. Soziale Wohlfahrt und sozialer Dienst, 1967, S. 100

6) Hoffmann-Buldau, B., a.a.O., S. 133

Tabelle: Plätze in Kindertagesstätten, Kindergärten und Freizeitheimen 1950-1978(am 30. Juni in jedem Jahr)

Jahr	Kindertagesstätten	Freizeitheime	Kindergärten*
1950	9 708	2 364	18 743
1955	10 015	2 340	27 769
1960	10 270	2 450	38 373
1965	11 924	3 001	52 114
1970	32 340	6 321	79 996
1972	48 229	10 526	97 898
1978**	119 000	23 000	158 000

* Zahl der Kinder
** Prognose des Staatl. Gesundheits- und Sozialamtes

vgl.: Statistische Angaben vor allem über die Frauen und den Arbeitsmarkt, Hrsg.: Arbeitsmarktdirektion, 1973, S. 14

Im Jahre 1972 gab es 48 228 Plätze in Tagesheimen oder Kinder tagesstätten für Kinder von berufstätigen Eltern im Vorschulalter gegenüber 9 708 Plätzen 1950. Zur gleichen Zeit jedoch gab es etwa 410 000 Kinder unter 11 Jahren, deren Eltern beide berufstätig waren.[1)] Davon waren 2323 000 Kinder im Vorschulalter. Die Diskrepanz ist,sehr groß: So wird zu einem großen Teil der Bedarf durch Tagesmütter gedeckt. Darauf wird im einzelnen noch eingegangen. Die Kosten eines solchen Tagesheimplatzes betragen etwa 42 Skr pro Tag, davon zahlen die Eltern je nach Einkommen, den Rest zahlt die Ge-

1) Report in reply to questionnaire in OECD document MS/S 73.2 concerning the role of women in the economy (Sweden), S. 27

meinde.[1] Obwohl der Ausbeu der Tagesheime in den sechziger Jahren rasch gestiegen ist, nämlich 9 000 Plätze im Jahr[2], ist die Lage nach wie vor unbefriedigend.[3] "Freizeitheime werden von Schulkindern im Alter von 7 bis 14 Jahren während der Zeit besucht, da ihre Eltern arbeiten und die Schule noch nicht begonnen bzw. wieder aufgehört hat."[4] Es gab 1972 10 526 [5] Plätze in Freizeitheimen bei 178 000 Kindern im schulpflichtigen Alter unter 11 Jahren.[6] Auch hier ist die Notlage offensichtlich. Was die Freizeitheime anbelangt, gilt dasselbe wie für die Tagesheime, auch hier wird ein verstärkter Ausbau verlangt.[7]

Solche quantitativ ausgebauten differenzierten Lösungen zur Kinderbetreuung können auf die Dauer die Kontinuität der weiblichen Berufstätigkeit erreichen helfen und somit auf lange Sicht die beruflichen Bildungschancen der Frauen fördern.

Es werden von allen Seiten Maßnahmen vorgeschlagen, die die verschiedenen Formen der Kinderbetreuung qualitativ wie

---

1) Hoffmann-Bludau, B.: Das Gleichberechtigungsgebot, a.a.O., S. 133; Leijon, A.-G.: Swedish Women-Swedish Men, a.a.O., S. 92

2) Die Gewerkschaftsbewegung und die Familienpolitik, a.a.O., S. 55

3) Die Gewerkschaftsbewegung und die Familienpolitik, a.a.O., S. 59

4) Hoffmann-Bludau, B.: Das Gleichberechtigungsgebot ..., a.a.O., S. 135; vgl. Family planing and the status of women in Sweden, a.a.O., S. 47

5) Statistische Angaben vor allem über die Frauen und den Arbeitsmarkt, a.a.O., S. 14

6) berechnet nach den Daten in: Report in reply to questionnaire in OECD document MS/S. 73.2 concerning the role of women in economy (Sweden), S. 14

7) Gewerkschaftsbewegung und Familienpolitik, a.a.O, S. 61

quantitativ verbessern sollen. Sie stehen in einem engen Zusammenhang mit der Förderung der beruflichen Bildungschancen, denn nur wenn die Kinderbetreuung einigermaßen befriedigend geregelt ist, kann eine stärkere Erhöhung der Motivation zur qualifizierten Berufsausbildung erwartet werden.
Die Gewerkschaften fordern, was die quantitative Entwicklung der Tagesheime anbelangt, folgendes:
" Der Ausbau muß rasch auf mindestens 15 000 neue Plätze pro Jahr erhöht werden. Im Jahr 1975 müssen wenigstens 120 000 Plätze gebaut sein!"[1)]
Weitere von den Gewerkschaften vorgeschlagene Maßnahmen, die die Tagesheimplätze gerade im Hinblick auf die Bedürfnisse der berufstätigen Frau und ihrer Kinder verbessern, werden in folgendem aufgeführt:
"Die Öffnungszeiten und Übernachtungsmöglichkeiten müssen den Variationen der Arbeitszeitregelungen angepaßt werden. Transportmöglichkeiten für die Vorschulkinder. Mehr Kinderpfleger, die zur Verfügung stehen, wenn die Kinder erkranken. Kontakt und Einsicht für die Eltern"[2)]
Durch diese Maßnahmen sollen besonders Kinder sozial schwacher berufstätiger Eltern gefördert werden. Gerade die berufstätige Frau aus unteren sozialen Schichten sollte bezüglich ihrer beruflichen Bildungschancen gefördert werden. Die Kinderbetreuung würde zumindest den Zeitrahmen schaffen, der solchen Frauen überhaupt die Möglichkeit zur Weiterbildung geben könnte.[3)] So schlagen die Gewerkschaften desweitern folgendes vor:
Die Beiträge der Eltern nach den finanziellen Voraussetzungen.

---

1) Die Gewerkschaftsbewegung und die Familienpolitik, a.a.O., S. 59
2) Gewerkschafsbewegung..., a.a.O., S. 61/62
3) Der Zeitrahmen allein kann nicht genügen, wäre aber Voraussetzung für die Verbesserung von beruflichen Bildungschancen bei Frauen besonders aus den unteren sozialen Schichten. (ähnlich: Sandlund, M.-B.: Die soziale Stellung der Frau in Schweden., a.a.O., S. 49)

Abschaffung der Beiträge bei der Einführung der obligatorischen Vorschule.
Die Vergabe der Tagesheimplätze nach folgenden Vorzugsregelungen:
1. behinderte Kinder, 2. Kinder alleinstehender Eltern, 3. Kinder aus Familien mit niedrigem Einkommen, 4. Kinder von Studierenden und 5. übrige.[1)]

1.5.2.2 Familienbetreuung (Tagesmütter)

1.5.2.2.1 BRD

Seit einiger Zeit wird das Projekt Tagesmütter in der BRD diskutiert.[2)] Hausfrauen mit eigenen Kindern sollen als feste Angestellte der Kommunen mit Urlaubsanspruch und Sozialversicherung andere Kinder in ihrem Haushalt betreuen dürfen.[3)] Das familienpolitische Programm der SPD hat inzwischen dieses Projekt übernommen. Man möchte über das schwedische Beispiel hinausgehend auch Tagesväter einsetzen.[4)] Auch die Frauengruppen der FDP und der Unionsparteien unterstützen die "Aktion Tagesmütter"[5)] Die Ausbildung ist als Kurzausbildung konzipiert, für die Pädagogen und Psychologen Modelle entwickeln sollen;[6)] durchgeführt werden soll diese Ausbildung durch Fachleute der Jugendämter, der Wohlfahrtsverbände, Erziehungsberatungsstellen und Kindergärten.[7)] Das Bundesministerium für Jugend

---

1) Die Gewerkschaftsbewegung und die Familienpolitik, a.a.O., S. 62
2) vgl. Aktion Tagesmütter in "Brigitte" 1973
3) Brück, D.: Tagesmütter - ein neuer Beruf - ein Beispiel aus Schweden macht in der BRD Furore, in:Frau und Gesellschaft, 2,73, S. 11- 13
4) das wollen die Verantwortlichen in Schweden auch, aber die Nachfrage von Männern nach einem solchen schlechtbezahlten Beruf ist sehr gering (vgl. Ausführungen über Schweden)
5) Brück, D., a.a.O., S. 12
6) ebenda
7) ebenda

und Familie ist bereit, 1,25 Mill. DM für Modellversuche in 5 ausgewählten Stadt- und Landkreisen zur Verfügung zu stellen.[1] Dieses Projekt wird als Langzeitprogramm gesehen, um den kurzfristigen Bedarf (400.000 Plätze) etappenweise zu befriedigen. So schlägt Elfriede Eilers vor, in der ersten Aufbauphase auf jene Frauen zurückzugreifen, die schon eine soziale und pädagogische Ausbildung haben.[2]
Kurzfristig könnte dieses Projekt das Problem der Kinderbetreuung sicher lösen und somit die beruflichen Bildungschancen der Frauen erhöhen. Ob dieses Projekt aber auch geeignet ist, die Frauen langfristig zu entlasten, wird auch von der Qualität dieser Form der Kinderbetreuung abhängen. Diese Problematik wird an anderer Stelle für die schwedischen Verhältnisse erörtert werden.

1.5.2.2.2 Frankreich

In Frankreich greifen die berufstätigen Mütter sehr stark auf Tagesmütter zurück. Ein Großteil der Kinder wird von 145.000 staatlich anerkannten und 44.000 nicht staatlich anerkannten, d.h. unter Umständen gänzlich unqualifizierten Tagesmüttern beaufsichtigt.[3] Konkrete Ansatzstellen zur Verbesserung der Situation werden vor allen Dingen vom Ausschuß für Frauenarbeit formuliert. Sie zielen auf die stärkere Einführung und Verbesserung der institutionalisierten und staatlich organisierten Kinderbetreuungseinrichtungen ab.[4]

---

1)Brück,D.: Tagesmütter..., a.a.O., S. 12
2) zitiert: ebenda

3) vgl. Informations - Comté du Travail Feminin, a.a.O., S. 2
4) vgl.: 1.5.2.1.2 Kinderhorte, Kindergärten, etc. in Frankreich.

1.5.2.2.3 Schweden

Diese Form der Kinderbetreuung durch Tagesmütter wird vorzugsweise von Hausfrauen übernommen, die fremde Kinder tagsüber aufnehmen.[1] Sie stellt in Schweden ein Modell dar, das sehr häufig von den Eltern wahrgenommen wird,[2] und in der Vergangenheit starke Unterstützung der Gemeinden fand, weil diese Lösung praktisch nichts kostete.[3] Wenn von insgesamt 93 000 Plätzen in Tagesheimen und bei Tagesmüttern 48 228 Tagesheimplätze sind, dann beläuft sich die Zahl der Tagesmütter auf 44 772. Sie stellen fast die Hälfte aller Formen der ganztätigen Betreuung von nicht schulpflichtigen Kindern. 1968 hat der Reichstag beschlossen, daß der Staat von 1969 an einen Beitrag von 35 % zu den Kosten der Gemeinde für die Entlohnung der Pflegemutter leistet, jedoch nur dann, wenn größere Gemeinden selbst für mindestens ebenso viele ganztätige Plätze in Kinderverwahranstalten (Tagesheimen) sorgen.[4] Es ist auch auf die Tatsachen hinzuweisen, daß die Tagesmütter von der Gemeindeverwaltung ausgewählt und bezahlt werden.[5] Die Tagesmütter werden sehr schlecht bezahlt,[6].

---

1) Sandlund,M.-B.: Die soziale Stellung der Frau in Schweden, a.a.O., S. 48; Family-planing and the status of women in Sweden, a.a.O., S. 47; Leijon, A.-G.; Karre, M.: La condition familiale en mutation, a.a.O., S. 112; Stenholm ,B.: Education in Sweden, a.a.O., S.57;Tatsachen über Schweden. Das Bildungswesen in Schweden,a.a.O., S.1

2) Report in reply to questionnaire in OECD document MS/S 73.2 Concerning the role of women in economy (Sweden),S.27

3) Leijon, A.-G., a.a.O., S. 95

4) Sandlund, M.-B., a.a.O., S. 48

5) Hoffmann-Bludau, B.: Das Gleichberechtigungsgebot..., a.a.O., S. 134; ähnlich: Kärre,M.: Child supervision in Sweden, in:Hertha, 5, 1969, S. 60

6) weniger als 3 französische Franken pro Kind und Stunde (vgl. Leijon, A.-G.; Karre, M., a.a.O., S. 112)

allerdings erhalten sie inzwischen bezahlten Urlaub und Sozialversicherung.[1] Die Ausbildung der Tagesmütter in Schweden beträgt 60 bis 90 Stunden und ist freiwillig.[2] Das Problem der Tagesmütter wird in Schweden nicht mehr so unkritisch gesehen wie vor einigen Jahren. Auch die schwedische Regierung sieht in dieser Form der Kinderbetreuung eine subsidiäre Lösung zu den Tagesheimen, auch wenn sie die Tagesmütter inzwischen sozial abgesichert hat.[3] Besonders Frau Leijon und Frau Kärre weisen in ihren Publikationen auf die besonderen Schwierigkeiten der Tagesmütterlösung hin, die vor allem in folgendem bestehen.

- die freiwillige Miniausbildung von 60 bis 90 Stunden.[4]
- der Trend, daß hauptsächlich Großmütter solche Funktionen übernehmen.[5]
- die mangelnde verbindliche Ausrichtung nach modernen pädagogischen Modellen.[6]
- die mangelnde Berufskontinuität.[7]

---

1) Leijon, A.-G.; Karre, M.: La condition familiale en mutation, a.a.O., S. 112; Kärre, M.: Child supervision in Sweden, a.a.O., S. 60

2) ebenda

3) vgl. S. 122

4) Leijon, A.G.; Karre, M., a.a.O., S. 112; Kärre, M., a.a.O., S. 60

5) Leijon, A.G.; Karre, M., a.a.O., S. 112

6) Leijon, A.G.: Swedish Women - Swedish Men, a.a.O., S. 95

7) Besonders deutlich wird auf Untersuchungen hingewiesen, die ergeben haben, daß mehrere tausend Kinder bis zu 5 mal die Tagesmütter in einem Jahr gewechselt haben. Gerade bei sehr kleinen Kindern, die noch keine stabilen Beziehungen zur Umwelt aufgebaut haben, wirkt sich das sehr schlecht aus. A.-G. Leijon weist auf einen Fall hin, wo das Kind dadurch zum Stotterer wurde. Die Gründe für einen solch häufigen Wechsel liegen darin, daß die ungenügend vorbereiteten Tagesmütter es sehr schnell wieder "satt" haben und den Job aufgeben. (vgl. Leijon, A.-G.; Karre, M., a.a.O., S. 119/120; Leijon, A.-G.: Swedish Women - Swedish Men, a.a.O., S. 96; Kärre, M.: Child supervision in Sweden, a.a.O., S. 61)

Es ist zusammenfassend festzustellen, daß Frau Leijon und Frau Kärre die Tagesheime grundsätzlich den Tagesmüttern vorziehen.[1] Aber für bestimmte Fälle, wo Kinder zu Infektionskrankheiten neigen, als sehr kleine Kinder überfordert werden oder sich nicht größeren Gruppen anschließen können,[2] halten sie gutausgewählte und gutausgebildete Tagesmütter für besser.[3]

1.5.3 Einrichtungen zur Versorgung des Haushalts

1.5.3.1 BRD

Es besteht eine tatsächliche unverhältnismäßig hohe Belastung durch den Privathaushalt, der vielfach der dringenden Rationalisierung bedarf.[4] Als veraltet muß man vor allen Dingen den hohen Anfall an Wasch-, Putz-,Flick- und Kochpflichten[5] ansehen. Hinzu kommen die schlechten Einkaufsmöglichkeiten, die sowohl durch die schlechten Ladenschlußzeiten als auch durch schlechte Standorte die berufstätigen Frauen und Männer mit Kindern besonders belasten.
Auch im Hinblick auf die Verringerung von Haushaltspflichten für die berufstätige Frau bzw. den berufstätigen Mann gibt es in der BRD detaillierte und konkrete Ansatzstellen bzw. Maßnahmen, die von den Autoren, die sich mit dieser Problematik befassen, vorgeschlagen werden. B. Hoffmann- Bludau schlägt in diesem Zusammenhang vor, daß den Eltern in der BRD ein finanzieller Ausgleich gewährt wird, der sie in die Lage versetzt, die relativ teuren Dienstleistungen (wie z.B.

---

1) Leijon, A.-G.: Swedish Women - Swedish Men, a.a.O., S.95/96
Kärre, M.: Child supervision in Sweden, a.a.O., S. 60/61
2) Leijon, A.-G., a.a.O., S. 96
3) Leijon, A.-G., a.a.O., S. 96; Leijon, A.-G.;Kärre, M.: La condition familiale en mutation, a.a.O., S. 120
4) Brück, D.: Berufstätige Frauen - Vorschläge zur Situationsverbesserung, a.a.O., S. 10
5) Hoffmann-Bludau, B.: Das Gleichberechtigungsgebot..., a.a.O., S. 89
6) Brück, D., a.a.O., S. 10

Wäscherei, Restaurants, u.ä.) in Anspruch zu nehmen und somit die Haushaltpflichten zu vermindern.[1] In dieselbe Richtung erfolgt ein Vorschlag von Dorothea Brück. Sie möchte, daß Gemeinschaftsdienste gebildet werden, die von berufstätigen Frauen[2] zu tragbaren Kosten in Anspruch genommen werden können.[3] Des weiteren soll die Mechanisierung der Haushalte vorangetrieben werden, um die Arbeitszeiten zu verkürzen. Brück schlägt in diesem Zusammenhang die Gewährung zinsverbilligter Darlehen zur Anschaffung von arbeitssparenden Haushaltsgeräten vor.[4]
Ladenschlußzeiten sollen so verbessert werden, daß berufstätige Eltern mit Kindern in Ruhe einkaufen und Zeit dabei sparen können, da es keine Stoßzeiten wie bisher gibt.[5]
Weiter schlagen Langkau-Herrmann und Langkau eine Form der Entlastung von Haushaltspflichten vor, die eine spezielle öffentlich geförderte Wohnart darstellt: Das Service-Haus.[6]

---

1) Hoffmann-Bludau, B.: Das Gleichberechtigungsgebot ..., a.a.O., S. 89
2) Die Vorschläge, die bewußt oder unbewußt nur auf berufstätige Frauen zugeschnitten sind, haben normierenden Charakter für die Zukunft und verankern die alleinige Zuständigkeit der Frau für den Haushalt und die Kinder immer wieder im Bewußtsein der Bevölkerung. Dies gilt auch unbeschadet der Tatsache, daß solche Maßnahmen gegenwärtig vor allen Dingen den Frauen zugute kommen und auch kommen sollten, wenn man ihre beruflichen Bildungschancen weiter fördern möchte.
3) Brück, D.: Berufstätige Frauen - Vorschläge zur Situationsverbesserung, a.a.O., S. 21
4) ebenda
5) ebenda
6) Langkau-Herrman, M.; Langkau, J.: Arbeitsmarktstrategien..., a.a.O., S. 254

Neben den Dienstleistungen für Kinderbetreuung,[1] die wegen der räumlichen Nähe besonders günstig sind, werden dort vor allen Dingen Dienstleistungen in Form von Wohnungs- und Mieterbetreuung,[2] Versorgungseinrichtungen[3] und Erholungseinrichtungen angeboten.[4] Diese verschiedenartigen Dienstleistungen der Service-Häuser würden die berufstätigen Eltern bezüglich ihrer Haushaltspflichten erheblich entlasten. Vor allem die berufstätige Frau mit Kindern, die traditionellerweise immer noch die Hauptlast trägt, könnten sie für die Aufgaben im Beruf und für die Weiterbildung freimachen. Diese Wirkung aber wird nur dann quantitativ wirksam werden, wenn die Service-Häuser nicht wie bisher freifinanziert werden, sondern im Rahmen des sozialen Wohnungsbaus gefördert werden können. Inwieweit allerdings diese Vor-

---

1) vgl. Einrichtungen zur Betreuung von Kindern; besonders sind hiermit gemeint: Einrichtungen der Kinderbetreuung wie Kindertagesstätten, einschließlich Kinderkrippen, Kleinkinderbetreuungsstationen zwischen den Wohnungen von Betreuern (die Betreuungsstationen sehen einen Spätdienst für Eltern mit unregelmäßiger Dienstzeit, eine ganztägige Betreuung von Kindern mit Unpäßlichkeiten und einen Betreuungsdienst bei vorübergehender Abwesenheit der Eltern vor) und einen Babysitterdienst. (vgl. Langkau-Herrmann, M.; Langkau, J.: Arbeitsmarkstrategien..., a.a.O., S. 251

2) hiermit ist gemeint: Hausmeister, die die Wohnungsreinigungen, Reparaturen und andere Arbeiten organisieren und Hausverwaltungen, die über Einzelfragen der Organisation der Servicehäuser befinden. (vgl. Langkau-Herrmann,M.; Langkau, J., a.a.O., S. 251)

3) hiermit sind gemeint: die Einkaufsmöglichkeiten im Haus, die entsprechend den unregelmäßigen Arbeitszeiten von 7-9 und von 17 - 20 Uhr geöffnet sind - Automatenstraßen, Cafeterias, Gästezimmer. (vgl. Langkau-Herrmann, M.; Langkau, J., a.a.O., S. 251)

4) hiermit sind gemeint: Liegeterassen, Freizeiträume, Saunen (vgl. Langkau-Herrmann, M.; Langkau, J., a.a.O., S. 251)

stellungen wegen der enormen Kosten ohne Realitätscharakter für einen absehbaren Zeitraum sind, bleibt hier undiskutiert, da sie einer gründlichen Prüfung bedürfen.[1)]

1.5.3.2 Frankreich

Für Frankreich liegt kein Material zu dieser Problematik vor.

1.5.3.3 Schweden

Man hält den schwedischen Standard der Rationalisierung im Haushalt zwar für adäquat, aber man fordert darüberhinaus, daß dem Haushalt gewisse zusätzliche Serviceleistungen angeboten werden, um der steigenden Erwerbstätigkeit der Frauen gerecht zu werden.[2)] Die Vorstellungen der Gewerkschaften gehen bezüglich der Serviceleistungen in folgende Richtung: "Wohnservice kann auf verschiedene Weise geleistet werden. Eine Variante ist das Kollektivhaus, in dem man mit kollektiven Einrichtungen zugleich auch eine bessere Gemeinschaft schaffen möchte. Die gegenwärtig aktuellsten Formen gehen davon aus, daß man Servicemöglichkeiten mit einem Wohngebiet als Rahmen bieten will. Dabei ist wichtig, daß die gemeinsamen Serviceeinrichtungen nicht zu weit von den Wohnhäusern liegen. Vorteilhaft ist, wenn man sie direkt durch den Hauseingang erreichen kann. Eine Zentrale müßte gewisse Dienstleistungen erledigen oder vermitteln können, etwa Waschdienstleistungen, Saubermachen, Kinderbeaufsichtigung, Hand-

---

1) vgl. Asmassen, D.; Kratz, H.; Städter, H.: Service-Häuser. Anforderungen und Wirtschaftlichkeit, in: Schriftenreihe des Bundesministers für Städtebau und Wohnungswesen, Bd. 27, Coburg 1971

2) vgl.: Die Gewerkschaftsbewegung und die Familienpolitik, a.a.O., S. 64; ähnlich: Odhnoff, C.: Wohnmilieu für Menschen, Hrsg.: Ministerium für Arbeit und Wohnungswesen, Stockholm 1971, S. 3/4; ebenso: Ungleichheiten im Wohlfahrtsstaat, a.a.O., S.89

werksarbeiten, Gesundheitspflege, Krankenbetreuung und Kontakt zu den Behörden. Darüber hinaus wären Restaurants und Möglichkeiten, fertig bereitetes Essen zu erhalten, erforderlich."[1]

Darüber hinaus fordern die Gewerkschaften, daß der Wohnservice auf solchen ökonomischen Bedingungen aufgebaut sein muß, daß er von allen genutzt werden kann.[2] Camilla Odhnoff hält zwar die wirtschaftlichen Möglichkeiten, solch einen Service zu finanzieren, für begrenzt[3], sieht aber die Wohnkostenzuschüsse als gutes Mittel an, auch Familien mit Kindern in niedrigen Einkommensstufen zu fördern.[4]

Diese Vorschläge sind auch schon in ein gewisses Realisierungsstadium getreten. So Camilla Odhnoff: "Ein staatlicher Untersuchungsausschuß in Schweden hat verschiedene Pläne für Wohngebiete studiert, in denen weit ausgebaute Service-Leistungen zu angemessenen Preisen angeboten werden können. Es hat sich herausgestellt, daß in nicht geringem Maße die Unter- und Mittelstufen der Schulen als Kristallisationskern eines solchen integrierten Service-Planes eine wichtige Rolle spielen können."[5]

1.6 Der Ausschuß für Frauenarbeit in Frankreich[6]

Um die Probleme der Frauenarbeit und der berufstätigen Frau im Rahmen eines hauptsächlich beratenden Gremiums, das jedoch auch Koordinationsfunktionen übernehmen könnte, besser in den Griff zu bekommen, wurde 1965 vom damaligen französischen Minister für Arbeit ein sogenannter "Studien- und Verbindungsausschuß für Frauenarbeit" gegründet. Dieser wurde im Jahre 1971 mit erweiterten Befugnissen und mit

---

1) Die Gewerkschaftsbewegung und die Familienpolitik,a.a.O.,S.64
2) Die Gewerkschaftsbewegung und die Familienpolitik,a.a.O.,S.69
3) Odhnoff,C.: Wohnmilieu - Milieu für Menschen,a.a.O., S. 5
4) ebenda
5) Odhnoff,C., a.a.O., S. 5/6
6) Dieser Ausschuß zielt in alle relevanten gesellschaftlichen Bereiche, sodaß seine Arbeit nicht eindeutig zuzuordnen ist. Daher wird dieser Teil mit einem eigenen Gliederungspunkt 1.6 versehen.

größeren Mitteln ausgestattet[1] und in "Ausschuß für Frauenarbeit" (Comité de Travail Feminin) umbenannt. Zu der Rolle, den Arbeitsmethoden und -ergebnissen ist u.a. folgendes zu sagen:

Drei Aktionsarten umreißen die Rolle des Ausschusses:

- er gibt Stellungnahmen ab und erteilt Ratschläge zu in Ausarbeitung befindlichen Gesetzesvorlagen und Aktionsvorhaben bezüglich der Beschäftigung bzw. Vorbereitung der Frauen auf eine Beschäftigung, insbesondere solchen, die vom Ministerium für Arbeit oder von ihm abhängigen Stellen ausgehen.
- er kann ein eigenes Studien- und Tätigkeitsprogramm festlegen und dem Staatsministerium für Soziale Angelegenheiten Maßnahmen vorschlagen, die zur Verbesserung der Lage der Frauen im Berufsleben geeignet erscheinen.
- er spielt eine Informations- und Dokumentationsrolle.
- er schaltet sich auch unmittelbar oder mittelbar bei bestimmten öffentlichen oder privaten Stellen ein, die diskriminierende Positionen gegenüber berufstätigen Frauen einnehmen.

Der Ausschuß arbeitet hauptsächlich in Fachausschüssen, die Spezialfragen behandeln, die im Zusammenhang mit der Frauenarbeit von besonderer Bedeutung sind. Es gibt folgende Ausschüsse:

a) Arbeitsbedingungen
b) Berufsausbildung
c) Beschäftigungslage
d) Harmonisierung Berufsleben/ Familienleben
e) Gesetzgebung und soziale Sicherheit
f) Information

Jeder Ausschuß tritt einmal monatlich zusammen. Folgender-

---

1) Der Ausschuß ist ein paritätisches Organ. Es sind darin vertreten Arbeitnehmervertreter, Arbeitgebervertreter und Vertreterinnen von französischen Familien- und Frauenverbänden.

maßen sah das Aktionsprogramm für die Jahre 1972/73 aus[1]:

- Fachausschuß Arbeitsbedingungen:
  Untersuchung von Arbeitsstellen und Arbeitsrythmen, Untersuchung der beruflichen Förderung und der Arbeitsvorschriften.
- Fachausschuß Berufsausbildung:
  Untersuchung über die Ausbildung der Landfrauen, die Probleme der schulischen und beruflichen Beratung.
- Fachausschuß Beschäftigungslage:
  Untersuchungen über die Diskriminierung der Frau bei der Einstellung.
- Fachausschuß Gesetzgebung und soziale Sicherheit:
  Revision des Arbeitsgesetzbuches, insbesondere der die Frauen betreffenden Artikel; Vorbereitung eines Rechtshandbuchs für die berufstätige Frau.
- Fachausschuß Harmonisierung "Berufsleben - Familienleben":
  Untersuchung des Zeitbudgets der berufstätigen Frau.
- Fachausschuß Information:
  Werbekampagnen mittels Plakaten und Befragung der Frauen in den Büros des Nationalen Arbeitsamtes (Agence Nationale pour l'Emploi).

Wichtig ist auch der vom Ausschuß erstellte Bericht über die Berufsausbildung, worin die schulischen und beruflichen Orientierungen und Ausbildungen der Frauen analysiert werden und Vorschläge unterbreitet werden, wie man eine bessere Integration der Frau in das Erwerbsleben ermöglichen kann. Schließlich hat er den Bericht über die Heimstätten für Kleinkinder "Centres de la petite enfance" die als Institutionen der öffentlichen Erziehung eingerichtet werden sollen, vorgelegt. So kann ein solches Gremium durchaus als eine wertvolle indirekte Ansatzstelle zur Förderung der beruflichen Bildungschancen für Frauen gewertet werden. Dadurch, daß von einem solchen Gremium aus die Frauenfrage, die sich quer durch

1) vgl. Mitteilungen des Staatsministeriums für Soziale Angelegenheiten (dt. Übersetzung - d.V.) vom 5.-11. März 1973, Nr. 9, S. 4,5 und 6

fast alle Bereiche der Wirtschafts- und Gesellschaftspolitik zieht, einmal global und koordinatorisch betrachtet wird, können sicherlich teilweise Verbesserungsvorschläge gemacht werden, die sonst auf Grund der generellen Vernachlässigung dieser Problematik vergessen würden.

Hauptteil B

2 Direkte konkrete Ansatzstellen zur aktiven Förderung beruflicher Bildungschancen von Frauen in der BRD, Frankreich und Schweden

2.1 In der beruflichen Ausbildung

2.1.1 Berufsberatung

2.1.1.1 BRD

Man kann wohl ohne Übertreibung mit Frau Pross feststellen, daß unter den großen Mitgliedstaaten des EG die Bundesrepublik sich als das Land erweist, das in Relation zu den materiellen Möglichkeiten bisher sehr wenig zur Förderung der weiblichen Bildung geleistet hat.[1)]

Ein wichtiger Ansatzpunkt scheint in diesem Rahmen die Berufsberatung zu sein, da hier eine wichtige Weichenstellung gerade für dierelativ unentschlossenen und nicht so hoch motivierten Mädchen liegt, die auf diese Weise einen letzten Anstoß erhalten. In welche Richtung dieser erfolgt, hat einen beträchtlichen positiven oder negativen Einfluß auf die beruflichen Bildungschancen von Frauen.

Es ist erwiesen, daß immer noch eine Berufslenkung in Richtung der typischen Frauenberufe erfolt, wobei das Argument des Arbeitsmarktes immer wieder in diesem Zusammenhang von Berufsberatern und -beraterinnen vorgebracht wird. Diese Berufsberatung findet in der Regel durch Frauen statt, während die Jungen durch Männer beraten werden.[2)] Die geschlechtsspezifische Trennung in der Berufsberatung fördert eine Lenkung, die nicht das traditionelle Schema durchbricht. Präzisere Vorstellungen zur Berufsberatung existieren in der BRD nicht.

Lediglich Langkau-Herrmann und Langkau schlagen für die Berufsberatung in der Schule folgendes vor: "Verstärkte Vermittlung von Informationen für die gegenwärtige und zukünftige Arbeits- und Berufswelt zur Erleichterung der Berufs-

---

1) Pross, H.: Gleichberechtigung im Beruf, a.a.O., S. 40

2) Hofbauer, H.: Potentielle Berufsfelder von Frauen, a.a.O.

wahl."[1]

2.1.1.2 Frankreich

Auch in Frankreich ist die berufsorientierende, berufslenkende, berufsberatende Arbeit mit Schülern und Schülerinnen sowohl des allgemeinbildenden Systems als auch der berufsbildenden Institutionen schlecht ausgebaut. Zwar gibt es an manchen besonders gut ausgestatteten Schulen (lycées pilotes, collèges pilotes), wozu aber keineswegs Primarschulen gehören, eigene Schulpsychologen, die zur Zeit den Schülern bei den Entscheidungen für die verschiedenen Bildungszweige Hilfestellung leisten sollen, die zukünftig auch berufsorientierende Funktionen übernehmen könnten. Jedoch kann dies keine Grundlage zu einer geplanten berufsorientierenden, berufslenkenden oder berufsberatenden Arbeit der französischen Schülerinnen und Schüler in ihrer Gesamtheit darstellen. Das im Jahre 1966 gegründete "Nationale Büro für Ausbildungs- und Berufsorientierende Information" (Office National d'Information sur les Enseignements et les Professions) mit Zentrale in Paris und Zweigbüros in fast allen größeren Städten versucht durch die Herausgabe von Broschüren, die auch in die allgemeinbildenden Schulen gelangen, aufklärerisch zu wirken. Jedoch dadurch, daß in den Lehrplänen der Schulen keine entsprechenden Auflagen gemacht werden, bleibt diese Information zufällig, umso mehr, als auch die Kombination von Berufsberatung der Jugendlichen mit einer entsprechend langfristigen Elternarbeit fehlt.

Dazu muß die Berufsberatung von O.N.I.S.E.P. auch das objektive Hindernis berücksichtigen, das darin besteht, daß von 85 möglichen Berufszweigen, die von ihr beschrieben werden, allein 35 noch für Mädchen verboten sind.[2]

---

1) Langkau-Herrmann, M.; Langkau, J.: Arbeitsmarktstrategien..., a.a.O., S. 78

2) Informationsblatt der C.G.T., Mai 1973, S. 3

Der Ausschuß für Frauenarbeit schlägt in seinem Bericht[1] u.a. vor, daß eine grundsätzliche Verbesserung der schulischen und berufsbildenden Information und Orientierung (l'information et l'orientation scolaire et professionnelle) zu realisieren sei. Dieser Vorschlag ist jedoch utopisch angesichts der Tatsache, daß augenblicklich in Frankreich nur 1.700 hauptamtliche staatliche Berufsberater für eine solche Arbeit zur Verfügung stehen, und daß auch 1976 z.B. nur insgesamt 3.000 Berufsberater zur Verfügung stehen können. Hingewiesen wird in dem Bericht weiterhin auf die Notwendigkeit von sogenannten Berufsberatung- und Orientierungszentren für Kinder, Jugendliche und Erwachsene.

Es wird für möglich gehalten daß diese Zentren in Zusammenarbeit mit den Berufsberatern des Nationalen Arbeitsamtes (l'Agence National pour l'Emploi) und Psychologen des Amtes für Erwachsenenbildung ("Agence pour la Formation Professionnelle) des Adultes" A.F.P.A.)[2] geleitet werden können. In Bezug auf die Frauen und Mädchen müßten diese Zentren darüber aufklären, daß zwischen gewissen Ausbildungsmöglichkeiten und tatsächlichen Berufschancen für sie oft erhebliche Diskrepanzen bestehen.
Der Bericht fordert schließlich, daß diese Zentren auch die Gründe für diese Situation aufdecken müßten und versuchen sollten, die negativen Wirkungen dieser Tatsache durch die Veranlassung von Umschulungs- und Fortbildungsmaßnahmen zu korrigieren.

2.1.1.3 Schweden

Die schwedische Regierung stellte 1968 fest, daß die Berufs-

---

1) La Formation professionnelle des Femmes Rapport du Comité du Travail Feminin, Mai 1972, Condensé realisé par V. Chauchat, S. 23
2) La Formation professionnelle des Femmes, a.a.O., S. 25

beratung in Wirklichkeit nicht objektiv ist.[1] Sie kam zu diesem Ergebnis, nachdem eine Untersuchung in Västeras nach wie vor die stark traditionelle Einstellung der Mädchen bei der Wahl der praktischen Berufsarbeit zeigt.[2] Edgren weist im einzelnen auf die Gründe hin, die zur unobjektiven Berufsberatung führen. Er ist der Auffassung, daß das Ziel der Schulen und der labour market authorities bis jetzt lediglich darin bestand, die Schüler zu informieren und nicht darin, die Wahl in irgendeine Richtung zu beeinflussen.[3] Das bedeutete in Wirklichkeit, daß die Schüler mehr oder weniger schutzlos dem traditionellen Druck durch ihr Zuhause, die Massenmedien und ihre Freunde ausgeliefert waren, sodaß das Überleben der traditionellen Ordnung praktisch garantiert war.[4]

Tabelle: Neun "Spitzenberufe" in der praktischen Berufsarbeit der Schüler in Västras 1965 - 1966

Jungen, insgesamt	Mädchen, insgesamt
1. Kraftfahrzeugmechaniker (34)	1. Grundschullehrerin(53)
2. Flugwesen (24)	2. Kindergärtnerin (43)
3. Elektriker, Konditor, Bäcker (23)	Kinderpflegerin (43)
	4. Verkäuferin (39)
5. Laborant (21)	5. Damenfriseuse (35)
6. Militärberuf beim städt. Regiment (19)	Büroangestellte (35)
7. Fotograf (16)	7. Krankenschwester (25)
8. Lochkarten- und Datenverarb. (15)	8. Tierpflegerin (19)
9. Zeichner, Verkäufer, Eisenbahnbeamter (14)	9. Dekorateurin (16), Reisebüroangestellte (16)
Summe: 469 Schüler	Summe: 473 Schülerinnen

Quelle: Sandlund, M-B.: Die soziale Stellung der Frau in Schweden, a.a.O. S. 27

1) Sandlund, M-B.: Die soziale Stellung, a.a.O., S. 28

2) Sandlund, M-B., a.a.O. S. 27; ähnlich: Edgren, G.: Still a long way to equal earnings, a.a.O., S. 70

3) ebenda

4) Edgren, G., a.a.O., S. 7o; Leijon, A. G./Karre, M.: La condition familale en mutation, a.a.O., S. 92

Man wendet sich vor allen Dingen an die Berufswahllehrer. "Jede Schule hat einen Lehrer, der für Berufswahlfragen zuständig ist. Er ist Beamter der Schule und der Arbeitsvermittlung. Der Berufswahllehrer hat eine normale Ausbildung als Volksschullehrer und muß dann zusätzlich 2 Semester für dieses Fach hören. Er ist zwei Drittel der Zeit vom Unterricht freigesprochen und übt in dieser Zeit seine beratende Tätigkeit in Einzelgesprächen mit Schülern aus."[1] Inhaltlich will die schwedische Regierung folgende Anweisungen verwirklicht sehen:
"In den Anweisungen für die zukünftige Berufsberatung soll ausdrücklich erklärt werden, daß Objektivität nicht darin besteht, daß man die heutige Gliederung der Berufe beschreibt, sondern auch die neuen Berufe, die in Zukunft benötigt werden. Man soll auch den Schülern Beispiele von Jungen und Mädchen anführen, die es gewagt haben, alten Bräuchen in der Berufswahl zu trotzen. Im Unterricht soll man Arbeitsplätze besuchen und solche Beispiele vorführen. Den Mädchen soll man auch beibringen, daß ein kürzerer Ausbildungsweg es für sie schwer macht, sich in Zukunft auf dem Arbeitsmarkt zu behaupten. Man darf auch nicht die Ausbildung der Mädchen als eine Art von Versicherung begreifen, von der man in der Ehe Nutzen hat, wenn der Mann sterben, krank werden oder sich scheiden lassen sollte. Solche Ausführungen haben zur Folge, daß die Mädchen weniger Ehrgeiz in der Berufswahl zeigen als Jungen."[2]
Auch Edgren plädiert für einen direkten Einfluß und stärkere Regulation.[3] Einen solchen Einfluß soll die Berufsberatunr in der Erwachsenenbildung für Frauen haben.[4]
Eine effizientere Berufsberatung, die zum Ziel hat,stärker

---

1) Legebrandt,F.;Poeschke, G.: Betriebspraktika für Schüler, Köln, 1967, S. 41
2) Sandlund, M.-B.: Die soziale Stellung der Frau in Schweden, a.a.O., S. 28
3) Edgren, G.: Still a long way to equal earnings, a.a.O., S.70
4) Ahrland,K.: Die Stellung der schwedischen Frauen auf dem Arbeitsmarkt, a.a.O., S. 5

Frauen in traditionelle Männerberufe und Männer in traditionelle Frauenberufe zu "schleusen", fördert die beruflichen Bildungschancen der Frauen.

2.1.2 Im unteren Qualifikationsbereich

2.1.2.1 BRD

Das berufliche Bildungssystem in der BRD ist durch eine Vielzahl von Schulformen, Abschlüssen und Berechtigungen gekennzeichnet, die das berufliche Bildungssystem unübersichtlich gemacht hat.[1)]
Hierunter fällt unter anderem auch die Lehre, die in der BRD sowohl in der Berufsschule als auch im Betrieb absolviert werden muß und in der Regel 2 - 3 Jahre dauert.
Wenn auch der Anteil der Mädchen, die ohne Ausbildung eine Arbeitsstelle antreten, langfristig sinkt, so betrug er 1968/69 immerhin noch 11,1 %, während der Anteil bei Jungen bei 5,5 % lag.[2)]
Auch der Anteil der Anlernlinge nimmt immer mehr ab, obwohl der Unterschied zwischen den Anteilen von Jungen und Mädchen immer noch sehr hoch ist. (0,4 % zu 8,3 %).[3)]
Die Ausbildung der ungelernten Arbeiterinnen im Betrieb ist so gut wie nicht vorhanden. Sie werden auf wenige Handfertigkeiten ausgerichtet und auch nur auf einen ganz bestimmten Arbeitsplatz hin angelernt. Die Berufsschulen mit sogenannten "Ungelernten-Klassen", in denen den Mädchen nicht nur hauswirtschaftliche Kenntnisse vermittelt werden, sondern auch einige berufsfachliche und betriebswirtschaftliche Grundkenntnisse, sind die Ausnahme.[4)]
Von besonderer Bedeutung scheint uns vor allen Dingen die Tatsache zu sein, daß die Mädchen sich auf wenige Lehrberufe konzentrieren, die in irgendeiner Weise an dem traditionellen Weiblichkeitsideal orientiert sind.[5)]

---

1) vgl. Bildungsbericht 1970, a.a.O., S. 57
2) vgl. Langkau-Herrmann,M.; Langkau, J.: Arbeitsmarkstrategien..., a.a.O., S. 35
3) ebenda
4) Wilms, D.; Dennebaum, E.-M.: Mädchen sind anders,a.a.O., S.2[illegible]
5) Höhn, E.: Das berufliche Fortkommen von Frauen, Bad-Harzburg, 1964, S. 43

So stehen die pflegerischen und Büroberufe an der Spitze der Wunschskala.[1)]
Neben Ausbildungsschwächen in typischen Frauenlehrberufen, die sich sowohl im Betrieb als auch in den Berufsschulen zeigen, wirken sich die allgemeinen Schwächen des beruflichen Ausbildungssystems besonders auf Frauen aus. Die 8 Wochenstunden in der Berufsschule werden wegen des Lehrermangels oft unterschritten,[2)] sodaß der theoretische Unterricht hinter der betrieblichen Lehre zurückbleibt. Wenn aber im Betrieb, z.B. im kaufmännischen Betrieb, das Mädchen nur als Arbeitskraft (Verkäuferin) eingesetzt wird, so ist es ganz folgerichtig, daß so viele Mädchen in Buchführung versagen und somit die kaufmännische Gehilfenprüfung nicht bestehen.[3)] Wenn man davon ausgeht, daß die Qualität der Ausbilder und der Ausbildungsbetriebe sehr unterschiedlich ist,[4)] dann wirken sich solche Schwächen ganz besonders stark auf die Ausbildung der Mädchen aus, die besonderer Förderung und Ermutigung bedürfen.[5)]
Zur Verbesserung der Ausbildung der ungelernten Frauen äußern sich Wilms und Dennebaum, die eine minimale "Anlernung, Unterweisung oder Ausbildung" vorschlagen.[6)] Sie weisen in diesem Zusammenhang besonders darauf hin, daß junge Berufsanfängerinnen von vornherein nicht nur auf eine Tätigkeit angelernt werden, sondern als Bildungsziel sollten grundsätzlich mehrere Tätigkeiten und damit eine breitere Einsatzmöglichkeit angestrebt werden.[7)]

---

1) Wilms,D.; Dennebaum,E.-M.:Probleme der Ausbildung und des Aufstiegs von weiblichen Beschäftigten in der Wirtschaft, a.a.O., S. 5
2) Bildungsbericht 70, a.a.O., S. 57
3) vgl. Rohr,U.: Die Situation der weiblichen kaufmännischen Angestellten, in: Informationen für die Frau, 1, 1972
4) Bildungsbericht 70, S.58
5) vgl. Familiensituation, S.8/9
6) Wilms, D.; Dennebaum, E.-M.: Mädchen sind anders, a.a.O.,S.26
7) ebenda

Die Motivation der ungelernten Frauen und Mädchen versucht man in den fortschrittlicheren Betrieben mit einer Unterweisung anzusprechen, die in kleine Stufen eingeteilt ist und klar erkennbare Etappenziele hat.[1)]
Gruppengespräche über Probleme des betrieblichen Alltags in einfacher und klarer Sprache verbunden mit Informationen über größere Zusammenhänge in Betrieb, Wirtschaft und Gesellschaft werden als Ergänzung zur betrieblichen Ausbildung vorgeschlagen.[2)]
Die Qualifikation der ungelernten Frauen muß allerdings auch durch entsprechend qualifizierte Arbeitsplätze belohnt werden, sonst bleibt die Motivation der Frauen zur Ausbildung und Weiterbildung so negativ wie bisher.
Wilms und Dennebaum schlagen eine Kooperation der Arbeitgeber mit den fortschrittlichen Berufsschulen mit Ungelernten-klassen vor, um die Ungelernten auch auf betriebliche Grundkenntnisse hin auszubilden.[3)]
In Bezug auf die Förderung der beruflichen Bildungschancen der Frauen im Bereich der Lehre gibt es eine Reihe von Vorschlägen. Da gilt vor allen Dingen die stufenförmige Ausbildung als Fortschritt, da übersichtliche Abschnitte zu erreichen sind und die Ausbildung durch eventuelle Mutterschaft zu unterbrechen ist.[4)] Es besteht allerdings die Gefahr, daß die Betriebe kaum noch Lehrstellen mit längerer qualifizierter Ausbildung anbieten würden, da der Beruf mit einer unqualifizierten Stufe für das tägliche Geschäft, z.B. der Verkäuferin auch ausreichend ist.[5)] Diese Entwicklung ist im Moment schon abzusehen im kaufmännischen Bereich, der ein traditioneller Frauenberuf ist.[6)]

---

1) Wilms, D.; Dennebaum, E.-M.: Mädchen sind anders!, a.a.O., S.27
2) Wilms, D.; Dennebaum, E.-M., a.a.O., S. 28
3) Wilms, D.; Dennebaum, E.-M., a.a.O., S. 29
4) Langkau-Herrmann, M.; Langkau, J.: Arbeitsmarktstrategien,.. a.a.O., S. 74
5) Pütz, T. Berufliche Bildung aus der Sicht der Gewerkschaften, in: Die Frau in der offenen Gesellschaft, 2, 1972, S. 12
6) ebenda

2.1.2.2 Frankreich

Zur einheitlichen Planung und Koordination der Erziehung und Bildung, insbesondere der beruflichen Bildung, wurden in Frankreich 5 Qualifikationsniveaus geschaffen. Qualifikationsniveau 1 und 2 entspricht dem abgeschlossenen Hochschulstudium und den darüber hinausgehenden Bildungsgängen.

Dem Niveau 3 entspricht das sogenannte "Brevet de technicien supérieur" und das "Diplôme universitaire de technologie" (zu erwerben an den Instituts Universitaires de Technologie, I.U.T.). Die zu diesen führenden Bildungsgänge entsprechen der ersten Hälfte eines akademischen Studiums. Eingangsniveau ist das Abitur. Entsprechende Ausbildungen erfolgen an den "Sections de technicien supérieur" die vorwiegend den "Lycées" angegliedert sind. Der an der I.U.T. erworbene Abschluß ermöglicht Fakultätszugang. Der erstgenannte Abschluß ist praxisorientierter.

Im Bereich des (mittleren) Qualifikationsbereichs 4 gibt es drei Untergliederungen:

4a) umfaßt alle Bildungswege, die zum Abitur führen; im Bereich der beruflichen Bildung zum "Baccalauréat de technicien" bzw. zum "Brevet de technicien" Beide Abschlüsse werden nach dreijähriger Ausbildung erworben.[1)]

Niveau 5 macht den gesamten Bereich der unteren Qualifikation aus. Auf dieser Ebene kann das "Certificat d'ap itude professionnelle" und das "Brevet d'etudes professionnelles" abgelegt werden. Letztere Ausbildung ist

---

1) Das "Brevet de technicien" ist im Unterschied zum "Baccalauréat de technicien" spezialisierter und auf den direkten Eintritt ins Berufsleben zugeschnitten. Es wird hiermit keine Berechtigung zum Hochschulstudium erworben, wohl aber eine Fortsetzung des Studiums an den "Sections de technicien supérieur" bzw. an den I.U.T. ermöglicht. Die auf dem Niveau 4 ausgebildeten Kräfte sollen mittlere Führungspositionen einnehmen.

eng spezialisiert, erstere praxisorientiert. Die Ausbildung für das C.A.P. dauert 2 Jahre, oft auch 3 Jahre; die für das B.E.P. 2 Jahre. Für das B.E.P. stehen wesentlich weniger Ausbildungsberufe zur Verfügung.
Die genannten Ausbildungsgänge kann man in sogenannten Colleges d'enseignement technique, den C.E.T. und entsprechenden Privatschulen ablegen.
Der Anteil der Mädchen, die eine Berufsausbildung auf dem Weg der Lehre und parallel erfolgenden berufsbegleitendem Unterricht über die "cours professionnels", atéliers école" und "cour par correspondance" absolvieren, ist verschwindend gering. [1] Deshalb soll an dieser Stelle darauf nicht eingegangen werden.
Es besuchen wesentlich weniger Mädchen als Jungen die C.E.T. und wählen dort auch stärker Kurzausbildungen.
Viele Mädchen wählen dabei Fächer, die für eine Tätigkeit im tertiären Sektor vorbereiten. [2] 75% der Mädchen, die ein C.A.P. oder ein B.E.P. machen, tun dies in folgenden Sektoren:
Sekretariat/Stenotypistin
Bekleidungsindustrie
Handel und Verteilung
Hotel- und Gaststättengewerbe
Gesundheits- und Sozialwesen [3]
Nur insgesamt 0,4% der Mädchen bereiteten sich auf entsprechende Abschlüsse in Mechanik und Feinmechanik vor; nur 1,7% der Mädchen in Elektronik und Elektrotechnik.
Dazu kommt, daß die privaten berufsbildenden Schulen vor allem (in denen man-wie erwähnt- staatliche Abschlüsse erreichen kann) nach wie vor in großem Ausmaß in frauenspezifischen Berufen ausbilden.
Der größte Teil ihrer Absolventinnen geht dann auf Grund des Mangels entsprechender Arbeitsplätze als angelernte Arbeite-

---

1) vgl.: La Formation professionnelle des Femmes..., a.a.O., S. 15
2) ebenda
3) Informationsblatt der C.G.T. vom Mai 1973, S. 3

kräfte in die industrielle Akkordarbeit.

2.1.2.3 Schweden

Im heutigen Schweden besteht das Problem der berufstätigen Frauen nicht darin, daß sie keine Ausbildung haben.[1] Der Anteil der Schüler und Schülerinnen in den weiterführenden Schulen ist gleichgroß, d.h. in den allgemeinbildenden Schulen, Berufsschulen, technischen Schulen, gewissen Lehrerbildungsstätten etc.[2]

Die Schwierigkeiten bestehen vielmehr darin, daß Mädchen und Jungen sich auf die verschiedenen Ausbildungsformen verteilen.[3] In den verschiedenen Berufsausbildungen für Industrie und Handwerk, die nach der obligatorischen Grundschule von 9 Jahren beginnt, befinden sich nur 5 % Mädchen, obwohl ein bedeutend größerer Teil der weiblichen Jugendlichen später in der Industrie angestellt wird.[4] In der Ausbildung für Kranken- bzw. Kinderpflege und Kindergärtner befinden sich fast 100 % Mädchen.[5] In dem Zusammenhang mit der Kanalisierung von Mädchen in typische Männerberufe wird folgendes Problem gesehen:

"Ein Hindernis für Mädchen in den Berufsschulen für Industrie und Handwerke bildete früher der Mangel an Umkleideräumen für Schülerinnen. Das gleiche war für die männlichen Schüler im Kindergärtnerinnenseminar der Fall. Jetzt werden alle Entwürfe für neue Schulen daraufhin geprüft, ob sie für Schüler beider Geschlechter bestimmt sind."[6]

Das Hauptproblem wird nicht in der mangelnden Qualität der

---

1) Sandlund, M.-B.: Die soziale Stellung der Frau in Schweden, a.a.O., S. 29
2) ebenda
3) ebenda
4) ebenda
5) ebenda
6) Sandlund, M.-B., a.a.O., S. 30

beruflichen Ausbildung für bestimmte Berufe gesehen, sondern in der Abwertung bestimmter beruflicher Ausbildungsgänge durch die Tatsache, daß die Frauen vorzugsweise an ihnen teilnehmen.

2.1.3 Im mittleren Qualifikationsbereich

2.1.3.1 BRD

Die Teilnahme der Frauen an mittleren Bildungsabschlüssen z.B. in Fachschulen ist relativ hoch.[1] Allerdings läßt die Repräsentation in technischen Bereichen wie z.B. Ingenieursschulen sehr zu wünschen übrig. Der Informationsmangel bei den Frauen über die Berufschancen z.B. von Ingenieurinnen ist erheblich.[2] Hierzu gibt es eine V-D-I- Information, die den Versuch macht, die Arbeitsmarktlage der Ingenieurinnen transparent zu machen.[3] Um konkret in diesem Bereich der Ausbildung ansetzen zu können, wäre eine von staatlicher Stelle forcierte Information der Ausbilder in den Ingenieursschulen notwendig, von den Berufsberatungsstellen einmal abgesehen, deren Lenkungsfunktionen in traditionelle Berufe an anderer Stelle in dieser Arbeit dargelegt worden ist.
Über die Information über die Marktlage hinaus existieren keine konkreten Ansätze, die den Bereich der Fachschulen bzw. Ingenieurschulen betreffen.

2.1.3.2 Frankreich

Im Jahre 1966 und 1967 dehnte das Ministerium für Nationales Erziehungswesen die Freigabe industrieller Ausbildungsgänge an den Lycées techniques bzw. den technischen Abteilungen der Lycées von etwa einem Viertel im Jahre 1963 auf die Hälfte aller dieser Institutionen aus. Trotzdem stieg der Mädchenanteil dort nur in geringem Maße von 32% im Jahre

---

1) vgl. Statistisches Jahrbuch für die BRD 1973, Hrsg. Bundesamt für Statistik, Wiesbaden 1973, S. 90
2) vgl. Frauen im Ingenieurberuf, in VDI-Information 1964

1963 auf 39 % im Jahre 1968.
Zwei Drittel der dort in der Ausbildung stehenden Mädchen bereitete sich 1968 auf einen Beruf im tertiären Bereich vor, gegenüber nur einem Fünftel Jungen.[1] In den gesamten Lycées techniques gab es in den Mechanikerabteilungen z.B. nur 308 Frauen gegenüber 17.110 Männern.[2]
Auch die Ausbildungschancen der Mädchen an den sogenannten Instituts Universitaires de Technologie sind von den Französinnen bis jetzt nur unzureichend wahrgenommen worden. Im Schuljahr 1969/70 z.B. besuchten nur zu 21 % Mädchen diese Institutionen. 60 % der insgesamt dort studierenden weiblichen Studenten (30 % der gesamten Studentenschaft) hatte sich wieder für Fächer entschieden, die zu einer Berufstätigkeit im tertiären Sektor führen.[3]

2.1.3.3 Schweden

In der Fachschule, einer neuen Schulform in Schweden sind über 95 % in der technischen Abteilung männliche Schüler, aber mehr als 75 % in der sozialen Abteilung Schülerinnen. Diese Fachschule ist zweijährig und schließt an die obligatorische Grundschule an.[4] In der technischen Abteilung wird direkt ein Beruf erlernt, während die soziale nur auf die Berufsausbildung vorbereitet.[5]
"Die neue Fachschule soll allmählich die besonderen, von den Gemeinden betriebenen Mädchenschulen ersetzen.[6] Die Mädchen, die sich mit einer kürzeren Ausbildung begnügen, können stattdessen die zweigeschlechtlichen Fachschulen be-

---

1) vgl. La Formation Professionnelle des Femmes, a.a.O., S. 18
2) La Formation Professionnelle des Femmes, a.a.O., S. 16
3) La Formation Professionnelle des Femmes, a.a.O., S. 18
4) Sandlund, M.-B.: Die soziale Stellung der Frau in Schweden, a.a.O., S. 29
5) Sandlund, B.-M., a.a.O., S. 29
6) 1968 gab es noch 30 Mädchenschulen (vgl. Sandlund, M.-B. a.a.O., S. 30)

suchen."[1]

Konkrete Ansätze zur Verbesserung der Ausbildung in den Fachschulen, um die Qualifikation der Frauen zu heben, bestehen in Schweden nicht. Lediglich in dem stärkeren Hereinziehen der Männer in solche vorbereitenden Berufsausbildungen für soziale Angelegenheiten durch Erhöhung der Attraktivität der darauf abzielenden Berufe[2] sehen die Verantwortlichen in Schweden eine Chance.

2.1.4 Im oberen Qualifikationsbereich

2.1.4.1 BRD

Auch nach den neusten Zahlen sind die Frauen an Hochschulen noch unterrepräsentiert.

Aus den Daten ist ersichtlich, daß auch im Hochschulbereich eine Konzentration der Frauen auf die geisteswissenschaftlichen Bereiche, d.h. traditionell weiblichen Studiengänge vorliegt.[3]

Konkrete Ansätze zur Förderung der beruflichen Bildungschancen der Frauen in dem Ausbildungsbereich der Hochschulen gibt es nur wenige. Diese beziehen sich im wesentlichen auch nur darauf, daß das Studium gestrafft und verkürzt werden muß.[4]

Auch die Intensivierung der Studienberatung an den Hochschulen[5] könnte der Konzentration auf diese typisch "weiblichen" Studienbereiche entgegenwirken und die hohen Ab-

---

1) Sandlund, M.-B.: Die soziale Stellung der Frau in Schweden, a.a.O., S. 30

2) bezüglich der Löhne, Aufstiegschancen u.ä.; wobei dies wiederum davon abhängt, wieviel Männer sich bereits in den Funktionen weiblicher Berufe befinden.

3) vgl. die Statistik aus: Statistisches Jahrbuch 1973, a.a.O., S. 94

4) Langkau-Herrmann, M.; Langkau, J.: Arbeitsmarktstrategien..., a.a.O., S. 79; Pross, H.: Über die Bildungschancen von Mädchen in der BRD, a.a.O., S. 50

5) Langkau-Herrmann, M.; Langkau, J., a.a.O., S. 79

bruchquoten der Frauen verringern. Als weiteren konkreten Ansatz schlagen Langkau-Herrmann und Langkau infrastrukturelle Maßnahmen vor, die auf die Situation der Studentinnen bezogen sind, wie z.B. "Institutionelle Hilfen an den Universitäten in Form von Kinderkrippen und Kindergärten."[1]

2.1.4.2 Frankreich

Dem Bereich des Qualifikationsniveaus 1 und 2 sind hinsichtlich der Ausbildungsinstitutionen die einzelnen Fakultäten der Universitäten, spezielle technische Hochschulen, Technische und andere Elitehochschulen zuzuordnen. Auch private Hochschulinstitutionen, wie z.B. die Ecole des Hautes Etudes Commerciales, die von der Pariser Industrie- und Handelskammer getragene Hochschule für Betriebswirtschaft, gehören dazu. Der Zugang zu letzteren ist fast ausschließlich auf dem Wege von Wettbewerbseingangsprüfungen für eine beschränkte Anzahl von Studienplätzen (Eliteprinzip!) möglich. Manche Wettbewerbsprüfungen sehen,bzw. sahen die Teilnahme von Frauen nicht vor. (z.B. die "Ecole Polytechnique", die Elitehochschule für Ingenieure, bis vor einem Jahr)
Rein zahlenmäßig sind an den Universitäten die Mädchen zu 50 % vertreten. Sie machten 1968 genau 45,8 % aus. Allein zwei Drittel davon sind in geisteswissenschaftlichen Fächern eingeschrieben,[2] beliebt sind auch die Fächer Pharmazie und Medizin.
Im Jahre 1967/68 wurden an der Staatlichen Technischen Hochschule für Ingenieure nur 596 weibliche Studenten gegenüber 18.640 männlichen (d.h. nur 3,6% Frauen) ausgebildet. An den bundesrepublikanischen Fachhochschulen für Ingenieurswesen entsprechenden Ausbildungsinstitutionen Frankreichs bereiteten sich während dieser Zeit nur 1.470 Studentinnen und 27.525 Stu-

---

1) Langkau-Herrmann, M.; Langkau, J.;: Arbeitsmarktstrategien.., a.a.O., S. 78

2) vgl. La Formation Professionnelle des Femmes, a.a.O., S. 19

denten insgesamt auf den Ingenieursberuf vor, d.h. etwas mehr als 5%.[1]

Es zeigt sich, daß die Situation der beruflichen Ausbildung der französischen Mädchen und Frauen eigentlich auf allen Ebenen äußerst unbefriedigend ist.

Konkrete Ansatzstellen zur Förderung der Bildungschancen zeigen sich so gut wie nicht; allerdings könnte eine verstärkte und gezielte Berufsberatung hier wie im Rahmen des allgemeinbildenden Schulsystems einen bescheidenen Ansatz darstellen.

2.1.4.3 Schweden

In der Hochschulausbildung stehen immerhin 40% Frauen, dies ist ein beachtlicher Prozentsatz.

Tabelle:
Prozentsätze der Frauen von neu eingeschriebenen Studenten

	1971	1972
Theologie	25	27
Jura	30	31
Sozialwissenschaften	62	65
Mathematik	34	37
Naturwissenschaften	22	27

Quelle: Report in reply to questionnaire in OECD document MS'S concerning the role of women in economy (Sweden), S. 19

Der Zuwachs bei den Naturwissenschaften und der Mathematik beträgt immerhin 5%. Im Vergleich mit anderen Ländern ist dieses Ergebnis beachtlich.

Die schwedische Regierung selbst ist nicht zufrieden mit der Repräsentation der Frauen an den Hochschulen. Sie stellt

1) vgl.: La Formation Professionnelle des Femmes, a.a.O., S. 20

fest, daß Frauen weniger als Männer akademische Examen ablegen. [1]

Die negativen Selektionen der weiblichen Studenten sind beträchtlich, aber besonders deutlich wird dies im Hinblick auf die Doktorprüfung. 5% Frauen sind ein sehr geringer Anteil, hier ist sogar ein Rückgang im Vergleich zu 1966 zu verzeichnen, wo der Prozentsatz der weiblichen Doktoratskandidaten immerhin noch 8% betrug. [2]

Die zwar nicht zufriedenstellenden Ergebnisse, aber immerhin beachtlichen Zuwächse an weiblichen Studierenden, führt die schwedische Regierung u.a. auf die besondere Studienförderung in Schweden zurück. [3] "Der Grundsatz, daß alle das gleiche Recht haben sich auszubilden, ohne Rücksicht auf das Geschlecht oder Rasse oder wirtschaftlichen und sozialen Hintergrund, kann nicht verwirklicht werden, wenn die Durchführung von der finanziellen Lage der Eltern abhängig ist. [4]

Auch das normale Einkommen des Ehegatten bleibt bei der Festsetzung des Studiengeldes unberücksichtigt. [5]

---

1) Leijon, A.-G.: Swedish Women - Swedish Men, a.a.O., S. 72

2) Prozentsätze der Frauen im Hinblick auf die verschiedenen Examina (1968)

Examen, das zum Eintritt in die Universität berechtigt	51%
Einschreibungen in der Universität und den höheren Lehranstalten	41%
Diplome für das höhere Lehramt	40%
Kandidaten für das Licentiat	21%
Kandidaten für das Doktorat	5%

Quelle: Leijon, A.-G.; Karre, M.: La condition familiale en mutation, a.a.O., S. 85

3) Sandlund, M.-B.: Die soziale Stellung der Frau in Schweden, a.a.O., S. 34

4) ebenda

5) Sandlund, M.-B., a.a.O., S. 35

Darüberhinaus existieren keine speziellen Reformansätze, um die Prozentsätze in den traditionell männlichen Studienfächern zu erhöhen [1] oder die Abbruchquoten der Studentinnen zu senken. Man hofft wohl, daß die Gesamtheit aller bisher und in Zukunft angestrebten Maßnahmen eine entsprechende positive Wirkung auch im höheren Bildungsbereich haben.

2.2. In der beruflichen Fort- und Weiterbildung

2.2.1 BRD

1. Im privatwirtschaftlichen Bereich in der BRD gibt es keine Ansätze zu einer besonderen beruflichen Qualifizierung von Frauen zum Facharbeiter, Vorarbeiter oder Meister. [2]
2. An den allgemeinen Qualifikationslehrgängen zu Vorarbeitern, Meistern u.ä. nehmen kaum Frauen teil. [3]
3. Dasselbe gilt in etwa auch für den öffentlichen Sektor, wo Frauen in den Ausschreibungen für Weiterbildungslehrgänge gar nicht angesprochen werden. [4]
4. Die mangelnde Motivation der Ausbilder und der auszubildenden Frauen sehen Lisop, Wilms und Junker-Seeliger

---

1) Ein spezieller numerus clausus von 50% Frauen in allen Studienrichtungen wird diskutiert. (vgl. Leijon, A.-G. Kärre, M.: La condition familiale en mutation, a.a.O., S. 87)
2) vgl. die besonderen Maßnahmen in der DDR
3) Wilms, D.; Dennebaum, E.-M.: Probleme der Ausbildung und des Aufstiegs von weiblichen Beschäftigten in der Wirtschaft, a.a.O., S. 16
4) Dieses Nichtanbieten kann bereits bei der Ausschreibung in der Anrede liegen. (vgl. Junker-Seeliger, H.: Die erwerbstätige Frau in der industriellen Gesellschaft, Bonn 1973, S. 10)

in folgendem Teufelskreis:[1] "Da keine geschulten Frauen vorhanden sind, gibt es keine Aufstiegsmöglichkeiten, da Aufstiegsmöglichkeiten fehlen, verlieren die Frauen das Interesse, da die Frauen kein Interesse zeigen, werden keine Lehrgänge angeboten, da Kurse fehlen, werden die Frauen nicht geschult, da keine geschulten Frauen vorhanden sind..."[2] Die Förderung der beruflichen Fortbildung umfaßt die Maßnahmen der beruflichen Fortbildung,[3] Umschulung[4] und Einarbeitung.[5] Aus einer Untersuchung Ende Mai 1969[6] geht hervor, daß Frauen relativ weniger als Männer an Maßnahmen der beruflichen Fortbildung teilnehmen, dagegen stärker an Maßnahmen der Umschulung und Einarbeitung.[7] Mit der

---

1) Lisop, I .: Die Situation der berufstätigen Frau in der Industriegesellschaft, Hannover, 1972, S. 23; Junker-Seeliger,H.: Die erwerbstätige Frau in der industriellen Gesellschaft, a.a.O., S. 10; Wilms, D.: Ausbildung, Weiterbildung, Aufstieg von Mädchen und Frauen in der modernen Arbeitswelt, a.a.O., S. 19

2) ebenda

3) berufliche Fortbildung umfaßt alle Maßnahmen, die darauf gerichtet sind, berufliche Kenntnisse und Fertigkeiten festzustellen, zu erhalten, zu erweitern oder der technischen Entwicklung anzupassen, oder dem Erwerbstätigen einen beruflichen Aufstieg zu ermöglichen. (Amtliche Nachrichten der Bundesanstalt für Arbeit, 18.Jg.,Nr.11, 1970, S. 826)

4) berufliche Umschulung soll auf eine andere geeignete berufliche Tätigkeit vorbereiten, d.h. sie führt zu einem neuen Beruf. (Amtliche Nachrichten, a.a.O., S. 826)

5) betriebliche Einarbeitung soll Arbeitnehmer - soweit notwendig und arbeitsmarktpolitisch zweckmäßig - unmittelbar am Arbeitsplatz für die angestrebte berufliche Tätigkeit qualifizieren, wobei von Anfang an ein Beschäftigungsverhältnis besteht. (vgl. Amtliche Nachrichten..., a.a.O., S. 826)

6) nach Einführung des Arbeitsförderungsgesetzes

7) Amtliche Nachrichten..., a.a.O., S. 827 ff.

beruflichen Fortbildung streben die Frauen nur zu 34,2 % den beruflichen Aufstieg an, im Gegensatz zu 86,5 % Männern.[1)] Auch bei den Frauen, die sich an Weiterbildungsprogrammen beteiligen, ist eine Konzentration auf bestimmte Berufe zu verzeichnen.[2)] Das Förderungsprogramm richtet sich ebenso wie die Lehrlingsausbildung auf die wenigen traditionell "weiblichen" Berufsbereiche, wobei die technischen Berufe völlig unberücksichtigt gelassen werden.[3)]
Nave-Herz kommt zu dem Entschluß, daß die Weiterbildungsmaßnahmen in der BRD nicht die Chance einschließen, das herrschende Rollenstereotyp zu durchbrechen, sondern zu einer Stabilisierung beitragen,[4)] d.h. daß die beruflichen Bildungschancen durch die Weiterbildungsmaßnahmen nicht erheblich gefördert werden.
Einige konkrete Ansätze zur Förderung der beruflichen Bildungschancen der Frau in Betrieb werden geäußert.[5)] I. Lisop schlägt vor, die Betriebe von staatlicher Stelle durch gesetzliche Auflagen und entsprechende steuerliche Privilegien dazu anzuregen, die berufliche Fortbildung der

---

1) Amtliche Nachrichten der Bundesanstalt für Arbeit, a.a.O., S. 828; zu ähnlichen Ergebnissen kommen auch die DAG-Untersuchungen, a.a.O., S. 36

2) 14 % einen Textilberuf, 6,2 % einen Beruf im Gesundheitsdienst, 5o % einen Büroberuf (vgl. Langkau-Herrmann, M.; Langkau, J.: Arbeitsmarktstrategien, a.a.O., S. 46)

3) Langkau-Herrmann, M.; Langkau, J.: Arbeitsmarktstrategien..., a.a.O., S. 47

4) Nave-Herz, R.: Die Weiterbildung der Frauen in der BRD, in: International Review of Education, XIX, 1, 1973, S. 108

5) Wilms, D.; Dennebaum, E.-M.: Probleme der Ausbildung und des Aufstiegs von weiblichen Beschäftigten in der Wirtschaft, a.a.O.; Wilms, D.; Dennebaum, E.-M.: Mädchen sind anders, a.a.O.; Lisop, I.: Die Situation der berufstätigen Frau in der Industriegesellschaft, a.a.O.

Frauen stärker als bisher zu betreiben.[1]
D. Wilms äußert sich zu der Beschaffenheit der Forbildungskurse der Frauen. Sie erwähnt ein Beispiel aus der Textilbranche. "Sie (die Frauen) werden meist in kürzeren Lehrgängen oder Kursen betrieblicher oder überbetrieblicher Art für ihre neuen Führungsaufgaben geschult. Die Berufstätigkeit wird in diesen Fällen nicht für die Ausbildung und Weiterbildung unterbrochen und Prüfungen entfallen. Es braucht somit von den Frauen keine längere Zeit mit Verdienstausfall in Kauf genommen werden."[2] Dieser Ansatz könnte erheblich die beruflichen Bildungschancen von ungelernten Arbeitnehmerinnen beeinflussen. Es fehlen aber die Ansätze für die Fort- und Weiterbildung der Frauen für mittlere und obere Führungspositionen. Es genügt sicher nicht, daß diejenigen Frauen, die trotz Doppelbelastung und trotz mancher Mängel im Angebot der Weiterbildungsmöglichkeiten für Frauen, sich weiterbilden wollen, von seiten der Betriebe unterstützt und anerkannt werden.[3] Auch Vorschläge, daß betriebliche Kurse sich den zeitlichen Möglichkeiten der Frauen anzupassen haben, sind zu berücksichtigen.[4] Dasselbe gilt für den Vorschlag, daß in den Kursen Frauen immer wieder besonders angesprochen und zur Diskussion ermuntert werden sollen, "da sie sich sonst erfahrungsgemäß allein stark hinter ihren männlichen Kollegen zurückhalten und ihnen den Vortritt in der Diskussion lassen."[5]

---

1) Lisop, I.: Die Situation der berufstätigen Frau in der Industriegesellschaft, a.a.O., S. 23
2) Wilms, D.: Ausbildung, Weiterbildung, Aufstieg von Mädchen und Frauen in der modernen Arbeitswelt, a.a.O., S. 45;
3) kritisch zu: Wilms, D.; Dennebaum, E.-M., Probleme der Ausbildung..., a.a.O., S. 14
4) Wilms, D.; Dennebaum, E.-M.: Mädchen sind anders, a.a.O., S. 24
5) ebenda

Soweit Statistiken zur Teilnahme der Frauen an Weiter- und Fortbildungseinrichtungen außerhalb des Betriebes vorliegen, geht aus ihnen hervor, "daß in allen Fortbildungsinstitutionen die Frauen die Minorität bilden, mit Ausnahme der Volkshochschulen und der Fachschulen, was hier allein durch deren hohen Anteil in den gesundheits- und sozialpflegeberuflichen Schulen bewertet wird.[1] An den beruflichen Fortbildungsmaßnahmen der DAG nahmen 1969 37,7 % weibliche Lehrgangsteilnemerinnen teil.[2] Ansonsten sprechen staatliche Stellen von 21 % die sie auf das Arbeitsförderungsgesetz zurückführen.[3]
Genauere statistische Angaben liegen über die Teilnehmer vor, die im Jahr 1970 staatliche Finanzhilfe erhielten. Ende Dezamber 1970 betrug der Prozentsatz der geförderten Frauen 17 %.[4]
Viele vorgeschlagene Ansätze beziehen sich im wesentlichen auf die Wiedereingliederungsmaßnahmen (Umschulung und Einarbeitung der Frauen) für Frauen, die nicht im Beruf stehen.[5] Brück schlägt vor, daß Frauen auch berufliche Fortbildungs- und Umschulungseinrichtungen im gleichen Umfang und zu gleichen Bedingungen (wie den Männern, d.V.) zur Verfügung stehen

---

1) Nave-Herz, R.: Die Weiterbildung der Frauen in der BRD, a.a.O., S. 104
2) der Prozentsatz ist insofern beachtlich, da zur Zeit der Befragung das Arbeitsförderungsgesetz, das für solche Weiterbildungslehrgänge 80 % des Nettoverdienstes bezahlt, noch nicht in Kraft war. (vgl. DAG, Untersuchung über Motivation von Teilnehmern an Maßnahmen der beruflichen Erwachsenenbildung, Hamburg 1970, S. 74)
3) vgl. Amtliche Nachrichten der Bundesanstalt für Arbeit, a.a.O., S. 286
4) Nave-Herz, R., a.a.O., S. 106
5) Stingl, J.: Familie und Beruf, in: Die Frau in der offenen Gesellschaft, S. 72, S. 6; DAG Wiedereingliederung weiblicher Angestellter in das Berufsleben, Hamburg 1972

und von ihnen genutzt werden.[1]
Andere Ansätze gehen dahin, daß die Organisation und der Aufbau der Berufsaus- und Fortbildung den Lebensphasen der Frauen angepaßt werden müssen.[2]
Um die Anpassung zu erreichen, schlägt die DAG folgendes vor:
- Stufenausbildung für möglichst viele Berufe
- breit gestreutes Fortbildungsangebot während der Berufspause, die zur weiteren beruflichen Qualifikation genutzt werden kann,
- reibungsloser Wiedereintritt in das Berufsleben über Wiedereingliederungskurse und Aufbaulehrgänge,
- Heraufsetzung der Altersobergrenze für die Zulassung an Fachschulen und Fachoberschulen.

Das Problem der Doppelbelastung der Frau als Ausdruck eines traditionellen Rollenverständnisses und Hemmnisses in Bezug auf die Weiter- und Fortbildung wird von der DAG gesehen, die auch einige Änderungsvorschläge in dieser Hinsicht macht. Es geht ihrer Ansicht nach darum, diese Lernhemmnisse der Frauen zu beseitigen,[3] d.h. u.a. die traditionelle Rollenverteilung in der Ehe zu überwinden[4] oder Rollenkonflikte zu reflektieren.[5]
Frau Funke schlägt des weiteren vor, daß im Zusammenhang mit einer gestuften Grundausbildung alle Fachschulen, Hochschulen und sonstige Ausbildungsstätten möglichst ab sofort gezwungen werden sollten, neben der Erstausbildung auch die Fortbildung anzubieten.

---

1) Brück, D.: Berufstätige Frauen - Vorschläge zur Situationsverbesserung, a.a.O., S. 20
2) DAG, Frauenstimme - Die Stellung der Frau in der Gesellschaft - Aktionsprogramm der DAG, 1, 1973, S. 2
3) DAG, Wiedereingliederung weiblicher Angestellter in das Berufsleben, a.a.O., S. 34 ff.
4) DAG, Wiedereingliederung ..., a.a.O., S. 8
5) DAG, Wiedereingliederung ..., a.a.O., S. 34 ff.
6) Funke, L.: Die Aufgabe der Frau in der Gesellschaft von morgen - Welche Zielvorstellungen haben wir?, in: Nach der Emanzipation, Hrsg. L. Funke; G. Stephan, u.a., Stuttgart 1972, S. 85

Langkau-Herrmann und Langkau, die feststellen, daß die Fort- und Weiterbildung der Frauen sich im wesentlichen wieder nur auf die wenigen traditionell "weiblichen" Berufsbereiche konzentriert,[1] haben zu diesem Problem und auch zu dem weiteren Problemkreis leider keine Verbesserungsvorschläge. Zusammenfassend ist zu sagen, daß es Ansätze zur Förderung der beruflichen Fort- und Weiterbildung gibt, die auch einen Reflex auf die beruflichen Bildungschancen der Frauen haben. Besondere Maßnahmen zur Förderung der berufstätigen Frauen im Bereich der Fort- und Weiterbildung gibt es in der BRD leider nicht. Weder die bisherigen Maßnahmen noch die vorgeschlagenen Reformen stehen in einem Verhältnis zu den Qualifizierungsbemühungen der DDR.

2.2.2 Frankreich

Durch verschiedene Gesetze, Dekrete und Abkommen hat man in Frankreich insbesondere zwischen 1959 und 1971[2] die möglichen Formen einer Erwachsenenbildung (éducation permanente bzw. formation professionnelle continue oder formation professionnelle des adultes) geregelt.
Im Rahmen der Aufgaben der "formation professionnelle continue", (d.h. einer lebenslangen beruflichen Weiterbildung) soweit sie zu einer Facharbeiterqualifikation führen soll, nimmt

---

1) Langkau-Herrmann, M.; Langkau, J.: Arbeitsmarktstrategien..., a.a.O., S. 47

2) das Gesetz Nr. 59.960 vom 31. Juli 1959; die "Charta der Erwachsenenbildung"; das Rahmengesetz Nr. 66-829 vom 3. Dezember 1966 über die berufliche Bildung (vgl. Mauer, K.W.: Die Rolle der Arbeitgeberschaft im französischen System der beruflichen Bildung, Dissertation Frankfurt 1972, S. 181/182) sowie die Gesetze vom 16. Juli 1971 bezüglich der Neuorientierung der gewerblichen Berufsausbildung, der Lehre, der lebenslangen beruflichen Weiterbildung (vgl. das interprofessionelle Abkommen vom 9. Juli 1970)

seit ihrer Gründung im Jahre 1960 die Association Nationale pour la Formation Professionnelle des Adultes (A.P.F.A.) einen hervorragenden Platz ein. In dem Verband haben sich Regierungsgremien, Gewerkschaften und Arbeitgeberorganisationen zusammengeschlossen.
In neuester Zeit hat die A.P.F.A. besondere halbtägige Praktika bzw. Fortbildungskurse eingerichtet, die die spezifischen Schwierigkeiten der Frauen, die die Doppelrolle erfüllen müssen, berücksichtigen.
Das "Comité du travail Feminin" fordert von der A.P.F.A. eine verstärkte Erstellung von Zentren mit Internatsunterbringung, die vor allem für die Unterbringung vollzeitlich lernender Frauen zu nützen sein könnten.
Neben der A.P.F.A. können private Zentren der beruflichen Weiterbildung (von Verbänden oder Arbeitgebern), die der Association nicht beigetreten sind, die aber vom französischen Arbeitsministerium anerkannt sind und teilweise subventioniert werden, berufliche Fortbildungskurse verschiedenster Art durchführen.
Frauen wird es auf Grund des genannten Gesetzes vom 16. Juli 1971 vor allem ermöglicht, beihilfefähige Kurse zur beruflichen Umschulung zu besuchen, wenn sie vor Beginn der Erziehung von mindestens drei Kindern berufstätig waren.
Die Organisation A.P.F.A. hat ihre Fortbildungskurse neuerdings um diese Kurse erweitert, um sich auch dieses Problems besonders anzunehmen. Das Gesetz vom 16. Juli 1971 gibt darüber hinaus, wie schon angedeutet, den Arbeitnehmern das Recht auf berufliche Fort- und Weiterbildung und räumt ihnen in diesem Zusammenhang das Recht auf einen bezahlten Bildungsurlaub ein. Davon können selbstverständlich auch Frauen Gebrauch machen.
Jeder französische Arbeitnehmer, der nicht Angestellter des öffentlichen Dienstes oder Beamter ist, hat heute diesen Anspruch. Voraussetzung dafür ist in den meisten Fällen zweijährige Betriebszugehörigkeit. Der Arbeitgeber braucht seine Zustimmung zu einem Antrag jedoch dann nicht zu geben, wenn bereits 2 % seiner Arbeitnehmer für Bildungszwecke

beurlaubt sind.
Der Bildungsurlaub, über den betriebsintern entschieden wird, kann als zusammenhängender Urlaub maximal bis zu einem Jahr bzw. als Teilzeiturlaub insgesamt bis zu 12 000 Stunden gewährt werden.[1)]
Die Bezahlung der Arbeitnehmer im Bildungsurlaub geschieht teilweise durch den Staat (z.B. im Falle der Umschulungskurse für arbeitslose Arbeitnehmer), meist aber durch den Arbeitgeber.
Die Fort- und Weiterbildungsmaßnahmen werden entweder betriebsintern (z.B. Praktika) oder in außerbetrieblichen Organisationen durchgeführt.
Schwerpunkte der Maßnahmen der beruflichen Fort- und Weiterbildung sind neben Umschulungsmaßnahmen für Arbeitslose insbesondere die Umschulungsmaßnahmen für Betriebsangehörige und Neuanzustellende und schließlich solche, die der Anpassung der Arbeitnehmer an technische Entwicklungen und Unternehmensstrukturen dienen.
Im Anrecht auf Bildungsurlaub sind laut Art. 25 des Gesetzes vom 16. Juli 1971 folgende Frauen mit den Lohnempfängern gleichgestellt:

- Mütter, die eine Erwerbstätigkeit aufnehmen wollen, die eine bestimmte Qualifikation erfordert.
- Ledige Frauen, die rechtlich oder praktisch in der Familie für eine andere Person aufkommen müssen.
- Mütter, die drei Kinder erzogen haben oder erziehen und solche, die noch für die Erziehung und Aufzucht mindestens eines Kindes im Sinne des Familienbeihilfegesetzes verantwortlich sind.

Dabei erhält der genannte Personenkreis von Müttern 120 % des S.M.I.C., die ledigen Frauen nur den vollen S.M.I.C.[2)]

---

1) vgl. hierzu: Steinbrink, in: Zeitschrift der deutsch-französischen Wirtschaft, 1973, Nr. 5, S. 8

2) vgl. hierzu: Journal Officiel de la Republique Francaise, Paris, Décembre 1971, Nr. 71 - 189, S. 30

Es zeigt sich jedoch, daß auch die Beteiligung der französischen Frauen an Fortbildungsmaßnahmen der A.P.F.A. und entsprechender staatlich anerkannter Zentren, die vor allem im Bereich des Qualifikationsniveaus 5 (Erwerb des C.A.P.) angesetzt sind, sehr gering ist, nämlich bei 7,07 und 22,1 % in den Jahren 1971 bzw. 1972 liegt.[1] Und auch hier werden wieder frauenspezifische Berufsausbildung gewählt.[2] Sofern diese Institutionen ausnahmsweise auch Kurse anbieten, die sich auf das Qualifikationsniveau 3 und 4 beziehen, ist die Beteiligung der Frauen etwas höher.[3] Besonders hoch ist die Beteiligung von Frauen an allgemeinbildnerischen Kursen, den "Cours de promotion social" des Erziehungsministeriums und des Centre National de Télé - enseignement (C.N.T.C.), des "Nationalen Fernsehlehlehrinstituts", wo 1968/69 25,3% bzw. 51 % der gesamten Teilnehmer Frauen waren. Dies hängt wohl unter anderem damit zusammen, daß diese Kurse im Eigenstudium zu Hause absolviert werden können und keine Prüfungen erfordern.

---

1) lt. maschinenschriftlicher Angaben des "Ausschusses für Frauenarbeit"

2) Unter den Teilnehmerinnen an Kursen der A.P.F.A., die das Qualifikationsniveau 5 hatten, wählten nur 1 % eine Weiterbildung im Bauwesen, nur 2 % eine Weiterbildung im Bereich der metallverarbeitenden Berufe.

3) Sie stellen für die weit weniger häufigen Qualifikationskurse auf dem Niveau 4 und 3 44,2 bzw. 16,4 % der Teilnehmer.
Auch hier ist festzustellen, daß sich mit der Qualifikationshöhe der Frauen die positive Einstellung zur Berufstätigkeit verstärkt und damit auch die Motivation zur Teilnahme an Qualifizierungsmaßnahmen. (vgl.: OCDE/Rapport national: France Le Rôle des Femmes dans l'Economie, a.a.O., S. 107)

Während im Bereich des Qualifikationsniveaus 5 die Industrie ihre Nachfrage nach Fort- und Weiterbildung von Arbeitskräften hauptsächlich über die Zusammenarbeit mit A.P.F.A. deckt, bieten besondere Industrieverbände und besondere Interessenverbände bestimmter Arbeitgebergruppen im Bereich des Qualifikationsniveaus 3 und 4 vielfältige Fort- und Weiterbildungsmaßnahmen an.
So bilden z.B. die Metallindustrie (Féderation des Industries Mécaniques et Transformatrices des Métaux) und die "Association Interprofessionelle de Formation et de Perfectionnement" u.a. für ein "Brevet de commandement" bzw. zum "Technicien de commandement" im Bereich der Produktion, Fabrikation und Verwaltung aus.[1)]
Mädchen profitieren von diesen Maßnahmen so gut wie überhaupt nicht.
Fort- und Weiterbildungsmaßnahmen, die das Qualifikationsniveau 1 und 2 betreffen, bestehen bis heute allein betriebsintern. Allgemein anerkannte Diplome, die hier wie auf den anderen Niveaus Ziel der Bemühungen sein könnten, fehlen.
Der Erwerb einer akademischen Ausbildung über den Weg der beruflichen Erwachsenenbildung ist auch in Frankreich nicht möglich.
Wie zu sehen ist, bestehen in Frankreich staatlicherseits nur im Bereich des Qualifikationsniveaus 5 stärkere Anstrengungen, Ansatzstellen zur Förderung beruflicher Bildungschancen von Frauen über den Weg der Fort- und Weiterbildung zu schaffen. Aber auch hier sind es eher junge und ledige Frauen, die die Angebote wahrnehmen; d.h. man hat durch das bestehende System und die bestehenden Regelungen vor allem nicht erreicht, die stärker mit der Doppelrolle belasteten Frauen zu erreichen.
Beachtenswert für unsere Frage sind die Forderungen, die

---

1) vgl. Mauer, K.W.: Die Rolle der Arbeitgeberschaft im französischen System der beruflichen Bildung, a.a.O., S. 204 - 207

die Arbeitsgruppe von Madame Mesnil-Grente[1] für eine Verbesserung der staatlichen Fort- und Weiterbildungsmaßnahmen in Frankreich vorschlägt:

- Aufbau eines durchgängigen Bildungssystems auf der Grundlage nicht vollzeitlichen Schulbesuches,
- Aufsplitterung der Abschlüsse der einzelnen Bildungsgänge in Teilzertifikate, auf denen bis zum Abschluß des gesamten Bildungsganges jeweil aufgebaut werden kann,
- Abschlüsse individueller Ausbildungsverträge zwischen der A.F.P.A.,speziellen Betrieben und Betroffenen (auf Grund derer auch eine der Ausbildung entsprechende spätere Berufstätigkeit gewährleistet wäre, d.V.)
- Schaffung größerer Flexibilität hinsichtlich Ausgaben und Struktur des Nationalen Zentrums für Fernkurse,
- Auflagen für die privaten Ausbildungs- und Fernlehrinstitutionen, die sich immer noch mit traditionellen Lehrinhalten an die Frau wenden,
- Ausweitung des Kreises von Frauen, die (berufliche) Ausbildungsbeihilfen bekommen können.

2.2.3 Schweden

An dieser Stelle werden besonders diejenigen Ausbildungsgänge behandelt, die die berufliche Fort- und Weiterbildung von Frauen betreffen.
Grundsätzlich wird von offizieller Seite in Schweden die Erwachsenenbildung für Frauen als noch wichtiger eingeschätzt als für Männer.[2] Wegen der früheren Eheschließung und Verlängerung der Ausbildungszeiten haben viele Frauen ihre

---

1) In: Etude de quelques solutions propres à améliorer la formation professionelle des jeunes filles et femmes, in: Revue Francaise des Affaires Sociales, 23 Annèe, 1969 Juillet-Septembre, S. 65

2) Sandlund, M.-B.: Die soziale Stellung der Frau in Schweden, a.a.O., S. 36; ähnlich: Stenholm, B.: Education in Sweden, a.a.O., S. 36

Ausbildung nicht beenden können, bevor sie Kinder bekamen.[1]) Auch für 1972 ist festzustellen, daß erheblich mehr Frauen an der Erwachsenenbildung teilnehmen als Männer. (Frauen: rund 91 000, Männer: 55 000)[2])
Eine mehr beruflich ausgerichtete Fort- und Weiterbildungsmaßnehme stellen die Halbtagskurse dar, die in den kommunalen Volkshochschulen stattfinden. An diesen Maßnahmen nehmen 60 % Frauen im Gegensatz zu 20 % an Ganztagskursen teil.[3])
Als eine sehr wichtige Form der beruflichen Erwachsenenbildung kann man den arbeitsmarktpolitischen Unterricht ansehen, "der zur Umschulung von Personen dient, die arbeitslos sind oder es bald werden können, und die deshalb eine gründliche neue Berufserziehung erhalten."[4]) Hausfrauen, die keine Berufsausbildung haben und nicht erwerbstätig waren werden mit Arbeitslosen gleichgestellt.[5])

Tabelle: Personen in Arbeitsmarktausbildung 1960-1971

Jahr	Insgesamt	Absolut	Darunter Frauen in %
1960	17 407	3 216	18,5
1962	29 456	11 327	38,5
1964	39 923	16 168	40,5
1966	53 729	21 449	40,0
1968	97 254	36 154	37,2
1970	117 802	59 730	50,7
1971	137 336	67 013	48,8

Quelle: Statistische Angaben vor allem über die Frauen und den Arbeitsmarkt, a.a.O., S. 11

1) Sandlund, M.-B.: Die soziale Stellung..., a.a.O., S. 36
2) Report in reply to questionnaire in OECD document MS/S 73.2 concerning the role of women in economy (Sweden), S. 20
3) Sandlund, M.-B., a.a.O., S. 37;Johansson, B.: Erwachsenen bildung in Schweden, a.a.O., S. 16/17
4) Sandlund, M.-B., a.a.O., S. 37; Johansson,B.,a.a.O., S. 6
5) Sandlund, M.-B., a.a.O., S. 37

Aus umseitiger Tabelle wird der stetige Zuwachs des Frauenanteils an der Arbeitsmarktausbildung ersichtlich. 1971 erreicht dieser Anteil einen vorläufigen Höhepunkt mit 48 %, im Vergleich dazu 45 % im Jahre 1972.[1)]
Der arbeitsmarktpolitische Unterricht umfaßt eine Vielzehl von verschiedenartigen Kursen.[2)] Da sind z.B. Wiederholungskurse von verschiedener Dauer (4Wochen bis 2 Jahre), Reaktivierungs- bzw. Revisionskurse für Personen, die längere Zeit nicht gearbeitet haben.[3)] Weiterhin gibt es Trainingskurse für Personen, deren Berufe in Überfülle vorhanden sind, theoretische Vorbereitungskurse, um die Teilnehmer für eine Berufsausbildung vorzubereiten und Orientierungskurse (4 - 5 Wochen), die eine Arbeitsmarktinformation und eine kurze Berufspraxis in verschiedenen Beschäftigungen beinhalten, um die individuelle Berufsentscheidung zu erleichtern.[4)]
Von Anfang an hat die Regierung auch versucht durch Berufsberatung der Arbeitsmarktdirektion, die große Anzahl der Frauen, die an Umschulungskursen teilnehmen, dazuzubringen, auch Berufe zu wählen, die nicht traditionell weibliche Berufe sind.[5)] Gewisse Erfolge sind auch zu verzeichnen,so gehören weibliche Laufkranführer, Instrumentenbauer, Taxi- und Autobusfahrer nicht mehr zu den Ausnahmen.[6)] Einschränkend muß man aber wohl doch bemerken, daß diese Erfolge auch darauf zurückzuführen sind, daß die Männer sich aus den oben genannten jobs zurückziehen. Sehr häufig geschieht es

---

1) Report in reply to questionnaire in OECD document MS/S 73.2 concerning the role of women in economy (Sweden), S. 21
2) Report in..., a.a.O., S. 20/21
3) Report in..., a.a.O., S. 20
4) Report in..., a.a.O., S. 21
5) Ahrland, K.: Die Stellung der schwedischen Frauen auf dem Arbeitsmarkt, a.a.O., S. 5
6) Leijon, A.-G.: Swedish Women - Swedish Men, a.a.O., S. 48

aber auch, daß Frauen, die sich für einen typischen Männerberuf umschulen lassen, keine Arbeit bekommen, weil die Arbeitgeber Männer vorziehen.[1)]
Im großen und ganzen aber findet sich das Bild des geteilten Arbeitsmarktes auch in den Kursen der arbeitsmarktpolitischen Maßnahmen wieder.[2)]
Aus diesem Grund hat die schwedische Regierung ihre Bemühungen verstärkt,[3)] Frauen speziell im Rahmen der allgemeinen Arbeitsmarktpolitik zu fördern, d.h. Frauen stärker in die Berufsausbildungen zu"schleusen", die als traditionell männliche bezeichnet werden können.
Zusammenfassend ist zu bemerken, daß es zwar keine speziellen Förderkurse, wie z.B. die Frauensonderklassen in der DDR für Frauen gibt, daß aber einzelne Maßnahmen geeignet sind, die beruflichen Bildungschancen gesondert zu fördern.

---

1) Ahrland, K.: Die Stellung der schwedischen Frau auf dem Arbeitsmarkt, a.a.O., S. 5
2) vgl. Report in reply to questionnaire in OECD document MS/S 73.2 concerning the role of women in economy (Sweden) S. 21/22
3) Ahrland, K.: Die Stellung der schwedischen Frauen auf dem Arbeitsmarkt, a.a.O., S. 6; die einzelnen Maßnahmen sind bereits auf S.62/63 ausführlich beschrieben.

Hauptteil C

1 Zusammenfassende Darstellung konkreter Ansatzstellen zur aktiven Förderung beruflicher Bildungschancen von Frauen in der BRD, Frankreich und Schweden.

Für die in diesem Teil der Studie behandelten Länder kann zusammenfassend folgendes gesagt werden.

- In Frankreich und der BRD ist das Frauenleitbild auch in den offiziellen staatlichen Äußerungen außerordentlich differenziert. Das "Hausfrauenmodell" verliert allmählich seinen verbindlichen Charakter; dafür wird die "Doppelrolle" der Frau stärker proklamiert, wobei sich z.T. wohl die Vorstellung allmählich durchsetzt, daß die "Familienrolle + Miniberufsrolle der Frau" nur als Praxis des Übergangs in Kauf genommen werden muß. Am entschiedensten lehnt die schwedische Regierung die "Doppelrolle der Frau" ab. Sie proklamiert die "eine Rolle von Mann und Frau", d.h. sie vertritt in der Öffentlichkeit, daß beide Ehepartner eine Berufsrolle und Familienrolle zu gleichen Teilen spielen sollten. Dieses hält sie für die einzige Möglichkeit, die Emanzipation der Frau zu erreichen. In der Praxis allerdings leben die Menschen in Schweden in der Regel noch nach dem Konzept der "Doppelrolle der Frau".
- Die tatsächliche <u>Familiensituation</u> der berufstätigen Frauen ist in allen drei Ländern den beruflichen Bildungschancen der Frauen nicht förderlich. Bezüglich des Abbaus der geschlechtsspezifischen Sozialisation der Mädchen in der Familie bestehen in der BRD und Schweden einige Vorstellungen im Hinblick auf die Erziehung der Eltern. Während man in der BRD vor allen Dingen eine Elternschule im Medienverbund als Möglichkeit sieht, lehnt man in Schweden die Erziehung der Eltern als zu spät ab. Man sucht Möglichkeiten in der Vorschule, Schule und Hochschule, Mädchen und Jungen gleich zu erziehen, um eine neue gleichsozialisierte Elterngeneration heranzuziehen. Einen besonderen Ansatz stellt in Schweden die verstärkte Erziehung der Wehrpflichtigen bezüglich der "einen Rolle von Mann und Frau" dar.

  In allen drei Ländern haben die berufstätigen Frauen eine Doppelbelastung zu tragen. Dies wird besonders deutlich aus dem Material von Erhebungen, die einerseits die EWG-Länder

und andererseits Schweden betreffen. Aus denen wird deutlich, daß die Ehemänner von berufstätigen Ehefrauen in Schweden sich mehr an den Haushaltspflichten und der Kinderbetreuung beteiligen als in Frankreich und der BRD.
Um die Doppelbelastung der berufstätigen Frau aufzuheben, fordert man in Schweden langfristig die Verkürzung der Arbeitszeit auf 6 Stunden pro Tag.

- In den Verfassungen der drei Länder,soweit sich dort überhaupt grundrechtliche Regelungen finden, ist die Gleichberechtigung der Frau verankert. Im Familienrecht der BRD existieren noch Rechtsregeln, die die Berufstätigkeit der Frau als sekundär einstufen. (§ 1356, 1360 BGB) Es bestehen allerdings Reformpläne im Justizministerium, in einer allgemeinen Familienrechtsreform auch diese, die Frau diskriminierenden Rechtsregelungen zu eliminieren.
- Das Prinzip der Lohngleichheit von Mann und Frau bei gleicher bzw. gleichwertiger Arbeit existiert in allen drei Ländern, allerdings in unterschiedlichen rechtlichen Absicherungen. Während in der BRD sich die Arbeitnehmerinnen auf den Art. 3 Abs. 3 GG in Verbindung mit BVerf.GU beziehen können, besteht in Frankreich eine gesonderte gesetzliche Regelung, die die Lohngleichheit zwischen Mann und Frau vorschreibt. In Schweden wurde ein entsprechendes Abkommen zwischen den Arbeitgeber- und Arbeitnehmerorganisationen geschlossen.
  In allen drei Ländern besteht trotz formaler Absicherung faktische Lohnungleichheit zwischen Mann und Frau.
- Was die Lehrpläne der drei Länder anbelangt, so hat vor allen Dingen Schweden am konsequentesten die gleiche Erziehung von Jungen und Mädchen in ihren Lehrplänen verankert. Auf die jedoch immer noch entmutigenden Ergebnisse bezüglich der Berufswahl von Mädchen in Schweden hin sind von der schwedischen Regierung erneut Anstrengungen zur Verbesserung der Curricula, vor allem des Faches Berufsberatung, in der Schule angeregt worden. In der BRD sind inzwischen zwar aus den

Lehrplänen fast aller Bundesländer die ausdrücklichen geschlechtsspezifischen Erziehungsziele herausgenommen worden, aber in den meisten Lehrplänen finden sich auch keine ausdrücklichen Ziele, die die Gleichheit von Mann und Frau anstreben.

Auch das Unterrichtsmaterial, z.B. die Lesebücher, sind in der BRD verbessert worden, das Ergebnis allerdings ist noch nicht zufriedenstellend. In Schweden überwacht ein ständiger Ausschuß die Herausgabe von Unterrichtsmaterial, sodaß explizite Diskriminierungen oder auch nur illustrierende Darstellungen von Frauen in traditionellen weiblichen d.h. untergeordneten Positionen nicht mehr in den offiziell genemigten Schulbüchern vorkommen.

Das Verhalten der Lehrer wird in der BRD noch als in der Regel negativ bezüglich der Gleichstellung von Mann und Frau bezeichnet. Als Maßnahme wird in der BRD vor allem die verbesserte Ausbildung der Lehrer insgesamt empfohlen. In Schweden scheint das erzieherische Verhalten der Lehrer nicht so stark wie in der BRD der Gleichheit von Mann und Frau entgegenzustehen; wobei die engere Bindung des Lehrers an den Lehrplan sicherlich ein Verursachungsmoment darstellt. Allerdings sind die Frauenverbände noch nicht mit den derzeitigen Ergebnissen zufrieden. Sie empfehlen daher, die Lehrer in obligatorischen Sonderkursen mit der Problematik der Geschlechterrollen vertraut zu machen.

Die Organisation der Schule d.h. das Schulsystem wird vor allen Dingen in der BRD wegen seiner noch bestehenden Dreigliedrigkeit als hemmend für die beruflichen Bildungschancen der Frauen angesehen. Die empfohlenen Maßnahmen beziehen sich vor allem auf die Abschaffung der Frühauslese für die weiterführenden Schulen im 4. Schuljahr bzw. auf die Abschaffung des dreigliedrigen Schulsystems ganz allgemein. Die Einführung der integrierten Gesamtschule wird in diesem Zusammenhang auch empfohlen. In Schweden besteht bereits die Gesamtschule, sodaß das Problem der Frühauslese und der institutionell verankerten ungleichen Erziehung von Mädchen und Jungen nicht besteht. Allein in Schweden stellt die Koedukationsschule die Regelschule dar, während diese in der BRD und in Frankreich als Ausnahme angesehen werden muß. Die Ganztagsschule, die auch eine Entlastung für die berufstätigen Frauen bedeutet, ist in Frankreich als Regelschule zu bezeichnen, während in der BRD erst allmählich und in Einzelfällen die Ganztagsschule eingeführt wird.

- Die <u>berufliche Aufstiegssituation</u> ist in allen drei Ländern etwa gleich schlecht. In den oberen leitenden Positionen befindet sich nur ein Bruchteil von Frauen. Während in Frankreich und der BRD keine konkreten Ansätze zur Verbesserung dieser bestehenden Situation vorhanden sind, versucht man in Schweden vor allem durch verbesserte Ausbildung der Frauen in Vorschule, Schule, Hochschule und Betrieb die schlechte Aufstiegssituation der Frauen zu verbessern. In Schweden wird von offizieller Stelle der Vorschlag gemacht, daß in dieser Hinsicht zukünftig verstärkt mit den Arbeitgebern zusammengearbeitet werden muß, um auch stärker Einfluß nehmen zu können. Die schwedische Regierung und einflußreiche Autoren weisen als mögliche Gründe für die schlechten Aufstiegsmöglichkeiten der Frauen auch auf eine Diskriminierung der Frauen durch die Betriebsleitung, Vorgesetze und Kollegen hin.

Die <u>Lohn- und Gehaltssituation</u> ist in Frankreich und in der BRD etwa gleich. In der BRD verdienen die Frauen durchschnittlich etwa 60 - 70 % des Durchschnittsverdienstes des Mannes. In Frankreich beträgt der entsprechende Prozentsatz etwa 66,4 % (1968). In Schweden dagegen hat sich die Lohn- und Gehaltssituation der Frauen in den letzten Jahren erheblich verbessert, wenn auch die erstrebte Lohngleichheit noch nicht erreicht worden ist. Immerhin verdienten die Schwedinnen 1972 84 % des durchschnittlichen Lohnes bzw. Gehaltes der Männer.

Im Hinblick auf die schlechte Lohnsituation der Industriearbeiterin wird in der BRD vor allen Dingen die Abschaffung der sog. Leichtlohngruppen bei gleichzeitiger Einführung der analytischen Arbeitsbewertung gefordert, die die körperliche Schwere einer Arbeit auf Grund der neuesten arbeitsmedizinischen Erkenntnissen mißt und vor allem das Kriterium der geistigen bzw. nervlichen Belastung mitberücksichtigt.

Bezüglich der Gehaltssituation der Frauen in typischen Frauenberufen und in leitenden Positionen bestehen in der BRD keine konkreten Ansätze zur Verbesserung.
In Frankreich besteht eine Beschwerdemöglichkeit für Frauen, die sich unterbezahlt fühlen. Sie können über den Personalbeauftragten, den Gewerkschaftsbeauftragten oder die Verantwortlichen des Gewerbeamtes den Arbeitgeber auffordern, höhere Löhne zu bezahlen. Dies stellt einen gewissen Schutz der betreffenden Arbeitnehmerin dar. Der Weg zum Arbeitsgericht steht bei Nichteinigung mit dem Arbeitgeber offen.
Die Strafen bei Feststellung der Lohndiskriminierung treffen allerdings den betroffenen Arbeitgeber nicht sehr empfindlich. (So kann ein Arbeitgeber mit 600 - 1000 frs. Strafe belegt werden, die mit der Anzahl aller unterbezahlten Arbeitnehmerinnen multipliziert werden kann. Bei Weigerung der erhöhten Lohnzahlung kann die Strafe des betroffenen Arbeitgebers auf 2 000 frs. bzw. 10 Tage Haft erhöht werden.) Eine Lohnerhöhung der unterbezahlten Frauen darf allerdings nicht von Gerichtswegen direkt vollstreckt werden.
In der BRD und in Frankreich wird auch auf den niedrigen gewerkschaftlichen Organisationsgrad der Frauen als Verursachungsgrund für die schlechte Lohn- und Gehaltssituation hingewiesen. Aber auch der schlechte Ausbildungsgrad der Frauen wird dort als Grund genannt. In Schweden wird das Problem der schlechten Lohn- und Gehaltssituation der Frauen vor allem unter dem Gesichtspunkt des geteilten Arbeitsmarktes gesehen, d.h. die Tatsache, daß Männer vor allem in typischen Männerberufen zu finden sind und Frauen in typischen Frauenberufen gibt den Betriebsleitungen und anderen wegen der mangelnden Vergleichbarkeit die Möglichkeit, Frauen schlechter zu entlohnen als Männer. Frauenarbeit wird nach Meinung der schwedischen Frauenverbände einfach a priori schlechter bewertet. Die Verbesserungsvorschläge gehen vor allen Dingen dahin, daß mehr Frauen traditionelle Männerberufe wählen. Auf der anderen Seite versucht man in Schweden auch, Männer in typische Frauenberufe hineinzuziehen. Das sog. Quotierungsverfahren (nur

50 % Frauen zur Ausbildung für typische Frauenberufe zuzulassen) ist in Schweden eingeführt worden. Allerdings sind dadurch nicht wesentlich mehr Männer in die typischen Frauenberufe hineingezogen worden, sodaß man das Quotierungsverfahren wieder abgeschafft hat.
In diesem Zusammenhang wird in Schweden daher inzwischen die Anhebung der Löhne und Gehälter in typischen Frauenberufen zu vergleichbarer Höhe mit den Löhnen und Gehältern in typischen Männerberufen proklamiert, um diese Berufe auch für Männer attraktiv zu machen.
In Schweden und der BRD hat man festgestellt, daß die weibliche Arbeit stärker konjunkturabhängig ist als die männliche, aber nur in Schweden gibt es staatliche Ansätze, durch eine gezielte Arbeitsmarktpolitik die Arbeitslosigkeit von Frauen, besonders die strukturelle, die ein spezifisches Problem der entvölkerten Gebiete Schwedens ist, energisch zu bekämpfen.

- Weder in der BRD noch in Frankreich und Schweden werden die Arbeitsplätze den besonderen physischen Bedingungen der Frauen angepaßt, um den Frauen die körperliche Arbeit an typisch männlichen Arbeitsplätzen zu erleichtern.
- Sowohl in der BRD als auch in Frankreich existieren noch besondere Arbeitsschutzvorschriften für Frauen, wie z.B. das Nachtarbeitsverbot und andere Beschäftigungsverbote. Frankreich behindert die beruflichen Bildungschancen von Frauen in besonderer Weise, da für die französischen Frauen noch 35 typisch männliche Berufe verboten sind. Während in Frankreich noch keine relevanten Reformen diskutiert werden, bestehen in der BRD auch starke Bestrebungen von staatlicher Seite, das Nachtarbeitsverbot für Frauen gänzlich abzuschaffen. Als Begründung wird vorgetragen, daß einmal bei der Nachtarbeit keine geschlechtsspezifischen Indikationen bestehen, zum anderen zu viele Ausnahmemöglichkeiten den eventuellen Schutz der Frauen durchbrochen haben und darüberhinaus die beruflichen Aufstiegsmöglichkeiten der Frauen in einem modernen Dreischichten-Betrieb stark eingeschränkt sind. Weiterhin wird gefordert, daß die übrigen geschlechtsspezifischen Beschäftigungsverbote in der BRD einem indivi-

duellen und umfassenden Gesundheitsschutz für alle Arbeitnehmer weichen.
In Schweden hat man das Nachtarbeitsverbot für Frauen bereits 1962 abgeschafft. Besondere geschlechtsspezifische Beschäftigungsverbote gibt es nur in drei Fällen. Frauen dürfen in Schweden 1. nicht in Steinbrüchen und 2. nicht im Bergbau arbeiten; 3. ist der Militärdienst für Frauen verschlossen. Es bestehen allerdings in Schweden Bestrebungen, die Arbeit in Steinbrüchen und im Bergbau über die jetzt schon bestehenden Ausnahmeregelungen hinaus grundsätzlich zu erlauben, weil auch in Steinbrüchen und im Bergbau die Arbeitsbedingungen im Zuge der fortschreitenden Automation für den arbeitenden Menschen ganz allgemein erträglicher geworden sind.

- Der Mutterschutz ist in Schweden am stärksten ausgebaut worden. Dies gilt besonders für die Schutzfrist von 6 Wochen vor der Geburt bis 6 Monate nach Geburt, während in der BRD und Frankreich Mutterschutzfristen von nur 6 Wochen vor der Geburt bis 8 Wochen nach der Geburt gewährt werden. Diese erreichen in Schweden das Doppelte an Zeit wie in der BRD und in Frankreich. Darüberhinaus sind die während der Mutterschutzfrist gewährten finanziellen Leistungen in Schweden kostenneutral, d.h. der Arbeitgeber wird nicht sehr hoch belastet, sodaß die Gefahr, daß Frauen wegen ihrer hohen Kosten durch die Betriebsleitung gegenüber den Männern benachteiligt werden, verringert wird. Neben dem einmaligen Mutterschaftsgeld von etwa 640 DM, das jede Mutter in Schweden bei der Geburt erhält, hat jede berufstätige Mutter während der Frist einen Anspruch auf Zahlung eines Unterhalts gegen die allgemeine Versicherungskasse, der dem Betrag im Krankheitsfall entspricht. In der BRD erhält die Mutter während der Schutzfrist ihren Nettoverdienst, dessen Hauptanteil allerdings vom Arbeitgeber getragen wird. Dies gilt vor allen Dingen für Frauen in gehobenen und höchsten Positionen. Da die Krankenkasse und der Bund feste Sätze von 25 DM bzw. 400 DM zahlen, muß der Arbeitgeber den Rest bis zum Nettoeinkommen aufbringen. Dieser Modus wird in der BRD stark kritisiert und die daraus resultierenden Reformvorschläge gehen dahin, die Mutterschutzfrist auf 10 Wochen vor der

Geburt und zehn Wochen nach der Geburt zu verlängern und einen Karenzurlaub einzuführen. Die Kosten sollen auf staatliche Stellen übertragen werden, da die finanziellen Belastungen, die durch die Geburt von Kindern entstehen, eine Angelegenheit der gesamten Gesellschaft sind und nicht bestimmter Gruppen wie z.B. der Arbeitgeber. Konkrete diesbezügliche Finanzierungsplanungen gibt es in der BRD allerdings noch nicht.

In Frankreich bezieht die berufstätige Mutter während der Schutzfrist erst seit 1970 50 - 90 % ihres Grundgehaltes, in den früheren Jahren erhielt sie nur 50 % ihres Grundgehaltes. Dieses niedrige Einkommen während der Schutzfrist stellte eine Bestrafung der berufstätigen Frauen für die Geburt eines Kindes dar. Weitergehende Reformvorschläge des Mutterschutzes, die die beruflichen Bildungschancen der Frauen in Frankreich erhöhen könnten, existieren nicht.

Die weitestgehende Reform des Mutterschutzes, die einen außerordentlich hohen positiven Einfluß auf die beruflichen Bildungschancen der Frauen haben dürfte, wurde in Schweden durch die Einführung der Elternversicherung erbracht.(1. 1. 1974). Die Mutterschaftsversicherung, die die Kosten der Entlohnung der berufstätigen Frauen während der Schutzfrist trägt, wurde in eine Elternversicherung umgewandelt. Sie überläßt den Eltern bei der Geburt ihres Kindes die Entscheidung, ob Vater oder Mutter die Schutzfrist von 6 Monaten nach der Geburt des Kindes zur Versorgung desselben in Anspruch nehmen, oder ob sie diese Zeit aufteilen. Diese gesetzlich garantierte Möglichkeit, daß Eltern frei darüber entscheiden können, wer von ihnen die "Mutter-Rolle" zu welcher Zeit übernimmt, bedeutet einen großen Fortschritt im Hinblick auf das langfristige Ziel der Rollenrevidierung von Mann und Frau. Dieselbe Wahlmöglichkeit will man bei dem in Schweden bereits bestehenden unbezahlten Urlaub von weiteren sechs Monaten bei gleichzeitiger Arbeitsplatzreservierung (Karenzurlaub) einführen.

- Die gegenwärtige Situation der <u>Teilzeitarbeit</u> stellt in allen drei Ländern keinen Ansatz zur Förderung beruflicher Bil-

dungschancen der Frauen dar. In Frankreich, wo fast alle berufstätigen Frauen wegen des zusätzlichen Einkommens berufstätig sind, wird die Teilzeitarbeit von den Frauen wegen des geringen Verdienstes und der relativ hohen Kosten der Kinderbetreuung als nicht so lohnend abgelehnt.
In der BRD und Schweden ist zwar die Anzahl der teilzeitbeschäftigten Frauen sehr hoch, aber für alle drei Länder gilt, daß die gegenwärtige Teilzeitarbeit sich auf ausführende Funktionen in niedrigen Positionen ohne ausreichende soziale Sicherheit und ohne Aufstiegschancen beschränkt.
In der BRD wird daher gefordert, daß man denjenigen Unternehmen, die qualifizierte Teilzeitarbeit anbieten, von seiten des Staates eine finanzielle Unterstützung in Form von Subventionen oder Steuerermäßigungen gewährt.
In Schweden ist die anfängliche Begeisterung über die Teilzeitarbeit als akzeptable Möglichkeit für die Frau, die Doppelrolle zu realisieren, einer grundlegenden Ernüchterung gewichen. Im Gegenteil, man hält inzwischen die Teilzeitarbeit für eine Gefahr, weil auf diese Weise die traditionelle Arbeitsteilung von Mann und Frau konserviert werden könnte. So fordern in Schweden z.B. die Gewerkschaften Teilzeitarbeit für alle, d.h. eine allgemeine Arbeitszeitverkürzung auf 6 Arbeitsstunden täglich.

- In Frankreich und Schweden gibt es für berufstätige Mütter im Gegensatz zur BRD Beihilfen für die Kinderbetreuung. Ab 1.1.1974 trat in der BRD eine Regelung in Kraft, wonach Versicherte für ein krankes Kind unter acht Jahren bis zu fünf Tage im Jahr von der Arbeit freigestellt werden. Sie erhalten für entgangenen Verdienst ein volles Krankengeld. Diese Regelung wird von den Frauenverbänden zwar als erster Schritt begrüßt, aber auch als unzureichend kritisiert. Besondere Kritik richtet sich gegen die Beschränkung auf Kinder unter acht Jahren, da auch Kinder über acht Jahren krank werden und der Pflege bedürfen. Auch die zeitliche Begrenzung von fünf Tagen im Jahr wird als unzureichend abgelehnt. Die Möglichkeit, daß Vater und Mutter die Betreuung des Kindes wahlweise übernehmen können, bedeutet allerdings einen kleinen Fortschritt im Hinblick auf die Rollenrevidierung von Mann

und Frau. In Schweden existiert eine ähnliche Regelung. Was die Rentenversicherung betrifft, so werden in Frankreich und Schweden (Zusatzrente) diejenigen Zeiten der berufstätigen Frauen, die ausschließlich der Kinderaufzucht und -betreuung dienten, als anrechnungsfähige Zeiten für die Rente anerkannt. In der BRD strebt man das sog. Babyjahr erst an.
In Schweden erhält jeder, der mindestens drei Jahre versicherungspflichtig berufstätig war, einen Anspruch auf Zusatzrente, wobei der volle Betrag erst bei 30 Jahren versicherungspflichtiger Berufstätigkeit gezahlt wird.
In der BRD muß man 60 Beitragsmonate (5Jahre) innerhalb von 10 Jahren erfüllt haben.
Das Problem der niedrigen Frauenlöhne, das sich durch die Art der Rentenberechnung in niedrigen Frauenrenten wiederspiegelt, betrifft vor allem die BRD und Frankreich, da die berufstätige Schwedin einen Sockelbetrag erhält, den alle Schweden, ob berufstätig oder nicht, in derselben Höhe erhalten.(Volkspension) Erst bei der Zusatzrente werden die niedrigen Löhne und Gehälter relevant.
Insgesamt ist die bestehende Situation in Schweden wohl am ehesten als Ansatz zur Förderung beruflicher Bildungschancen anzusehen, während in der BRD die Situation am ungünstigsten ist. Verbesserungsvorschläge gehen in der BRD daher auch in folgende Richtung. Man fordert den Angleich der früheren Lohndiskriminierung der Frauen bei der Berechnung ihrer Renten, der Beitragsausfälle durch Kinderbetreuung in Form von anrechnungsfähigen Jahren. Darüberhinaus strebt man ganz allgemein die Reduzierung der Wartezeit von 5 Jahren an, die Anerkennung der gesetzlichen Schutzfristen als Ersatzzeiten und die Anerkennung von Ausfallzeiten ohne die Bedingung der Halbdeckung, um den berufstätigen Frauen, die größere Unterbrechungen ihrer Berufstätigkeit wegen der Kindererziehung auf sich genommen haben, den Erwerb einer eigenen Rente zu ermöglichen. Diese Reformbestrebungen fördern auch indirekt die beruflichen Bildungschancen von Frauen, da die nichtkontinuierliche Berufstätigkeit der Frauen, an der sie schuldlos sind,

mit dem Erwerb einer Rente belohnt wird.

- In der BRD und Frankreich werden die Ehegatten, auch wenn sie berufstätig sind, zusammen veranlagt. In der BRD allerdings senkt der Splittingeffekt wiederum die durch die Kumulation der Gehälter und Steuerprogression erhöhte Steuersumme. Die in Frankreich bestehende reine Gesamtveranlagung bestraft am stärksten die berufstätigen Frauen mit erhöhten Steuerkosten.
  In Schweden hat man dieses Problem seit 1968 grundlegend gelöst, indem man von der reinen Gesamtveranlagung zur Individualbesteuerung übergegangen ist. Zwar wird in der BRD die Einführung der Individualbesteuerung zum kleinen Teil auch als notwendig eingestuft, aber man hält diese Reform für in nächster Zukunft nicht realisierbar. So konzentriert sich die Diskussion in der BRD insbesondere auf Maßnahmen, die die Bestrafung der Berufstätigkeit der Frau durch die Gesamtveranlagung mit Splittingverfahren abmildern. Die relevanten Vorschläge beinhalten, daß für die"Hausfrauenehe" ein höherer Splittingdivisor als für die "Erwerbstätigenehe" einzuführen sei, oder sämtliche durch die Erwerbstätigkeit der Ehefrau entstehenden Nebenkosten steuerlich, z.B. in Form von zusätzlichen Werbekostenbeiträgen zu berücksichtigen seien.
- Was die infrastrukturellen Maßnahmen zur Betreuung der Kinder von berufstätigen Müttern betrifft, steht in allen drei Ländern - quantitativ gesehen - das Angebot an Kinderbetreuungsinstitutionen in gar keinem Verhältnis zum Bedarf der berufstätigen Mütter. Gerade 1/3 der Kinder von berufstätigen Müttern können in Tagesheimen bzw. Kinderhorten und bei Tagesmüttern (Schweden und Frankreich) versorgt werden. Der verstärkte quantitative Ausbau wird in allen drei Ländern gefordert, wobei in Frankreich und Schweden konkrete Vorstellungen von Planzahlen formuliert werden.
  Die Öffnungszeiten der verschiedenen Institutionen der Kinderbetreuung sind in Schweden bereits untereinander und an die Arbeitszeit der Eltern angeglichen worden. In der BRD und Frankreich wird dieses noch energisch gefordert.
  Die Kosten der Tagesheime und anderer Kinderbetreuungsinsti-

tutionen, die die Eltern zu erstatten haben, sind in Schweden an die jeweilige Einkommenslage der Eltern angepaßt; die entstehenden Restkosten werden von den Gemeinden getragen. Im Gegensatz dazu werden in Frankreich die hohen Kosten z.B. der Krippenplätze kritisiert, die 28 - 35 frs. pro Tag und Kind betragen. Der Ausschuß für Frauenarbeit fordert in diesem Zusammenhang eine Kostenverteilung, die die Eltern stärker entlastet, wie z.B. ein Drittel für die Eltern, die Hälfte für die Gemeinde und 1/6 für den Staat.
Die Tagesmütterlösung wird in Schweden und Frankreich (145 000 staatlich anerkannte und 44 000 staatlich nicht anerkannte) in überwiegendem Maße praktiziert. In Schweden wird allerdings diese Lösung wegen des mangelnden Ausbildungsstandes und der nicht ausreichenden Kontinuität der Tagesmütter heftig kritisiert. In der BRD, wo es noch keine staatlich anerkannten Tagesmütter gibt, strebt man die Versorgung der Kinder durch Tagesmütter erst an, wobei man sich zwar auf das Modell Schweden bezieht, aber nicht auf die schlechten Erfahrungen, die dort gemacht worden sind.
In Frankreich, wo die Ganztagsschule Regelschule ist, ist dadurch ein großer Teil der schulpflichtigen Kinder von berufstätigen Müttern vormittags und nachmittags versorgt. Allerdings wird die mangelnde Abstimmung der Schulbeginn- und Schulschlußzeiten mit den Arbeitszeiten der Eltern stark kritisiert. In der BRD ist die Ganztagsschule noch die Ausnahme; sie soll in der Zukunft als Gesamtschule die Regel werden.
Schweden ist auch auf dem Gebiet der Vereinfachung und Rationalisierung des Haushaltes bzw. der Vergesellschaftung von Haushaltsarbeit führend in Vergleich zur BRD und Frankreich. Das Service-Haus, das in Schweden bereits in der breiten Überprüfungsphase steht, ist Ausdruck des Bemühens um die Entlastung der Menschen und gegenwärtig noch vor allem der Frau im Haushalt. Kritisiert wird in Schweden allerdings, daß die Mietpreise in solchen Service-Häusern noch so hoch sind, daß sie von Leuten aus den mittleren und unteren Einkommensschichten nicht aufgebracht werden können. Als Kristallisationskerne eines integrierten Service-

Planes in einem Wohngebiet werden in Schweden z.B. die Unter- und Mittelstufen der Schulen vorgeschlagen.

- In Frankreich und der BRD ist die Berufsberatung für die Mädchen keineswegs befriedigend. Nach wie vor werden die Mädchen nicht zukunftsorientiert in typische Männerberufe gelenkt, sondern in typische Frauenberufe, da man sich an den Gegebenheiten orientiert. Konkrete Verbesserungsansätze gibt es in der BRD nicht. Einige Schulen sind in Frankreich mit Schulpsychologen ausgestattet, die gegenwärtig eine Bildungsberatung durchführen. Sie können in der Zukunft auch die Berufsberatung übernehmen. Es gibt in der BRD und in Frankreich kein verbindliches Schulfach "Berufsberatung" wie in Schweden. Dort hat man es bereits in der 8. Klasse der Grundschule für die Schüler verbindlich gemacht. Zusätzlich sollen kurze Betriebspraktika die Berufswahl realistischer und zukunftsorientierter machen. Die Lehrer, die dieses Fach unterrichten, haben eine Zusatzausbildung und beraten die Schüler auch in Einzelgesprächen. Trotzdem ist man in Schweden nicht zufrieden mit den Ergebnissen. In Zukunft soll die Berufsberatung nicht nur objektiv die Berufsmöglichkeiten beschreiben, sondern die Jungen und Mädchen sollen stärker in Richtung nicht traditioneller Männer- und Frauenberufe gelenkt werden. Man hofft auf diese Weise die beruflichen Bildungschancen der Frauen zu erhöhen.
- In allen drei Ländern konzentrieren sich die Frauen auf allen Qualifikationsebenen in typischen Frauenausbildungsgängen. Diese führen wiederum zu Berufen, die schlecht bezahlt werden und wo es keine Aufstiegschancen gibt. In Schweden sieht man Verbesserungsmöglichkeiten vor allem in einer intensiveren Berufsberatung und in allen sonstigen Erziehungsmaßnahmen in der Schule, die zur "einen Rolle" von Mann und Frau führen. Man hofft, daß diese den Trend der traditionellen Berufswahl von Mädchen und Jungen durchbrechen. In der BRD wird nicht nur auf den "geteilten Ausbildungsmarkt" verwiesen, sondern auch darauf, daß in einigen typischen Frauenberufen wie z.B. kaufmännische Gehilfin und Bürohilfe besonders schlecht ausgebildet wird.

Die hohen Abbruchquoten der Frauen an den Hochschulen, die

man in allen drei Ländern konstatiert, will man in der BRD durch Intensivierung der Studienberatung und allgemeine Straffung des Studiums bekämpfen. In Schweden wird als Maßnahme gegen den geteilten "Ausbildungsmarkt" an den Hochschulen der numerus clausus von 50 % Frauen in allen Fächern diskutiert. Der gegenwärtig bestehende Prozentsatz von 40 % Frauen an den schwedischen Hochschulen wird allgemein auf die bestehende familienunabhängige Studienförderung zurückgeführt. In Frankreich studieren zwar 45,8 % Frauen, aber davon konzentrieren sich 2/3 auf die geisteswissenschaftlichen Fächer. Am Schluß steht die BRD, die nur 31 % studierende Frauen an den Hochschulen aufzuweisen hat.

- Die Beteiligung der Frauen an betrieblichen Fort- und Weiterbildungsmaßnahmen ist in allen drei Ländern etwa gleich gering. Die Beteiligung der Frauen an überbetrieblichen Fort- und Weiterbildungsmaßnahmen ist dagegen in allen drei Ländern ziemlich unterschiedlich, soweit die Zahlen vergleichbar sind. In der BRD beläuft sich der Prozentsatz etwa zwischen 17 - 37 %. In Frankreich, wo nur Zahlen für den unteren Qualifikationsbereich vorliegen, beträgt der Prozentsatz an Frauen zwischen 7 und 22 %. In Schweden beteiligen sich etwa 45 % an den Fort- und Weiterbildungsmaßnahmen des arbeitsmarktpolitischen Unterrichts. (Insgesamt beträgt der Prozentsatz der Frauen, die sich an den Erwachsenenbildungsmaßnahmen ganz allgemein beteiligen, 63 %)

In allen Ländern lassen sich die Frauen auch im Rahmen der Fort- und Weiterbildungsmaßnahmen für traditionelle Frauenberufe umschulen. Dieses Problem wird weder in der BRD noch in Frankreich erkannt. In Schweden forderte die Kommission für die Gleichheit zur Überwindung dieser Situation, daß vor allen Dingen nur diejenigen Unternehmen von staatlicher Seite gefördert werden, die bereit sind, Frauen für typische Männerberufe auszubilden. Besondere Fort- und Weiterbildungsmaßnahmen, die die Frauen auf allen Qualifikationsebenen speziell fördern, wie z.B. in der DDR gibt es in allen drei Ländern nicht.

Zusammenfassend kann man wohl festhalten, daß es im Vergleich zur BRD und Frankreich in Schweden in allen angesprochenen Bereichen die meisten und besten konkreten Ansätze zur Förderung beruflicher Bildungschancen von Frauen gibt.

2 Vergleichende Zusammenfassung der konkreten Ansatzstellen zur Förderung beruflicher Bildungschancen von Frauen in der BRD, Frankreich, Schweden (Westländer) und DDR, ČSSR und UDSSR (Ostländer)

- Als einen sehr entscheidenden Unterschied zwischen den West- und Ostländern muß die Tatsache gewertet werden, daß in den sozialistischen Ländern eine Verpflichtung aller Menschen und damit auch der Frauen zur produktiven Arbeit besteht, während dieser aus der marxistischen Theorie ableitbare Grundsatz für die Westländer nicht gilt. Daraus ergibt sich für die sozialistischen Länder eine starke Verpflichtung, die Frauen nicht nur als Arbeitskräfte zu integrieren, sondern auch in Hinblick auf ihre beruflichen Bildungschancen zu fördern. In den Westländern ergibt sich zwar die Verpflichtung nicht aus einem verbindlichen theoretischen Prinzip, aber immerhin aus der Tatsache, daß Frauen gegenwärtig von Seiten der Wirtschaft und des Staates sehr stark in den Berufssektor integriert werden, wobei diese die außerhäusliche Berufsarbeit mehr oder weniger freiwillig auf sich nehmen.

Auffallend ist, daß die Doppelrolle der Frau immer stärker eine allgemein akzeptierte Lebensform wird, die in allen Ländern mehr oder weniger praktiziert wird. Bemerkenswert in diesem Zusammenhang ist vor allem die Tatsache, daß die sozialistischen Länder DDR, ČSSR, UdSSR in den Verfassungen und Arbeitsgesetzbüchern sich offiziell zur einen Rolle von Mann und Frau bekennen, die tägliche Praxis der staatlichen Organe und auch der betroffenen Frauen und Männer sich aber nicht daran orientiert. Im großen und ganzen gilt dieses Auseinanderklaffen von Theorie und Praxis auch für Schweden, wenn auch das staatliche Engagement für die eine Rolle von Mann und Frau in Reden und Proklamationen bzw. in Reformen deutlicher wird als in den anderen Ländern.

- Die Situation der Frauen in ihren Familien ist in allen Ländern durch eine Praxis geprägt, die nach wie vor die Frau stärker auf häusliche Belange festlegt und den Beruf als sekundär einstuft. Es sind in allen Ländern durch die Familie verursachte Sozialisationsdefizite der Mädchen zu erkennen, die sich u.a. in der Wahl von weniger qualifizierten Berufsgängen oder Berufen zeigen und das Problem des geteilten Arbeitsmarktes für alle Länder produzieren. Für die sozialistischen Länder muß allerdings einschränkend gesagt werden, daß sich ansatzweise die Durchbrechung dieses verhängnisvollen Trends andeutet. Konkrete Ansätze, die auf die familiare Sozialisation direkt einwirken, werden in keinem Land praktiziert, sondern lediglich diskutiert.

Die Situation der erwachsenen berustätigen Frau in der Familie ist in allen Ländern durch die aus der Doppelrolle entstehende Doppelbelastung gekennzeichnet. Auch in den sozialistischen Ländern kann von gleicher Aufteilung der Familienpflichten zwischen Mann und Frau nicht gesprochen werden. Selbst die Beteiligung als sogenannte Mithilfe bleibt so gering wie in den westlichen Ländern. Schweden scheint dem Ziel der Rollenrevidierung von Mann und Frau am nächsten zu sein, da die Mithilfe der Ehemänner von ganztagsberufstätigen Ehefrauen immerhin über 50 % beträgt.

- Die allgemeinen rechtlichen Voraussetzungen für bessere berufliche Bildungschancen sind in den sozialistischen Ländern als gut zu bezeichnen. Das Prinzip des gleichen Lohns für gleiche Arbeit von Mann und Frau ist sogar verfassungsmäßig festgelegt, während es in westlichen Ländern nur in niederrangigem Recht verankert ist. Die Verfassung der DDR zeigt als einzige der betreffenden Länder, daß die Förderung der Frau hinsichtlich ihrer beruflichen Qualifizierung als verfassungsmäßig garantierte Aufgabe des Staates verstanden wird.

Auch in dem Arbeitsgesetzbuch der DDR wird im Gegensatz zu allen anderen Ländern speziell auf die Förderung der Frau abgestellt; wobei besonders die Regelung der Betriebskollektivverträge und der Frauenförderungspläne von besonderem Wert für die Förderung der beruflichen Bildungschancen von Frauen sind.

Familienrechtliche Regelungen, die die Ehefrauen beruflich benachteiligen, gibt es in den sozialistischen Ländern nicht, im Gegenteil, die "eine Rolle von Mann und Frau" wird dort ausdrücklich gesetzlich vorgeschrieben. Auch die westlichen Länder kennen außer der BRD keine familienrechtlichen Regelungen mehr, die die Frauen diskriminieren.

- Im allgemeinbildenden Schulsystem gibt es in der ČSSR und UdSSR kaum und in Frankreich und in der BRD keine konkreten Ansätze, die fortbestehenden Einstellungsdefizite der Mädchen und auch ihrer Eltern, insbesondere was den Wunsch nach guter und auch technischer Qualifikation angeht, zu verändern. Allein in der DDR und in Schweden finden sich kleine Ansätze durch eine gezieltere Berufsorientierung und Berufsaufklärung die Schülerinnen dahingehend zu beeinflussen, daß sie einen qualifizierten technischen Beruf ergreifen.
In der DDR werden noch zusätzlich technische Arbeitsgemeinschaften für Mädchen angeboten, die eine zusätzliche Förderung der Mädchen bewirken können. In Schweden konzentriert man sich dagegen verstärkt auf den Ausbau des Faches Berufsberatung, das zukünftig die Mädchen stärker in typische Männerberufe lenken soll. In der BRD ist man gegenwärtig erst einmal bestrebt, die ausgesprochenen Behinderungen der beruflichen Bildungschancen der Frauen durch die Organisation des Schulsystems, durch das Verhalten der Lehrer, durch das Unterrichtsmaterial und z.T. noch durch die Lehrpläne abzubauen. Weitergehende Forderungen, die etwa in die Richtung der bereits praktizierten konkreten Maßnahmen in der DDR und Schweden gehen, werden auch in der BRD diskutiert.

- Die berufliche Situation der Frauen ist in allen Ländern durch eine schlechte Aufstiegs- und Lohnsituation charakterisiert, wobei die bestehenden negativen Einstellungen der Frauen zum Beruf als wichtiger Grund vor allem in den sozialistischen Ländern genannt werden. Dieses Problem wird ebenfalls in der BRD und Schweden diskutiert. Der geringe Organisationsgrad der Frauen wird z.B. in diesen Zusammenhang eingeordnet.
In den sozialistischen Ländern, besonders in der DDR und ČSSR, weist man aber auch auf die konservativen Einstellungen der männlichen Vorgesetzten, Kollegen und Ehemänner hin, die den Aufstieg der Frauen behindern. Von den west-

lichen Ländern stellt man von offizieller Seite allein in Schweden die diskriminierenden Vorurteile der Männer heraus, allerdings in sehr vorsichtiger Form. Abgesehen von den Anstrengungen vor allem in der DDR, die Aufstiegssituation der Frauen durch besondere berufliche Qualifikationsmaßnahmen zu verbessern, gibt es in den sozialistischen Ländern keine besonderen Erziehungsprogramme, die sich besonders auf die Einstellungsveränderung von Betriebsleitern, Funktionären und allen männlichen Kollegen richten. Dies gilt in gleicher Weise auch für die westlichen Länder, wo lediglich in Schweden kleine Ansätze zu finden sind, die Frauen in besonderer Weise zu qualifizieren.
Die Lohn- und Gehaltssituation ist in allen westlichen und sozialistischen Ländern nicht der der Männer angeglichen, d.h. das Prinzip der Lohngleichheit zwischen Mann und Frau ist faktisch noch nirgendwo durchgesetzt. Die Annäherungswerte sind allerdings unterschiedlich. Auffallend ist dabei, daß Schweden mit 84% vor der UdSSR und der CSSR liegt (für die DDR liegt kein Vergleichsmaterial vor), die mit 69,3% und 67% etwa mit Frankreich (60-70%) und der BRD (60-70%) vergleichbar sind. Der niedrige gewerkschaftliche Organisationsgrad und die damit verbundene geringe Repräsentation der Frauen in den gewerkschaftlichen Führungspositionen wird in den sozialistischen Ländern,aber auch in der BRD und Schweden, als ein wichtiger Grund für die schlechte Lohnsituation der Frauen angesehen.
Das Problem der Abschaffung der Leichtlohngruppen ist als konkreter Ansatz zur Förderung der beruflichen Bildungschancen nur auf die BRD beschränkt, da dies ein spezielles Problem der BRD ist. Die schwedische Regierung begreift die schlechte Lohn- und Gehaltssituation als eine Konsequenz des geteilten Arbeitsmarktes. In der Überwindung dieses Phänomens sieht man in Schweden eine wichtige Ansatzmöglichkeit zur Verbesserung der Lohn- und Gehaltssituation von Frauen.
Das sogenannte Quotenverfahren (nur 50% Frauen zur Ausbildung in typischen Frauenberufen zuzulassen) ist in Schweden nach kurzer Zeit wieder abgeschafft worden. Trotzdem wird dieses Verfahren nach wie vor heftig diskutiert. Dieses

kann als der radikalste Versuch gesehen werden, den geteilten Arbeitsmarkt zu überwinden.
- Andere Gesichtspunkte der materiellen Gestaltung des Arbeitsplatzes in Form von technischen Verbesserungen, die stärker auf die besonderen physischen und psychischen Bedingungen des weiblichen Oganismus abzielen, werden nur in den sozialistischen Ländern und dort vor allem in der DDR berücksichtigt. In den Westländern existieren keine Vorschläge zur speziellen Arbeitsplatzgestaltung. Die Frauenarbeitsplatzkataloge in der DDR stellen daneben einen besonderen Ansatz der Förderung der beruflichen Bildungschancen von Frauen dar. Die Frauen gewinnen dadurch vom Anfang ihrer Einstellung an stärkere Einsicht in die Art des Arbeitseinsatzes einzelner Berufsbilder und in die dazu notwendigen Qualifikationen und Fertigkeiten, bzw. in die eventuellen Höherqualifizierungsmöglichkeiten.
Da zur Teilzeitarbeit, die ebenfalls eine spezielle Gestaltung des Arbeitsplatzes darstellt, nur Material aus der DDR vorliegt, kann ein Vergleich zwischen den sozialistischen Ländern DDR, ČSSR, UdSSR und den westlichen Ländern BRD, Frankreich und Schweden nicht vorgenommen werden.
- Es bestehen auch in den sozialistischen Ländern spezielle Beschäftigungsverbote für Frauen, wie z.B. das Verbot des Umgangs mit bestimmten gefährlichen Stoffen bzw. untertage zu arbeiten und das Nachtarbeitsverbot, die grundsätzlich als wettbewerbsbeschränkend angesehen werden können. In der BRD und in Frankreich gelten ähnliche gesetzliche Regelungen, deren Teilrevision in der BRD allerdings bereits angestrebt wird. In den sozialistischen Ländern bestehen keine konkreten Ansätze zur Verbesserung des Arbeitsschutzes.
Die Mutterschutzfristen sind in den sozialistischen Ländern unterschiedlich lang, in der DDR betragen sie 18 Wochen, in der ČSSR 26 Wochen und in der UdSSR 16 Wochen. Damit übertreffen die sozialistischen Länder die BRD und Frankreich, die lediglich 14 Wochen Mutterschutz ihren berufstätigen Müttern anbieten. Schweden hat die längsten Mutterschutzfristen von 30 Wochen. Zudem hat es als einziges Land von den betroffenen Ländern die gesetzlich garantierte Möglich-

keit, daß Vater und Mutter sich die Betreuung des Neugeborenen während der Schutzfrist teilen. Auch kann der Vater während der gesamten Frist nach der Geburt die Mutterrolle übernehmen unter denselben Schutzbedingungen wie die Mutter (Arbeitsplatzschutz und Einkommensgarantie). Auch der in Schweden bestehende Mutterschaftsurlaub von weiteren 6 Monaten soll in Zukunft von Vater und Mutter in Anspruch genommen werden können.
In der BRD wird neben dem Ausbau der Mutterschutzfrist auf 20 Wochen auch der sogenannte Mutterschaftsurlaub mit Karenzgeld in ausreichender Höhe gefordert.
Das Einkommen, das die Frauen innerhalb der Mutterschutzfristen beziehen, bleibt in der ČSSR und Frankreich unter dem Nettoverdienst der Frauen.
Ein besonderes Problem stellt die Kostenneutralität des Mutterschutzes dar. In den sozialistischen Ländern löst sich dieses Problem zum großen Teil bereits dadurch, daß privatwirtschaftliche Unternehmen kaum in diesen Ländern existieren und eine Kostenkonkurrenz zu Ungunsten der beruflichen Chancen der Frauen daher nicht ausgetragen werden kann. Auch in Schweden, wo diese Leistungen nicht dem Arbeitgeber aufgebürdet, sondern von der Sozialversicherung getragen werden, ist dieses Problem zum größten Teil bewältigt. In der BRD gehört die Kostenneutralität des Mutterschutzes zum Katalog der erhobenen Forderungen.
Ein wichtiger Ansatz, die beruflichen Bildungschancen der Frauen zu fördern, stellt auch der Anspruch der Mutter dar, daß sie im Fall der Erkrankung eines Kindes bezahlten Urlaub nehmen darf, der nicht auf den Jahresurlaub angerechnet wird. Diese Errungenschaft haben inzwischen alle Länder vorzuweisen. Alle Länder bis auf Frankreich haben diese Möglichkeit auch für den Vater des Kindes eröffnet. Die Lösung in der BRD ist allerdings im Vergleich zu den sozialistischen Ländern und Schweden als nicht befriedigend zu bezeichnen, da die Beschränkung der Betreuung auf Kinder unter acht Jahren und auf 5 Tage im Jahr als unzureichend angesehen werden muß. So wird von Seiten der Frauenvertreterinnen 1. die Ausdehnung des bezahlten Urlaub für die

Kinderbetreuung im Krankheitsfall auf alle Kinder und vor allem die Ehegatten und 2. die Aufhebung der zeitlichen Begrenzung von 5 Tagen gefordert.
Im Bereich der Rentenversicherung versuchen die sozialistischen Länder die Unterbrechung der Berufstätigkeit der Frauen wegen der Kinderbetreuung entsprechendzu berücksichtigen. Allerdings können die Ergebnisse in der DDR nicht als vorbildlich angesehen werden, da das Babyjahr, das in der DDR eingeführt ist sehr wenig positive Wirkung hat bei einer Wartezeit von 15 Jahren versicherungspflichtiger Berufstätigkeit. Auch die Regelung in der DDR, daß Frauen bei 20 bis 40 Berufsjahren 1 bis 5 Berufsjahre angerechnet bekommen, kann für Frauen, die in der Regel nicht diese vielen Berufsjahre erreichen, keine besondere Förderung sein. Im Vergleich zur Rentensituation in der DDR ist die Situation in der BRD besser, da hier nur 5 Jahre versicherungspflichtige Berufstätigkeit für den Erwerb einer Rente nachgewiesen werden müssen. Auf der anderen Seite werden in der BRD keine Jahre wegen der Geburt von Kindern u.ä. angerechnet. Trotzdem sind 5 Jahre ohne Anrechnung von Jahren immer noch günstiger als 15 Jahre mit den anrechnungsfähigen Jahren, da eine Reduktion von 10 Jahren durch die Anrechnungsmöglichkeiten kaum erreicht werden dürfte. Am günstigsten ist die Wartezeitregelung in Schweden; sie beträgt nur 3 Jahre. In allen 6 Ländern stellt die Ausgestaltung der gesetzlichen Rentenversicherung noch keine Förderung der beruflichen Bildungschancen von Frauen dar.
Der Vergleich der 6 Länder bezüglich der Förderung beruflicher Bildungschancen im Bereich des Steuersystems ist leider wegen des Mangels an Material über die sozialistischen Länder nicht möglich.
- Wenn man die 6 Länder in Hinblick auf den quantitativen Ausbau der Institutionen für die Kinderbetreuung miteinander vergleicht, dann führt die DDR alle Länder an. Sie ist in der Lage, 45 % aller Kinder ganztägig zu betreuen. Dieses Ergebnis wird nicht annähernd von den anderen Ländern erreicht. In Schweden und Frankreich können zwar 30 % der Kinder berufstätiger Mütter außerhalb des Hauses betreut werden,

aber die größte Bedeutung hat dabei die Betreuung durch Tagesmütter. In der BRD spielt die Betreuung der Kinder berufstätiger Mütter durch Verwandte eine besondere Rolle. Bezüglich der Haushaltstätigkeit sind die infrastrukturellen Maßnahmen in allen Ländern nicht ausreichend. Die Haushaltstätigkeit wird in allen Ländern im wesentlichen privat durchgeführt. Lediglich Schulspeisungen, wie sie aus Frankreich, Schweden und der CSSR bekannt sind, können als eine gewisse Form der Vergesellschaftung der privaten Haushaltstätigkeit angesehen werden. Die Rationalisierung der privaten Haushalte, die eine gewisse Entlastung vor allem für die berufstätige Frau erbringt, ist in den sozialistischen Ländern geringer fortgeschritten als in den westlichen Ländern. Das Service-Haus, das in Schweden als Wohnform stark propagiert wird, stellt, wenn es zu erschwinglichen Mietpreisen angeboten wird, einen besonderen Ansatz zur Förderung der beruflichen Bildungschancen von Frauen dar.

- In den sozialistischen Ländern wie in den westlichen Ländern findet sich im Bereich der beruflichen Grundausbildung der "geteilte Ausbildungsmarkt" wieder. Der Anteil der Frauen an technischen Ausbildungen auf den verschiedenen Ebenen und in den verschiedensten Bereichen ist zwar in den sozialistischen Ländern noch immer gering, aber immerhin sehr viel höher als in den westlichen Ländern. In der UdSSR ist der Anteil der Frauen auf der Ebene der Fach- und Hochschule im Bereich Bauwesen, Industrie und Transport besonders hoch. In der DDR besteht als einzigem Land die Pflicht zur Berufsausbildung für Mädchen. Daraus resultiert auf Seiten des Staates, die Mädchen entsprechend zu fördern.

Als besondere Förderungsmaßnahmen sind einmal die familienunabhängige Studienförderung (Schweden, ČSSR, UdSSR) und zum anderen die besondere Förderung der schwangeren Studentinnen und Lehrlinge in der DDR zu beachten. In der BRD hat die Bundesregierung den Entwurf einer Reform der beruflichen Bildung vorgelegt, worin folgende Ziele enthalten sind.

1. Eine stärkere Verantwortung des Staates bei der betrieblichen Ausbildung durch Erlaß neuer Ausbildungsordnungen und Kontrolle der Durchführung. 2. der verstärkte Aufbau der

Berufsschulen. 3. Die Forcierung des Förderungsprogramms für den Bau überbetrieblicher Ausbildungsstätten. Alle drei Reformziele fördern sicherlich auch die weiblichen Lehrlinge, aber sie sind nicht als direkte und spezielle Förderungsansätze für die beruflichen Bildungschancen von Frauen anzusehen.
Im Bereich der Fort- und Weiterbildung sind nur in Schweden und der DDR besondere Förderungsmaßnahmen für die Frauen vorhanden. In der BRD ist zwar durch das Erwachsenenbildungsgesetz und das Arbeitsförderungsgesetz die Situation im Bereich der Erwachsenenbildung insgesamt auch für die Frauen verbessert worden, aber als besondere Förderungsansätze für die Frauen können beide Gesetze nicht angesehen werden. In Schweden sind kleine spezielle Förderungsansätze für die Frauen vorgelegt worden, die insbesondere den geteilten Ausbildungsmarkt, der sich auch in der Fort- und Weiterbildung zeigt, bekämpfen sollen. So z.B., daß nur die Unternehmen von staatlicher Seite gefördert werden, die bereit sind, Frauen für typische Männerberufe auszubilden. Aber diese Bemühungen stehen in keinem Verhältnis zu den speziellen gesellschaftlichen Regelungen, die die DDR zur Fort- und Weiterbildung der Frauen auf allen Ebenen erarbeitet hat. Besonders die technische Fort- und Weiterbildung berufstätiger Frauen wird auf diese Weise gefördert. So können über Intervall- und Intensivlehrgänge Frauensonderklassen und die sog. Frauensonderaspiranturen geeignete Frauen auf der Grundlage eines Förderungs- bzw. Studienverträge besonders unterstützt werden. Dabei wird der spezifische Einsatz der Auszubildenden im Rahmen des Kaderperspektivplanes des jeweiligen Betriebes berücksichtigt. Nähere Angaben zu den praktischen Regelungen des Unterhaltes und der Arbeitszeitbegünstigungen sind dem Band II zu entnehmen. Diese Maßnahmen stellen eine bewußte Bevorzugung der Frauen dar, die die vorhandene Benachteiligung der Frauen durch Sozialisationsdefizite kompensieren und ihnen die nötige Sicherheit für Aufstieg und Leitungsfunktionen auch in traditionell männlichen Berufen vermitteln sollen. Zwar ist im Rahmen der hier angesprochenen Förderungen in der DDR das praktisch Erreichte noch nicht

zufriedenstellen, jedoch ist zu bedenken, daß die meisten dazu ergangenen Rechtsregelungen erst seit 1970 in Kraft sind, so daß langfristig größere Erfolge besonders im technischen Bereich zu erwarten sind.
Um in der BRD eine umfassende Förderung der beruflichen Bildungschancen von Frauen zu erreichen, "sind politische Maßnahmen und Regelungen auf einer Vielzahl von Gebieten über das bisher Geleistete hinaus zu treffen." 1) Als wesentliche Voraussetzungen, die neben den inhaltlichen Überlegungen in der BRD mitbeachtet werden müssen, sind folgende Maßnahmen einzustufen, die z.B. von der Bundesarbeitsgemeinschaft sozialdemokratischer Frauen gefordert werden: "Gesetze und Verordnungen zur Realisierung des politischen Wollens. Finanzplan und Bereitstellung von Mitteln in angemessenem Rahmen. Koordinierung der Maßnahmen in den Ministerien für Jugend und Gesundheit, Justiz, Wohnungsbau, Wissenschaft und Bildung, Finanzen und Arbeit und Sozialordnung." 2)

---

1) unveröffentlichtes Vormanuskript des Grundsatzpapiers der Familienpolitischen Kommission der Bundesarbeitsgemeinschaft sozialdemokratischer Frauen, Mai 1974

2) ebenda

Literaturverzeichnis

Ahrland, K. — A Women's Place is on the Job, in: Current Sweden, 3, 1973

Ahrland, K. — Die Stellung der schwedischen Frauen auf dem Arbeitsmarkt, in: Aktuelle Information aus Schweden, Hrsg. Schwedisches Institut, 3, 1973

-.- — AKN - information, 2, 1971

-.- — Amtliche Nachrichten der Bundesanstalt für Arbeit, 18. Jg., Nr. 11, 1970

-.- — Annuaire statistique de la France, Resultats du 1971, Paris 1973

Asmassen, D.; Kratz, H.; Städter, H. — Service-Häuser. Anforderungen und Wirtschaftlichkeit, in: Schriftenreihe des Bundesministeriums für Städtebau und Wohnungswesen, Bd. 27, Coburg 1971

-.- — Auszug aus dem Protokoll der 8. Frauenkonferenz der IG Metall am 28./29. Juni 1973 in Berlin, o.O.u.J.

Baude, A.; Holmberg, P. — The Positions of Women and Men in the Labour Market, in: Changing Roles of Men and Women, Ed. Dahlström, London 1967

Bergius, R. — Analyse der Begabung: Die Bedingungen des intelligenten Verhaltens, in: Begabung und Lernen, (Hrsg.) H. Roth, Stuttgart 1969, S. 229-268

-.- — Bericht der Bundesregierung über die Lage der Familie in der BRD, Bundestagsdrucksache V/2532, Bad Godesberg 1968

-.- — Bericht der Bundesregierung über die Maßnahmen zur Verbesserung der Situation der Frau, Bundestagsdrucksache VI/3689, 6. Wahlperiode, Bonn 1972

-.- — Bericht der Bundesregierung zur Lage der Nation 1971, Bundestagsdrucksache VI/1960, Bonn 1971

-.- Bildungsbericht der Bundesregierung 1970, Bericht der Bundesregierung zur Bildungspolitik, (Hrsg.) Der Bundesminister für Bildung und Forschung, Bonn 1970

-.- Das Bildungsprogramm des Vereins katholischer Lehrerinnen 1964, in: Katholische Frauenbildung, Doppelheft Sept./Okt. 1964

Binder-Wehberg, F. Ungleichbehandlung von Mann und Frau, Berlin 1970

Bochan, S. Europäisches Familienrecht, München 1972

Borris, M. Die Benachteiligung der Mädchen in Schulen der Bundesrepublik und Westberlin. Unter Mitarbeit von Peter Raschke, Frankfurt a.M. 1972

Brandt, G.; Kootz, J.; Steppke, G. Zur Frauenfrage im Kapitalismus, Frankfurt 1973

Brehmer, C. Die soziale Sicherung in Schweden, in der BRD und in den USA, Freiburg 1967

Brion, S. Intelligence, Psychology and Education, o.O. 1971

Brück, D. Berufstätige Frauen - Vorschläge zur Situationsverbesserung, in: Informationen für die Frau, 19, 1970, S. 18-22

Brück, D. Tagesmütter - ein neuer Beruf - Ein Beispiel aus Schweden macht in der BRD Furore, in: Frau und Gesellschaft, 2, 1973, S. 11-13

Brunotte, E.-R. Die Bildungssituation der Frauen in der Industriegesellschaft, Stuttgart 1968

Bruhn, U.-B. Die vorschulische Tätigkeit in Schweden, Hrsg. Schwedisches Institut, Stockholm 1962

Brun-Gulbrandsen, S. Sex Roles and the Socialisation Process, in: Changing Roles of Men and Women, (Hrsg.) E. Dahlström, London 1967, S. 59-78

Bub, B. — Familienstruktur und geschlechtsspezifische Sozialisation, unveröff. Diplomarbeit, Frankfurt a.M. 1968

-.- — Bundestagsdrucksache VI, 1967

Burghaus, H.-J. — Schwedische Familienpolitik, Diss. Köln 1964

Callet, C.; du Granrut, C. — Place aux femmes, Paris 1973

César, C. u.a. — Die Diskriminierung der Schülerinnen. Am Beispiel der nordrhein-westfälischen Lehrpläne, in: Blätter für deutsche und internationale Politik, 15. Jg., 1970

Chomsky, N. — in: Remparts, Cognition, Social Policy (May/June, 1972)

-.- — Cinq années de législature, Actualité Service Supplément au No 183 publié par le Comité Interministériel pour l'Information, Janv. 1973

-.- — Code du Travail, Paris 1968

-.- — Les Conditions de Travail des Ouvrières - Vérité - Solutions - Colloque organisé par Antoinette - magazine féminin de la C.G.T., le 9 Janv. 1973

-.- — Le Creuset, La Voix des Cadres, No 636, 5. Mai 1973

-.- — DAG - Aktionsprogramm. Die Stellung der Frau in der Gesellschaft, 1, 1973

-.- — DAG - Untersuchung über die Motivation von Teilnehmern an Maßnahmen beruflicher Erwachsenenbildung, Hamburg 1970

-.- — DAG - Wiedereingliederung weiblicher Angestellter in das Berufsleben, Hamburg 1972

-.- — Denkschrift zum Bildungsnotstand in Kindertagesstätten für Kleinkinder / Kindergärten. Hrsg. Die Gewerkschaft für Erziehung und Wissenschaft, Frankfurt 1968

Dessauer, R. — Probleme moderner Frauenbildung. Vortrag auf der 73. Hauptversammlung des VkdL in Trier, in: Katholische Frauenbildung, 1967, 68, S. 273-286

Dobzhansky, T. — Genetic Diversity and Human Equality, o.O. 1973

Domsch, A. — Harmonisierung der sozialen Sicherheit in der EWG, Diss. Köln 1973

Edgren, G. — Still a long way to equal earnings, in: Hertha, 5, 1969, S. 68-72

-.- — Erfahrungen mit der Teilzeitarbeit der Frauen, in: Der neue Betrieb, H. 14, o.O.u.J.

Ertel, H. — Ein differential methodischer Versuch zum Intelligenzproblem, in: Psychologische Forschung, 30, S. 151-199

Eysenck, H. — The Inequality of Man, o.O. 1973

-.- — Excerpt from the central standard curriculum for compulsory comprehensive school in Sweden, Hrsg. Swedish Ministry of Education, 1, 1971

-.- — Family-Planning and the status of women in Sweden. Report by the Government of Sweden to the united Nations. Hrsg. Ministry of Health and Social Affairs, Stockholm 1970

-.- — The Joint Female Labour Council, in: Arbetsmarknadens Kvinnonämnd (AKN) - Information, Nr. 2, 1971, S. 1-16

-.- — Frauen im Ingenieurberuf, in: VDI-Information, 5, 1969

Frederiksson, J. — Die Stellung der Frau in Schweden, o.O.u.J.

Fülles, M. — Emanzipation heute - eine Bestandsaufnahme, in: Informationen für die Frau, 1971, 11, 12, S. 21-27

Funke, L. — Die Aufgabe der Frau in der Gesellschaft von morgen - Welche Zielvorstellungen haben wir?, in: Nach der Emanzipation, Hrsg. L. Funke, C. Stephan u.a., Stuttgart 1972

-.- Geschäftsbericht der Abteilung Frauen im Bundesvorstand des DGB, o.O.u.J.

-.- Die Gewerkschaftsbewegung und die Familienpolitik. Ein Bericht des Ausschusses für Familienfragen beim Gewerkschaftsbund, Stockholm 1969

Gottschalch, W.; Neumann-Schönewetter, M.; Soukup, G. Sozialisationsforschung, Frankfurt a.M. 1971

Grimm, G. Schweden. Studienbericht. Soziale Wohlfahrt und sozialer Dienst, o.O. 1967

Grömminger, A. Die deutschen Fibeln der Gegenwart, Weinheim 1969

Guilbert, M. Les Fonctions des Femmes dans l'Industrie, Paris/La Haye 1966

Haas, I. Gibt es noch das junge Mädchen?, in: Die unfertige Emanzipation, Hrsg. E. Wisselinck, München 1965, S. 30-51

Hagenmeier, T. Mädchenbildung in den Bildungsplänen der BRD, in: Die Schulwarte, 22, 1969, S. 81-90

Hartmann, H. Die Unternehmerin. Selbstverständnis und soziale Rolle, Köln u. Opladen 1968

Heckhausen Leistungsmotivation, in: Handbuch der Psychologie, Bd. 2, 1965

Hein Schwangerschaft und Mutterschutz der arbeitenden Frau, in: Handbuch der gesamten Arbeitsmedizin, Bd. IV, Teil I, Berlin - München - Wien 1963

Herrnstein, R. Chancengleichheit - eine Utopie? Die I Q-bestimmte Klassengesellschaft, o.O. 1974

Herrnstein, R. I Q in the Meritocracy, o.O. 1973

Herrnstein, R. I Q, in: The Atlantic, Sept. 1971

Hitpass, J. Einstellungen der Industriearbeiterschaft zu höherer Bildung, Ratingen 1965

Höhn, E. Das berufliche Fortkommen von Frauen, Bad Harzburg 1964

Hofbauer, H. — Potentielle Berufsfelder von Frauen. Ein Beitrag zur Erforschung der Geschlechterflexibilität in einzelnen Berufen, in: Mitteilungen aus der Arbeits- und Berufsforschung, Stuttgart, 4. Jg., 1971, S. 336-348

Hoffmann-Bludau, B. — Das Gleichberechtigungsgebot im Arbeits- und Sozialversicherungsrecht, Bonn - Bad Godesberg 1972

Infas-Report — Frau und Öffentlichkeit, Hrsg. Institut für angewandte Sozialforschung, Bad Godesberg 1965

Ifo — Soziale Auswirkungen des technischen Fortschritts, Hrsg. Institut für Wirtschaftsforschung, München - Berlin 1962

-.- — Informations - Comité du Travail Féminin, Nr. 2, Janvier 1973

-.- — Informationsblatt der Gewerkschaft Conféderation Génerale du Travail, Mai 1973

-.- — Internationale Revue für soziale Sicherheit, XXV, Nr. 4, 1972

Jensen, A. — How much Can We Boost I Q and Scholastic Achievement, in: Harvard Educational Review, 39, 1969

Jensen, A. — Wie sehr können wir Intelligenzquotient und schulische Leistungen steigern? (dtsch. gekürzte Ausgabe) in: Umwelt und Begabung, (Hrsg.) H. Skowronek, Stuttgart 1973, S. 63-155

Jensen, A. — The Differences are real, in: Psychology today, Dec. 1973

Jensen, A. — Educational Differences, o.O. 1973

Jensen, A. — Genetics and Education, o.O. 1972

Johansson, B. — Erwachsenenbildung in Schweden, Stockholm 1973

-.- — Journal Officiel de la République Française, Déc. 71, Nr. 71-189 und 14.11.72, Paris.

Junker-Seeliger, H. — Die erwerbstätige Frau in der industriellen Gesellschaft, Bonn 1970

Kärre, M. — Child supervision in Sweden, in: Hertha, 5, 1969, S. 58-63

Kaplan, M.-L. — Les femmes et le travail, in: Les Cahiers Françaises, No. 154-155, Mai-Août, 1972

Klein, V. — Women Workers, Working Hours and Services, Hrsg. OECD, Paris 1965

Klein-Albenhausen, H. — Die Darstellung der Frau in Fernsehsendungen mit Spielhandlung. Eine Inhaltsanalyse von Sendungen im 1. Programm des deutschen Fernsehens vom 1.2.1969 bis 30.7.1969, Hamburg 1970

Kob, I. — Die Stellung des Lehrers in der modernen Gesellschaft, in: Bildung und Erziehung, 1966

König, E. — Die Einstellung der Behörden und der Wirtschaft zu weiblichen Vorgesetzten und Stabskräften, in: VDI-Information - Frauen im Ingenieurberuf, 5, 1969, S. 23-24

Krais, B. — Familienorientierte Erziehung oder berufsbezogene Ausbildung, unveröff. Diplomarbeit, Berlin 1969

Krüger, U.M. — Kurzfassung der Untersuchung von A. Silbermann, in: Informationen für die Frau, 1971

-.- — La Formation professionnelle des femmes, Rapport du Comité Féminin, Mai 1972, Condensé realisé par V. Chauchat

Langer-El Sayed, I. — Die Lebensrollen von Mann und Frau. Schwedische Beobachtungen und Schlußfolgerungen, in: Frankfurter Hefte, 25, 1970, S. 26-32

Langkau-Herrmann, M.; Langkau, J. — Arbeitsmarktstrategien zur verstärkten Integration der Frau in die Arbeits- und Berufswelt, Bonn - Bad Godesberg, August 1971

Laube, H. — Frauen als Vorgesetzte, Hrsg. Das Rationalisierungskuratorium der Deutschen Wirtschaft (RKW), Förderung der Frauenarbeit, Bad Harzburg und Frankfurt 1964

Laube, H. | Berufsaufstieg der Frauen durch berufliche Weiterbildung, in: Material- und Nachrichten-Dienst der Arbeitsgemeinschaft Deutscher Lehrerverbände, Gewerkschaft Erziehung und Wissenschaft, MUND, 13. Jg., H. 105, Celle 1962, S. 88-101

Legebrandt, F.; Poeschke, G. | Betriebspraktika für Schüler, Köln 1967

Lehmann | Das physische Leistungsvermögen des Menschen, in: Handbuch der gesamten Arbeitsmedizin, Bd. I, Berlin - München - Wien 1961

Leijon, A.-G. | Swedish Women - Swedish Men, Stockholm 1968

Leijon, A.-G.; Kärre, M. | La condition familiale en mutation, Paris 1972

Lisop, I. | Die Situation der berufstätigen Frau in der Industriegesellschaft, Hannover 1972

Lüscher, K. | Der Beruf des Gymnasial-Lehrers, Bern 1965

Maurer, K.W. | Die Rolle der Arbeitgeberschaft im französischen System der beruflichen Bildung, Diss. Frankfurt 1972

-.- | Mehr Frauen in die Parlamente, Hrsg. Arbeitsgemeinschaft sozialdemokratischer Frauen, Bundesvorstand, Bonn 1974

Menschik, J. | Gleichberechtigung oder Emanzipation?, Frankfurt 1971

Meyer, H.H. | Das Eherecht unter dem Gesichtspunkt der Gleichberechtigung von Mann und Frau, Bern 1937

-.- | Mitteilungen des Staatsministeriums für soziale Angelegenheiten, Nr. 9, vom 5.-11.3.1973

Mühle, G. | Definitions- und Methodenprobleme der Begabungsforschung, in: Begabung und Lernen, (Hrsg.) H. Roth, Stuttgart 1969, S. 69-97

-.- | Mutterschutz in den sechs Ländern der EWG. Stand: 30. Juni 1965, Kollektion Studien, Reihe Sozialpolitik Nr. 13, Brüssel 1966

Myrdal, A.; Klein, V. — Women's Two Roles, Home and Work, London 1956

Nave-Herz, R. — Die Weiterbildung der Frauen in der BRD, in: International Review of Education, XIX, 1, 1973

-.- — Nordrhein-Westfalen - Programm 1975, Düsseldorf 1973

-.- — Notes du Ministère du Travail, de l'Emploi et de la Population, No 8, 21-27 Juin 1971

Odhnoff, C. — Wohnmilieu, Milieu für Menschen. Hrsg. Ministerium für Arbeit und Wohnungswesen, Stockholm 1971

-.- — OECD - RAPPORT NATIONAL: France, le Rôle des Femmes dans l'Economie, Paris 1973

-.- — OECD - Rapport national: Suede, le Rôle des Femmes dans l'Economie, Paris 1973

Orlander, K. — Emanzipation, in: Schweden als Beispiel, Hrsg. H. Schröter, Frankfurt a.M. 1970

Pfeil, E. — Die Berufstätigkeit von Müttern, Tübingen 1961

Pitrou, A. — La famille dans la vie de tous les jours, Toulouse 1972

-.- — The President's Commission on the Status of Women, Report of the Committee on Social Insurance and Taxes, Washington D.C. 1963

-.- — Programm des Deutschen Gewerkschaftsbundes für Arbeitnehmerinnen, Hrsg. Abt. Frauen im Bundesvorstand des DGB, Düsseldorf 1969

Pross, H. — Über die Bildungschancen von Mädchen in der BRD, Frankfurt 1972

-.- — Protokoll der 7. Frauenkonferenz der IG Metall, o.O.u.J.

Pütz, T. — Berufliche Bildung aus der Sicht der Gewerkschaften, in: Die Frau in der offenen Gesellschaft, 2, 1972

Renard, M.-T. — La participation des femmes à la vie civique, Paris 1965

Renger, A. — Die Stellung der Frau in unserer Gesellschaft, in: Frauen 1968, Regionalkonferenzen der SPD. Hrsg. vom Vorstand der SPD, Referat Frauenpolitik, Bad Godesberg o.J.

-.- — Report in reply to questionnaire in OECD, document MS 73/2, concerning the role of women in economy, (Sweden)

Ritz; Fröhlich G. — Weltsicht und Weltverständnis im Lesebuch der Volksschule, Weinheim 1969

Robisch, U.; Leibrand, F. — Das Bild der Frau in den Lesebüchern der Grundschule, in: Die Schulwarte, 1969, 22, S. 91-97

Rohwder, W.D. — Implications and cognitive for education, in: Manual of Child Development, (Ed.) P.H. Mussen, New York 1970, S. 1379-1454

Rohr, U. — Situation des weiblichen kaufmännischen Angestellten, in: Informationen für die Frau, 1, 1972

Rolff, H.G. — Die Sozialisation und Auslese durch die Schule, Heidelberg 1967

Rutenfranz, J. — Ist Nachtarbeit für Frauen gesundheitsschädlicher als für Männer?, unveröff. arbeitsmedizinisches Gutachten im Auftrage des Bundesministeriums für Arbeit und Soziales, Gießen o.J.

Rutenfranz, J. — Überlegungen zur arbeitsmedizinischen Bewertung sogenannter "leichter" Frauenarbeit, Schriftenreihe der IG Metall für die BRD, Nr. 54, o.O.u.J.

Sandlund, M.-B. — Die soziale Stellung der Frau in Schweden. Bericht an die Vereinten Nationen, Hrsg. Schwedisches Institut, Stockholm 1968

Sartorius, C. — Verfassungs- und Verwaltungsgesetze in der BRD, München 1973

Schlaga, G. — Grundschule und weiterführende Schulen, Hrsg. Vorstand der SPD, Bonn 1970

Schönberg, A. — The Concept of the Bread-Winner, in: Hertha, 5, 1969, S. 10-13

Silbermann, A. — Das Fremdbild des Mädchens und der Frau in Schulbüchern der BRD, Köln 1969

Skowronek, H. Nach Jensen: Ist "Begabung" neu zu bewerten?, in: Umwelt und Begabung, (Hrsg.) H. Skowronek, Stuttgart 1973, S. 227-239

-.- Social Benefits for part-time Employees. Hrsg. National Labour Market Board, o.O. 1969

Sollwedel, I. Das Mädchen- und Frauenbild in den Lesebüchern der Volksschulen, in: Informationen für die Frau, 1968, H. 3, S.12-14

Sollwedel, I. Das neue Frauenbild in den Lesebüchern, in: Informationen für die Frau, 19, H. 6, 1970, S. 6-8

-.- Der Spiegel vom 25. Januar 1971

-.- Statistische Angaben vor allem über die Frauen und den Arbeitsmarkt, Hrsg. Arbeitsmarktdirektion, o.O. 1973

-.- Statistisches Jahrbuch für die BRD 1973, Hrsg. Bundesamt für Statistik, Wiesbaden 1973

Sterner, R. Slow Conversion of a Man, in: Swedish Women - Swedish Men, Hrsg. A.-G. Leijon, Stockholm 1968

Stenholm, B. Education in Sweden, Stockholm 1970

Steinbrink, in: Zeitschrift der deutsch-französischen Wirtschaft, Nr. 5, 1973, S.8-11

Stingl, J. Familie und Beruf, in: Die Frau in der offenen Gesellschaft, 2, 1972, S. 5-6

Sullerot, E. Sept Millions de Femmes hors de la Loi, in: Le Nouvel Observateur, 22. Janv. 1973, S. 68-73

-.- Tatsachen in Schweden. Das Bildungswesen. Hrsg. Schwedisches Institut, Stockholm 1973

-.- Tatsachen in Schweden. Die Sozialversicherung in Schweden, Hrsg. Schwedisches Institut, Stockholm 1973

-.- Tatsachen in Schweden, Die Steuern in Schweden. Hrsg. Schwedisches Institut, Stockholm 1972

Teschner, W.-P. Pädagogische Innovation in Schweden. Eine Fallstudie über die Region Malmö, Stuttgart 1972

Thorsell, S. Employer Attitudes to Female Employees, in: Changing Roles of Men and Women, (Ed.) E. Dahlström, London 1967

-.- Towards Equality. First Report of the Working Group on Equality set up by the Swedish Confederation of Trade Unions, Lund 1971

-.- Ungleichheit im Wohlfahrtsstaat. Der Alva-Myrdal-Report der schwedischen Sozialdemokraten, Hrsg. W. Menningen, Reinbek 1969

-.- Unveröffentlichtes Vormanuskript des Papiers der Familienpolitischen Kommission der Bundesarbeitsgemeinschaft Sozialdemokratischer Frauen, o.O. 1974

Urbach, P. Progress and Degeneration in the I Q Debate, in: British Journal of the Philosophy of Science, o.O. 1974

-.- Verein katholischer deutscher Lehrerinnen. Empfehlungen zur Mädchenbildung, in: Katholische Frauenbildung, 1967, S. 300-302

Vestin, M. School, Instruction, and Sex Role Questions, in: The National Swedish Board of Education, Information Section, Stockholm 1971, S. 1-18

Weber, M. Forderungen im Jahr der Arbeitnehmerinnen, in: Gewerkschaftliche Monatshefte, 11, 1972

Westman-Berg, K. Schoolbooks and roles of the sexes, in: Hertha, 5, 1969, S. 48-53

Wilms, D. Ausbildung, Weiterbildung, Aufstieg von Mädchen und Frauen in der modernen Arbeitswelt, Hrsg. Deutsches Industrieinstitut, Köln 1964

Wilms, D.; Dennebaum, E.-M. Mädchen sind anders. Sonderprobleme der Aus- und Fortbildung von weiblichen Arbeitskräften, in: Wirtschafts- und Sozialpolitische Grundinformation für Lehr- und Vortragsunterlagen des Deutschen Industrieinstituts, Sachgruppe IV, Nr. 35, Köln 1969

Wilms, D.; Dennebaum, E.-M. — Probleme der Ausbildung und des Aufstiegs von weiblichen Beschäftigten in der Wirtschaft, in: Wirtschafts- und Sozialpolitische Grundinformationen für Vortrag, Rede, Unterricht und Diskussion, Sachgruppe IV, Nr. 13 (Ergänzungslieferung Oktober 1968)

Wingen, M. — Familienpolitik in Schweden, in: Sozialer Fortschritt, 15, 1966, S. 134-140

-.- — Wirtschaft und Statistik. Hrsg. Bundesamt für Statistik, 11. Bd., Wiesbaden 1971

-.- — Wirtschafts und Statistik. Hrsg. Bundesamt für Statistik, 20. Bd., Wiesbaden 1970

Teil II

von

Ursula Linnhoff
Dr. Brunhilde Sauer
in Zusammenarbeit mit
Lujza Szücs

Inhaltsverzeichnis

		Seiten
1.	Zu Theorie und Praxis der Frauenfrage in den sozialistischen Ländern	1
	Hauptteil A	
1	Indirekte Ansatzstellen zur aktiven Förderung der beruflichen Bildungschancen von Frauen in den sozialistischen Ländern	3
1.1	In der Familiensituation	3
1.1.1	DDR	3
1.1.2	UdSSR	6
1.1.3	Kurzzusammenfassung	8
1.2	In Rechtsnormen grundsätzlichen Charakters	9
1.2.1	Verfassungen	9
1.2.1.1	DDR	9
1.2.1.2	ČSSR	10
1.2.1.3	UdSSR	10
1.2.2	Gesetzbücher der Arbeit	11
1.2.2.1	DDR	11
1.2.2.2	ČSSR	12
1.2.2.3	UdSSR	14
1.2.3	Familiengesetzbücher	14
1.2.3.1	DDR	14
1.2.3.2	ČSSR	15
1.2.3.3	UdSSR	16
1.2.4	Gesetz über das einheitliche sozialistische Bildungssystem der DDR	16
1.2.5	Kurzzusammenfassung	17
1.3	Das allgemeinbildende Schulsystem und die Berufsberatung	17
1.3.1	DDR	17
1.3.2	ČSSR	20
1.3.3	UdSSR	22
1.3.4	Kurzzusammenfassung	26
1.4	In der Berufssituation	26
1.4.1	Faktoren des Bewußtsein	26
1.4.1.1	Einstellungen der betroffenen Frauen in der DDR	26

		Seiten
1.4.1.2	Einstellung der betroffenen Frauen in der UdSSR	31
1.4.1.3	Kurzzusammenfassung	32
1.4.1.4	Einstellungen der Kollegen und Vorgesetzten zur berufstätigen Frau in der DDR	33
1.4.1.5	Einstellungen der Männer und Betriebe zur berufstätigen Frau in der ČSSR	34
1.4.1.6	Einstellungen der Kollegen und Vorgesetzten zur berufstätigen Frau in der UdSSR	35
1.4.1.7	Kurzzusammenfassung	37
1.4.2	Materielle Arbeitsbedingungen	
1.4.2.1	Lohn- und Gehaltssituation	
1.4.2.1.1	DDR	
1.4.2.1.2	ČSSR	40
1.4.2.1.3	UdSSR	42
1.4.2.1.4	Kurzzusammenfassung	43
1.4.2.2	Die Teilzeitarbeit in der DDR	43
1.4.2.3	Sonstige Gestaltung des Arbeitsplatzes	46
1.4.2.3.1	Technische Verbesserungen in der DDR	46
1.4.2.3.2	Gesundheitlich-hygienische Verbesserungen in der ČSSR	47
1.4.2.3.3	Verbesserungen in der UdSSR	47
1.4.2.3.4	Frauenarbeitsplatzkataloge in der DDR	49
1.4.2.3.5	Kurzzusammenfassung	50
1.4.3	Spezielle rechtliche Arbeitsbedingungen	50
1.4.3.1	Arbeits- und Beschäftigungsverbote	50
1.4.3.1.1	DDR	51
1.4.3.1.2	ČSSR	52
1.4.3.1.3	UdSSR	54
1.4.3.1.4	Kurzzusammenfassung	55
1.4.3.2	Maßnahmen im Rahmen von Sozialversicherung und Krankenkasse im Zusammenhang mit Schwangerschaft und Mutterschaft	55
1.4.3.2.1	DDR	55
1.4.3.2.2	ČSSR und UdSSR	58
1.4.3.2.3	Kurzzusammenfassung	60

		Seiten
1.4.3.3	Sonderbestimmungen im Rentenrecht für die Frau	61
1.4.3.3.1	DDR	61
1.4.3.3.2	ČSSR und UdSSR	62
1.4.3.3.3	Kurzzusammenfassung	63
1.5	Infrastrukturelle Maßnahmen	64
1.5.1	Kindereinrichtungen in der DDR	64
1.5.1.1	Allgemeine Probleme der Kindereinrichtungen	64
1.5.1.2	Kinderkrippen	65
1.5.1.3	Kindergärten, - wochenheime und Schulhorte	65
1.5.2	Kindereinrichtungen in der ČSSR	66
1.5.2.1	Kinderkrippen	66
1.5.2.2	Kindergärten	66
1.5.2.3	Jugendhorte, Jugendclubs	67
1.5.3	Kindereinrichtungen in der UdSSR	67
1.5.3.1	Kinderkrippen, Kindergärten	67
1.5.3.2	Außerschulische Kindereinrichtungen	68
1.5.4	Maßnahmen zur Erleichterung privater Haushaltstätigkeiten	68
1.5.4.1	In der DDR und der ČSSR	68
1.5.4.2	In der UdSSR	70
1.5.5	Kurzzusammenfassung	71
	Hauptteil B	
2	Direkte konkrete Ansatzstellen zur aktiven Förderung beruflicher Bildungschancen von Frauen in der DDR, ČSSR und UdSSR	72
2.1	In der beruflichen Ausbildung	72
2.1.1	In der DDR	72
2.1.1.1	Im Lehrverhältnis	72
2.1.1.2	In der Fach- und Hochschulausbildung	73
2.1.2	In der ČSSR und UdSSR	75
2.1.2.1	Im Lehrverhältnis	75
2.1.2.2	In der Fach- und Hochschulausbildung	76
2.2	In der beruflichen Fort- und Weiterbildung in der DDR	78

		Seiten
2.2.1	Grundsätzliches zur Fort- und Weiterbildungssituation	78
2.2.1.2	Förderliche Rechtsregelungen	79
2.2.2	Die Praxis der Fort- und Weiterbildungsmaßnahmen für Frauen auf den verschiedenen Qualifiaktionsebenen	87
2.2.2.1	Allgemeine Feststellungen	87
2.2.2.2	Frauensonderklassen, Frauensonderstudium	89
2.2.2.3	Intervall- und Intensivlehrgänge	92
2.2.2.4	Die Frauensonderaspirantur	93
2.2.2.5	Frauenakademien	94
2.2.3	In der beruflichen Fort- und Weiterbildung der ČSSR und UdSSR	94
	Hauptteil C	
1	Zusammenfassende Darstellung konkreter Ansatzstellen zur aktiven Förderung der beruflichen Bildungcchancen von Frauen in der DDR, ČSSR und UdSSR	97
2	Vergleichende Zusammenfassung konkreter Ansatzstellen zur aktiven Förderung beruflicher Bildungschancen von Frauen in der BRD, Frankreich, Schweden (Westländer) und DDR, ČSSR und UdSSR (Ostländer)	106
	Literaturverzeichnis	107

1. Zu Theorie und Praxis der Frauenfrage in den sozialistischen Ländern.

Verhaltenserwartungen, Regelansprüche und Verhaltensweisen hinsichtlich der Rolle der Frau leiten sich in sozialistischen Gesellschaften selbstverständlich aus dem übergreifenden marxistisch-leninistischen Gesellschaftsverständnis ab.
Im Rahmen dieses Gesellschaftsverständnisses ist auf den Stellenwert des Begriffs der "produktiven Arbeit" hinzuweisen, der sich auf die gesellschaftliche Rolle der Frau besonders auswirkt.
W. Hoffmann begründet die spezifische Bewertung der produktiven Arbeit folgendermaßen:
" Die erste Grundtatsache menschlichen Umweltverhältnisses ist die Arbeit, das heißt die bewußte, überlegte, planvolle Aneignung der Natur, der Naturgüter wie der Naturkräfte.
Nur im Menschen ist die kreatürliche Welt zu solchem aktiven Naturverhältnis gelangt, nur der Mensch arbeitet, nur er produziert."[1)]
Produzierende bzw. produktive (nach dem antithetischen Verständnis des Marxismus von "Reproduktion" und "Produktion") Arbeit schafft gesellschaftliche Werte und wird, wo sie in der industriellen Gesellschaft geleistet wird, entlohnt.
Nur wer in solcher Weise arbeitet, kann in einer Gesellschaft, in der die Reproduktionsbedürfnisse mit Hilfe eines Teils des Lohnes durch Kauf befriedigt werden können, ökonomisch unabhängig leben.
Die marxistische Theorie verwirft mit Hilfe des Begriffes der produktiven Arbeit u.a. die naturalistische Vorstellung vom Menschen, die von der Unveränderlichkeit seiner Natur ausgeht.
Daraus ergibt sich prizipiell die Ablehnung eines auf solcher Vorstellung beruhenden traditionellen Geschlechtsrollenverständnisses.
"Die Klassiker des Marxismus", so heißt es bei Sokolowska,"untersuchen die Rolle der Frau auf zwei Ebenen; der der Familie und der der Gesellschaft. Sie reduzieren die Rolle der Frau

---

1) Hoffmann, W., Grundelemente der Wirtschaftsgesellschaft, Reinbek 1969, S. 26

nicht ausschließlich auf die biologisch determinierten, vornehmlich mit der häuslichen Sphäre verbundenen Funktionen, sondern richten ihr Augenmerk auch auf die Rolle der Frau als Teilnehmerin an der gesellschaftlichen Produktion..."[1]
Engels sagt: "Die Befreiung der Frau wird erst dann möglich, wenn diese auf großem gesellschaftlichem Maßstab an der Produktion sich beteiligen kann und die häusliche Arbeit sie nur noch in unbedeutendem Maße in Anspruch nimmt."[2]
Für Bebel besteht in einer sozialistischen Gesellschaft die "Arbeitspflicht aller Arbeitsfähigen ohne Unterschied des Geschlechtes"[3] Er nennt dies das Grundgesetz des Sozialismus.
Aus der Forderung an die Frau, vor allem durch produktive Arbeit teilzunehmen an der Gestaltung des gesellschaftlichen Lebens, ergibt sich, daß man in den sozialistischen Staaten grundsätzlich folgendes vertritt:

- ihre rechtliche Gleichstellung in Familie und Politik
- ihre aktive Mitarbeit in Gesellschaft und Produktion
- die Beseitigung ihrer "häuslichen Sklaverei" u.a. durch den Übergang von der individuellen Hauswirtschaft zur sozialistischen Großwirtschaft.

Vor allem der letzgenannte Grundsatz ist, wie sich zeigen wird, bis jetzt kaum in die Praxis umgesetzt.
Zudem ist zwar in den Familiengesetzbüchern dieser Staaten meist die Rechtsregelung enthalten, daß beide Ehepartner für Haushalt und Familie die gleiche Verantwortung haben; dies kann sich jedoch bis heute nicht unmittelbar auf die jeweilige konkrete Praxis der Haushaltsführung bzw. des "Familienlebens" auswirken.
Tatsache ist, daß auch in diesen Gesellschaften eine Aufhebung

---

1) Sokolowska, M., Frauenemazipation und Sozialismus, Reinbek 1973, S. 20

2) Engels, F., Der Ursprung der Familie, des Privateigentums und des Staates, Berlin/Ost 1952, S. 161

3) zitiert in: Riemer, J.S., Probleme der Berufsfindung und der Berufstätigkeit der Frauen in der DDR, Diss. Köln 1970, S. 48

der Doppelbelastung der Frau noch nicht erreicht ist und damit auch Gleichberechtigung noch nicht voll verwirklicht ist.
Der theoretische Ansatz, eine Integration der Frau in die "produktive Arbeit" unter Bereitstellung flankierender rechtlicher und materieller Hilfen genüge völlig, um diese zu erreichen, ist wohl zu eng. Zur Realisierung der Gleichberechtigung müssen auch Einstellungen, die der Frauen selbst und vor allem die der Männer, verändert werden.
Außerdem muß die sozialistische Volkswirtschaft vor allem akzeptieren, daß man angesichts der Rollenerwartung der berufstätigen, produktiv schaffenden Frau nicht mehr mit umfangreicher "Gratis-Hausarbeit" rechnen kann.
Erst wenn insbesondere diese Prozesse vollzogen sind, ist auch hier das Ende der Doppelbelastung der Frau absehbar und damit ihre echte Gleichberechtigung, auch hinsichtlich der Chancen beruflicher Bildung, erreicht.

Hauptteil A

1 Indirekte Ansatzstellen zur aktiven Förderung der beruflichen Bildungschancen von Frauen in den sozialistischen Ländern[1)]

1.1 In der Familiensituation

1.1.1 DDR

Welche Art von geschlechtsrollenbedingter Arbeitsteilung in der Familie der DDR faktisch noch herrscht, wird u.a. aus einer "Einführung in die sozialistische Familienerziehung"[2)] deutlich, in der es heißt:
"In der Mehrzahl der Familien unserer Republik ist auch die Mutter berufstätig. Deshalb muß sich auch der Mann an der Erledigung der Hausarbeit beteiligen. Dieser Grundsatz hat sich bereits durchgesetzt, wenn auch nicht zu übersehen ist, daß gegenwärtig die Frauen noch die Last des Haushalts zu tragen haben.... Gegenwärtig wird die Arbeitsteilung in den Familien noch außerordentlich unterschiedlich gehandhabt. Ob sich im Laufe der Entwicklung allgemeingültige Traditionen für die Arbeitsteilung in den Familien herausbilden werden, ist heute

---

1) Zur Relevanz der in dem Hauptteil A behandelten Punkte wird auf entsprechende Erörterungen in Teil I der Studie hingewiesen.

2) Mannschatz, E., Einführung in die sozialistische Familienerziehung, Berlin/Ost 1971, S. 27

noch nicht abzusehen."
In Bezug auf die Kindererziehung wird darin sogar gesagt, daß Mann und Frau hierbei grundsätzlich verschiedene Rollen übernehmen müssen. Der Autor meint dazu:
"Das ist keine Verletzung des Prinzips der Gleichberechtigung, sondern ein Erfordernis des funktionsteiligen Zusammenwirkens.... Wie sich die Rollen unterscheiden, kann für die Familie im Sozialismus noch nicht mit Sicherheit gesagt werden....Man soll nicht das Kind mit dem Bade ausschütten und unter der Flagge des Kampfes gegen die bürgerliche Rollenverteilung Unterschiede in der Rolle der Eltern überhaupt abschaffen wollen."[1]
Diese Aussage macht wohl deutlich, daß in der DDR das Konzept bürgerlicher Rollenverteilung mit der Annahme ganz bestimmter Erziehungsfunktionen von Vater, d.h. dem Mann, und Mutter, d.h. der Frau, nicht völlig aufgegeben wird.
Es ist keine Frage, daß sich auch hier das noch nicht zum Verschwinden gebrachte traditionelle Verständnis von den Aufgaben der Geschlechter in Haushalt und Familie hinderlich auf die Berufsrolle der Frau bzw. auf die Bildungschancen des Mädchens, das sich auf eine qualifizierte Erwerbstätigkeit vorbereiten soll, auswirkt. Soziologische Untersuchungen weisen den Mißstand der ungleich verteilten Hausarbeit wie auch der vorhandenen traditionellen Einstellungen zur Rolle der Frau in der Familie eigens nach.
K. Spiegelberg[2] zitiert Untersuchungsergebnisse, nach denen der durchschnittliche wöchentliche Zeitaufwand für Hausarbeiten aller Art (ohne Kindererziehung und -pflege) in Haushalten, in denen die Ehefrau berufstätig ist, 43,5 Stunden beträgt. Daran sind die Frauen durchschnittlich mit 35

---

1) Mannschatz, E., Die sozialistische Familienerziehung, a.a.O., S. 63
2) Spiegelberg, K., Das Verhältnis der Frauen zur Berufstätigkeit, in: "Die Wirtschaft",6.3.1968, Nr. 10, S. 6

Stunden beteiligt, die Männer mit etwas mehr als 5 Stunden.(1)
Eine entsprechend ungünstige Verteilung von Hausarbeit auf Jungen und Mädchen innerhalb der Familie erwähnt W. Friedrich.[1]
Aufgrund von Befragungen von 984 12-16jährigen Jungen und Mädchen an Allgemeinen Polytechnischen Oberschulen konnte festgestellt werden, daß 17 % mehr Mädchen mehr als 2 Stunden Hausarbeit leisten mußten, im Vergleich zu nur 6 % Jungen.
Die traditionellen Einstellungen haben insbesondere einen negativen Einfluß auf die primären Sozialisationsprozesse von Jungen und Mädchen.
Die Einflüsse sind noch so stark, daß sowohl die Jugendorganisationen wie Schulen sich schwer tun, diese zu kompensieren. Dies wird z.B. deutlich aus einer Einstellungsuntersuchung[2] an einer Auswahl von 373 Schülern der Klassen 9 und 10 in Karl-Marx-Stadt zur Frage der familiären Aufgabenverteilung zwischen Mann und Frau.
Die Schüler ordneten den Frauen immer noch einen über Gebühr hohen Anteil an Familienpflichten zu und meinten daneben, der Mann sei technisch versierter und solle z.B. eher Tätigkeiten wie Basteln im Haushalt übernehmen.
Zwar waren sich die Schüler darin einig, daß Vater und Mutter hinsichtlich der schulischen Anforderungen ihrer Kinder, der ideologischen Fragen und der Gestaltung der Freizeit in gleicher Weise verantwortlich seien, es zeigte sich aber, daß wiederum alte Auffassungen aktiv wurden, wenn es sich um die Frage der Schulhorte oder um

---

1) Friedrich, W., Jugend, Ehe und Beruf, in: "Junge Generation", 4/1965, S. 47

2) vgl.: Otto, W., Wer stellt die Blumen in die Vase?, in: Neues Forum, 23/69, S. 8

(1) Aus einer tschechoslowakischen Statistik geht gleichfalls hervor, daß die berufstätigen Frauen durchschnittlich pro Tag 5 Stunden und 20 Minuten auf die Hausarbeit verwenden müssen, hingegen die Männer nur 2 Stunden. (vgl.: Štíbalová, B., Služby a volný čas, in: Plánované hospodářství, 1965/11, S. 75

Hygiene und Pflege der Kinder handelte.(1)

1.1.2 UdSSR

Die These von Lunačarskij: " wonach in der sowjetischen Familie alle Arbeiten im Haushalt einträchtig und gleichmäßig verteilt auf Ehemann und Ehefrau verrichtet werden sollen"[1] wird in der UdSSR häufig diskutiert. Es wird oft erörtert, wie man dieser Idealvorstellung näher kommen kann.

Die tatsächliche Stellung der Frau ist nämlich in der UdSSR noch von den traditionellen Vorstellungen geprägt. Gordon und Levin stellen zwar fest, daß die Freizeit der berufstätigen Frauen in größeren Städten angestiegen ist. Anders sieht es aber in kleinen Provinzstädten aus, die dörflichen Charakter haben. Hier besteht die Tendenz, daß die Frauen mehr und mehr Zeit für die häuslichen Arbeiten aufwenden müssen.[2]

Eine Umfrage des Instituts für öffentliche Meinung[3] ergab, daß 44,9 % der befragten berufstätigen Frauen täglich mehr

---

1) vgl. Kluge, R.-D., Die Rolle der Frau in der Sowjetgesellschaft, in: Osteuropa , 1966/10, S. 662

2) Gordon, L.; Levin, B., Nekotorye social'no-bytovye posledstvija pjatidnevki v bol'šich i malych gorodach, in: Voprosy ekonomiki, 1968/4, S. 140

3) Kluge, R.-D., a.a.O., S. 662

(1) Cipro (zit. in: Bildungsreform in Osteuropa, Hrsg. Anweiler, O., Stuttgart 1969, S. 164) weist im Zusammenhang mit der ČSSR auf die Bedeutung der Sozialisationsprozesse in der Familie mit Hinblick auf die Schulwahl hin. Er stellt fest, daß Kinder - und hier wiederum bis zu 75 % Mädchen im Jahre 1969 aus den "gebildeten" Familien auf die allgemeinbildenden Mittelschulen gehen, die ihnen in Bezug auf eine spätere Berufstätigkeit keine zufriedenstellende materielle Sicherheit gewährleisten können, da rund 40 % der Absolventen dieser Schulen nicht auf die Hochschulen gehen können.

als drei Stunden für die Hausarbeit verwenden. Nur 9,3 % der befragten Männer tun dies auch. 22,0 % der Männer befassen sich grundsätzlich nicht mit der Hausarbeit. Dagegen befassen sich nur 6,5 % der berufstätigen Frauen überhaupt nicht mit Hausarbeit. Insgesamt ergab diese Untersuchung, daß die verheirateten berufstätigen Frauen etwa das Dreifache an Zeit für die Hausarbeit aufwenden wie die Männer.

Ein Leserbrief, der in der sowjetischen Presse veröffentlicht wurde, nimmt zu diesem Problem folgendermaßen Stellung: "Und wie groß und unbestritten unsere Errungenschaften in der praktischen Gleichberechtigung der Frau auch sein mögen, so wollen wir doch mit offenen Augen auch ihre Schattenseiten sehen. Es lebt - und dazu noch recht glücklich - (noch immer) die patriarchalische Tradition der häuslichen Leibeigenschaft!"[1]

Auch eine andere vergleichende Untersuchung, die in Warschau und Leningrad durchgeführt wurde, zeigt, daß die Rollen von Mann und Frau in der Familie der UdSSR traditionell geblieben sind.

Auf die Frage "Wer besorgt die Hausarbeit der Familie?" antworteten die Leningrader Arbeiterinnen folgendermaßen[2]:

die Arbeiterin selbst	81, 5 %
die Mutter der Arbeiterin	10, 5 %
die Schwiegermutter	4, 7 %
andere Familienmitglieder	3, 3 %
der Ehemann	-

Schließlich zeigt z.B. eine Analyse der Zeitverwendung in Familien von Industriearbeitern, daß Mädchen und Frauen ab 16 Jahre und älter bedeutend mehr Zeit für die Hausarbeiten verwenden als Männer des gleichen Alters.[3]

---

1) Kluge, R.-D., Die Rolle der Frau in der Sowjetgesellschaft, a.a.O., S. 662

2) Warum ergreift man einen Beruf?, aus:Literaturnaja gazeta Nr. 17, 1967, in: Ostprobleme , 1967/16, S. 440

3) Danilova, E.Z., Sozial'nye problemy truda ženščinyrabotnicy, Moskva 1968, S. 61

Da es in der Familie der UdSSR noch traditionelle Rollenverteilungen gibt, wird hier selbstverständlich auch in einem großen Ausmaß traditionell erzogen. Auch hier werden also in der primären Sozialisation des Mädchens hemmende Faktoren zum Tragen kommen.
Die andere räumliche und bevölkerungsmäßige Struktur der UdSSR gegenüber z.B. der DDR (u.a. "asiatische" Republiken, autonome Gebiete) verschärft diese Situation im ganzen gesehen sicherlich noch.
Die hemmenden Faktoren im Rahmen der primären Sozialisation des Mädchens werden hier ähnlich wie in der ČSSR im Zusammenhang mit der Frage der Wahl der Bildungsinstitutionen und des Bildungsweges relevant.(1)

1.1.3 Kurzzusammenfassung

Für alle behandelten "sozialistischen" Länder ist zu sagen, daß die Familiensituation, die generell eine außerordentlich wichtige indirekte Ansatzstelle zur Förderung beruflicher Bildungschancen von Frauen darstellt, auch hier noch weitgehend so aussieht, daß Mädchen und Frauen durch sie benachteiligt sind.
Ein merkbarer qualitativer Unterschied zwischen "sozialistischer" und"bürgerlicher" Familie wird nicht deutlich.
Hinsichtlich konkreter Maßnahmen zur Behebung der als Mißstände erkannten Verhaltensweisen in der Familie wird sowohl

---

(1) V.N. Šubkin zeigt für die UdSSR anhand von Mittelschulabsolventen aus Novosibirsk im Jahre 1963/64, daß zwischen dem Bildungsniveau, der Höhe des Pro-Kopf-Einkommens und dem Schulerfolg relevante statistische Zusammenhänge bestehen. Und er weist auch die Tendenz auf, daß die Jugendlichen von Familien mit niedrigem Einkommen eher kurze Ausbildungen absolvieren, (vgl. Šubkin, V.N., Molodež' vstupaet v žizn', in: Voprosy filosofii 1965/5, S. 57)

in der DDR-Literatur als auch in der ČSSR und UdSSR nichts gesagt.
Da die Familienerziehung immer noch weitgehend "privat" gehandhabt wird, kann gesellschaftlich nur außerordentlich schwer auf sie eingewirkt werden.

1.2 In Rechtsnormen grundsätzlichen Charakters

Es gilt in diesem Zusammenhang zunächst auf eine Reihe im Zusammenhang mit unserer Frage positiv wirkender rechtlicher Grundsatzdokumente wie die Verfassungen, die Gesetzbücher der Arbeit, die Familiengesetzbücher und das "Gesetz über das einheitliche sozialistische Bildungssystem" der DDR hinzuweisen.

1.2.1 Verfassungen

1.2.1.1 DDR[1)]

Durch die Verfassung der DDR im Artikel 20 Abs. 2 wird die gleiche Stellung der Frau in allen Bereichen des gesellschaftlichen, staatlichen und persönlichen Lebens garantiert und darauf hingewiesen, daß ihre Förderung besonders in der beruflichen Qualifizierung eine gesellschaftliche und staatliche Aufgabe ist.
Ebenso wird in Art. 24 der Verfassung eindeutig gesagt, daß Mann und Frau, Erwachsene und Jugendliche das Recht auf gleichen Lohn bei gleicher Arbeitsleistung haben. Dies hat auch zur Folge, daß alle Jugendlichen, d.h. Jungen wie Mädchen , nach Art. 25 Abs. 4 das Recht und die Pflicht haben, einen Beruf zu erlernen.
Dazu beinhaltet der Art. 38, daß Ehe, Familie und Mutterschaft unter dem besonderen Schutze des Staates stehen, daß jeder Bürger der DDR das Recht auf Achtung, Schutz und Förderung seiner Ehe und Familie hat, daß dieses unter anderem durch die Gleichberechtigung von Mann und Frau in Ehe und Familie gewährleistet ist, aber auch durch gesellschaftliche und staatliche Unterstützung, insbesondere durch die besondere

---

1) Verfassung vom 6. April 1968, vgl. in: Staatliche Dokumente zur Förderung der Frau in der DDR, Berlin/Ost 1973, S. 17 - 20

Fürsorge für kinderreiche Familien und alleinstehende Mütter und Väter, sowie für Mutter und Kind überhaupt.

1.2.1.2 ČSSR[1]

Die Gleichberechtigung der Frau in der Verfassung der ČSSR ist im 2. Kapitel, Artikel 20,§ 3 verankert. Dort heißt es: " Mann und Frau haben die gleiche Stellung in der Familie, bei der Arbeit und in öffentlichen Tätigkeiten."[2]
Die Gleichberechtigung der Geschlechter wird außerdem im Artikel 21, § 1 betont, wo es heißt: "Alle Bürger haben das Recht auf Arbeit und auf Entlohnung für die geleistete Arbeit nach ihrer Quantität, Qualität und der gesellschaftlichen Bedeutung."[3]
Da die Frau trotz der Eingliederung in den Arbeitsprozeß noch der Hauptträger der Lasten der Mutterschaft und der Familienpflichten ist, wird im Artikel 26, § 1 jedoch auch erklärt: "Mutterschaft, Ehe und Familie stehen unter dem Schutz des Staates".[4]
Darüber hinaus ist auch Artikel 27 interessant. Dort heißt es: "Die Gleichberechtigung der Frau in der Familie, bei der Arbeit und in öffentlichen Ämtern wird gesichert durch besondere Regelungen der Arbeitsbedingungen, der Gesundheitsfürsorge bei Schwangerschaft und Mutterschaft und durch die Vergrößerung der Einrichtungen und Dienstleistungen, die es den Frauen ermöglichen, alle Fähigkeiten zur Teilnahme am gesellschaftlichen Leben nutzbar zu machen."[5]

1.2.1.3 UdSSR[6]

Die rechtliche Gleichberechtigung der Frau in der UdSSR ist im Artikel 122 der Verfassung der UdSSR verankert.

---

1) Verfassung der ČSSR, Prag 1964
2) Verfassung der ČSSR, a.a.O., S. 28
3) Verfassung der ČSSR, a.a.O., S. 28
4) Verfassung der ČSSR, a.a.O., S. 30
5) Verfassung der ČSSR, a.a.O., S. 30
6) Verfassung der Union der Sozialistischen Sowjetrepubliken, Moskau 1965

Dort heißt es u.a.: "Der Frau stehen in der UdSSR auf allen Gebieten des wirtschaftlichen, staatlichen, kulturellen, gesellschaftlichen und politischen Lebens die gleichen Rechte wie dem Manne zu."[1]
Dieses Recht konkretisiert sich dadurch, daß, wie es im Artikel 122 weiter heißt: "sie dem Manne gleichgestellt ist im Recht auf Arbeit, auf Entlohnung, auf Erholung, auf Sozialversichrung und Bildung, ferner durch staatlichen Schutz der Interessen von Mutter und Kind, durch staatliche Hilfe für kinderreiche und alleinstehende Mütter, durch Gewährung eines vollbezahlten Schwangerschaftsurlaubs und durch ein umfassendes Netz von Entbindungsheimen, Kinderkrippen und -gärten."[2]

1.2.2 Gesetzbücher der Arbeit

1.2.2.1 DDR[3]

Vor allem sind für unseren Zusammenhang nennenswert die hierin festgelegten Formen kollektiven Arbeitsrechts in Gestalt von "Rahmenkollektivverträgen" und "Betriebskollektivverträgen".
Zu den im Rahmen der Betriebskollektivverträge wahrgenommenen "innerbetrieblichen und sozialen" Fragen gehören auch die besonderen Förderungsmaßnahmen für Frauen.
Diese konkretisieren sich in sogenannten "Frauenförderungsplänen".
Im 2. Kapitel, § 9 des GBA wird den Betriebsleitern, die mit den Betriebsgewerkschaften eng zusammenarbeiten müssen, auferlegt, in die betrieblichen Perspektiv- und Jahrespläne Frauen- und Jugendförderungspläne mitaufzunehmen.
Darin müssen Maßnahmen zur Förderung und Qualifizierung der Frau und zur Erleichterung ihrer häuslichen Aufgaben

---

1) Verfassung der UdSSR, a.a.O., Artikel 122, S. 96
2) Verfassung der UdSSR, a.a.O., Artikel 122, S. 96/97
3) Gesetzbuch der Arbeit (GBA) vom 12.4.1961 mit Novellen vom 17.4.1963 und 23.11.1966, zitiert nach: Staatliche Dokumente..., a.a.O., S. 21 - 30

enthalten sein.(1) Jährlich mindestens einmal müssen die Leiter und die Betriebsgewerkschaftsleitung in einer gewerkschaftlichen Mitgliederversammlung bzw. Frauenversammlung Rechenschaft über die Durchführung des Frauenförderungsplanes geben. Frauenförderungspläne sind auch durch die LPG's aufzustellen.(2)
Im übrigen ist in § 10 des GBA geregelt, daß "jeder Werktätige unabhängig von Alter, Geschlecht... das Recht auf gleichen Lohn für gleiche Arbeitsleistung hat", und im § 2 wird darauf hingewiesen, daß den Frauen, die vorübergehend mit Familienpflichten belastet sind, die Möglichkeit zu schaffen ist, durch Teilzeitbeschäftigung ihr Recht auf Arbeit wahrzunehmen.(3)

1.2.2.2 ČSSR[1]

Für unseren Zusammenhang ist vor allem wichtig der Artikel VII. Es heißt darin u.a., daß alle Bürger das Recht auf Arbeit

---

1) Zákoník prace, Praha 1966

(1) Im Zusammenhang damit ist auch auf die Kultur- und Sozialfondsverordnung vom 10.12.1964 zu verweisen, nach deren § 10 Abs. 3 auf der Grundlage der Betriebskollektivverträge "Mittel vorrangig für Maßnahmen zur Verbesserung der Arbeiterversorgung und der Arbeits- und Lebensbedingungen der werktätigen Frauen zu verwenden sind".

(2) In Zusammenhang damit ist der 1. Beschluß über die Vorschläge des 7. Deutschen Bauernkongresses an die Regierung, vom 30.3.1962, von Interesse.

(3) Allerdings, daß die Frau in der DDR nicht nur das Recht auf außerhäusliche Arbeit, sondern aus ideologischen und volkswirtschaftlichen Gründen auch die Pflicht dazu hat, wird an Lohn- und Einkommensteuerregelungen der DDR deutlich, nach der erst eine Ermäßigung für Ehegatten für eine Frau ohne Einkommen einsetzt, wenn sie 50 Jahre oder älter ist und im Haushalt ein Kind unter 8 Jahren zu versorgen hat.

haben, daß alle Beschäftigten das Recht auf Entlohnung für die ausgeführte Arbeit nach Qualität, Quantität und der gesellschaftlichen Bedeutung haben.[1]
Weiterhin heißt es dort: "Für die Frauen sind Arbeitsbedingungen zu schaffen, die ihr die Teilnahme an der Arbeit ermöglichen, nicht nur mit Rücksicht auf die besonderen physiologischen Bedingungen ihres Organismus, sondern auch besonders mit Hinblick auf ihre gesellschaftliche Funktion der Mutterschaft und der Erziehung und Pflege der Kinder."[2]
Wichtig sind auch die den Schutz und die Sorge um die Werktätigen betreffenden Vorschriften in den Paragraphen 139 - 144.[3] Diese weisen u.a. darauf hin, daß die Werktätigen bei ihren Bemühungen um Qualifizierung und Aufstieg zu unterstützen sind.
Paragraph 149 weist ausdrücklich darauf hin, daß: "die betrieblichen Institutionen in Zusammenarbeit mit staatlichen Gremien in Abstimmung mit dem Volkswirtschaftsplan neue Arbeitsmöglichkeiten für die Frau schaffen müssen". "Sie sind verpflichtet", heißt es, "hygienische und soziale Einrichtungen für Frauen einzurichten und im Einklang mit dem Entwicklungsplan Kinderkrippen und Kindergärten, Betriebskinderkrippen und Betriebskindergärten zu errichten."[4]
Auch in der ČSSR werden die Interessen von Werktätigen und Betrieben über Kollektivverträge[5], die zwischen Betriebsgewerkschaftsleitung und Betriebsleitung abgeschlossen werden, in Übereinstimmung gebracht.
Im Arbeitsgesetzbuch der ČSSR wird nicht auf die Notwendigkeit hingewiesen, im Rahmen dieser Kollektivverträge Jugend- oder Frauenförderungspläne aufzunehmen, obwohl die besondere Notwendigkeit der Qualifizierung von Jugendlichen und Frauen in der Anlage 65/1965 Sb. zum Arbeitsgesetzbuch dargestellt wird.

---

1) Zákoník práce, a.a.O., S. 17
2) Zákoník práce, a.a.O., S. 19
3) Zákoník práce, a.a.O., S. 144 - 149
4) Zákoník práce, a.a.O., S. 152
5) vgl. Zákoník práce, a.a.O., S. 263

1.2.2.3 UdSSR[1]

Auch nach dem Arbeitsgesetzbuch der UdSSR bestehen gleiche Rechte für Männer und Frauen, u.a.hinsichtlich der Arbeitsverträge, des Lohnes, des Urlaubs usw.
Nur bezüglich junger weiblicher Fachkader, die schwanger sind, oder ein Kind bis zu einem Jahr haben, gilt eine Ausnahme von der Verpflichtung, während der ersten drei Jahre ihrer Berufstätigkeit in einem ihnen von staatlicher Seite zugewiesenen Betrieb außerhalb ihres ursprünglichen Wohnortes arbeiten zu müssen.[2]
Auch in der UdSSR sind die (Betriebs-) Kollektivverträge eine der wichtigsten Formen der Übereinkunft zwischen den Arbeitern und den sozialistischen Betrieben.[3]
"Darin sind auch die Verbesserungen der Qualifizierung der Werktätigen und die Arbeitsbedingungen der Frauen festzulegen; sowohl Betriebsleitung wie Gewerkschaften müssen dafür Sorge tragen."[4]
Allerdings wird nicht auf spezielle Frauenförderungspläne hingewiesen.

1.2.3 Familiengesetzbücher

1.2.3.1 DDR[5]

Es wird hier in § 2 darauf hingewiesen, daß die Gleichberechtigung von Mann und Frau den Charakter der Familie in der sozialistischen Gesellschaft entscheidend bestimmt.
Dazu wird u.a. in § 9 festgestellt, daß die Ehegatten gleichberechtigt sind und alle Angelegenheiten des gemeinsamen Lebens von ihnen in beiderseitigem Einverständnis geregelt werden.
In § 10 wird bestimmt, daß beide Ehegatten ihren Anteil bei der Erziehung und Pflege der Kinder und der Führung des Haus-

---

1) Sovetskoe trudovoe pravo, Moskva 1971
2) vgl.: Sovetskoe..., a.a.O., S. 115
3) vgl.: Sovetskoe..., a.a.O., S. 85
4) vgl.: Sovetskoe..., a.a.O., S. 92
5) vom 20. Dezember 1965, vgl. in : Staatliche Dokumente..., a.a.O., S. 30 - 34

haltes beitragen und daß die Beziehungen der Ehegatten so zu gestalten sind, daß die Frau ihre berufliche und gesellschaftliche Tätigkeit mit der Mutterschaft vereinbaren kann.
Die besondere Unterstützung der Frau taucht auch im Kinderrecht auf, wenn es im Artikel 12 des Familiengesetzbuches heißt: "Ältere Kinder sind zum Beitrag zu den Familienaufgaben ausdrücklich verpflichtet."

1.2.3.2 ČSSR[1)]

Im dritten Kapitel des Familiengesetzbuches der ČSSR wird auf die Gleichberechtigung der beiden (Ehe-) Partner eingegangen; es heißt dort in § 18, § 19 und 20: "Mann und Frau haben in der Ehe gleiche Rechte und gleiche Pflichten"[2)], "beide Ehegatten haben nach ihren Fähigkeiten und Möglichkeiten für die Befriedigung der Bedürfnisse der Familie zu sorgen. Als Befriedigung der Familienbedürfnisse gilt auch die persönliche Sorge für die Kinder und den gemeinsamen Haushalt,"[3)] und "über die Familienangelegenheiten entscheiden die Ehegatten gemeinsam"[4)].
In Bezug auf die Berufstätigkeit der Frau sagt der § 20, Abs. 2: "Zur Berufsausbildung und zur Eingehung einer Arbeitsverhältnisses bedarf es der Zustimmung des anderen Ehegatten nicht."[5)]
Auch das Kinderrecht der ČSSR zielt auf besondere Unterstützung der Frau ab, wenn es heißt: "Ein Kind, das mit seinen Eltern im gemeinsamen Haushalt lebt, ist verpflichtet, diesen nach seinen Fähigkeiten zu helfen".[6)]

---

1) vgl.: Familiengesetzbuch vom 4.12.1963, in: Familiengesetze sozialistischer Länder, Berlin/Ost 1971, S. 154 ff.
2) Familiengesetze sozialistischer Länder, a.a.O., S. 259
3) ebenda
4) ebenda
5) ebenda
6) Familiengesetze sozialistischer Länder, a.a.O., S. 263

1.2.3.3 UdSSR[1)]

Vor allem in Artikel 3 der "Grundlagen für die Ehe- und familiengesetzgebung" wird die Frage der Gleichberechtigung der Frau in der Familie angesprochen.
Es heißt dort: "In den Familienbeziehungen haben Mann und Frau gleiche persönliche und Vermögensrechte."[2)] In Artikel 11 wird überdies festgestellt: "Über die Angelegenheiten der Kindererziehung und andere Angelegenheiten entscheiden die Ehegatten gemeinsam."[3)] Die Frage des Vermögens der Ehegatten wird vor dem Hintergrund der Gleichberechtigung in Artikel 12 des genannten Gesetzestextes folgendermaßen geregelt: "Das während der Ehe angeschaffte Vermögen ist das Eigentum beider Ehegatten. Hinsichtlich dieses Vermögens genießen die Ehegatten auch in dem Falle gleiche Rechte, wenn ein Ehegatte wegen der Führung des Haushaltes, der Betreuung der Kinder oder aus anderen triftigen Gründen kein eigenes Arbeitseinkommen hat. Bei einer Teilung des Vermögens, welches gemeinschaftliches Eigentum der Ehegatten ist, sind ihre Anteile gleich."[4)]

1.2.4 Gesetz über das einheitliche sozialistische Bildungssystem der DDR[5)]

Obwohl als selbstverständlich vorausgesetzt werden kann, daß Mädchen und Jungen einen gleichen Anspruch auf Bildung haben und gleiche Bildungsangebote bekommen, wird in den §§ 36, 42 und 57 des Gesetzes besonders auf die Notwendigkeit der Höherqualifizierung von werktätigen Frauen und Mädchen auf den verschiedenen Qualifikationsebenen hingewiesen.

---

1) vgl. Grundlagen für die Ehe- und Familiengesetzgebung der Union der Sozialistischen Sowjetrepubliken und der Unionsrepubliken vom 17. Juni 1968, in: Familiengesetze sozialistischer Länder, a.a.O., S. 12 ff
2) Familiengesetze sozialistischer Länder, a.a.O., S. 13
3) Familiengesetze sozialistischer Länder, a.a.O., S. 16
4) ebenda
5) vom 25. Februar 1965, vgl. in : Staatliche Dokumente..., a.a.O., S. 68-77

1.2.5 Kurzzusammenfassung

Im Rahmen der die Frauen betreffenden grundsätzlichen Rechtsregelungen von Verfassung, Familien- und Arbeitsrecht sind sowohl in der DDR als auch in der ČSSR und UdSSR gute Voraussetzungen zur Förderung der beruflichen Bildungschancen der Frauen getroffen.

Besonders gut ist die arbeitsrechtliche Situation der Frau in der DDR dadurch, daß es die "Frauenförderungspläne" als Bestandteil der "Betriebskollektivverträge" gibt.

1.3 Das allgemeinbildende Schulsystem und die Berufsberatung

1.3.1 DDR

Gemäß dem Stellenwert, den der Marxismus-Leninismus der "produktiven Arbeit" zuordnet, muß es auch Ziel der allgemeinen Erziehung und Ausbildung der sozialistischen Staaten sein, für diese vorzubereiten.

Entsprechend wird in der DDR Wert auf den berufsaufklärenden und berufsorientierenden Unterricht in den zehnklassigen allgemeinbildenden Oberschulen gelegt[1], in dem u. a. eine indirekte Ansatzstelle zur besonderen Förderung der beruflichen Bildungschancen von Mädchen und Frauen zu sehen ist.

"Zur Berufsaufklärung werden", nach H. Vogt[2], "alle Maßnahmen gerechnet, die in erster Linie darauf gerichtet sind, den beruflichen Gesichtskreis der Schüler zu erweitern....

---

1) vgl. auch: § 15 ,Abs. 3 des "Gesetzes über das einheitliche sozialistische Bildungssystem"

2) Vogt, H., Bildung und Erziehung in der DDR, Stuttgart 1969, S. 140

Die Berufsorientierung(1) geht von den Kaderbedarfsplänen des jeweiligen Kreises aus und verfolgt das Ziel, beim Schüler... persönliche Berufsperspektiven heranzubilden, deren Erfüllung gesellschaftlich möglich und notwendig ist."

Nach § 7, Abs. 3 der Verordnung über die Berufsberatung, vom 15.4.1970, sind die Schuldirektoren ausdrücklich angewiesen, im Zusammenwirken mit der FDJ und der "Pionierfreundschaft" der Pionierorganisation "Ernst Thälmann" auf die Gewinnung eines hohen Anteils weiblicher Bewerber für technische Berufe hinzuwirken.

Doro ea Bernholz weist darauf hin, daß für die weiblichen Jugendlichen, die sich mit Beginn der 9. Klasse für einen bestimmten Beruf entscheiden müssen, wenn sie neben den schulischen Aufgaben an einer Grundausbildung teilnehmen oder eine erweiterte Oberschule besuchen wollen, "die Entscheidung für eine Facharbeiterausbildung oft ein ernstes Problem ist, da ihnen die beruflichen Perspektiven nicht rechtzeitig erläutert werden.[1]

Sie meint auch, daß die Erläuterung dieser Perspektiven nicht erschöpfend von Mitarbeitern der Organe der Volksbildung geschehen kann, daß sich die Mädchen vielmehr stets

---

(1) Berufsorientierung erfolgt grundsätzlich:
  a) über den polytechnischen Unterricht, in der staatsbürgerlichen Erziehung und in der Arbeitserziehung,
  b) durch außerunterrichtliche Maßnahmen verschiedenster Art, (z.B. durch Exkursionen, Ferienlager, Arbeitsgemeinschaften etc.) unter Mitwirkung von bestimmten Lehrern, Elterngremien, den Ämtern für Arbeits- und Berufsberatung, Vertretern der Betriebe und der Jugendorganisationen, etc.

  Die Berufsorientierung beginnt systematisch in der 7. Klasse der zehnklassigen allgemeinbildenden Oberschule; Berufsaufklärung geschieht schon in den Unterklassen.

1) Bernholz, D., In den Oberschulen entscheidet sich: Werden mehr Mädchen Technik studieren?, in: Das Hochschulwesen, Okt. 1965, Nr. 10, S. 666

am meisten davon angesprochen fühlten, wenn eine Frau, die selbst ein Studium absolviert hat, zu ihnen über ihre Erfahrungen in der Industrie oder in der Forschung spricht. Konsequenterweise fordert sie: "Es sollten daher in verstärktem Maße Betriebsleiterinnen oder Wissenschaftlerinnen gewonnen werden, um eine planmäßige und zielgerichtete Werbung unter den Oberschülerinnen durchzuführen..."[1]
Darüber hinaus hält sie es für wichtig, "daß die Direktoren für Berufsausbildung mehr als bisher dazu befähigt werden, Auskünfte über die Ausbildungsberufe und ihre Entwicklungsmöglichkeiten zu erteilen."[2]
Gerold Schneider[3] hebt die berufsberatenden Maßnahmen des Lehrers im Fach "Einführung in die sozialistische Produktion"[(1)] für die Interessierung von Mädchen an technischen Berufen hervor.
Der Schuldirektor kann nach § 21 SCHO 1967 den Beauftragten der Betriebe für die Bereiche Werkunterricht, Schulgartenunterricht und berufsvorbereitender polytechnischer Unterricht u.a. die Aufgaben einer systematischen Berufsaufklärung und - orientierung übertragen.
Im Unterschied zur zehnklassigen polytechnischen Oberschule ist die zweijährige Erweiterte Oberschule in erster Linie auf die Vorbereitung zum Hochschulstudium ausgerichtet. Die Zulassung zur EOS erfolgt nach dem Leistungsprinzip und nach auf den "gesellschaftlichen Erfordernissen der Nachwuchslenkung" basierenden Zulassungsplänen.[(2)]

---

1) Bernholz, D., In den Oberschulen entscheidet sich: Werden mehr Mädchen Technik studieren?, a.a.O., S. 669
2) Bernholz, D., In den Oberschulen..., a.a.O., S. 669
3) Schneider, G., Berufsaufklärung, Berufsorientierung, Berufsvorbereitung, in: Polytechnische Bildung und Erziehung, 1968, H. 4, S. 139
(1) ab 7.-8. Schuljahr 4 St.
ab 9.-10. Schuljahr 5 St.
(2) Der Abiturabschluß der EOS berechtigt noch nicht zum Universitätszugang; dafür ist eine spezielle Aufnahmeprüfung erforderlich.

Herber und Jung[1] geben zu bedenken, daß im Verhältnis zu den Jungen beispielsweise zu wenig Mädchen den naturwissenschaftlichen Zweig der EOS besuchen. Damit sind Konsequenzen im Hinblick auf den weiblichen Anteil in entsprechenden Studienfächern verbunden.
Neben den genannten Möglichkeiten der Berufsberatung in den zehnklassigen Oberschulen der DDR liegt eine weitere Möglichkeit der berufsorientierten Arbeit in der Form der "Vorbereitung von Mädchen für technische Berufe in technischen Arbeitsgemeinschaften". Die Arbeitsgemeinschaften haben außerunterrichtlichen Charakter und sind auf der Grundlage der freiwilligen Teilnahme konzipiert.
"Bei Mädchen", so sagt Gerold Schneider in diesem Zusammenhang, "ist dabei besonders zu brücksichtigen, daß noch vielfach ihr Perspektivbewußtsein... auf technischem Gebiet nicht vorausgesetzt werden kann."[2]
Er bemerkt außerdem, daß eine enge Zusammenarbeit zwischen dem Lehrer, dem Schüler und den Eltern für die Bildung und den Erfolg solcher Arbeitsgemeinschaften notwendig ist, und daß eine ausreichende pädagogische Aufklärungsarbeit besonders unter den Müttern der Mädchen betrieben werden sollte.

1.3.2 CSSR

Das Schulsystem besteht grob betrachtet aus einer 9 jährigen Einheitsschule für alle Kinder zwischen 6 und 15 Jahren und anderen weiterführenden Schultypen, wie z.B.: - der dreijährigen allgemeinbildenden Mittelschule (mit Abschluß Abitur - entsprechend der EOS in der DDR), den Fachmittelschulen (weiterführenden Lehranstalten mit Lehrgängen, die zu fach-

---

1) Herber, R.; Jung, H., Kaderarbeit im System sozialistischer Führungstätigkeit, Berlin 1968, S. 271
2) Schneider, G., Vorbereitung von Mädchen für technische Berufe in technischen Arbeitsgemeinschaften, in: Pädagogik, 1967, H. 6, S. 531

gebundenem, meist "technischem Abitur" führen).(1)
Für die Absolventen technischer Fachmittelschulen ist relativ gut gewährleistet, daß alle zum entsprechenden Hochschulstudium aufgenommen werden; für die Absolventen von allgemeinbildenden Mittelschulen ist dies weniger der Fall. Aber gerade an diesen Schulen machen die meisten Mädchen einen Abschluß.[1)]
Es besteht trotz der Versuche, die Frauen auch für die nicht feminisierten Berufe zu fördern, z.B. keine vollkommene Klarheit bei den tschechoslowakischen Institutionen darüber, welche der nichttraditionellen Studienfächer die Frau eigentlich besonders ansprechen.
So heißt es in der Broschüre[2)], die von dem tschecholowakischen Frauenbund herausgegeben wird:"Es fehlt uns bisher an einer ausreichend weiten theoretischen und praktischen Grundlage zur Studien- und Berufswahl für Mädchen. Wir wissen lediglich, daß mit der so wichtigen Berufsberatung bedeutend früher begonnen werden muß als in den letzten Klassen der Einheitsschule, wie dies heute noch

---

1) Die Feminisierung der Mittelschulen beläuft sich 1969 auf 75 %. Von den Absolventen, die dann nicht auf die Hochschule kamen, waren im Jahre 1966 82 % der Mädchen. (vgl. Palouš, R., in: Anweiler, O., a.a.O., S. 161/162)

2) Die tschechoslowakische Frau heute, Prag o.J., S. 4

(1) Der Abschluß von allgemeinbildender Mittelschule und Fachmittelschule berechtigt noch nicht zum Hochschulstudium; dafür muß ebenfalls eine besondere Aufnahmeprüfung bestanden werden; wie in den meisten sozialistischen Staaten besteht, insbesondere für die meisten geisteswissenschaftlichen Fächer, ein durch schwierige Aufnahmeprüfungen geschaffener, indirekter Numerus Clausus.

meist der Fall ist."[1]
Ferner führt diese Broschüre aus, daß die Propaganda nicht nur auf die Mädchen selbst orientiert werden muß. Da bei der Berufswahl der Mädchen die Eltern und die Lehrer in den Unterklassen eine große Rolle spielen, müssen auch diese über die Berufsmöglichkeiten orientiert werden.
Daher gibt es z.B. in der Slowakei heute in 16 Regionen Elternberatungsstellen, die sich besonders der Fragen der Berufswahl von Mädchen annehmen.

1.3.3 UdSSR

In der UdSSR gibt es die zehnjährige allgemeinbildende polytechnische Arbeits-Mittelschule (ensprechend der EOS der DDR), die auf der sogenannten Achtjahre(einheits)schule aufbaut und zur"Hochschulreife" führt.
Daneben gibt es ebenfalls mittlere technische Fachschulen,

---

(1) Ähnlich wie in der DDR werden auch der polytechnische Unterricht und sogenannte "Brigaden" und Exkursionen als Möglichkeiten allgemeiner Berufsorientierung angesehen.
Nach Baláž geht die stärkste Wirkung hinsichtlich der Berufsorientierung und Berufswahl in folgender Bedeutungsreihenfolge von folgenden Wirkfaktoren aus:
1. Eltern
2. Massenkommunikation
3. Schule
4. Freunde, Bekannte, Verwandte
5. Beratungsinstitutionen
6. Gesellschaftsorganisationen wie z.B. der Tschechoslowakische Jugendbund
(vgl. Baláž, O., Vzťahy pracovnej výchovy k profesionálnej a školskej orientacii, in: Pedagogika , 1973/ 2, S. 193)

die zum "fachgebundenen Abitur" führen.(1)
Mädchen werden auch hier noch stark dazu veranlaßt, sich vor allem eine gute Allgemeinbildung zu verschaffen.
Bermerkenswert ist zudem noch, daß in der UdSSR, in den sechziger Jahren nur allein Mädchen Unterricht in "haushälterischer Wirtschaft" gegeben wurde.[1] Allerdings bestanden gleichzeitig Forderungen, diesen Unterricht nicht nur den Mädchen, sondern auch den Jungen zur Pflicht zu machen, damit es von frühster Jugend an keine planmäßige Entfremdung der Männer von der Hausarbeit mehr gäbe.[2]
In dem Beschluß des ZK der KPdSU und des Ministerrats der UdSSR "Über die Maßnahmen der weiteren Verbesserung der Arbeit auf den mittleren allgemeinbildenden Schulen" vom Jahre 1966 zeigt sich, daß einer der Hauptaufgaben der Schule die Vorbereitung der Schüler auf eine bewußte Berufswahl ist.
Schon in der 8. Klasse muß jeder Schüler seine Berufswahl treffen und entscheiden, welchen Weg der weiteren Ausbildung er gehen will.
Da ein Jugendlicher in diesem Alter noch nicht so genau seine Neigungen und das eigene Wissen beurteilen kann, um sich für das ganze Leben zu entscheiden, sollen die Schule

---

1) vgl. Liegle,L., in: Bildungsreformen in Osteuropa, Hrsg. Anweiler,O., a.a.O., S. 62

2) vgl. Kluge,R.-D., Die Rolle der Frau in der Sowjetgesellschaft, in: Osteuropa, 1966/10, S. 663

(1) Seit der Chruščev - Schulreform von 1958 gibt es schließlich die allgemeinbildenden Abend- bzw. Schichtmittelschulen, in denen schon Berufstätige ihren Sekundarabschluß ablegen können; ihre Bedeutung ist in den letzten Jahren stark zurückgegangen.

und die Lehrer die Lenkung der Schüler übernehmen, sollen deren Begabung fördern und ihnen helfen, den für sie richtigen Beruf zu ergreifen.[1]
Diese Notwendigkeit gilt wiederum insbesondere für die Mädchen.
Da die sowjetischen Hochschulen nur 1/4 - 1/5 der von allgemeinbildenden Schulen abgehenden Schüler aufnehmen können,[2] werden insbesondere die das Nachsehen haben, die kein klares Berufsziel und damit auch nur eine diffuse Lernmotivation haben.
Das betrifft verstärkt die Mädchen, damit ist insbesondere für sie die Effizienz der berufsberatenden Arbeit in den sowjetischen Schulen von Bedeutung.
Seit 1966 wurden in der UdSSR öffentliche Arbeitsvermittlungen eingerichtet,die dazu dienen sollen, den Jugendlichen zu einer realitätsgerechteren Berufswahl zu verhelfen.[3] Grund dafür waren sicherlich auch Untersuchungen, wie die von Šubkin[4], die ergaben, daß zwischen Berufswünschen und Berufswahl von Jugendlichen und insbesondere auch der Mädchen erhebliche Diskrepanzen bestanden.
Ebenso ergaben Untersuchungen[5], daß selbst die Lehrer in der

---

1)vgl. Škola i vybor professii, Hrsg. Golomštok, A.E., u.a., Moskva 1969, S. 6/7

2)vgl. Škola i vybor professii, a.a.O., S. 6

3)vgl. Pospielovsky, D., Unterbeschäftigung und Arbeitslosigkeit in der Sowjetunion, in: Osteuropa,1967/4 , S. 229; und auch nach Kussmann,T.,Berufslenkung, Berufswahl und Berufsberatung in der UdSSR, in: Berichte des Bundesinstituts für ostwissenschaftliche und internationale Studien, Köln, 47 /1968, S. 2

4) Šubkin, V.N., Molodež' vstupaet v žizn', in: Voprosy filosofii, 1965/5,S. 57f.

5)vgl. Kussmann, Th., a.a.O., S. 6

UdSSR oft nicht genug über moderne Berufe wußten.
Natürlich stellt auch in der UdSSR die polytechnische Ausbildung und das Fach "Arbeit" eine Möglichkeit der Berufsaufklärung und -orientierung dar. In diesem Sinne heißt es auch von ihnen:
"Die polytechnische Ausbildung und die Arbeitsausbildung sollen dazu verhelfen, sich Kenntnisse anzueignen und gewisse praktische Erfahrungen zu sammeln auf der Grundlage der modernen Produktion, die sich fundamentaler Gesetze.... bedient. Die polytechnische Ausbildung ist dazu berufen, die Grundlage solchen Wissens und solcher praktischer Fertigkeiten zu legen, die zur Bildung ... eines ... Berufes führen können.[1]
In zunehmendem Maße werden außerdem territoriale und lokale Koordinationsräte der Berufsberatung gebildet, denen neben Vertretern der Betriebe und des Komsomol auch Lehrer, Wissenschaftler und Journalisten angehören.
In einer Reihe von Gebieten werden auch "Zentren der Berufsberatung" eingerichtet. "Schrittweise wird dazu übergegangen", sagt Anweiler, "für Schulen eines bestimmten Gebietes alle berufsorientierenden und -beratenden Maßnahmen (im Arbeitsunterricht, in den übrigen allgemeinbildenden Fächern, im fakultativen Unterricht und in der außerschulischen Arbeit) in einem Programm für Berufsorientierung (nach Arbeitsfeldern) zu koordinieren. Im Jahre 1971 haben 12 500 Mittelschulen ein solches Programm erhalten; für die übrigen 30 000 soll es in den nächsten Jahren entwickelt werden."[2]
Nach einer im Dezember 1969 abgehaltenen Unionskonferenz zur Berufsberatung wurde schließlich die Einführung eines Kurses für Berufsorientierung in der Lehreraus- und -weiterbildung beschlossen.

---

1) vgl. Prokofjewf's Forderungen, in: Kommunist, Moskva ,2/1967 in: Ostprobleme, 1967/7, S. 197
2) Kulturpolitik der Sowjetunion, Hrsg. Anweiler, O. und Ruffmann, K.-H., Stuttgart 1973, S. 112

1.3.4 Kurzzusammenfassung

In allen drei Ländern existieren im Bereich des allgemeinbildenden Schulsystems keine besonderen Maßnahmen zur Förderung der beruflichen Bildungschancen von Mädchen. Allerdings liegt eine gewisse Chance darin, die Mädchen mit Hilfe der Polytechnischen Ausbildung im Sinne eines nicht geschlechtsspezifischen Ausbildungsverhaltens zu fördern. Darüberhinaus stellen in der Praxis der DDR spezifisch auf die Mädchen abgestellte Maßnahmen der Berufsorientierung, von denen man weiß, daß sie in Zusammenarbeit mit den Eltern und vor allem den Müttern zu erfolgen haben, schon recht konkrete Ansatzstellen zur Verbesserung ihrer Situation dar.

In der ČSSR und in der UdSSR, wo die berufsaufklärenden und berufsorientierenden Bemühungen in der Schule und außerhalb der Schule insgesamt weniger gut ausgebaut zu sein scheinen, werden die dementsprechenden Ansatzstellen in Bezug auf die Mädchen jedoch nicht besonders erwähnenswert sein.

1.4 In der Berufssituation

1.4.1 Faktoren des Bewußtsein

1.4.1.1 Einstellungen der betroffenen Frauen in der DDR

Wie groß noch die allein materiell bedingte Motivation der Frau zur Berufstätigkeit ist, deutet Spiegelberg[1] an, indem er feststellt, daß 42 % der von ihm befragten Ehefrauen die Berufstätigkeit aufgeben würden, wenn sie ausreichend Geld hätten.

Vor allem aufgrund des Konflikts mit der "Mutterrolle" sind die Frauen gegenüber Leitungsfunktionen und damit zum beruflichen Aufstieg im allgemeinen negativer eingestellt als

---

1) Spiegelberg, K., Zum Verständnis der Frau zur Berufstätigkeit, in: Soziologische Aspekte der Arbeitskräftebewegung, Hrsg. K. Braunreuther et al., Berlin Ost 1967, S. 290

Männer.[1)(1)]

In diesem Zusammenhang ist K. Hildebrandts[2)] Feststellung interessant, daß sich nur 49,1 % der von ihr befragten Naturwissenschaftlerinnen erfolgreich wissenschaftlich arbeitende Mütter vorstellen können und 45,5 % es für bedingt möglich halten.

---

1) vgl. Mielke, M., Die weibliche wissenschaftliche Intelligenz im sozialistischen Industriebetrieb, in: AO, 1967 S. 218 ff.

2) Hildebrandt, K., Die Lage des weiblichen wissenschaftlichen Nachwuchses, in: Das Hochschulwesen, 1967, Nr. 9, S. 601-608

(1) Exemplarisch ist dieses Problem, das allerdings sowohl durch die Einstellungen der Frauen selbst als auch durch die der Kollegen und vor allem der Vorgesetzten begründet ist, an den Führungspositionen ,einerseits in der nicht-materiellen Produktion, im Bereich der Hochschule, andererseits im Bereich der Industrie aufzuzeigen:
Im Jahre 1965 machten die Frauenanteile auf Kaderebene (d.h. Professoren und Dozenten) an den mathematisch-naturwissenschaftlichen bzw. Philosophischen Fakultäten der Universitäten von Berlin, Greifswald, Jena und Rostock nur 4,5 % bzw. 8,7 % sowie 4,7 % bzw. 7,1 % , 1,9 % bzw. 9,3 % und 4,5 % bzw. 6,4 % aus. Bezüglich der entsprechenden Situation in der Industrie stellt sich z.B. folgendes dar:
Im Jahre 1966 hatten die in der Industrie beschäftigten Frauen an den Funktionen "Werkdirektor, Technischer Direktor, Ökonomischer Direktor, Hauptbuchhalter und Kaderleiter" insgesamt einen Anteil von 8,7 %. Eine nähere Aufgliederung zeigt weiterhin, daß sich der Anteil von Kaderleitern an dieser Gesamtprozentzahl auf ca. 25 %, an Hauptbuchhaltern auf 13 %, an Ökonomischen und Kaufmännischen Direktoren auf ca. 5 % und an Technischen Direktoren und Werksleitern auf 1 - 1,5 % beläuft.
Plat weist u.a. darauf hin, daß in 1.300 großen Industriebetrieben und Kombinaten,Frauen Direktoren sind.
Während in der Industrie 1965 z.B. insgesamt 40,3 % der Beschäftigten Frauen waren, waren in der zentralgeleiteten Industrie nur 4,7 % und in der örtlichen nur 5,4 % Meister.
Hieblinger unterstreicht mit Recht die Tatsache, daß das Grundprinzip der Vorbereitung von Frauen für die Übernahme von mittleren und leitenden Funktionen in der schrittweisen Heranführung und Einführung in die entsprechenden Leitungstätigkeiten besteht.(vgl. Riemer, J.S., a.a.O., S. 249/250 und S. 253, sowie Plat, W., Die Familie in der DDR, Frankfurt 1972, S. 16/17 und Hieblinger, J., Frauen in unserem Staat, Berlin/Ost 1967, S. 139)

Karl Spiegelberg [1] stellt zudem dar, daß neben den hemmenden Faktoren, die sich aus den stärkeren Familienpflichten der Frauen und aus eigenen traditionellen Geschlechtsrollenvorstellungen ergeben, es vor allem die Werte der sie umgebenden sozialen Gebilde sind und insbesondere das Urteil des Ehemannes oder zukünftigen Ehemannes, die bezüglich qualifizierter Berufstätigkeit beeinflussend wirken.
Nach einer Tabelle [(1)] von Spiegelberg [2] wünschen z.B. von 100 % sich qualifizierender verheirateter Frauen nur 32 % der Ehemänner diese Qualifizierung; bei den noch nicht verheirateten Frauen, die sich qualifizieren, wünschen nur 46, 5 % der zukünftigen Ehemänner diese Qualifizierung.
Zur Einstellung der Frau selbst zur Berufstätigkeit, meint der gleiche Autor schließlich:
"Vom Inhalt der Arbeit gehen die stärksten Im-

---

1)-Spiegelberg, K., Das Verhältnis der Frau zur Berufstätigkeit, in: Die Wirtschaft, 6. März 1968, Nr. 10, S. 6
2) Spiegelberg, K., Das Verhältnis der Frau zur Berufstätigkeit, a.a.O., S. 6
(1) Die in seiner Tabelle dargestellten Daten wurden nach Spiegelberg im Frühjahr 1965 als Ergebnis einer Untersuchung zur Qualifizierung an einer repräsentativen Auswahl junger Produktionsarbeiterinnen im Alter bis zu 35 Jahren gewonnen.

pulse zur Herausbildung dauerhafter ideel-moralischer Motive der Frauen zur Berufstätigkeit aus. Die Intensität dieser Impulse wird vorwiegend durch die Anforderungen, die die konkrete Täigkeit an das Bildungs- und Qualifikationsniveau der Werktätigen stellt, bestimmt. Je höher diese Anforderungen sind, desto stärker sind die Impulse, die vom Inhalt der konkreten Arbeit zur Herausbildung und Entwicklung derartiger ideel-moralischer Motive ausgehen...." [1)]
Das heißt vor allem, daß die positive Einstellung der Frauen zur Berufstätigkeit mit der Höhe ihres Qualifikationsniveaus steigt.
Eine andere Tabelle Spiegelbergs [2)] zeigt die Faktoren, aufgrund derer bei Frauen Arbeitszufriedenheit auftritt; dabei wird klar, daß hier vorwiegend der Faktor "(positve)menschliche Beziehungen im Arbeitskollektiv" eine Rolle spielt.

---

1) Spiegelberg, K., Das Verhältnis der Frau zur Berufstätigkeit, a.a.O., S. 6
2) Spiegelberg, K., Das Verhältnis der Frau zur Berufstätigkeit, a.a.O., S. 6

Übersicht über den Einfluß der Faktoren, die den Frauen die größte Zufriedenheit mit ihrer Arbeit verleihen, auf die Einstellungen der Frauen zur Berufstätigkeit: (1)

Faktoren, die die größte Arbeitszufriedenheit verleihen	Einstellungen der Frauen zur Berufstätigkeit in % positiv (30)	über-wiegend positiv (50)	noch über-wiegend negativ (20)	gesamt (100)
die menschlichen Beziehungen im Arbeitskollektiv	72,5	73,5	66,5	71,8
der Inhalt der konkreten Arbeitstätigkeit	55,5	50,0	16,6	45,0
nichts	5,5	10,0	33,5	13,3

Weiterhin geht aus einer Untersuchung von O. Eisenblätter und H. Esche[1] hervor, daß als Indikatoren von Erwartungen und Wertungen von Frauen hinsichtlich der Arbeitswelt von 9 vorgegebenen in bestimmter prozentualer Verteilung folgen-:

1) Eisenblätter, O.; Esche, M., Aktuelle Probleme zur Rolle der berufstätigen Frauen im Prozeß der sozialistischen Rationalsierung, in: Wissenschaftliche Zeitung, Leipzig, 1969, 5, S. 669

(1) Bei diesen Werten handelt es sich nach Spiegelberg um Ergebnisse, die mittels der Methode der Exploration an 69 berufstätigen Frauen des VEB Chemische Werke Buna, in die auch 25 nicht berufstätige Frauen einbezogen wurden, gewonnen wurden.

de Faktoren genannt werden:

1. für "gute Kameradschaft im Kollektiv"........ 63, 0 %
2. für "eine gute Entlohnung".................... 38, 8 %
3. für " moderne Arbeitsbedingungen"............ 30, 2 % (1)

1.4.1.2 Einstellung der betroffenen Frauen in der UdSSR

Über die Einstellung der sowjetischen Frauen selbst zu ihrem Beruf und zur Berufstätigkeit geben zunächst einige Daten der Untersuchung von den Soziologen Charčev und Golod[1] Aufschluß.

Auf die Frage "womit verbinden sie ihren Wunsch zu arbeiten?"[2] antworteten die Leningrader Frauen z.B. mit folgender Reihenfolge der Motive:

Teilnahme an der gesellschaftlichen Arbeit..........	13,6 %
der Wunsch,in einem Kollektiv zu sein..............	21,3 %
materielle Unabhängigkeit vom Ehegatten.............	11,3 %
zusätzlicher Verdienst..............................	53,8 %
die Arbeit als solche...............................	-
andere..	-

---

1) "Warum ergreift man einen Beruf?, aus: Literatunaja gazeta, Nr. 17/1967, in: Ostprobleme, 1967/16, S. 440 ff.

2) ebenda

(1) Es folgen dann die Indikatoren "gutes Verhältnis zu den Vorgesetzten" und "gute Sozialeinrichtungen".
Die erstgenannten drei Faktoren werden mehr von Facharbeiterinnen und jungen Frauen als von den angelernten Kräften erwartet. Dadurch wird deutlich, daß die Qualifikationshöhe auch die Erwartungsstruktur beeinflußt. Aufschlußreich ist auch die von Eisenblätter/ Esche genannte Tatsache, daß die jungen Frauen das Merkmal "moderne Arbeitsbedingungen" bereits an 2. Stelle - noch vor "gute Entlohnung" - erwarten.
Die Leiter erwarten überwiegend, daß das Merkmal "gute Entlohnung" in den Antworten der Frauen auf Rang 1 kommt. Daß die tatsächliche Reihenfolge eine andere ist, überrascht sie.

Dies heißt, daß auch in der UdSSR das stärkste Motiv zur Berufstätigkeit der Frau das "materielle" ist, und daß das zweitstärkste z.B. in dem Wunsch nach gesellschaftlichen Kontakten ("in einem Kollektiv zu sein") besteht.
Die Frage danach, ob die Frauen mit der Arbeit zufrieden seien, beantworteten 72,5 % positiv.[1]
Den Frauen mißfällt an ihrer Arbeit am meisten die unbequeme Schichteinteilung und die große Entfernung vom Wohnort.
Allgemein ist zudem aufgrund der bestehenden soziologischen Untersuchungen zu sagen, daß: "unter den Arbeitern, die nicht zufrieden mit der Arbeit sind, der größte Teil Frauen sind."[2]

1.4.1.3 Kurzzusammenfassung

Die Einstellung der Frauen

Sowohl in der DDR als auch in der UdSSR sind die Einstellungen der Frauen zur Berufstätigkeit noch stark von materiellen Motiven geprägt.
Aus der DDR-Literatur geht hervor, daß die Übernahme von Führungs- bzw. Leitungsfunktionen von den Frauen noch mit Konflikten verbunden ist.
Die Ehemänner und die sie umgebenden sozialen Gebilde beeinflussen die Frauen stark in ihrer Einstellung zur Berufstätigkeit bzw. zur qualifizierten Berufstätigkeit.
In dem Maße wie diese Einstellungen von den Vorstellungen der praktischen Gleichberechtigung zwischen Mann und Frau geprägt sind, werden sie konkrete Ansatzstellen der beruflichen Bildung der Frauen bilden können.
Da ein sehr wichtiger Agent von Einstellungsbildung die Familie ist, kann unter den geschilderten Voraussetzungen

---

1) Warum ergreift man einen Beruf? aus: Literaturnaja gazeta, Nr. 17/1967, in: Ostprobleme, 1967/16, S. 440 ff.
2) Danilova, E.Z., Social 'nye problemy truda ženščiny-rabotnicy, Moskva 1968, S. 24

nicht immer davon ausgegangen werden, daß sie tatsächlich von Vorstellungen solcher praktischen Gleichberechtigung geprägt sind.
Die Erkenntnis, daß das Ausmaß positiver Einstellung der Frauen zur Berufstätigkeit, wie die Ergebnisse der DDR zeigen, u.a. von der Qualifikationshöhe abhängt, überrascht nicht, da ja anzunehmen ist, daß diese Qualifikationshöhe selbst schon aufgrund eines größeren Ausmaßes an positiver Einstellung zur qualifizierten Berufstätigkeit erworben wurde.
Bedenkenswert ist jedoch die Tatsache, daß sowohl für die DDR als auch für die UdSSR festzustellen ist, daß gute menschliche Beziehungen im Kollektiv, der Wunsch in einem Kollektiv zu sein, oder die Arbeitszufriedenheit starke Motive der Frauen darstellen, überhaupt berufstätig zu sein. Da wo es den Frauen deutlich gemacht werden könnte, daß zwischenmenschliche Kommunikation am Arbeitsplatz tatsächlich bereichernder sein kann als die verhältnismäßige Isolation in Haushalt und Familie und wo daneben auch gewährleistet wäre, daß sie hinsichtlich ihrer "materiellen" Motive (d.h. gute Entlohnung) nicht benachteiligt würden, könnten von den eigenen Einstellungen her erhebliche Ansätze zur Förderung ihrer beruflichen Bildungschancen bewirkt werden.

1.4.1.4 Einstellungen der Kollegen und Vorgesetzten zur berufstätigen Frau in der DDR

H. Zerle[1] kennzeichnet das hier bestehende Problem erschöpfend in folgenden Ausführungen:
"Es gibt eine ganze Reihe von Hemmnissen, die einer noch umfassenderen gleichberechtigten Einbeziehung der Frauen

---

1) Zerle, H., Neue Beziehungen zwischen Mann und Frau, in: Pädagogik, 1963, Ausgabe B, S. 1059

im Betrieb und im gesellschaftlichen Leben im Wege stehen. Die eine Ursache ist in alten Auffassungen der Männer, sprich der Leitungskräfte zu suchen. Eva Schmidt-Kolmer und Heinz H. Schmidt weisen mit Recht auf diese Tatsache hin: Sie schreiben: 'Das (die Durchsetzung der vollen Gleichberechtigung der Frau in der Produktion bei der Qualifizierung usw.; H.Z.) erfordert unter unseren Bedingungen vor allem die systematische Bekämpfung der anachronistischen Vorurteile der Männer, die oft genug hartnäckig und mit erstaunlichem Geschick verteidigt werden. Auf keinem Gebiet gibt es in unserer Republik noch so schamlose Spießbürger wie auf diesem....'. In ...anderen Werken, die wir besuchten, vertraten männliche Leitungskräfte die Auffassung: 'Es hat gar keinen Zweck, Frauen zu qualifizieren. Entweder scheuen sie sich, leitende Funktionen zu übernehmen, weil sie Minderwertigkeitskomplexe haben, oder wenn sie es tun, dann heiraten sie, hören auf zu arbeiten, und dann war alles umsonst'."

1.4.1.5 Einstellungen der Männer und Betriebe zur berufstätigen Frau in der ČSSR

Bártová[1] zitiert für die ČSSR Untersuchungsergebnisse zur Frage der Einstellung von Männern zur qualifizierten weiblichen Berufstätigkeit, nach denen sich herausstellt, daß die Männer dort weniger stark hoffen, daß Frauen sich in der Zukunft in höheren Positionen befinden, als sie es erwarten.
Der Unterschied der Antworten zu diesem Problem zwischen männlichen und weiblichen Befragten ist nach Bártová signifikant. Die Frauen wünschen sich die Berufstätigkeit in stärkerem Ausmaße als die befragten Männer.
Bártová[2] fragt sich, ob der Gegensatz zwischen den diesbezüglichen Erwartungen und Wünschen der Männer eine unbewußte Abwehrreaktion derselben gegen den Druck darstellt, den die Gesellschaft im Bezug auf die Frauenfrage auslöst,

---

1) Bártová, E., Postoje k problému ženy a rodiny, in: Sociologický časopis, Praha 1972/8, S. 47

2) Bártová, E., a.a.O., S. 50

oder ob er ein Ausdruck der negativen Erfahrungen der Männer mit der Frauenbeschäftigung in höheren Positionen sei.
Letztere Begründung ist aber kaum wahrscheinlich, da in der ČSSR der Frauenanteil an führenden Positionen insgesamt so klein ist, daß sich überhaupt keine ausreichende Erfahrungsgrundlage dafür finden ließe.
Kalenská weist ebenfalls darauf hin, daß sich auch Betriebe manchmal wehren, Mädchen in Lehrverhältnisse anzustellen und ihre Einstellung damit begründen: "die ausgebildeten Mädchen würden später heiraten und nach der Heirat fortgehen, daß also der Aufwand für ihre Qualifikation umsonst wäre."[1)]
"Wenn aber ein ausgebildeter Junge zum Militärdienst weggeht", fügt sie hinzu," wird das als eine natürliche Sache betrachtet".[2)]
Schließlich verschweigt Kalenská jedoch auch nicht, daß die tschechoslowakischen Frauen selbst aufgrund traditioneller Vorstellungen eher Berufe ohne hohe Verantwortung wählen. Der Beruf wird weiterhin als Provisorium bis zur Heirat und bis zum Zeitpunkt der Geburt von Kindern angesehen.[3)]

1.4.1.6 Einstellungen der Kollegen und Vorgesetzten zur berufstätigen Frau in der UdSSR

Bezeichnend für die diesbezügliche Situation in der UdSSR ist folgende Äußerung eines sowjetischen Kranführers, die sich auf eine seiner Kolleginnen, Betonarbeiterin, aber auch auf die Frauen im allgemeinen bezieht:
"Der Mann steht der Technik näher. Er sorgt dafür, sich fachlich weiterzubilden. Mit Maschinen umzugehen ist komplizierter und trotzdem leichter. Aber die Frauen, auch

---

1) Kalenská, M., Žena v pracovním poměru, Praha 1967, S. 127
2) ebenda
3) Kalenská, M., a.a.O., S. 126

die jungen und fähigen Frauen bringen es aus irgendeinem Grund oft nicht weiter als bis zum Spaten."[1]
Aus der überlieferten Ansicht, daß die Technik nichts für Frauen und nur eine Domäne der Männer sei, bildet sich nach Danilova, "der Zweifel einiger Leiter an den Fähigkeiten der Frauen mit der neuen Technik erfolgreich fertig zu werden."[2]
"Dieser Unglaube der Leiter" (vielfach Männer), sagt Danilova weiter, " ruft auch unter den Frauen selbst Zweifel an den eigenen Kräften hervor und fesselt ihre Aufstiegsbemühungen".[3]
Bemerkenswert ist in diesem Zusammenhang eine Beobachtung, die Helge Pross im Bezug zu dem Problem der Einstellungen der Ehemänner in der DDR macht.
"Es gibt zwar Appelle an die Männer", sagt sie," die Frauen ..... zu entlasten. Es gibt aber keine Programme, die diese Appelle konkretisieren, oder Maßnahmen, die zu ihrer Verwirklichung beitragen würden.
Der ideologische Druck auf die Frauen, sich am außerhäuslichen Arbeitsprozeß zu beteiligen....., ist zugleich stärker als der auf die Männer ausgeübte Einfluß, ihre familialen Rollen umzudefinieren."[4]

---

1) Ein dringendes Problem, aus: Literaturnaja gazeta, Moskva Nr. 7/ 1967, in: Ostprobleme, 1967/16, S. 437
2) Danilova, E.Z., Social 'nye problemy truda ženščiny - rabotnicy, Moskva 1968, S. 36
3) ebenda
4) Pross, H., Gleichberechtigung im Beruf?, Frankfurt 1973, S. 150

1.4.1.7 Kurzzusammenfassung

Einstellungen der Männer, Kollegen und Betriebe

Da diese Einstellungen, wie die vorhandene Literatur zeigt, im allgemeinen zur Berufstätigkeit, insbesondere zur qualifizierten Berufstätigkeit negativ ausfallen, scheint hier ein Ansatzpunkt zur Verbesserung der beruflichen Bildungschancen von Frauen zu liegen, dessen Bedeutung man in der Vergangenheit unterschätzt hat. Folglich werden auch in den sozialistischen Ländern, über gelegentliche Appelle hinaus, die Männer keineswegs gezielteren und geplanteren Formen der Klärung und Erziehung bezüglich dieses Problems unterworfen.

So verwundert es auch nicht, daß in der ČSSR mit Hinsicht auf die qualifizierte Berufstätigkeit von Frauen sogar Diskrepanzen zwischen Erwartung und Wunsch der Männer festzustellen sind.

1.4.2 Materielle Arbeitsbedingungen

An dieser Stelle sollen die "materiellen" Bedingungen des Arbeitsplatzes, vor allem hinsichtlich seiner Lohn- und Gehaltsbedingungen, seiner Gestaltung als Teilzeitarbeitsplatz und seiner sonstigen Ausgestaltung untersucht werden.

1.4.2.1 Die Lohn- und Gehaltssituation

1.4.2.1.1 DDR

Nach Kuhn[1] sind im Jahre 1972 48,7 % aller Werktä-

---

1) Kuhn, M., Mehr Frauen zu Produktionsfacharbeiterinnen qualifizieren, in: Berufsbildung 1973, H. 2, S. 49

tigen Frauen. Nach Thomale[1] war das Arbeitskräftepotential der Frau 1968 zu 76,6 % ausgeschöpft.
Es wurde schon darauf hingewiesen, daß die Lohn- und Gehaltssituation der Frau sich rechtlich als gleichberechtigt mit der des Mannes darstellt. Durch Verfassung und Arbeitsgesetzgebung ist der Frau unter ensprechenden Voraussetzungen grundsätzlich Lohngleichheit mit dem Mann garantiert.
Dies heißt jedoch nicht, daß nicht auch in der DDR das allgemeine Einkommensniveau der berufstätigen Frauen wesentlich niedriger liegt, als das der berufstätigen Männer.
Dies hängt einerseits damit zusammen, daß wie zu zeigen ist, 32 % der erwerbstätigen weiblichen Bevölkerung einer Teilzeitbeschäftigung nachgeht, daß andererseits aber auch ein größerer Anteil von Frauen in niedriger qualifizierten bzw. unqualifizierten Tätigkeiten beschäftigt ist. (In der Industrie stehen 23 % weibliche Facharbeiter 68 % männlichen Facharbeitern gegenüber.)[2]
Das Problem des nichtqualifikationsgerechten Einsatzes von

---

1) Thomale, F.M., Die Mitteldeutsche Kritik an der Verwirklichung des Gleichberechtigungsgrundsatzes (Art. 3 Abs. II GG) in der DDR, Diss. Kiel, 1973, S. 61

2) zitiert in: Arbeitspapier der Arbeitsgemeinschaft Sozialdemokratischer Frauen, Vergleich der Gesellschaftssysteme der BRD und der DDR unter besonderer Berücksichtigung der Situation der Frau, Berlin 10. - 12. 10. 1972, S. 54

Frauen spielt noch einer erhebliche Rolle.
Die weiblichen Produktionsarbeiter befinden sich überproprotional in den untersten vier Lohngruppen der DDR (8 gibt es insgesamt), nämlich mit 80 % gegenüber nur 25 % der männlichen Produktionsarbeiter.[1]
F.A. Erkrath[2] setzt sich mit der Situation der Frauen in der volkeigenen Berliner Bauindustrie auseinander. Dort werden die Produktionsarbeiterinnen vorwiegend nach der Lohngruppe 2 - 6 entlohnt; 84,4 % befinden sich in den unteren Lohngruppen, und nur 15,6 % in den Lohngruppen darüber. Wie Ursula Hartmann[2] im Jahre 1969 feststellt, sind in der chemischen Industrie 56,2 % aller beschäftigten Frauen an- oder ungelernte Arbeiterinnen, während dieser Qualifikationsstufe nur 23 % der Männer zuzurechnen sind. Sie bezeichnet infolgedessen den Anteil der Frauen in den unteren Lohngruppen, gemessen an der Gesamtzahl der Beschäftigten, als sehr hoch.
Die Tätigkeiten der Frauen in der Landwirtschaft sind schließlich dadurch gekennzeichnet, daß sie nur zu einem geringen Teil mit technischen Arbeiten beschäftigt sind, dadurch erzielen auch sie ein wesentlich geringeres Einkommen.
Darüber, daß in der Praxis keine ungerechte Bezahlung der Frau oder ein Einsatz an einem nicht der Qualifikation entsprechenden Arbeitsplatz geschieht, sollen u.a. die betrieblich organisierten Frauenausschüsse als Kommissionen der Betriebsgewerkschaften wachen.
In der Gewerkschaftsorganisation FDGB, der 7.214.000 Mitglieder hat, beträgt der Anteil der Frauen 3,5 Mill gegenüber 3,7 Mill. Männern, bei insgesamt 3.656.000 weiblichen

---

1) zitiert in: Arbeitspapier der Arbeitsgemeinschaft Sozialdemokratischer Frauen, a.a.O., S. 54
2) Erkrath, F.A., Einige sozial- und arbeitshygienische Probleme der Frauenarbeit im Bauwesen, in: ZfdgM 1967, S. 318-322
3) Hartmann, U., Mehr Frauen in leitende Funktionen, in: Presse-Informationen vom 21.5.1969

Beschäftigten.[1]
Somit ist sozusagen jede erwerbstätige Frau gewerkschaftlich organisiert. Jedes zweite Gewerkschaftsmitglied ist eine Frau.
Auf der betrieblichen Ebene der Gewerkschaftsarbeit stellen die Frauen allerdings nur zu einem Drittel die Vorsitzenden der Betriebsgewerkschaftsführungen. Rund 45 % der übrigen Vorstandsmitglieder sind dagegen Frauen.[2] [3]
Die genannten Frauenausschüsse wurden 1965 den Betriebsgewerkschaftsleitungen unterstellt. Es existieren heute 13.162 Frauenausschüsse, worin rund 104.311 weibliche Mitglieder arbeiten.[4]
Die Frauenausschüsse vertreten die Frauenbelange gegenüber den BGL.
Interessant ist ein quantitativer Vergleich des Gewerkschaftsgremiums "Frauenausschüsse" mit einem anderen Gewerkschaftsgremium, den "Konfliktkommissionen", von denen es 23.055 mit 199.439 Mitgliedern gibt. Wenn man davon ausgeht, daß die Frauenausschüsse sozusagen "frauenspezifische Konfliktkommissionen" sind, kann die hier feststellbare quantitative Relation nicht befriedigen.
Weder die Position der Frauenausschüsse, noch die Vorstandpositionen der Frauen in den BGLs und auf höheren Ebenen des FDGB scheinen bis heute ausreichend, um die immer noch bestehenden praktischen Lohndiskriminierungen von hierher befriedigend abzubauen.

1.4.2.1.2 ČSSR

Im Jahre 1971 waren in der ČSSR 3.356.000 Frauen beschäftigt,

---

1) zitiert in: Arbeitspapier der Arbeitsgemeinschaft Sozialdemokratischer Frauen, a.a.O., S. 58
2) Wie lebt man in der DDR?, Redaktion: Aus erster Hand, Berlin/Ost 1973, S. 35
3) Im Jahre 1969 wurde eine Frau, Johanna Töpfer, in den Vorstand des FDGB auf nationaler Ebene gewählt, in den Vorständen auf Bezirksebene befindet sich nicht eine Frau.
4) Statistisches Jahrbuch der DDR, Berlin 1973, S. 522

d.h. 47 % aller Beschäftigten waren Frauen.
Den höchsten Beschäftigungsgrad weisen Frauen der Altersgruppen von 20 - 24 und 40 - 44 Jahren auf. (68,5 und 67,7 %)[1]
Baštýř sagt zum Problem der Lohn- und Gehaltssituation der Frau in der ČSSR: "Die Vergütung der Frauen in der sozialistischen Gesellschaft ist eine der bedeutungsvollsten Teiletappen, durch die sukzessive die ungleiche gesellschaftliche, soziale und ökonomische Stellung der Frau, die von den vorsozialistischen Etappen der gesellschaftlichen Entwicklung ererbt ist, abgeschafft wird.[2]
Die Lohnunterschiede zwischen Männern und Frauen haben sich jedoch in den letzten Jahren in der Praxis immer stärker auseinander entwickelt:[3]

Durchschnitts- lohn/monatlich	in Kčs. 1959	1964	1966	1968	1970
- Männer	1.598,00	1.781,00	1.871,00	2.105,00	2.336,00
- Frauen	1.057,00	1.196,00	1.232,00	1.400,00	1.565,00

Die faktischen Gründe für die Unterschiede in der Lohnsituation sind, ebenfalls nach Baštýř[4], u.a. zu suchen in:
- der spezifischen Verteilung der erwerbstätigen Männer und Frauen in einzelnen Zweigen und Bereichen der Volkswirtschaft (Frauenberufe, Männerberufe!)
- dem niedrigen Qualifikationsniveau der Frauen
- demographischen Besonderheiten, z.B. haben die Frauen zigeunerischer Abstammung aus der Slowakei einen besonders niedrigen Ausbildungsstand und sind fast immer nur als Angelernte tätig.

Wie Baštýř sehen auch Háková[5] und Kalenská[6] die Hauptgründe

---

1) nach Žižková, J., "K otázkám dlouhodobého vývoje zaměstnanosti žen v ČSSR, in: Demografie , 1972/3, S. 217

2) Baštýř, I., Rozbor rozdílů v úrovni odměňování za práci mužu a žen v ČSSR in: Politická Ekonomie , 1971/9, S. 803
3) Baštýř, I., a.a.O., S. 804
4) Baštýř, I., a.a.O., S. 810
5) Háková, L., K postavení ženy v socialistické společnosti, in: Politicka Ekonomie , 1965/7, S.687
6) Kalenská, M., Žena v pracovním poměru, a.a.O., S. 125

für den niedrigeren Lohn der Frauen im niedrigeren Qualifikationsniveau.

1.4.2.1.3 UdSSR

Im Jahre 1970 hatte die UdSSR eine Gesamtbevölkerung von 241.720.134 Menschen - davon waren 130.320.757, d.h. 54,1 % Frauen.
Die beschäftigten Frauen stellten im Jahre 1970 52 % aller Werktätigen der UdSSR, also ebenfalls mehr als die Hälfte.[1](1)
Die Gesamtsituation der erwerbstätigen Frauen charakterisiert Sonin z.B. folgendermaßen:
"Die Frauen bilden heute mehr als 40 % der Arbeiterklasse der UdSSR. Indessen sind in vielen Produktionen und Betrieben die Arbeiterinnen hauptsächlich in jenen Berufen beschäftigt, welche die am wenigsten qualifizierte Arbeit darstellen, häufig eben die schwere körperliche Arbeit. Ein sehr großer Teil der Frauen ist in Hilfsarbeit beschäftigt, in Nebenarbeiten. Die Fälle sind nicht selten, wo mehr als die Hälfte der sowohl in der Haupt- wie in der Nebenarbeit, in diesem oder jenem Betrieb beschäftigten Arbeiterinnen Handarbeit ausführen und zwar zu einem bedeutenden Teil schwere Handarbeit."[2]

---

1) nach CSU SSSR: Narodnoe chozjajstvo SSR v 1970 g. Statističeskij ežegodnik, Statistika 1971, Moskva 1971, S. 516

2) nach Sonin, aus: Pospielovsky, D., Unterbeschäftigung..., in: Osteuropa, 1967/4,S. 226

(1) Da, wie schon erwähnt, die demographischen Unterschiede einen Einfluß auf alle Lebensbereiche haben, zeigt sich dies auch an der Prozentzahl der beschäftigten Frauen in den einzelnen Unionsrepubliken.
So haben neben der Russischen SSR nur die Estnische und die Lettische SSR eine Prozentzahl der beschäftigten Frauen von 53 % aller Beschäftigten. Ein niedrigerer Beschäftigungsgrad der Frauen ist in den südlichen Regionen der Republik festzustellen. (vgl. in: CSU SSSR: Narodnoe chozjajstovo SSR v 1970 g., Moskva 1971, S. 517)

Ein arbeitsmarktpolitisches Problem besteht in der UdSSR darin, daß in den weniger entwickelten Regionen Mangel an qualifizierten Arbeitskräften besteht, daß es aber z.B. in vielen Kleinstädten der entwickelten Regionen zuviele Arbeitskräfte gibt.
Man hat versucht, diese Arbeitskräfte in Tätigkeiten der privaten Nebenlandwirtschaft - mit niedrigeren Löhnen- zu integrieren.
Davon sind wieder am meisten die Frauen betroffen.
All dieses sind Gründe dafür, daß die Löhne der Frauen insgesamt viel niedriger sind als die der Männer. Der Durchschnittslohn der arbeitenden Frau beträgt nach Danilova 69,3 % des Durchschnittslohns der Männer.[1] "Die Leichtindustrie, darunter auch die Textilindustrie, macht zwar größere Gewinne als andere Industrien, aber die Löhne in der Textilindustrie und in Produktionsbereichen, wo die Frauenarbeit überwiegt, sind niedriger als z.B. im Maschinenbau und in anderen Bereichen mit überwiegender Männerarbeit. Das viel niedrigere Lohnniveau bei Frauen, speziell in der Textilindustrie, ist ein Erbe der Vergangenheit."[2]

1.4.2.1.4 Kurzzusammenfassung

Vor allem angesichts der Tatsache, daß das "materielle Motiv" der Frauen zur Berufstätigkeit stark ist, ist davon auszugehen, daß eine völlige Aufhebung ihrer auch in den hier behandelten Ländern fortbestehenden Lohndiskriminierung mit allen Mitteln stets eine indirekte Förderung ihrer beruflichen Bildungschancen bedeutet.

1.4.2.2 Die Teilzeitarbeit in der DDR[(1)]

Gemäß der theoretischen Einschätzung des Begriffes Arbeit im Marxismus-Leninismus sieht man in der DDR in der Teil-

---

1) Danilova, E.Z., Social 'nye problemy truda ženščiny - robotnicy, a.a.O., S. 23
2) Danilova, E.Z., a.a.O., S. 28
(1) Teilzeitarbeit im Sinne von "Interimstätigkeiten" ist in der DDR nicht bekannt.

zeitarbeit grundsätzlich keine Möglichkeit, Frauen zu fördern.
Auf der Grundlage des § 2 Abs. 2 GBA(1) wird in der Praxis allerdings die Möglichkeit zur Teilzeitbeschäftigung gern ergriffen. Knauer[1] muß feststellen, daß die Anzahl der teilzeitbeschäftigten Frauen, die vor der Geburt eines Kindes ganztägig arbeiteten, jährlich um rund 80.000 Personen zunimmt.
Thomale[2] weist darauf hin, daß 32 % aller weiblichen Arbeiter und Angestellten einer Teilzeitbeschäftigung nachgehen, deren Arbeitszeit durchschnittlich nur noch 27 Wochenstunden beträgt.
Allerdings ist auch der gesamte Anteil verkürzt arbeitender Ehefrauen in Höhe von 24,3 % nur etwa halb so groß wie der Anteil der Vollbeschäftigten (50 %) und etwas geringer als der Anteil nicht-berufstätiger Ehefrauen (25,8%).
Hartke[3] plädiert für die Vollzeitbeschäftigung der Frauen, weil nach seiner Meinung Halbtagskräfte sich nur beschränkt

---

1) Knauer, A., Forderung des Frauenkommuniqués im Perspektivplan durchsetzen, in:"Die Wirtschaft" vom 7.1. 1965, S. 8f.

2) Thomale, F.M., Die Mitteldeutsche Kritik an der Verwirklichung des Gleichheitsgrundsatzes (Art. 3 Abs. II GG) in der DDR, a.a.O., S. 61

3) Hartke, W., Die gesellschaftliche Stellung der Frau und die Aufgaben der Wissenschaft, in: Frau und Wissenschaft, hrsg. von der Forschungsgruppe des wissenschaftlichen Beirates "Die Frau in der sozialistischen Gesellschaft" bei der DAdW/Berlin 1968, S. 15 - 31

(1) Es können hiernach Änderungsverträge auf der Grundlage eines vorher bestandenen Vollbeschäftigungsverhältnisses abgeschlossen werden. Die Beschäftigung kann hinsichtlich ihrer stundenmäßigen Aufteilung unterschiedlich vereinbart werden. Die Werktätigen können täglich halbtags oder sechs Stunden oder ganztags bestimmte Tage in der Woche arbeiten.

qualifizieren und sich so nicht für Führungsfunktionen verwenden lassen.
Nach Helga Ulbricht[1] spricht der volkswirtschaftliche Bedarf für möglichst viele berufstätige Frauen und damit auch für teilzeitbeschäftigte. Sie meint, besondere Möglichkeiten, teilzeitbeschäftigt zu arbeiten, böten sich für Frauen mit hohen Qualifikationen außerhalb der materiellen Produktionsbereiche .
Nach U. Renker[2] haben Untersuchungen gezeigt, daß für Frauen mit größerem Haushalt und schulpflichtigen Kindern z.B. die "günstigste Lösung" die Halbtagsbeschäftigung oder die Tätigkeit in einer Hausfrauenbrigade ist.
Ferner betonen H. Ulbricht und U. Renker[3] den Aspekt der vollzeitlichen Wiedereingliederung in den Produktionsprozeß durch die Teilzeitarbeit, der bei einer längeren Herauslösung der Frauen erschwert würde.
Schon deswegen, weil im Gedanken der Teilzeitarbeit für Frauen immer schon die Vorstellung der Doppelbelastung der Frau vorhanden ist und damit wiederum die Idee geschlechtsspezifischer Aufgabenverteilung, kann die Forderung der Teilzeitarbeit für Frauen keineswegs als konkrete indirekte Ansatzstelle zur Förderung beruflicher Bildungschancen angesehen werden.
Betrachtet man die Frage der Teilzeitarbeit aber weniger grundsätzlich, so mag sie, wenn die sozialversicherungsrechtlichen und rentenversicherungsrechtlichen Voraussetzungen gegeben sind, eine "halbe Ansatzstelle" darstellen. Sie ist sicherlich besser als überhaupt kein Ansatz und besser auch als die Möglichkeit, durch Hausfrauenbrigaden Frauen für Berufstätigkeit zu motivieren, bzw. einen gewissen Anschluß an berufliches Leben überhaupt sicherzustellen.

---

1) Ulbricht, H., Die volkswirtschaftliche Nutzung der Arbeitskraft der Frau, in: AO und AS, 1960, S. 234-245

2) Renker, U., Zu einigen Problemen der Frauenarbeit, in: ZfdgM und ihre Grenzgebiete, 1960, S. 167-171

3) Renker, U., Zu einigen Problemen der Frauenarbeit, a.a.O., S. 170

Allerdings, erst wenn Teilzeitarbeit nicht mehr als Ausnahme von Vollzeitbeschäftigung verstanden wird, sondern die Möglichkeit der Teilzeitarbeit von Frau und Mann auf allen Ebenen der Qualifikation als eine echte Alternativform des Arbeitslebens angesehen wird, könnte darin ein guter indirekter Ansatz zur Förderung der beruflichen Bildungschancen von Frauen gesehen werden.

1.4.2.3 Sonstige Gestaltung des Arbeitsplatzes

1.4.2.3.1 Technische Verbesserungen in der DDR

Zu einer richtig verstandenen Gleichbelastung der Frau am Arbeitsplatz gehören insbesondere die Berücksichtigung spezieller physischer bzw. physiologischer Faktoren des weiblichen Organismus.

Hans Stadlmeier[1)(1)] stellt im Zusammenhang mit der Verbesserung der Arbeitsplatzgestaltung - die besonders den Frauen zugute kommen könnte - für seinen Betrieb fest, daß noch viel getan werden muß.

Er sagt: "90 % der Maschinenarbeitsplätze sind noch Steharbeitsplätze. Aber auch die Sitzgelegenheiten müssen - was die individuelle Anpassung der Sitzhöhen und der Fußauflagen angeht - verbessert werden.

Unzureichend entwickelt sind in unserem Werk auch noch

- das Umstellen des Spannens von Arbeitsgegenständen von Hand auf Pneumatik oder Elektrik, wodurch bei den zum großen Teil kurzen Bearbeitungszeiten eben ein hoher Kraftaufwand erforderlich ist;
- die Relation zwischen Arbeits- und Ablagehöhe, was einen zusätzlichen Kraftaufwand zum Heben und Tragen der Arbeitsgegenstände vor und nach der Bearbeitung

---

1) Stadlmeier, H., Zur Gestaltung von Frauenarbeitsplätzen, in: Arbeit und Arbeitsrecht, 1969, H.9 S. 269

(1) Stadlmeier ist stellvertretender Vorsitzender der BGL im VEB Magdeburger Amaturenwerk "Karl Marx".

erfordert."(1)

1.4.2.3.2. Gesundheitlich-hygienische Verbesserungen in der ČSSR

Nach der tschecholowakischen Gesetzgebung muß die Gestaltung des Arbeitsplatzes der Frau verschieden von der der Männer sein. Deshalb müssen für Frauen und besonders für schwangere Frauen besondere Einrichtungen am Arbeitsplatz gewährleistet sein.
Die Bemühung um die Arbeitshygiene hat einen Einfluß auf die Gesundheit der Frau. Die Räume in den Betrieben müssen folglich groß genug sein. Auch die Nebenräume müssen, bezogen auf die Anzahl der Frauen, genügend geräumig sein, funktionsgerecht ausgestattet und sauber sein; schließlich müssen alle Räume genügend hygienische Einrichtungen haben.
Arbeitsgerechte Beleuchtung, Heizung und Entlüftung müssen vorhanden sein. Die Maschinen und das Werkzeug dürfen nicht schwerer sein, als es die Bestimmungen vorschreiben, um dem weiblichen Organismus gerecht zu sein und um einseitigen Belastungen vorzubeugen.
Auf Risikoplätzen muß in periodischen Arztuntersuchungen der Gesundheitszustand der Arbeiter kontrolliert werden.[1]
Die Schaffung und Instandhaltung all dieser Einrichtungen ist die Pflicht der Betriebe. Die Kontrolle darüber üben die Betriebsausschüsse der Revolutionären Gewerkschaftsbewegung und andere staatliche Gremien aus.

1.4.2.3.3 Verbesserungen in der UdSSR

An ziemlich vielen Stellen der Literatur findet man Hinweise darauf, daß Frauen sehr oft mit schweren manuellen

---

1) vgl. zu dem Vorangegangenen: Kalenská, M., Žena v pracovním poměru, a.a.O., S. 48

(1) In der DDR ist die Forderung, immer mehr Tätigkeiten und Arbeitsplätze entsprechend den physischen und psychischen Eigenheiten der Frau bereitzustellen, rechtlich durch § 120 GBA gesichert.

Arbeiten beschäftigt sind und ihre Arbeitsplatzsituation oft schlechter ist als die der Männer.
Diese Tatsache wird im Aufsatz von Pospielovsky[1] folgendermaßen beschrieben:
"Die Verwendung halbautomatischer Ausrüstung bringt gewöhnlich eine starke Verwendung von weiblichen Arbeitskräften mit sich. Beim Übergang zur Vollautomatisierung aber wird die weibliche Arbeit häufig durch die männliche verdrängt. Und das, obwohl Frauen für die körperlich leichte Arbeit in automatisierten Abteilungen eher geeignet sind als für die bedeutend mehr physische Kraft erfordernden Arbeitsgänge in Abteilungen des älteren Typus."[2]
So waren 1968 z.B. von 136 Erdarbeitern ohne mechanische Geräte 119 Frauen, von 177 Anstreichern 156 Frauen.[3]
Daraus ist ersichtlich, daß die Arbeitsbedingungen für die Frauen in der UdSSR oft viel schlechter sind als die der Männer.
Zwar gibt es Bestimmungen, die die hygienisch-sanitäre Ausstattung der Abteilungen und Betriebe, die Frauen beschäftigen, regeln, aber diese werden nicht immer eingehalten, obwohl die Gewerkschaften die Aufgabe haben, ihre Verwirklichung zu kontrollieren und die entsprechenden Einrichtungen zu verbessern.
Diese Verbesserungen sind auch nicht immer möglich, da gerade in den Betrieben, wo viele Frauen arbeiten, mit älteren Betriebsanlagen zu rechnen ist, wo so gut wie keine nicht äußerst kostenintensiven Möglichkeiten zur Erneuerung bestehen. Dieser Tatbestand gilt insbesondere für die Textilindustrie.[4]

---

1) Pospielovsky, D., Unterbeschäftigung und Arbeitslosigkeit in der Sowjetunion, a.a.O., S. 219 ff.
2) Pospielovsky, D., a.a.O., S. 226
3) Danilova, E.Z., Social 'nye problemy..., a.a.O., S. 21
4) Danilova, E.Z., a.a.O., S. 27

1.4.2.3.4 Frauenarbeitsplatzkataloge in der DDR

In der DDR gibt es zur besseren Integration und Förderung weiblicher Produktionsarbeiterinnen sogenannte Frauenarbeitsplatzkataloge.
Kurt Stiebeiner[1] beschreibt den Aufbau und die Wirkung solcher Arbeitsplatzkataloge, die in der Zusammenarbeit zwischen BGL's und Frauenausschüssen jeweils für einzelne Betriebe ausgearbeitet werden können, folgendermaßen:
"Der Frauenarbeitsplatzkatalog gliedert sich in ein Geleitwort des Generaldirektors der VVG, in eine Einführung und in die Tätigkeitsblätter."
In den Tätigkeitsblättern wird ein bestimmtes Berufsbild charakterisiert.(1) Auch auf die erforderlichen Kenntnisse und Fertigkeiten weist das Tätigkeitsblatt hin.
"Darüber hinaus", sagt Stiebeiner[2], "weist es Wege, auf welche Weise die erforderliche Qualifikation erworben werden kann. Der Hauptweg ist die Kombination einer Qualifizierung an der Betriebsakademie mit einer Qualifizierung am Arbeitsplatz....
Ausgehend von der Charakterisierung der Tätigkeit, werden auch die wichtigsten arbeitsökonomischen Fragen beantwortet. So gibt der Frauenarbeitsplatzkatalog Auskunft über Lohn und Urlaub, über die Arbeitszeit (nach Erfordernissen im Mehrschichtssystem, aber auch möglicherweise Auskunft über Halbtags- und Tagesbeschäftigung) und schließlich über die Arbeitsbedingungen.
Von außerordentlicher Bedeutung ist, im Katalog auf Maß-

---

1) Stiebeiner, K., Frauenarbeitsplatzkatalog - ein Mittel zur Förderung und Qualifizierung von Frauen, in: Arbeit und Arbeitsrecht, 1965, H.11, S. 250/51

2) ebenda

(1) Eine solche Charakterisierung der Tätigkeit zeigt den technologischen Komplex, zu der sie gehört. Zugleich grenzt sie gegenüber anderen Tätigkeiten ab; sie macht die Bedeutung dieser Tätigkeit sichtbar und weist auf die zu übernehmende Verantwortung hin.

nahmen zur Verbesserung der Arbeitsbedingungen hinzuweisen."(1)

1.4.2.3.5 Kurzzusammenfassung

Die technischen und gesundheitlich-hygienischen Verbesserungen der Frauenarbeitsplätze in dem Sinne, daß sie vor allem entscheidend auf die physischen und physiologischen Bedürfnisse des weiblichen Organismus, aber auch im weiteren Sinne auf ihre potentiellen Mutterschaftsfunktionen eingerichtet sind, ist eine wesentliche indirekte Ansatzstelle zur Förderung der weiblichen Bildungschancen.
Obwohl die diesbezüglichen Anstrengungen auch in den in Frage stehenden sozialistischen Ländern noch unzureichend sind - in der ČSSR und UdSSR noch mehr als in der DDR - wird diese Tatsache hier doch stark in Rechnung gestellt.
Als ein Mittel, die Arbeitsplatzsituation der Frau unmittelbar zu verbessern und entsprechend fördernd zu wirken, ist der in der DDR bekannte "Frauenarbeitskatalog" zu betrachten.

1.4.3 Spezielle rechtliche Arbeitsbedingungen

Hier werden die Regelungen dargestellt, durch die die Frau aufgrund ihres Geschlechtes oder aufgrund ihrer Mutterschaftsfunktionen im arbeits-,sozial- und krankenversicherungsrechtlichen sowie rentenversicherungsrechtlichen Bereich gewissen Sonderbestimmungen unterliegt.

1.4.3.1 Arbeits- und Beschäftigungsverbote

Es gibt Arbeits- bzw. Beschäftigungsverbote für Frauen, die einen mehr oder weniger grundsätzlichen Ausschluß von

---

(1) Im Beispielfall "Elektrikerin" wird festgestellt, daß die Arbeitsbedingungen gegenwärtig so sind, daß sie für den Einsatz von Frauen nicht verbessert zu werden brauchen.

Frauen in bestimmten Tätigkeits- bzw. Industriezweigen verfolgen und solche, die nur Arbeitszeitbeschränkungen bzw. Einschränkungen für schwangere Frauen (z.B. Überstunden- und Nachtarbeitsverbot für diese) beinhalten. Im allgemeinen sind die Verbote für Frauen diskriminierend und schränken auch ihre beruflichen Bildungschancen im weitesten Sinne ein, die pauschal aufgrund ihrer Geschlechtszugehörigkeit und nicht aufgrund der Prüfung der persönlichen Belastbarkeit der einzelnen Frau ausgesprochen werden.
Selbstverständlich sind solche zeitweiligen Verbote zu begrüßen, die es im Sinne von Erleichterungen der Frau erlauben, Schwangerschaft und Erwerbstätigkeit bis zu einer gewissen zeitlichen Grenze zu vereinen.

1.4.3.1.1 DDR

Bezüglich der Arbeitsverbote für Frauen gilt hier im Allgemeinen noch die Anlage 2 § 20 der Verordnung zum Schutze der Arbeitskraft vom 25.10.1951, die durch die Arbeitsschutzverordnung - Erhaltung und Förderung der Gesundheit der Werktätigen im Betrieb vom 22.12.1962 im übrigen außer Kraft gesetzt wurde.
Erst in der Durchführungsbestimmung zur ASVO - Beschäftigung von Frauen und Jugendlichen vom 14.12.1964 wurde darauf hingewiesen, daß ständig zu sichern sei, daß die werktätigen Frauen und Jugendlichen ihre Fähigkeiten voll entfalten können. Auf der Grundlage des § 34, Abs.3 ergehen hier in den §§ 1-5 differenzierte Anweisungen, überholte Beschäftigungsverbote aufzuheben bzw. neu festzulegen, sowohl von seiten des Ministeriums für Gesundheitswesen wie von seiten der Betriebe und deren Jugendleitergremien.[1]
Für die DDR gilt für die Frauen noch das Verbot im Untertagebau und die Verbote, in bestimmten Bereichen der chemischen Industrie zu arbeiten.

---

1) vgl.: Kleine Enzyklopädie/Die Frau, Leipzig 1973, S. 283

Die Verbote sind nicht absolut. Es können insbesondere für die chemische Industrie Ausnahmeregelungen getroffen werden, wenn erwiesen werden kann, daß durch die Produktionstechniken des Betriebes keine Gesundheitsgefährdung besteht.
Sie wirken also nicht in dem Ausmaß wettbewerbsverzerrend für die weiblichen Arbeitnehmer wie in der BRD.
Zu den Arbeitsverboten für Schwangere z.B. ist (nach den §§ 129 - 133 des GBA der DDR) zusagen:

- daß Schwangere und stillende Mütter nicht mit Arbeiten beschäftigt werden dürfen, die nach Gutachten des Betriebsarztes oder des Arztes der Schwangerenberatungsstelle das Leben oder die Gesundheit der Frau bzw. des Kindes gefährden könnten.
  Wenn sie dabei am bisherigen Arbeitsplatz nicht beschäftigt werden können, sind sie mit einer leichteren oder geeigneteren Arbeit zu beschäftigen. Liegt der dabei erreichte Lohn unter ihrem Durchschnittsverdienst, so erhalten sie den Differenzbetrag zum Durchschnittsverdienst als Ausgleichzahlung.
- Schwangere oder stillende Mütter zu Überstunden und Nachtarbeit nicht herangezogen werden dürfen.

1.4.3.1.2 ČSSR

In den §§ 150 - 152 des Arbeitsgesetzbuches werden Beschäftigungsverbote ausgesprochen.
Vor allem ist es auch hier den Frauen verboten, Tätigkeiten in bestimmten chemischen Industrien auszuüben und untertage zu arbeiten.
Ausnahmen sind jedoch auch im Untertagebau vorgesehen, insbesondere für Frauen, die:

- eine verantwortliche und führende Funktion ohne manuelle Arbeit haben,
- gesundheitsdienstliche und sozialdienstliche Funktionen erfüllen,
- eine Betriebsarbeit im Rahmen eines Studiums leisten müssen,
- nicht-manuelle Arbeiten wie Kontroll-oder Studientätigkeiten verrichten.

Weiter führt der § 150 aus, daß: "die Frauen nicht beschäftigt werden dürfen mit solchen Arbeiten, die für sie physisch unangemessen sind, hauptsächlich nicht mit Arbeiten, die ihre Mutterschaftsmission gefährden."
Solche Verbote können im übrigen von den staatlichen Organen entweder für neue Industrieberufe angeordnet werden, oder auch hier von Fall zu Fall aufgehoben werden, wenn sich z.B, herausstellt, daß sich aufgrund neuer Produktionstechniken die Arbeitsbedingungen im Sinne geringerer Schädlichkeit für den Organismus geändert haben.
Auch in der ČSSR besteht die Möglichkeit von Ausnahme- und Zusatzregelungen hinsichtlich der Arbeitsbeschränkungen für Frauen, insbesondere was das Nachtarbeitsverbot betrifft.(Nach § 152 des Arbeitsgesetzbuches ist es Frauen unter 18 Jahren und Frauen mit einem Kind bis zu einem Jahr verboten, nachts zu arbeiten).
In der Praxis ist auch in der ČSSR das Nachtarbeitsverbot undurchführbar, da es die Ausnützung der technischen Einrichtungen und die Belange der Volkswirtschaft erfordern, daß Nachtarbeit von Frauen in bestimmten Berufszweigen geleistet werden muß.
Kalenská sagt zum Nachtarbeitsverbot[1],daß es statistisch erwiesen ist, daß insbesondere aufgrund des hohen Frauenanteils in bestimmten "feminisierten" Berufen seine Einhaltung praktisch nicht durchführbar ist.
In den §§ 153 - 161 des Arbeitsgesetzbuches der ČSSR werden die Arbeitsbedingungen für schwangere Frauen geregelt. Auch in der ČSSR muß z.B. eine schwangere oder stillende Frau laut § 153 ihren Arbeitsplatz wechseln, wenn dies die Gesundheit der Mutter oder des Kindes erfordert. Liegt dabei der von ihr erreichte Lohn unter dem vorher bezogenen, so erhält sie einen Ausgleichbetrag.
Laut § 156, Abs. 3 können diese Frauen ebenfalls nicht zu Nachtarbeit und Überstundenarbeit herangezogen werden; für

---

1) Kalenská, M., Žena v pracovním poměru, Praha 1967, S. 9

sie dürfen keinerlei Ausnahmen gemacht werden.

1.4.3.1.3 UdSSR

Wie in anderen Ländern darf die sowjetische Frau z.B. nicht untertage beschäftigt werden; jedoch sind ebenfalls Ausnahmen hinsichtlich leichter Kontrollarbeiten oder Studientätigkeiten möglich.[1)]
A uch die Arbeitsgesetzgebung der UdSSR verbietet die Einstellung von Frauen an für sie besonders schweren und für ihren Organismus schädlichen Arbeitsplätzen in einzelnen Industriebereichen,[2)] und sie schreibt Einschränkungen für schwangere Frauen vor.
Spezielle Verbote werden von den einzelnen sowjetischen Ministerien in Zusammenarbeit mit dem Ministerrat aufgrund der neuesten wissenschaftlichen und technischen Erkenntnisse erlassen.
Schwangere müssen in der UdSSR ebenfalls von ihrem Arbeitsplatz versetzt werden, wenn sie eine für schwangere Frauen verbotene Tätigkeit ausführen; dabei muß ihnen das Durchschnittsgehalt der letzten sechs Monate weiterbezahlt werden.[3)]
Eine schwangere Frau, die eine nicht-verbotene Tätigkeit ausführt, muß außerdem auf einen leichteren Arbeitsplatz versetzt werden, wenn der Arzt dies für richtig und im Hinblick auf die Gesundheit der Frau und des Kindes für empfehlenswert hält.[4)]
Schließlich ist es schwangeren Frauen ab 5. Monat verboten, Nachtarbeit oder Untertagearbeit zu verrichten, auch wenn es ihnen gewöhnlich erlaubt ist.[5)]

---

1) Sovetskoe trudovoe pravo, Moskva 1971, S. 209, § 75
2) ebenda
3) Pankin, M., L'goty ženščinam robotnicam i službaščim, in: Socialističeskij trud, 1969/3, S. 137
4) Sovetskoe trudovoe pravo, Moskva 1971, S. 125
5) Pankin, M., a.a.O., S. 138

1.4.3.1.4 Kurzzusammenfassung

Gewisse Beschäftigungsverbote für Frauen gibt es zwar auch in den hier behandelten Ländern; es bestehen jedoch, vor allem in der DDR und UdSSR vielfältigere Ausnahmeregelungsmöglichkeiten als vergleichsweise in westlichen Ländern. Sie sind somit in geringerem Maße wettbewerbsbeschränkend. Mit Fortschreiten der technischen Entwicklung ist ein völliger Abbau der Beschäftigungsverbote für Frauen - insbesondere die Aufhebung des Nachtarbeitsverbots in der ČSSR - im Sinne der Förderung ihrer beruflichen Bildungschancen, die letztlich nur weitestgehende Chancengleichheit mit dem Manne bedeuten kann.

Es bleibt zu sagen, daß die diesbezüglichen Ausnahmeregelungen für schwangere Frauen sehr befriedigend sind; nennenswert ist u.a. die Tatsache, daß in der UdSSR Frauen mit einem Kind bis zu einem Jahr, in der DDR bis zu anderthalb Jahren, nicht kündbar sind.

1.4.3.2 Maßnahmen im Rahmen von Sozialversicherung und Krankenkasse im Zusammenhang mit Schwangerschaft und Mutterschaft

1.4.3.2.1 DDR

Vielfältige Formen der Unterstützung werden der berufstätigen Frau in der DDR bei Schwangerschaft und Geburt bzw. bei Krankheit schon vorhandener Kinder oder bei eigener Krankheit, wenn sie zur Pflege der Kinder gebraucht wird, gewährt:

1. Leistungen im Zusammenhang mit Schwangerschaft:

   Urlaubsleistungen:

   6 Wochen vor der Entbindung (Schwangerschaftsurlaub),
   12 Wochen nach der Entbindung (Wochenurlaub).

   Bei Frühgeburten verlängert sich der Urlaub nach der Entbindung entsprechend, so daß bei der Geburt eines Kindes insgesamt 18 Wochen garantiert sind.

   Bei Entbindungen, die erst nach dem Schwangerschaftsurlaub von 6 Wochen stattfinden, erhöht sich der Anspruch der Frauen um 1 Woche, so daß der gesamte Urlaub 19 Wochen betragen kann.

   Bei Mehrlingsgeburten und komplizierteren Entbindungen

erhöht sich der Zwölfwochenurlaub nochmals um zwei Wochen. Dieser Mutterschaftsurlaub ist anrechnungspflichtig für den Rentenanspruch.
Auf eigenen Wunsch können die Mütter im Anschluß an den "Wochenurlaub" unbezahlte Freizeit bis zum Ende des ersten Lebensjahres des Kindes erhalten, ohne das dadurch die Betriebszugehörigkeit unterbrochen wird.
Finanzielle Leistungen:
- Wochengeld in Höhe des Nettodurchschnittverdienstes während des Mutterschaftsurlaubs(1)
- Geburtenbeihilfen:
Seit 1972 erhält die Mutter bei der Geburt eines jeden Kindes 1000 M. (vorher bestand eine Staffelung der Kinderbeihilfen nach der Anzahl der Kinder - um den Geburtenrückgang aufzufangen, wurde die voranstehende Regelung in Kraft gesetzt)[1]
All diese Leistungen sind an keinerlei Vorversicherungszeiten der Frau oder an sonstige arbeitsrechtliche Bedingungen gebunden.

2. Leistungen im Zusammenhang mit der Erkrankung von Kindern:
Arbeitsfreistellung:
In Abhängigkeit von der Anzahl der Kinder werden alleinstehenden Werktätigen zur Pflege erkrankter Kinder vier bis dreizehn Wochen (vier Wochen bei einem Kind - jeweils

---

1) vgl. in: § 1 der VO über die Erhöhung der staatlichen Geburtenhilfe und die Verlängerung des Wochenurlaubs, zitiert in: Staatliche Dokumente..., a.a.O., S. 218

(1) Daneben erhalten die Mütter noch Stillgeld in Höhe von 10 M monatlich während 6 Monaten und unter Vorlage einer Stillbescheinigung täglich 2 Stillpausen à 45 Minuten, für die eine Lohnzahlung in Höhe des Nettodurchschnittsverdienstes erfolgt. (vgl.: §§ 130-132 des GBA bzw. Verordnung vom 10. Mai 1972 über die Erhöhung der staatlichen Geburtenbeihilfe und die Verlängerung des Wochenurlaubs (§ 4), zitiert in: Staatliche Dokumente..., a.a.O., S. 28/29 und 219/220)

Staffelung bei einem weiteren Kind - bis zu dreizehn Wochen bei fünf Kindern und mehr) Arbeitsfreistellung gewährt.
(Nach § 128, Abs. 2 haben übrigens alle Werktätigen Anspruch auf Arbeitsfreistellung - allerdings ohne Bezahlung - wenn sie Pflege eines erkrankten Kindes es erfordert.)[1)]

Finanzielle Leistungen:
Für eine Freistellung von 2 Tagen kann eine Sozialversicherungsunterstützung in Höhe des Krankengeldes und vom Betrieb Lohnausgleich in Höhe der Differenz bis zu 90 % des Nettodurchschnittsverdienstes gewährt werden. Bei einer längeren Freistellung zahlt die Sozialversicherung im Anschluß an die genannten zwei Tage Unterstützung in Höhe des Krankengeldes (bzw. in Höhe des erhöhten Krankengeldes bei mehreren Kinder), auf das Werktätige aufgrund eingener Arbeitsunfähigkeit nach Wegfall des Lohnausgleichs, bzw. ab siebter Woche der Arbeitsunfähigkeit Anspruch haben. Jedoch erstrecken sich die Leistungen auf längstens 13 Wochen.[2)]

---

1) vgl. auch:
die Verordnung über die Sozialversicherung der Arbeiter und Angestellten - SVO vom 21.12.1961, § 42, Abs. 2 und die Verordnung für Arbeiter und Angestellte mit 2 und mehr Kindern - SVO § 2 zitiert in: Staatliche Dokumente..., a.a.O., S. 202

2) vgl. insbesondere: GBA § 128, Abs. 3 und Verordnung über die Sozialversicherung der Angestellten vom 21. 12. 1961, § 42, Abs. 1 und Anmerkung und Abs. 2 und Anmerkung, sowie die 5. Verordnung über die Verbesserungen der Leistungen der Sozialversicherung - SVO vom 10. Mai 1972, § 2, zitiert in: Staatliche Dokumente..., a.a.O., S. 27, S. 201/202/203 und S. 212

Es bleibt weiterhin noch anzumerken, daß alleinstehende, werktätige Mütter, denen für die Kinder kein Kinderkrippenplatz zur Verfügung gestellt werden kann und die deshalb ihre versicherungspflichtige Berufstätigkeit vorübergehend unterbrechen müssen, eine monatliche Unterstützung erhalten.
Die monatliche Unterstützung beträgt für alleinstehende, vollbeschäftigte Mütter mit einem Kind mindestens 250 M, mit zwei Kindern 300 M und mit drei und mehr Kindern mindestens 350 M.
Für alleinstehende teilzeitbeschäftigte Mütter gelten diese Mindestsätze anteilig.
Zeiten des Bezuges dieser Unterstützung gelten als Zeiten einer versicherungspflichtigen Tätigkeit für die Gewährung und Berechnung von Renten[1].

1.4.3.2.2 ČSSR und UdSSR

Wie Kalenská[2] in ihrem Buch schreibt, gibt es grundsätzlich zwei Arten von sozialen Leistungen für berufstätige Frauen in der ČSSR. Einmal solche gesundheitsfürsorglichen Charakters, d.h. alle präventiven und heilenden Maßnahmen während der Schwangerschaft und Mutterschaft. Zweitens die finanziellen Hilfen, bzw. Hilfen mittels bezahltem Urlaub, die von der Krankenversicherung geleistet werden.
Zu den zweitgenannten Unterstützungen gehört u.a. die Zahlung von 90 % des Nettodurchschnittslohnes während des Mutterschaftsurlaubes.
Hierzu ist auch die Geburtenbeihilfe zu rechnen. Jede Mutter erhält eine einmalige Unterstützung in Höhe von 1 000 Kčs.[(1)]

---

1) vgl.: 5. Verordnung über die Verbesserungen der Leistungen der Sozialversicherung vom 10. Mai 1972, § 3, zitiert in: Staatliche Dokumente..., a.a.O., S. 210/211

2) Kalenská, M., Žena v pracovním poměru, a.a.O., S. 87

(1) Diese Beihilfe ist inzwischen auf 2 000 Kčs erhöht worden, dazu erhält jede Frau jetzt vom 2. Kind an eine monatliche Kinderbeihilfe, die 2 Jahre lang gezahlt wird.

Diese wächst mit der Anzahl der geborenen Kinder und beträgt bei der Geburt von Drillingen, die 28 Tage alt werden, 6 000 Kcs.[1]
Zum Mutterschaftsurlaub selbst ist zu sagen, daß man in der ČSSR den "normalen" Mutterschaftsurlaub und den zusätzlichen Mutterschaftsurlaub kennt.
Der normale Mutterschaftsurlaub wurde in der ČSSR schrittweise verlängert und beträgt zur Zeit insgesamt 26 Wochen.[2]
Mindestens vier Wochen dieses Urlaubs müssen auf die Zeit vor der Niederkunft entfallen.
Für alleinstehende Mütter und Mütter mit Zwillingen oder mehr Kindern beträgt der Mutterschaftsurlaub 35 Wochen.[3]
Der zusätzliche Mutterschaftsurlaub ist möglich bis zum Alter von 2 Jahren des Kindes, im Gegensatz zu dem ersten wird er auf Antrag gewährt und ist ohne Bezahlung. Dabei bleibt das Arbeitsverhältnis unkündbar.
Das Recht auf Mutterschaftsurlaub haben auch Frauen, die nicht leibliche Mütter sind, sondern die eine dauernde Pflege für ein Kind übernommen haben (z.B. Annahme an Kindes statt).
Leistungen im Zusammenhang mit Erkrankungen von pflegebedürftigen Familienmitgliedern, bzw. Kindern bestehen auch.
Bei Erkrankung eines Familienmitgliedes (meistens des Kindes) werden die Werktätigen, d.h. meistens die Frauen, unterstützt und auf die Dauer von drei Tagen von der Arbeit freigestellt, wenn man feststellt, daß der Erkrankte nirgends anderswo gepflegt werden kann. Bei einem Kind bis zum 10. Lebensjahr genügt es, daß es krank ist, bei anderen Mitgliedern der Familie erfolgt Freistellung nur dann, wenn der Gesundheitszustand die Pflege erfordert.
Die Höhe der finanziellen Unterstützung beläuft sich wie das Krankengeld in diesen drei Tagen je nach der Beschäftigungsdauer auf zwischen 50 % - 70 % des Nettodurchschnittseinkommens
Bei besonderen Ausnahmen kann die Dauer der Freistellung

---

1) Tschechoslowakische Frau heute, a.a.O., S. 8
2) Zákoník práce, a.a.O., § 157, S. 158
3) Tschechoslowakische Frau heute, a.a.O., S. 51

verlängert werden, wenn keine anderen Möglichkeiten der Pflege bestehen. Die finanzielle Unterstützung bei der verlängerten Arbeitsfreistellung der Frau beträgt 60 % - 90 % des Nettodurchschnittslohnes.
In der UdSSR beträgt der Mutterschaftsurlaub 56 Tage vor und 56 Tage nach der Entbindung bei voller Bezahlung in Höhe des Nettodurchschnittsverdienstes.[1)]
Auf eigenen Wunsch kann die Frau ein Jahr zusätzlichen, unbezahlten Urlaub nehmen. Während dieser Zeit kann ihr der Arbeitsplatz nicht gekündigt werden.

1.4.3.2.3 Kurzzusammenfassung

Nur in der ČSSR haben die Regelungen des Mutterschaftsurlaubes als optimal zu gelten, wenn man einmal davon absieht, daß kein voller Lohnausgleich erfolgt.
Im Karenzurlaub, wie ihn die DDR und die UdSSR z.B. handhabt, ist, da er unbezahlt erfolgt, keine besonders günstige Regelung zu sehen.
Ebenso erscheint die Unterstützung, die in der DDR alleinstehenden Müttern, die aufgrund der Tatsache, daß kein Krippenplatz zur Verfügung steht, ihre Berufstätigkeit unterbrechen müssen, gewährt wird, nicht sehr groß.
Hingegen sind die Freistellungsregeln für Berufstätige mit zu versorgenden Kindern bei Krankheit des Werktätigen oder des zu Pflegenden vor allem in der DDR als günstig zu bezeichnen.
Regelungen dieser Art können der Frau die Doppelbelastung erleichtern, dadurch ihre Motivation zu qualifizierter Berufstätigkeit erhöhen und damit indirekt von ihren eigenen Einstellungen her, ihre beruflichen Bildungschancen erhöhen.

---

1) Danilova, E.Z., Social ' nye problemy truda žensčiny - rabotnicy, a.a.O., S. 42 und Sovetskoe trudovoe pravo, Moskva 1971, S. 325

1.4.3.3 Sonderbestimmungen im Rentenrecht für die Frau

1.4.3.3.1 DDR

Zur Situation in der DDR macht M. Rühl[1] z.B. u.a. folgende Ausführungen:

"Unter Berücksichtigung der biologischen Besonderheiten wurde das Rentenalter für Frauen auf 60 Jahre festgelegt, während es für Männer 65 Jahre beträgt. Damit erhalten Frauen bei Erfüllung der geforderten Versicherungszeit von mindestens 15 Jahren bereits 5 Jahre früher ihre Altersrente als Männer (auf Besonderheiten für bestimmte Personengruppen, wie Bergleute usw. soll hier nicht eingegangen werden).

Da die Rentenhöhe maßgeblich durch die Anzahl der Arbeitsjahre bestimmt wird und Frauen von der Schulentlassung bis zum Rentenalter fünf Jahre weniger berufstätig sein können als Männer, würde sich aus dem frühen Rentenbeginn für die Frauen eine Benachteiligung in der Rentenhöhe ergeben. Das wiederum würde den Grundsatz der Gleichberechtigung verletzen. Zur Sicherung des gleichen Leistungsanspruches der Frauen wie der Männer bei entsprechender Dauer der Berufstätigkeit, wurde im Rentenrecht festgelegt, daß in Abhängigkeit von der Anzahl der Jahre beruflicher Tätigkeiten den Frauen zusätzliche Berufsjahre angerechnet werden. Im § 7 Abs. 1 b der Verordnung vom 15. März 1968 über die Gewährung und Berechnung von Renten der Sozialversicherung ist festgelegt, daß Frauen beim Nachweis einer versicherungspflichtigen Tätigkeit von

- 20 bis 24 Jahren	1 Jahr
- 25 bis 29 Jahren	2 Jahre
- 30 bis 34 Jahren	3 Jahre
- 35 bis 39 Jahren	4 Jahre
- 40 und mehr Jahren	5 Jahre

als Zurechnungszeit für die Rentenberechnung angerechnet bekommen.

---

1) vgl.: Rühl, M., Frauen und Sozialversicherung, in: Arbeit und Arbeitsrecht, 1969, H. 11, S. 345

Um die durch die Erziehung von Kindern bedingte notwendige Unterbrechung der Berufstätigkeit der Frauen nicht nachteilig bei der Berechnung der Renten wirksam werden zu lassen, und gleichzeitig die Rolle der Frau als Mutter entsprechend zu würdigen, erhalten Frauen für jedes von ihnen geborene Kind ein Jahr Berufstätigkeit zusätzlich angerechnet. Die im § 7 der Verordnung festgelegte Regelung sieht vor, daß diese Jahre immer dann angerechnet werden, wenn sie zusammen mit den übrigen Jahren 50 Jahre nicht übersteigen. ...
Im § 5 Der Verordnung vom 15. März 1968 ist festgelegt, daß Frauen, die mehr als zwei Kinder geboren haben, nicht 15 Jahre Versicherungszeit zum Anspruch auf Altersrente benötigen, sondern nur 14 Jahre bei drei Kindern, 13 Jahre bei vier Kindern, 12 Jahre bei fünf Kindern und jeweils ein Jahr weniger für jedes weitere Kind. Die Mindestversicherungszeit für den Anspruch auf Altersrente beträgt in diesen Fällen 5 Jahre anstelle der allgemein geltenden 15 Jahre. Hat z.B. eine Frau, die 7 Kinder geboren hat, in ihrem gesamten Leben nur 10 Jahre eine versicherungspflichtige Tätigkeit ausgeübt, erhält sie mit 60 Jahren eine Altersrente."

1.4.3.3.2 ČSSR und UdSSR

Zur ČSSR ist u.a. auf folgendes hinzuweisen:
Den erwerbstätigen Frauen wird die Zeit des Mutterschaftsurlaubs als Berufstätigkeit im Zusammenhang mit der Rentenversicherung angerechnet. Den nichterwerbstätigen Frauen wird, wenn sie Kinder gebären und bis zum 3. Lebensjahr betreuen, pro Kind ein Rentenjahr angerechnet.
Somit können diese Frauen je nach Anzahl der erzogenen Kinder schon zwischen dem 53. und 57. Lebensjahr die Altersrente beziehen, obwohl ihr Rentenalter im allge-

meinen erst mit 60 Jahren beginnt.
Aufgrund des Beschlusses der KPdSU wurde in der UdSSR das Rentenalter ab Januar 1968 um fünf Jahre herabgesetzt, bei Frauen sogar in den Industrien, wo eine erhöhte (psychische, d. V.) Belastung zu verzeichnen ist, wie in der Textilindustrie, von 55 auf 50 Jahre.
Auch in der UdSSR wird den Frauen der Mutterschaftsurlaub und auch der unbezahlte zusätzliche Mutterschaftsurlaub auf die zum Rentenbezug notwendigen Berufsjahre angerechnet.[1)]

1.4.3.3.3 Kurzzusammenfassung

Zwar sind die versicherungsrechtlichen Regelungen für berufstätige Frauen in den behandelten Ländern besser als in den meisten Westländern, jedoch auch hier könnte die Doppelbelastung dieser Arbeitnehmer noch wesentlich besser honoriert werden.
Angesichts der Tatsache, daß viele Frauen auch in diesen Ländern noch unterbezahlt sind, wären sie z.B. sicherlich besser zu unterstützen durch gewisse Modalitäten der Erhöhung der Rentenklassen als beispielsweise durch Senkung des Rentenalters.
Das niedrige Rentenalter für die sowjetischen Frauen in der Textilindustrie weist indirekt noch einmal auf die hier offensichtlich herrschenden schweren Arbeitsbedingungen hin.
Fraglos sind entsprechende Maßnahmen im Bereich der Rentenversicherung für Frauen indirekte Ansatzstellen zur Förderung ihrer beruflichen Bildungschancen u.a. deshalb, weil diese darin eine erhebliche gesellschaftliche Anerkennung ihrer immer noch durch Doppelbelastung gekennzeichneten Bemühungen sehen würden.

---

1) Solov'ev, A., Aktual'nye voprosy social'nogo obespečenija, in: Socialističeskij trud, 1969/4, S. 150

1.5 Infrastrukturelle Maßnahmen

1.5.1 Kindereinrichtungen in der DDR

1.5.1.1 Allgemeine Probleme der Kindereinrichtungen

Es besteht eine Pflicht der staatlichen Organe, die Unterbringung, Pflege und Erziehung der Kinder werktätiger Frauen ständig zu erweitern und zu verbessern.[1)]

Soweit wie möglich versucht der Gesetzgeber eigene Kindereinrichtungen zu schaffen, daneben sind aber auch die Betriebe angewiesen, solches zu tun.[2)]

Wichtig ist die Tatsache, daß alle Einrichtungen der Arbeitszeit der Werktätigen entsprechen , d.h. in der Regel von 6 Uhr morgens bis 19 Uhr abends geöffnet sind und daß auch für Kinder, deren Eltern am Sonnabend berufstätig sind oder an Qualifikationskursen teilnehmen, an diesen Tagen entsprechende Öffnungszeiten gewährleistet sind.[(1)]

---

1) vgl.: GBA § 124, Abs. 2 und Bildungsgesetz § 10, zitiert in: Staatliche Dokumente..., a.a.O., S. 26

2) vgl. insbesondere: Beschluß zur Unterstützung der berufstätigen Mutter bei der Unterbringung ihrer Kinder in Kindereinrichtungen vom 22.9.1962, zitiert in: Staatliche Dokumente..., a.a.O., S. 237 - 239

(1) Es besteht eine spezielle Ordnung für die Einweisung von Kindern in die Kindergärten. Dort heißt es u.a.:
a) Kinder aus Kinderkrippen sowie Kinder alleinstehender Mütter und Väter sollen bevorzugt aufgenommen werden.
b) In den Kindergärten mit Nachtplätzen und in Kinderwochenheimen sollen vorrangig Kinder aufgenommen werden, deren Mütter im Schichtbetrieb arbeiten oder an Qualifikationskursen teilnehmen.
c) Kinder berufstätiger und studierender Mütter, die in den Kinderkrippen und Dauerheimen für Säuglinge und Kleinkinder betreut werden, können bereits im Alter von 2 Jahren und 10 Monaten im Kindergarten aufgenommen werden, sofern freie Plätze vorhanden sind.
(vgl. in: "Einweisungsordnung" - diese ist Teil der "Anordnung über die Sicherung einer festen Ordnung in den Einrichtungen der Vorschulerziehung" - Kindergartenordnung - vom 16.8.1968 ; und: Anlage zu § 2 Abs. 2, § 3 Abs. 1 - 2 und Abs. 4 der "Anordnung über die Sicherung einer festen Ordnung in den Einrichtungen der Vorschulerziehung" - Kindergartenordnung, vom 16. 8. 1968. Alles zitiert in: Staatliche Dokumente..., a.a.O., S. 237 ff.)

1.5.1.2 Kinderkrippen

Diese Einrichtungen stehen Säuglingen und Kleinkindern bis zu drei Jahren offen. Bei den Kinderkrippen in der DDR ist seit 1960 eine ständige Zunahme sowohl der staatlichen als auch der betrieblichen Einrichtungen und Plätze festzustellen. Während es z.B. im Jahre 1960 insgesamt 2.517 Kinderkrippen gab, bestanden 1972 4.854 für insgesamt 304.000 Kleinkinder und Säuglinge. Davon sind 4.009 staatliche und 834 betriebliche.[1)]

Damit steht die DDR mit diesen Einrichtungen an erster Stelle der sozialistischen Staaten.

Trotzdem sind die Krippenplätze gemessen am Bedarf noch knapp: Nur 28 kommen auf 100 Kinder, d.h. daß kaum mehr als ein Viertel der Kinder dieser Altersklasse einen Platz bekommt.[2)]

1.5.1.3 Kindergärten, - wochenheime und Schulhorte

Es standen 1972 11.351 Kindergärten und -wochenheime zur Verfügung. Diese konnten 659.842 Kinder aufnehmen. Im Jahre 1960 bestanden nur 8.890 solcher Einrichtungen, in denen 374.420 Kinder betreut werden konnten.

Bezeichnenderweise entfällt heute noch auf 14 Kinder nur 1 Betreuer. Im Jahre 1960 entfiel dagegen auf 16 Kinder auch schon 1 Betreuer.[3)]

Insgesamt können 55,4 % der Kinder des entsprechenden Alters in Wochenheimen der DDR untergebracht werden.[4)][(1)]

---

1) vgl. Statistisches Jahrbuch der DDR, Berlin/Ost 1973, S. 407

2) vgl. Kleine Enzyklopädie, Die Frau, Leipzig 1973, S. 259

3) Statistisches Jahrbuch der DDR, a.a.O., S. 351

4) Blum, S., Probleme der Diskriminierung der berufstätigen Frau, in: Marxistische Blätter, 1974/ 1, S. 57

(1) I. Thiele weist darauf hin, daß zwar 25 % der betreuten Kinder in Betriebskindereinrichtungen untergebracht sind, beklagt aber, daß diese meist nur da bestehen, wo überwiegend Frauen beschäftigt sind. (vgl. in: Kleine Enzyklpädie, Die Frau, a.a.O., S. 262/263)

Im Jahre 1968 gab es außerdem ca. 52.400 Plätze in Schulhorten, in welchen etwa 50 % der Kinder aus den Klassen 1-4 betreut wurden.[1)]

1.5.2 Kindereinrichtungen in der ČSSR

1.5.2.1 Kinderkrippen

Während es im Jahre 1966 1.222 Kinderkrippen gab, stiegen sie im Jahre 1971 auf 1.607.
Von den 1.222 Kinderkrippen im Jahre 1960 waren 210, das sind 17,2 % Betriebskinderkrippen. Im Jahre 1971 waren davon 406 d.h. 25,6 % Betriebskinderkrippen. Die Anzahl der betreuten Kinder in diesen Einrichtungen stieg von 31 414 im Jahre 1960 auf 46 214 im Jahre 1971.[2)]

1.5.2.2 Kindergärten

Im Unterschied zum Jahr 1960/61, in welchem es 6 633 Kindergärten mit 285 863 Kinder gab, gab es in der ČSSR im Jahre 1971/72 8 292 Kindergärten mit 384 980 Kindern.
Von den 285 863 Kindern, die 1960/61 im Kindergarten waren, waren 80 % Kinder berufstätiger Mütter. Im Jahre 1971/72 waren allerdings nur noch 73,1 % der hier Betreuten Kinder berufstätiger Frauen.[3)]
Der größte Anteil der Kinderkrippen und - gärten sind städtische, aber auch Betriebe haben nach den Vorschriften des Arbeitsgesetzbuches Kindereinrichtungen. Dies hängt von den Investitionsmöglichkeiten der Betriebe, von der Zahl der interessierten Frauen und auch von der Lage der Betriebe ab.[(1)]

---

1) Statistisches Jahrbuch der DDR, a.a.O., S. 351
2) Statistická ročenka 1972, Praha 1972, S. 530
3) Statistická ročenka, a.a.O., S. 489
(1) Es ist darauf hinzuweisen, daß für die Berücksichtigung von Antragstellern bei der Zulassung der immer noch knappen Kindergartenplätze, die sozial schwächeren Frauen bevorzugt werden, weil man davon ausgeht, daß Mütter mit höherem Einkommen eher eine private Beaufsichtigung zahlen können.

Für die Kinder der in der Landwirtschaft beschäftigten Frauen gibt es die sogenannten "landwirtschaftlichen Dauerheime". Die 755 "Heime" dieser Art wurden im Jahre 1971/72 von insgesamt 11.757 Kindern im Alter von 3 - 15 Jahren besucht.[1]

1.5.2.3 Jugendhorte, Jugendclubs

Es gab im Jahre 1971/72 9.607 Jugendhorte, in denen 256.309 Kinder im Alter von 6 - 11 Jahren (d.h. die Schüler der Unterstufe der neunjährigen Grundschule) eingeschrieben waren.
In der gleichen Zeit bestanden 283 Jugendklubs für die Schüler der Oberstufe. Diese Art von Einrichtungen wurde von 10.948 Jugendlichen besucht.
In diesen Horten und Clubs finden u.a. außerschulische Arbeitsgemeinschaften statt; hier können u.a. auch Schulaufgaben gemacht werden.

1.5.3 Kindereinrichtungen in der UdSSR

"Die mangelnde Entwicklung der Kindereinrichtungen und Betriebe für die Dienstleistungen im Verhältnis zu den gesellschaftlichen Bedürfnissen, die unterschiedliche Beteiligung der Ehegatten an der Hausarbeit und der Erziehung der Kinder", sagt in diesem Zusammenhang Danilova, "führen zu einer erhöhten Arbeitsbelastung der Frau."[2]

1.5.3.1 Kinderkrippen, Kindergärten

So bestanden im Jahre 1970 83.134 Kinderkrippen und -gärten in der UdSSR.[3]
Die Kindereinrichtungen besuchten 8.099.700 Kinder. Es gab allerdings im Jahre 1970 allein 20.509.889 Kinder in der UdSSR, die im Alter von 0 - 4 Jahren waren.[4]

---

1) Statistická ročenka, a.a.O., S. 510
2) Danilova, M., Social'nye problemy..., a.a.O., S. 12
3) CSU SSR: Narodnoe chozjajstvo SSSR v 1970 g., a.a.O., S. 634
4) ebenda

Die einzelnen Sowjetrepubliken sind mit diesen Einrichtungen unterschiedlich ausgestattet. Während es in der Russischen SSR allein 51.676 solcher Einrichtungen gab, waren es in den anderen Unionsrepubliken erheblich weniger.[1)]

"Zur Zeit werden in der UdSSR insgesamt erst 28 % aller Kinder im Vorschulalter in den Vorschulinstitutionen und weniger als 10 % der Kinder in den Tagesheimen erzogen, wobei die Kinder der Landbevölkerung ... wesentlich schlechter gestellt sind als die Kinder in städtischen Siedlungsgebieten."[2)]

1.5.3.2 Außerschulische Kindereinrichtungen

Zu diesen Einrichtungen gehören sog. "Paläste" und Häuser der Pioniere. Es gab im Jahre 1970 insgesamt 3.865 solcher Einrichtungen.[3)]

1.5.4 Maßnahmen zur Erleichterung privater Haushaltstätigkeiten

1.5.4.1 In der DDR und der ČSSR

Zu den Maßnahmen, die zur Vergesellschaftigung von Haushaltstätigkeiten beitragen und von denen angenommen werden kann, daß sie sich positiv motivierend für qualifizierte Berufstätigkeit und damit auch für die beruflichen Bildungschancen auf Frauen auswirken können, gehören u.a. die Dienstleistungen öffentlicher Wäschereien und die Einrichtungen der Gemeinschaftsverpflegung.

Hierzu ist im Zusammenhang mit der DDR folgendes zu sagen: Pro Kopf der Bevölkerung stiegen die Leistungen von 7,8 kg. Wäsche im Jahre 1961 auf nur 10 kg im Jahre 1968. Somit ist z.T. die Vergesellschaftung der Waschtätigkeit als eines Teilsektors der Hausarbeit nicht wesentlich intensiver geworden.

---

1) CSU SSSR: Narodnoe chozjajstvo..., a.a.O., S. 634

2) Berufstätigkeit der Frau und die Geburtenrate, aus: Literaturnaja gazeta 1968/9, in: Ostprobleme 1968/11, S. 263

3) CSU SSSR: Narodnoe chozjajstvo..., a.a.O., S. 637

Wie E. Paul[1)] sagt, ist auch die Gemeinschaftsverpflegung in der DDR noch nicht so weit entwickelt wie "in den kapitalistischen Ländern", obwohl nach Stiebeiner[2)] bei der Essenzubereitung im Durchschnitt aller privaten Haushalte wöchentlich 15,5 Stunden aufgewendet werden und obwohl gerade die Bedeutung der Zeitersparnis für diese Tätigkeiten für die berufstätige Frau groß ist.
Auch Forderungen[(1)] hinsichtlich der Verbesserung der Einkaufsmöglichkeiten für Frauen sind bis heute in der DDR wohl noch unvollkommen verwirklicht.

---

1) Paul, E., Zu Fragen des Einflusses der wissenschaftlich-technischen Revolution auf die Lebensbedingungen der Frau und ihrer Familie in der Periode des entfalteten Aufbaus des Sozialismus, in: ZdfgH, 1968, S. 209

2) Stiebeiner, E., Mehr und bessere Dienstleistungen - mehr Freizeit, in: Presse-Informationen vom 30.4.1969, S. 8

(1) vgl. in den Ministerratsbeschlüssen vom 19. April 1962 über die Aufgaben der Staatsorgane zur Förderung der Frauen und Mädchen in Durchführung des Kommuniques des Politbüros des ZK der SED.
Dort heißt es sinngemäß in Kap. IV:
a) in Betriebsverkaufsstellen sind typische Sortimente festzulegen und die hierfür erforderlichen Warenfonds bereitzustellen.
   - den Frauen in Schwerpunktgebieten ist im entsprechenden Umfang der Warenbezug über den Versandhandel zu ermöglichen.
b) zur Erleichterung des Einkaufs der Bäuerinnen ist ein gut organisierter Bestelldienst für Industriewaren einzurichten.
   - zur Entlastung der Bäuerinnen in den Spitzenarbeitszeiten sind die Einrichtungen der Gemeinschaftsverpflegung zu verbessern und verstärkt auszunützen.
c) Zur Entlastung der berufstätigen Frauen und Mädchen sind vorzugsweise in den Betriebsverkaufsstellen und in den Arbeiterwohnzentren sowie auf dem Lande halbfertige und tischfertige Gerichte, Konserven und Feinfrosterzeugnisse anzubieten und zwar zeitlich so, daß die berufstätigen Frauen nach Dienstschluß bzw. Schichtschluß einkaufen können.
   - die Öffnung der Betriebs- und Landverkaufsstellen sind entsprechend den Arbeitszeiten festzulegen, sowie die Anzahl der Früh- und Spätverkaufsstellen zu erhöhen (vgl. Staatliche Dokumente..., a.a.O., S. 88 ff.)

Wie auch Kalenská in Bezug auf die ČSSR sagt, "hinkt dieser Bereich der Dienstleistungen leider noch hinter der schnelleren Entwicklung der Wirtschaft und anderen hauptsächlich technisch-industriellen gesellschaftlichen Einrichtungen nach".[1)]

Genauere diesbezügliche Daten liegen zur ČSSR nicht vor. Bekannt ist nur, daß es z.B. im Jahr 1965 insgesamt 7.539 Schulkantinen gab, in denen sich 912.753 Kinder und Jugendliche verpflegten, und daß demgegenüber im Jahre 1971 9.350 Schulkantinen vorhanden waren. Man kann also einen Zuwachs an Kantinen feststellen.[2)]

Von der Gesamtzahl der Verpflegten waren im Jahre 1971 806.328 Kinder der neunjährigen allgemeinbildenden Einheitsschule. Einheitsschulen wurden im Jahre 1971 von 1.939.590[3)] Schülern besucht. Das zeigt, daß 41,6 % aller Grundschüler in den Schulkantinen verpflegt wurden.

1.5.4.2 In der UdSSR

Für die UdSSR gilt, daß trotzdem in den letzten Jahren Millionen von Frauen aus dem Haushalt in die Produktion eingegliedert worden sind, "dennoch keine merkliche Veränderung in der Sphäre der Dienstleistungen eingetreten ist".[4)]

"Es ist eine Tatsache", sagt Čižova, "daß in den Jahren des letzten Siebenjahresplans die Heranziehung der Arbeitskräfte aus dem Haushalt in die Produktion aus vielen Gründen schneller vor sich gegangen ist, als die Entwicklung der Dienstleistungen".[5)]

Sowjetische Wirtschaftswissenschaftler errechneten, daß die Dienstleistungsbetriebe den Frauen nur ein Zwanzigstel

---

1) Kalenská, M., Žena v pracovním poměru, a.a.O., S. 64
2) Statistická ročenka, a.a.O., S. 509
3) Statistická ročenka, a.a.O., S. 489
4) Frauenarbeit in der Sowjetunion, in: Osteuropa, 1967/ 7 S. 461
5) vgl.: Čižova, L., Ekonomisty o ženskom trude, in: Voprosy ekonomiki, 1967/2, S. 154

der Hausarbeit abnehmen können.[1]
Bemerkenswert ist, daß zwar der Mangel an Dienstleistungen allgemein gesehen und kritisiert wird, aber daß auf der anderen Seite die vorhandenen auch sehr wenig von den Frauen benutzt werden.
Die folgende Tabelle zeigt, welche Bereiche der Dienstleistungen z.B. von Leningrader Frauen am meisten benutzt werden, und von wieviel Prozent der gesamten weiblichen Bevölkerung von Leningrad.

Reihenfolge der	Inanspruchnahme durch die Arbeiterinnen in Leningrad [2]
Chemische Reinigung	34,4 %
Wäscherei	13,0 %
Kantine	3,3 %
Halbfabrikate	8,2 %

Als Gründe für die niedrige Benutzung werden häufig die langen Lieferungszeiten der Wäschereien, Reinigungen, etc., die nicht richtige und sorgfältige Behandlung der Sachen und bezüglich des Kantinenessens die nicht so gute Qualität genannt.[3]
Offizielle Stellen der UdSSR fordern deshalb, diese Dienstleistungen nicht nur quantitativ weiterzuentwickeln, sondern auch qualitativ zu steigern.

1.5.5 Kurzzusammenfassung

Die Errichtung von Kinderkrippen, -gärten usw. in dem Umfang, wie sie vor allem in der DDR geschieht, stellt eine indirekte Förderung der beruflichen Bildungschancen der Frau dar, insofern als sie derjenigen, die Mutterschaft und Ausbildung, bzw. Berufstätigkeit verbinden will, eine Perspektive bietet, die die Doppelbelastung von der Seite der Kindererziehung her in Grenzen hält.

---

1) Berufstätigkeit der Frau und die Geburtenrate, a.a.O., S. 263
2) Warum ergreift man einen Beruf?, a.a.O., S. 441
3) ebenda

Die Perspektiven, die die behandelten Länder, zu denen hier Daten vorliegen, nämlich die DDR und UdSSR, mit Bezug auf die Entlastung von den privaten Haushaltstätigkeiten bieten, sind demgegenüber erstaunlich gering.

Hauptteil B

2 Direkte konkrete Ansatzstellen zur aktiven Förderung der beruflichen Bildungschancen von Frauen in der DDR, ČSSR und UdSSR

2.1 In der beruflichen Ausbildung

2.1.1 In der DDR

2.1.1.1 Im Lehrverhältnis

Röthel[1)] weist auf den hier bestehenden Mißstand hin, daß seitens vieler technischer Betriebe wenig getan wird, um Mädchen für technische Berufe zu gewinnen. Formal würden sich diese Betriebe zwar mit einem auf der Grundlage der Volkswirtschaftspläne anzustrebenden höherem Mädchenanteil einverstanden erklären, jedoch mit Hinweis auf das geringe Interesse der Mädchen für technische Berufe besetzten sie die Plätze mit Jungen.[(1)]

---

1) Röthel, M., Die Erfüllung des Planes der Neueinstellung von Schulabgängern, in: Berufsbildung,1966,H.1, S. 1 - 11

(1) Der Anteil weiblicher Lehrlinge in der DDR ist auch in jenen Bereichen hoch, in welchen der Anteil weiblicher Berufstätiger überhaupt schon groß ist, d.h. im Post- und Fernmeldewesen, im Handel und in den Bereichen außerhalb der materiellen Produktion. Im Jahre 1968 schlossen insbesondere wohl aufgrund der Berufsausbildungspflicht zwar 97,4 % aller Mädchen der zehnklassigen Oberschulen einen Lehrvertrag ab, aber trotz der Bemühungen seit 1960, die Mädchen stärker für eine Ausbildung im technischen Bereich zu interessieren, erreichte 1967 der Anteil weiblicher Lehrlinge in den Berufen der nicht-materiellen Produktion insgesamt rund 90 %. Dagegen lag der Anteil der weiblichen Lehrlinge in metallverarbeitenden und metallerzeugenden Berufen 1967 bei 8,8 % und im bauberuflichen Bereich bei 1, 9 % (vgl. Riemer, J.S., Probleme der Berufsfindung..., a.a.O., S. 132 ff.; Hegelheimer, A., Berufsausbildung in Deutschland, Frankfurt 1973, S. 38).

Insgesamt stellten die Mädchen im Jahre 1967 46,1 % der Lehrlinge.[1)(1)]

2.1.1.2 In der Fach- und Hochschulausbildung

Hier besteht ebenfalls vor allem das Problem geringer Anteile der Frauen in den industriellen und technischen Ausbildungssektoren.

Der Anteil der Frauen am Fach- und Hochschulstudium in der DDR beträgt 1972 51,4 % bzw. 41,2 %. Im Jahre 1972 hatten insgesamt 507.904 berufstätige Personen einen Fachschulabschluß, davon waren immerhin 200.883 Frauen, d.h. ca. 40 %. Nach Wirtschaftsbereichen aufgeteilt, ist der größte Teil weiblicher Berufstätiger mit Fachschulabschluß in dem Bereich "Sonstige produzierende Zweige" bzw. "Nicht produzierende Zweige" zu finden; hier arbeiteten 1972 149.724, d.h. fast zwei Drittel aller Frauen. Der gerinste Anteil ist in den Bereichen Bauindustrie und Verkehr-, Post- und Fernmeldewesen zu finden.

Im Jahre 1972 hatten 306.862 berufstätige Personen einen Hochschulabschluß, davon 86.938 Frauen, d.h. nur rd. 33,5 %.[2)(2)]

---

1) Hegelheimer, A., Berufsausbildung in Deutschland, a.a.O., S. 38

2) vgl. Statistisches Jahrbuch der DDR, a.a.O., S. 66

(1) Die Lehrlinge in der DDR erhalten ihren berufstheoretischen Unterricht vorwiegend in den Betriebsberufsschulen bzw. Betriebsakademien; daneben in kommunalen Berufsschulen.

(2) Nach Wirtschaftsbereichen aufgeteilt ist der größte Anteil weiblicher Berufstätiger mit Hochschulabschluß wieder in dem Bereich "Sonstige produzierende Zweige" und im "nicht-produzierenden Bereich" zu finden; hier arbeiten insgesamt 75.769 Frauen. Dagegen arbeiten nur 795 bzw. 725 Frauen mit Hochschulabschluß in den Bereichen Bauindustrie und Verkehr-, Post- und Fernmeldewesen. (vgl. Statistisches Jahrbuch der DDR, a.a.O., S.66)

Im Jahre 1965 betrug, wie Elfriede Paul[1] ausführt, der gesamte Anteil von Frauen an den Studierenden technischer Fächer an den Universitäten und Hochschulen nur 6,5 %.Nach Herber/Jung[2] entwickelte sich der weibliche Anteil an den Direktstudenten aller Technischen Hochschulen (einschließlich TU Dresden) im Jahre 1966 auf 1,2 %.[(1)]
Im gesamten Bereich der "normalen Berufsausbildung" auf allen Ebenen gibt es in der DDR keine besonderen Förderungsmaßnahmen.
Auszunehmen sind hier allerdings die spezifischen insbesondere finanziellen Förderungsmaßnahmen für Studentinnen mit Kindern bzw. Müttern im Lehrverhältnis. Danach ist einerseits den Studentinnen mit Kind bzw. den studierenden werdenden Müttern solche nicht-finanzielle Unterstützung zu gewähren, die ermöglicht, daß keine Studienunterbrechung bzw. Studienverlängerung notwendig wird.
Die Leiter von Hoch- und Fachschulen haben entsprechend den Möglichkeiten, die erforderlichen Arbeits- und Lebensbedingungen der Studentinnen vorzusehen, d.h. insbesondere die Wohnbedingungen und die Plätze für die Unterbringung

---

1) Paul, E., Zu Fragen der wissenschaftlich-technischen Revolution und ihre Wirkungen auf die Lebensbedingungen der Frau und ihrer Familie in der Periode des entfalteten Sozialismus, in: ZfdgH 1968, S. 290
2) Herber, R.; Jung, H., Kaderarbeit im System sozialistischer Führungstätigkeit, Berlin/Ost 1968
(1) Im Jahre 1971 verfügten 96,9 % aller berufstätigen Frauen über eine berufliche Ausbildung. 35,9 % hatten die Qualifikation als Facharbeiter, 1,1 % die Qualifikation als Meister, sowie 6,9 % einen Fachschul- und 3 % einen Hochschulabschluß. Allerdings besaßen Ende Oktober 1971 nur 28,1 % der in der materiellen Produktion tätigen Frauen den Facharbeiterabschluß, in verschiedensten anderen hochtechnisierten Wirtschaftsbereichen liegt der Anteil mit Facharbeiterabschluß noch niedriger. (vgl. Kuhn, H., Mehr Frauen zu Produktionsfacharbeiterinnen qualifizieren, a.a.O., S. 49)

der Kinder, ebenfalls aber auch die Maßnahmen zur Gesundheitsbetreuung der Studentin mit Kind.[1]
Andererseits sind in Bezug auf inländische Studentinnen und Frauen in Lerhverhältnissen mit Kindern auch bestimmte finanzielle Unterstützungen zu gewähren:

- für jedes zu versorgende Kind erhalten Studentinnen im Direktstudium 50.-M
- für verheiratete Studentinnen im Direkt- oder Forschungsstudium, deren Ehepartner Studenten sind, gilt zudem wie für jede ledige Studentin mit Kind, daß sie bei Vorlage einer Bescheinigung, aus der hervorgeht, daß eine Unterbringung des Kindes in einer Kinderkrippe nicht möglich ist und sie trotzdem ihr Studium fortsetzen möchte, eine monatliche Unterstützung von 125 M pro Kind und bei jedem weiteren Kind um 25 M mehr bekommt.[2]

Die Unterstützungsmaßnahmen, wie sie hier bezüglich der Studentinnen an Hoch- und Fachschulen genannt wurden, werden in nahezu gleicher Weise für werdende Mütter in einem Lehrverhältnis durchgeführt.[3]

2.1.2 In der ČSSR und UdSSR

2.1.2.1 Im Lehrverhältnis

Lehrlingsausbildung findet in der ČSSR und UdSSR wie in der DDR - auch was den berufstheoretischen Teil angeht - vorwiegend auf betrieblicher Ebene mithilfe der Betriebsberufsschulen statt.
Daneben gibt es allerdings auch öffentliche berufsbildende

---

1) vgl.: Die Anordnung zur Förderung von Studentinnen mit Kind und werdenden Müttern, die sich im Studium befinden an den Hoch- und Fachschulen vom 10. Mai 1972, § 5, zitiert in: Staatliche Dokumente..., a.a.O., S. 225-227
2) vgl.: Die Anordnungen über die finanzielle Unterstützung von Studentinnen mit Kind an den Hoch- und Fachschulen, vom 10. Mai 1972, zit.: Staatliche Dokumente...,a.a.O.,S.228
3) vgl.: Anordnung vom 19.Juni 1972 über die Förderung und finanzielle Unterstützung von Müttern,die sich in einem Lehrverhältnis befinden,zit.: Staatliche Dokumente.., a.a.O., S. 232 ff.

Schulen; in der UdSSR z.B. die beruflich-technischen Lehranstalten, die neuerdings qualifizierte Arbeiter mit einer mittleren Bildung in 3-4 Jahren heranbilden sollen.(1)
Hinsichtlich der weiblichen Lehrlinge liegen für die UdSSR keine speziellen Daten vor.
Für die ČSSR lag der Anteil der weiblichen Lehrlinge an der Gesamtzahl von Lehrlingen im Jahre 1971 nur bei 30 %.
Die weiblichen Lehrlinge sind sehr unterschiedlich auf die verschiedenen Wirtschaftszweige verteilt. Von der Gesamtzahl der 106.787 Frauen im Jahre 1971 standen die meisten in Lehrverhältnissen im Bereich des Handels, des Gaststättenwesens und der Dienstleistungen, und zwar mit einer Anzahl von 52.888, d.h. zu 49, 7 %.Lehrausbildungen von Mädchen im technischen Bereich sind sehr selten.[1)]

2.1.2.2 In der Fach- und Hochschulausbildung
Insgesamt stieg hier die Anzahl der Studenten von 145.493 im Jahre 1960/61 auf 212.668 im Jahre 1971/72, d.h. um 46 %.
Die Anzahl der Frauen jedoch stieg von 73.200 im Schuljahr 1960/61 auf 124.446, d.h. um 69 %.
Allerdings studierten nur 16 % aller auf diesem Niveau in der Ausbildung stehenden tschechoslowakischen Frauen an den Schulen der verschiedenen technischen Fachrichtungen.[2)]
Im Jahre 1970 gab es unter 1 000 Berufstätigen in der UdSSR 120 Frauen mit einer mittleren Fachschulausbildung.[3)]
54 % aller Studierenden im Bereich der mittleren Fachschulen waren im Jahre 1970/71 Frauen; an den Fachschulen für Industrie, Bauwesen und Transport waren sie immerhin auch

---

1) Statistická ročenka, a.a.O., S. 147
2) Statistická ročenka, a.a.O., S. 492
3) CSU SSSR: Itogi vsesojuznoj perepisi naselenija 1970 g., Moskva 1972, Bd. III, S. 408
(1) Diese Schulen sind eine Weiterentwicklung der städtischen und ländlichen beruflich-technischen Tagesschulen mit 1 - 2, bzw. 2 - 3jähriger Dauer.
Sie weisen mit 2,4 Mill. Schülern (1970/71) eine steigende Tendenz auf.

mit 40 % vertreten.[1]
Während für die ČSSR in besonderem Ausmaße ein Mangel an Integration in den technischen Ausbildungen zu bemerken ist, ist die Lage in der UdSSR, wie es die Daten zeigen, in dieser Beziehung günstig.
Die Zahl der Hochschulstudenten in der ČSSR nahm von 1954/55 - 1968/69 um 11 % zu, wobei sich der Anteil der Hochschulstudentinnen um mehr als verdreifacht hat. Im Schuljahr 1968/69 waren 40,6 % aller Hochschüler Frauen, während es im Schuljahr 1954/55 nur 24 % waren.
Im Jahre 1971/72 stieg die Zahl der Studenten auf 102.251, davon waren 40.910, d.h. 39 % Frauen.[2]
In den als repräsentativ geltenden technischen Hochschulen und Universitäten in Prag und Bratislava verhielten sich die Frauenanteile im Jahre 1971/72 wie folgt:
- Technische Hochschulen Prag: 9.079 Studenten, davon 1.144 Studentinnen, d.h. 12,6 % Frauen
- Technische Hochschulen Bratislava: 8.287 Studenten, davon 1.634 Studentinnen, d.h. 19, 7 % Frauen
- An den geisteswissenschaftlichen Fakultäten der Universität Prag: 4.904 Studenten, davon 3.233 Studentinnen, das sind 65,5 % Frauen.
- An den geisteswissenschaftlichen Fakultäten der Universität Bratislava: 5.362 Studenten, davon 4.044 Studentinnen, das sind 75, 1 % Frauen.[3]

Man sieht wiederum, wie gering die Frauenanteile in technischen Fächern sind; auffällig ist, daß sie in Prag, d.h. in der Tschechei noch geringer sind als in Bratislava, d.h. in der Slowakei.
Von tausend Beschäftigten mit einer Hochschulausbildung waren in der UdSSR 68 Männer und 62 Frauen.[4]
Von insgesamt 2.241.000 Studierenden im Schuljahr 1970/71

---

1) CSU SSSR: Narodnoe chozjajstvo SSSR v 1970 g. Moskva 1971, S. 650
2) vgl. Statistická ročenka, a.a.O., S. 503, 504, 505
3) vgl. Statistická ročenka, a.a.O., S. 506 ff.
4) CSU SSSR: Itogi vsesojuznoj perepisi naselenija 1970 goda Moskva 1972, Bd. III, S. 408

waren 49 % Frauen.[1]
Von den Studierenden im Bereich des Gesundheitswesens waren 56 % Frauen, im Bereich Pädogogik waren es 66 %, im Bereich Ökonomie und Recht 60 %. Nur sehr gering waren die Frauen mit 38 % in Industrie und Bauwesen vertreten.[2]
Man sieht, daß auch auf der Hochschulebene die Integration der sowjetischen Frauen in technischen Bereichen, d.h. hier Industrie und Bauwesen, günstiger aussieht als in der ČSSR und DDR.
Wie in der DDR gibt es auch in diesen Ländern im Bereich der normalen Berufsausbildung keine besonderen Förderungsmaßnahmen für Frauen.
Daten hinsichtlich besonderer Unterstützung für Frauen mit Kinder, die in der Berufsausbildung stehen, sind nicht bekannt.

2.2 In der beruflichen Fort- und Weiterbildung in der DDR

2.2.1 Grundsätzliches zur Fort- und Weiterbildungssituation

Im Gesetz über den Fünfjahresplan für die Volkswirtschaft der DDR 1971-1975[3] heißt es u.a.: "Die Aus- und Weiterbildung der Arbeiter, Genossenschaftsbauern, der Intelligenz, der Frauen und Jugendlichen sowie aller anderen Werktätigen ist als ein untrennbarer Bestandteil der gesellschaftlichen Entwicklung und der materiellen und kulturellen Lebensbedingungen der Bevölkerung zu vervollkommnen."
Und im Gesetz über den Volkswirtschaftsplan 1972 der DDR steht:[4]
"Besonders für die Teilnahme der Frauen am Arbeitsprozeß sind die Bedingungen zu verbessern."
Als Grundlage all dieser Bemühungen können in Industrie,

---

1) CSU SSSR: Narodnoe chozjajstvo SSSR v 1970 g., Moskva 1971, S. 650
2) ebenda
3) Teilabdruck in: dokumentation der zeit (ddz), 1972, 1. Februarheft, Berlin, S. 34
4) Teilabdruck in: ddz, a.a.O., S. 37

Landwirtschaft und allen Institutionen der nicht-materiellen Produktionen die schon genannten "Frauenförderungspläne" benutzt werden, die ein Bestandteil der Betriebskollektivverträge zwischen Betrieb und Werktätigen sind.

2.2.1.2 Förderliche Rechtsregelungen

Dem oben gesagten entsprechend gibt es in der DDR für Frauen vielfältige Förderungsmaßnahmen, die alle durch entsprechende Rechtsregelungen ermöglicht wurden.
Zunächst ist im "Gesetz über das sozialistische Bildungssystem", § 36 Abschnitt 2[1] u.a. festgelegt:
"Das Streben der Frauen und Mädchen nach höherer beruflicher Qualifikation ist durch vielfältige und differenzierte Formen und Methoden zu fördern. Sie sind zu Facharbeitern auszubilden und für den Einsatz in mittleren und leitenden Fuktionen vorzubereiten. Der Ausbildung von Frauen und Mädchen für technische Berufe ist besondere Aufmerksamkeit zu widmen."[2]
Bemerkenswert ist auch der Beschluß über die Aufgaben der Staatsorgane zur Förderung der Frauen und Mädchen in Durchführung des Kommuniques des Politbüros des ZK der SED vom 23.12.1961"[3] vom 19.April 1962.
Dort ergehen u.a. die Anweisungen:
- daß der Anteil der Frauen und Mädchen bei der Delegierung zum Studium an der deutschen Akademie für Staats- und Rechtswissenschaft und an den Verwaltungsschulen mindestens 25 % betragen muß
- daß für werktätige Frauen, die Kinder haben, spezielle Frauenklassen für die Ausbildung in technischen Berufsfachrichtungen in den Bezirksstädten einzurichten sind.

---

1) vgl. in: Staatliche Dokumente, a.a.O., S. 76
2) § 36 des Gesetzes über das einheitliche sozialistische Bildungssystem, in: Staatliche Dokumente...,a.a.O., S. 76
3) Das Kommuniqué des Politbüros des ZK der SED "Die Frau, der Frieden und der Sozialismus" vom 23.12.1961; dieses Kommuniqué war der Auslöser einer Phase gezielter Frauenförderung in der DDR

- daß Schwerpunkte der Frauenqualifizierung in den Betrieben der landwirtschaftlichen Produktionsgenossenschaften festzulegen sind u.a. durch:
  vorrangige Ausbildung und Verwendung von Frauen und Mädchen auf dem Gebiet der Innenwirtschaft sowie durch Förderungslehrgänge (im Rahmen der Dorfakademien), die sich auf Gebiete der Mathematik, der Naturwissenschaften, der Maschinen- und Gerätetechnik und vor allem der Innenmechanisierung beziehen.
- daß, um mehr Frauen zur Meisterqualifizierung zu gewinnen, ein Versuch durchzuführen ist, für gewisse Fachrichtungen Facharbeiter und Meisterprüfungen in einem Studiengang vorzubereiten .
- daß Maßnahmen zur Erhöhung des Anteils der Frauen in mittleren und leitenden Funktionen zu treffen sind und daß anzustreben ist, daß alle Meisterbereiche, in denen überwiegend Frauen arbeiten, durch einen weiblichen Meister geleitet werden.
- daß zur beruflichen Förderung solcher Frauen, die vorübergehend aus dem Arbeitsprozeß ausscheiden, durch die Betriebsleitung im Zusammenhang mit den Kreishochschulen Weiterbildungsmöglichkeiten an der Betriebsakademie oder der Volkshochschule selbst zu schaffen sind.
- daß werktätige Frauen durch vielfältige Maßnahmen bei der Erreichung des Ingenieur- und Fachschulabschluß zu unterstützen sind und daß dabei vor allem Formen des Teil- und Fernstudiums anzuwenden sind.
- daß Betriebe und Institutionen, deren Mitarbeiter ein Fern- oder Abendstudium aufnehmen, verpflichtet sind, mit den Studenten Förderungsverträge abzuschließen und sie beim Studium zu unterstützen und daß solche Förderung eine besondere Pflicht der Leiter der Betriebe und Institutionen ist.

Da in der DDR davon ausgegangen wird, daß die allseitige Förderung der Frau mit der Gesamtentwicklung der Gesellschaft in allen Teilbereichen verbunden ist, meint man, daß die sich aus ihrer Lage in der Gesellschaft ergebenden Grundten-

denzen, Probleme und Prozesse erforscht werden müssen.[1]
In einem entsprechenden Beschluß[2] heißt es zu diesem Problem u.a.:
"Es erfolgt eine Zusammenarbeit zwischen der staatlichen Plankommission und dem wissenschaftlichen Beirat " die Frau in der sozialistischen Gesellschaft" bei der Akademie der Wissenschaften zu Berlin...."
Der Beirat koordiniert die Forschungsthemen der zentralen Staats- und Wirtschaftsorgane zur Frauenfrage und verteidigt sie vor der staatlichen Plankommission. Die Froschungsthemen werden nach Bestätigung Bestandteil der Pläne, Wissenschaft und Technik.
Bei der jährlichen Analyse für die Erfüllung des Volkswirtschaftsplanes werden die Forschungsergebnisse hinsichtlich der Frauenförderung mit den sich daraus ergebenden Konsequenzen in Form eines dem Ministerrat vorgelegten wissenschaftlichen Gutachtens dargelegt.
Auch ein Beschluß[3] der Volkskammer geht auf die Notwendigkeit der Fort- und Weiterbildung der Frauen ein. Es heißt dort u.a.:
"Für berufstätige Frauen mit besonderen familiären Bedingungen und Frauen mit langjährigen Berufs- und Arbeitserfahrungen können spezifische Organisationsformen der Bildungsmaßnahmen, wie Frauensonderstudium, Frauensonderklassen, Intervall- bzw. Intensivlehrgänge gezielt angewendet werden...

---

1) Beim Politbüro des ZK der SED arbeitet seit langem eine ehrenamtliche Frauenkommission als beratendes Gremium.
2) "Beschluß vom 20. Oktober 1966 über die weitere Durchführung der Forschung zu Problemen der Entwicklung und Förderung der Frauen und Mädchen in der DDR", Kapitel I, Abschnitt 1, zitiert in: Staatliche Dokumente..., a.a.O., S. 94
3) vgl. "Beschluß der Volkskammer der DDR über die Grundsätze für die Aus- und Weiterbildung der Werktätigen bei der Gestaltung des entwickelten gesellschaftlichen Systems des Sozialismus in der DDR" vom 16.9.1970, Teil III, Kapitel 5, zitiert in: Staatliche Dokumente..., a.a.O., S. 106 ff.

Frauen, die ihre berufliche Tätigkeit unterbrechen, sind durch systematische Qualifizierungsmaßnahmen der Betriebe, Kombinate und Genossenschaften auf den Wiedereintritt ins Berufsleben vorzubereiten. Nicht-berufstätigen Frauen ist durch geeignete Bildungsmaßnahmen die Aufnahme der beruflichen Tätigkeit zu erleichtern. Sie sind besonders für die Teilnahme an Lehrgängen der Volkshochschulen und für den Besuch der Frauenakademien der DDR zu gewinnen."

Weiterhin sind im Zusammenhang mit der Frauenförderung im Bereich der Fort- und Weiterbildung eine Reihe von Anordnungen wichtig, die in den Jahren 1966-1972 ergingen[1]:

1. Zur Aus- und Weiterbildung von Frauen für technische Berufe und ihre Vorbereitung für den Einsatz in leitenden Tätigkeiten heißt es u.a. in der Anordnung vom 7. Juni 1966:

"...für die Ausbildung zur Facharbeiterin sollen Produktionsarbeiterinnen gewonnen werden, die langjährige Berufserfahrung und 8.Klasse-Abschluß haben."

"...für leitende Tätigkeiten sind berufs- und lebenserfahrene Frauen, Diplomingenieure, Techniker und junge Facharbeiterinnen auszuwählen, die vorbildliche Arbeitsergebnisse aufweisen,

---

1) -"Anordnung über die Aus- und Weiterbildung von Frauen für technische Berufe und ihre Vorbereitung für den Einsatz in leitenden Tätigkeiten", vom 7. Juni 1966
   -"Anordnung (Nr.1) zur Durchführung der Ausbildung von Frauen im Sonderstudium an den Hoch- und Fachschulen", vom 15. Mai 1970
   -"Anordnung Nr. 2 zur Durchführung der Ausbildung von Frauen im Sonderstudium an den Hoch- und Fachschulen", vom 1. Nov. 1970
   -"Anordnung übder die wissenschaftliche Aspirantur - Aspirantenordnung", vom 22. Sept. 1972, in der in Teil 2, § 3 auf die Regelung der 'Frauen-Sonderaspirantur' hingewiesen wird
   -"Anordnung über die Förderung von vollbeschäftigten werktätigen Frauen für die Ausbildung zu Produktionsfacharbeiterinnen", vom 12. Sept. 1972
   Alle Anordnungen in: Staatliche Dokumente..., a.a.O., S.115-174 und S. 176 ff. bzw. S. 185 ff.

im Kollektiv der Kollegen geachtet sind.... oder als Volksvertreter bzw. in anderen gesellschaftlichen Institutionen gute Arbeit leisten."[1])

Die Qualifizierungsmaßnahmen sollen durchgeführt werden

- auf der Grundlage der staatlichen Ausbildungsmaßnahmen im Rahmen der Erwachsenenqualifizierung.
- innerhalb eines Systems abschnittweiser Qualifizierung ; durch Aufgliederung des Lehrstoffes in Abschnitte (einzelne Lehrgänge/Stufen).
- auf der Basis, daß jede Ausbildungsstufe, der ein typisches berufliches Einsatzgebiet entspricht, mit einer Prüfung abgeschlossen werden und als Bestandteil der Facharbeiterprüfung gewertet werden soll.

Außerdem wird empfohlen:

- Bildung von Frauenklassen bzw. Frauenstudiengruppen, deren Teilnehmer weitgehend die gleichen Vergünstigungen in Form der Freistellung von der Arbeit erhalten.
- Prüfung der Frage, ob berufstheoretischer Unterricht für die Produktionsfacharbeiterinnen im einzelnen Fall besser erteilt werden kann:
  bei Gelegenheit von sogenannten Unterrichtstagen, d.h. im Wechsel mit der Produktionsarbeit an bestimmten Wochentagen, ganztägig, oder:
  bei Gelegenheit von Externats- bzw. Internatslehrgängen bei völliger Arbeitsfreistellung.

2. Forderungen zum Sonderstudium von Frauen an Fach- und Hochschulen

In der diesbezüglich wichtigen Anordnung aus dem Jahre 1970[2]) finden sich u.a. folgende Regelungen:

- "Zwischen den Hoch- und Fachschulen und den Betrieben sind

---

1) "Anordnung über die Aus- und Weiterbildung von Frauen für technische Berufe und ihre Vorbereitung für den Einsatz in leitenden Tätigkeiten", vom 7. Juni 1966, zitiert in: Staatliche Dokumente ..., a.a.O., S. 119

2) vgl.: "Anordnung (Nr.1) zur Durchführung der Ausbildung von Frauen im Sonderstudium an den Hoch- und Fachschulen", vom 15. Mai, zitiert in: Staatliche Dokumente..., a.a.O., S. 157 ff.

in Übereinstimmung mit den zuständigen Leitungen der Gewerkschaften Verträge (1) abzuschließen, auf deren Grundlage Sonderstudienmöglichkeiten für Frauen mit dem Ziel des Hoch- oder Fachschulabschlusses geschaffen werden.

- Die Betriebe sind verpflichtet, die zu delegierenden Frauen unter Berücksichtigung ihrer Voraussetzungen in Vorbereitungslehrgänge an betrieblichen oder örtlichen Bildungseinrichtungen auf ein Hoch- oder Fachschulstudium vorzubereiten. Die Hoch- und Fachschulen übergeben den Betrieben die inhaltlichen Schwerpunkte für die Vorbereitungslehrgänge....
- Voraussetzung für die Aufnahme von Frauen in das Sonderstudium ist die Delegierung durch die Betriebe in Übereinstimmung mit der Betriebsgewerkschaftsleitung bzw. dem Rat für landwirtschaftliche Produktion und Güterwirtschaft....(2)

---

(1) Dieses sind die sogenannten Rahmenverträge zwischen Betriebsleiter, Bildungsinstitutionen und Betriebsgewerkschaftsleitungen. Daneben werden Studienverträge zwischen dem Direktor der Bildungsinstitution, dem Betriebsleiter dem BGL und dem Auszubildenden auf der Grundlage des Kaderperspektivplans des betreffenden Betriebes abgeschlossen. Sie sind damit auch Teil des jeweiligen Frauenförderungsplanes und der Betriebskollektivverträge. In den Studienverträgen sind ebenfalls die Fragen der Urlaubs- und Gesundheitsversorgung und ggfs. die Unterbringung der Kinder zu regeln.

(2) Hinsichtlich der Auswahl und Zulassung zum Frauensonderstudium bestehen die verschiedensten Anordnungen; sie sind zitiert in der Anmerkung zu § 3 der Anordnung (Nr.1) zur Durchführung der Ausbildung von Frauen im Sonderstudium an den Hoch- und Fachschulen, vom 15. Mai 1970, zitiert in: Staatliche Dokumente..., a.a.O., S. 159

- Zeitweilig nicht berufstätige Frauen können sich über die Betriebe, in denen sie tätig waren, bzw. in denen sie nach dem Abschluß der Ausbildung eine Tätigkeit aufnehmen werden, bzw. den gesellschaftlichen Organisationen für ein Sonderstudium bewerben."[1]

Darüberhinaus sind folgende Aussagen in den §§ 4 - 7 [2] dieser Anordnung von Bedeutung:

- Besonders befähigte Frauen können auf der Grundlage eines "Sonderstudienplanes" ihre Ausbildung vorzeitig abschließen.
- Die delegierenden Betriebe haben den Frauen im Sonderstudium, die nicht im Direktstudium studieren, eine Arbeitszeitbegünstigung von wöchentlich bis zu 20 Stunden zu gewähren.
- Frauen im Direktstudium des Sonderstudiums erhalten an Hochschulen ein Grundstipendium von 190 M., an Fachschulen in Höhe von 160 M. Dazu wird den Frauen durch die delegierenden Betriebe eine Ausgleichszahlung gewährt (die nicht lohnsteuerpflichtig ist und nicht der Beitragspflicht zur Sozialversicherung unterliegt). Grundstipendium und Ausgleich dürfen 800 M. nicht übersteigen.
- Die Dauer des Studiums im Sonderstudium, das als Direkt-, Fern- und Abendstudium(1) absolviert werden kann, ist auf die Betriebszugehörigkeit anzurechnen.

3. Förderung des weiblichen wissenschaftlichen Nachwuchses durch die "Frauen-Sonderaspiratur"

In der entsprechenden Anordnung[3] heißt es hierzu: "die

---

1) vgl.: §§ 2 und 3 der Anordnung Nr. 1 zur Durchführung der Ausbildung der Frauen im Sonderstudium an den Hoch- und Fachschulen, vom 15. Mai 1970, zitiert in: Staatliche Dokumente..., a.a.O., S. 158/159

2) zitiert in: Staatliche Dokumente..., a.a.O., S. 160/161

3) vgl.: "Anordnung über die wissenschaftliche Aspirantur-Aspirantenordnung", vom 22.9.1972, § 13, zitiert in: Staatliche Dokumente, a.a.O., S. 180

(1) Zu den Modalitäten des Fern- und Abendstudiums als spezifische Form der Werktätigenqualifizierung ist auf § 42, Abs. 5 und § 57, Abs. 3 des "Bildungsgesetzes" hinzuweisen.

wissenschaftliche Aspirantur ist eine Form der Qualifizierung für Kader mit Erfahrungen in der sozialistischen Praxis, sie hat den Erwerb des akademischen Grades 'Doktor eines Wissenschaftszweiges' zum Ziel".
Der zur Frauen-Sonderaspirantur delegierende Betrieb muß vor Aufnahme der Aspirantur mit der Aspirantin eine Fördervertrag abschließen; u.a. ist die Dauer der Frauensonderaspirantur im Arbeitsplan des Betriebes festzulegen. Ein vorzeitiger Abbruch ohne Promotion bedarf der Zustimmung des Leiters.
Die Frauensonderaspirantur ist als planmäßige Aspirantur, d.h. unter Ausschluß beruflicher Tätigkeit gedacht.[(1)]
4. Regelungen zur Ausbildung zu Produktionsfacharbeiterinnen:
In der hierzu 1972 ergangenen Anordnung[1)] wird in § 3 insbesondere darauf hingewiesen, daß in den auch hierzu notwendigen Qualifizierungsverträgen u.a. Festlegungen zu treffen sind hinsichtlich Dauer der Ausbildung, Einsatz eines Betreuers, Sicherung des Ausbildungsabschlusses,

---

1) vgl.: "Anordnung über die Förderung von vollbeschäftigten werktätigen Frauen für die Ausbildung zu Produktionsfacharbeiterinnen" vom 12. Dez. 1972, zitiert in: Staatliche Dokumente zur Förderung der Frau in der DDR, a.a.O., S. 186

(1) Daneben gibt es eine in Kapitel 3 dieser Anordnung geregelte außerplanmäßige Aspirantur
Diese erfolgt in enger Verbindung mit der beruflichen Tätigkeit. Sie dauer vier Jahre.
In § 18, Abs. 3 heißt es hierzu: "außerplanmäßige Aspiranten sind für die Erfüllung der Qualifikationsaufgaben jährlich 70 Arbeitstage von der Arbeit freizustellen, Frauen mit besonderer familiärer Belastung können bis zu 100 Arbeitstagenvon der Arbeit freigestellt werden."

Arbeitsfreistellung[1], Anerkennung guter Lernergebnisse, aber auch der Kontrollmaßnahmen zur Realisierung der Festlegungen sowie weitere Verpflichtungen der Betriebe bzw. der Genossenschaften und der Arbeitskollektive.

2.2.2 Die Praxis der Fort- und Weiterbildungsmaßnahmen für Frauen auf den verschiedenen Qualifikationsebenen

2.2.2.1 Allgemeine Feststellungen

Eine wichtige Form der Aus- und Weiterbildung von Werktätigen ist die Qualifizierung in Form von nachzuholenden Schulabschlüssen bzw. der Vorbereitungslehrgänge auf die Sonderreifeprüfung, auf das Meister- bzw. das Fachstudium. Daneben sind noch fachliche Einzellehrgänge mit und ohne Prüfungsabschluß und das Fern- und Abendstudium auf Fach- und Hochschulniveau zu nennen.

Außerdem existieren, wie schon angedeutet wurde, Weiterbildungsverfahren und Aufstiegsmodalitäten, die entweder

---

(1) Die Modalitäten der Arbeitsfreistellung von Frauen mit Kindern sind in § 4 der genannten Anordnung geregelt. Die Freistellung von Frauen mit einem bzw. mit mehreren zum eigenen Haushalt gehörenden Kinder bis zu 16 Jahren überschreitet in der Regel nicht einen Arbeitstag pro Woche für die berufstheoretische Ausbildung.
Frauen mit mehr als drei solchen Kindern und solche die im Mehrschichtsystem bzw. in ständiger Nachtschicht arbeiten und zu deren Haushalt zwei und mehr Kinder unter 6 Jahren gehören, können in jeder Woche bis zu einem weiteren Arbeitstag freigestellt werden.
Erfolgt die berufstheoretische Ausbildung in mehrwöchigen Lehrgängen bei völliger Freistellung von der Arbeit, darf die Freistellung für die gesamte berufstheoretische Ausbildung 60 Arbeitstage nicht überschreiten.
Schließlich ist den Frauen für die Dauer der Freistellung von der Arbeit ein Ausgleich in Höhe des Durchschnittsverdienstes zu zahlen.

von Betriebsberufsschulen oder Betriebsakademien allein oder in Verbindung mit der VHS, bzw. in Verbindung mit Fachschulen oder Hochschulen (für Frauen insbesondere mithilfe von Frauensonderstudium, Frauensonderklassen, Frauensonderaspiranturen) durchgeführt werden.
Schließlich gibt es Qualifizierungsmaßnahmen, die über die Kammern der Technik, die Kulturhäuser und im landwirtschaftlichen Bereich über die Dorfakademien durchgeführt werden.(1)
Allein 1971 legten 72.202 Werktätige, darunte 40.856 Frauen und Mädchen, d.h. über 50 %, auf dem Wege der Weiterbildung die Facharbeiterprüfung ab. Fast die Hälfte von ihnen waren übrigens Mitglieder von Landwirtschaftlichen Produktionsgenossenschaften und volkeigenen Gütern.[1)]

---

1) vgl.: Wie lebt man in der DDR, Redaktion: aus erster Hand, Berlin/Ost 1972, S..68

(1) Die Maßnahmen beruflicher Weiterbildung gliedern sich in eine stufenmäßige Abfolge von Qualifikationsetappen, die sogenannte A-B-C-Qualifikation. Die A-Qualifikation orientiert sich an der Erfordernissen der Produktion. Sie sieht wie folgt aus:

A 1 = Produktionsfacharbeiter für eine oder mehrere Tätigkeiten
A 2 = Erweiterung der Grundkenntnisse
A 3 = Facharbeiter mit staatlicher Facharbeiterprüfung
A 4 = Facharbeiter mit Spezialkenntnissen
A 5 = Meister der volkseigenen Industrie
A 6 = Techniker
A 7 = Ingenieur
A 8 = Diplomingenieur
A 9 = Weiterbildung für Hoch- und Fachschulkader

In der B-Qualifizierung werden fachliche Sondermaßnahmen durchgeführt, etwa Qualifizierung in der Regel- und Steuerungstechnik.
Die C-Qualifizierung soll der Förderung der systematischen Allgemeinbildung dienen, hierunter fällt ein großer Teil der Bemühungen der Kulturhäuser, der Dorfakademien und Frauenakademien.

Für den industriellen Bereich qualifizierten sich jedoch nur 13,8 % Frauen von den sich insgesamt Qualifizierenden zum Meister, 31,2 % zum Techniker und Ingenieur bzw. 7,9 % zum Hochschulabsolventen und 10, 5 % zum Fach- und Hochschulkader.[1]
Der Anteil der Frauen am Fern- und Abendstudium lag noch im Jahre 1968 in Fachschulen nur bei 38,7 bzw. 27,8 % der gesamten weiblichen Studierenden, an Hochschulen entsprechend bei nur 16,1 % bzw. 5,0 %.[2]
Im Jahre 1970 war er aufgrund verstärkten Interesses der Frauen an mittleren Qualifizierungen auf 47,2 % bzw. 34 % im Bereich des Fachstudiums gestiegen, sank allerdings im Bereich des Hochschulstudiums im Fernstudium auf 15,9 % und stieg weniger erheblich auf insgesamt 10,8 % im Abendstudium.[3]

2.2.2.2 Frauensonderklassen, Frauensonderstudium

Es war möglich, daß an Fachschulen bis zum Jahr 1970 16.309 Frauen aus Industrie und Landwirtschaft in Sonderklassen studierten. Von 1968 bis 1970 beendeten bereits 15.000 Frauen ein solches Frauensonderstudium.[4](1) 1970 gab es nahezu 700 solcher Klassen, davon 200 in der sozialistischen Landwirtschaft.[5] 1970 nahmen an Hochschulen und Universitäten insgesamt 300 Frauen das Sonderstudium auf.[6]
Die Voraussetzung zur Teilnahme an dieser Studienform im

---

1) vgl. in: Kleine Enzyklopädie, Die Frau, a.a.O., S. 251/52
2) Riemer, J.S., Die Berufsfindung..., a.a.O., S. 152-153
3) Kleine Enzyklopädie, Die Frau, a.a.O., S. 256
4) Hilfen für die lernende Frau, in: Neues Deutschland, vom 13. Okt. 1971, S. 3
5) Das schöne Geschlecht, Redaktion: Aus erster Hand, Berlin/Ost 1971, S. 65
6) ebenda
(1) Bis zum Studienjahr 1968/69 bestanden schon 320 Sonderklassen; vgl.: Studium mit Garantie, in Neue Zeit, vom 26.4.1964

Zusammenhang mit dem Studienziel Fachschulabschluß ist der Abschluß der zehnten Klasse der allgemeinbildenden Polytechnischen Oberschule und der Facharbeiterbrief. Das Studium in der Sonderklasse dauert heute im Direktstudium durchschnittlich drei Jahre, im Abendstudium und Fernstudium vier Jahre.
Es wird von den Schulen erwartet, daß sie die Betriebe beeinflussen, solche Klassen einzurichten. In der Vergangenheit haben die Schulen jedoch oft auf die Initiative der Betriebe gewartet, die aber nicht kam, sodaß das Ausmaß der Förderungsbemühungen insgesamt als noch nicht befriedigend bezeichnet werden kann.
Hinsichtlich des zeitlichen Studienablaufs der Frauensonderklassen im Direktstudium sind mit folgendem Zeitplan gute Erfahrungen gemacht worden: Unterricht an vier oder fünf Nachmittagen ab 14 Uhr, oder ganztägig von Donnerstag bis Freitag oder Samstag.
Es taucht in Frauensonderklassen u.a. oft das Problem auf, daß zu wenig Bewerberinnen für eine Fachrichtung da sind, um eine ganze Frauensonderklasse einzurichten. Heuer[1] schlägt hierzu vor, daß die Frauen in diesen Fällen eine Normalklasse besuchen, daß die Betriebe jedoch die Vergünstigungen wie für Sonderklassen gewähren.
Frauen mit anerkannten Leistungen können im Rahmen des Sonderstudiums unter bestimmten Voraussetzungen (z.B. starke Belastung durch kleine Kinder) schriftliche Prüfungsleistungen und die Hausarbeit erlassen werden.[2]
Beim Unterricht in Frauensonderklassen muß nach Gisela Schröer auf die Psyche der Frau Rücksicht genommen werden: "Da die Frauen anfangs häufig ihre Fähigkeiten unterschätzen, ist es günstig, ihnen bewußt Erfolgserlebnisse zu verschaffen. Das wird wesentlich dazu beitragen, daß auch die anfangs zurückhaltenden Teilnehmerinnen selbstbewußter werden

1) Heuer, H., Mehr Frauen für leitende Funktionen ausbilden!, in: Die Fachschule 1968, H.2 S. 37
2) § 15 der AO über die Prüfungsordnung für die sozialistische Berufsausbildung vom 26.11.1965, S. 823

und aktiver mitarbeiten."[1]
Sie fordert deshalb für Frauensonderklassen besonders erfahrene und qualifizierte Lehrer.
Inge Lange[2] will darüber hinaus speziell für Frauen geeignetes Lehrmaterial eingesetzt wissen, damit ihnen z.B. das Eindringen in die Grundlagen der Naturwissenschaften erleichtert wird.
Wie H. Busse[3] feststellt, ist größte Beachtung der materiellen und moralischen Unterstützung der Frauen in Sonderklassen durch betriebliche und gesellschaftliche Organe zu schenken. Alle persönlich-familiären und sozialen Probleme, die eine zu große Belastung zur Folge haben können, sind durch enge Zusammenarbeit aller an der Qualifizierung interessierten und für die Qualifizierung verantwortlichen Stellen hinreichend zu berücksichtigen.
Renate Freese[4] weist daruaf hin, daß z.B. im Bereich des Verkehrswesens im Frauensonderstudium der bei weitem größere Teil aller Frauen in den Fachrichtungen Ingenieurökonomie und Betriebswirtschaft ausgebildet werden, daß aber jetzt vorrangig für technische Fachrichtungen ausgebildet werden müßte.
Sie sagt dazu: "Die bereits im Sonderstudium befindliche Anzahl von Frauen stellt sicher, daß der notwendige jährliche Bedarf aller nichttechnischen Fachrichtungen in den ersten zwei Jahren fast und in den weiteren Jahren ausschließlich durch die Absolventinnen des Frauensonderstudiums

---

1) Schröer, G., Zum 2. Frauenkongress der DDR, Planmäßige Qualifizierung der Frauen - wichtiges Anliegen unserer sozialistischen Gesellschaft, in: Berufsbildung 1969, H. 6, S. 296
2) Lange, I., Mehr Frauen für technische Berufe qualifizieren, in: Einheit, 1965, Nr. 6 , S. 89
3) Busse, H., Erfahrungen bei der Ausbildung in Frauensonderklassen, in: Die Fachschule, 1969, H. 3, S. 74/75
4) Freese, R., Probleme des Frauensonderstudiums,in: Arbeit und Arbeitsrecht, 1972, H. 4, S. 99 - 105

der Fachrichtung Betriebswirtschaft abgedeckt werden könnte... Die Erhöhung der Anzahl der Fachschulkader mit technischem Abschluß jedoch wird durch das Frauensonderstudium mit dem Abschluß von je einer Klasse 1970 und 1973 in den Fachrichtungen BV-Ingenieur und Informationselektronik nur ungenügend gesichert. Der Wi derspruch zwischen Bedarf und den zur Verfügung stehenden weiblichen Fachkadern führt in den ökonomischen Fachrichtungen dazu, daß der zielgerichtete Einsatz der Frauen, der bereits heute in einigen, meist territorial begrenzten Bereichen Schwierigkeiten bereitet, in den folgenden Jahren neue Probleme hervorbringen wird. Wenn derzeitig nur bei etwa fünfzig Prozent der studierenden Frauen der künftige Einsatz festliegt, nimmt bei den neu hinzukommenden Studierenden die Zahl derer erheblich zu, die ohne vorher vereinbarte Perspektive studieren."[1]
Vor dem Hintergrund dieser Tatsache fordert Freese schließlich:
"Die notwendige Veränderung der Fachrichtungsstruktur im Frauensonderstudium und die verstärkte Ausbildung von Frauen in technischen Fachrichtungen setzt voraus, daß umgehend wirksame Formen und Methoden entwickelt werden, um weibliche Facharbeiter technischer Berufe und Frauen, die technische Fähigkeiten ausüben, für die Qualifizierung zu gewinnen und auf die Aufnahme eines Studiums vorzubereiten. Vorwiegend in technischen Fachrichtungen ist den Frauen mit den größten sozialen Belastungen die Möglichkeit zu geben, den Fachschulabschluß im Direktstudium am Wohnort zu erwerben."[2]

2.2.2.3 Intervall- und Intensivlehrgänge

Am 16. September 1970 beschloß die Volkskammer der DDR die "Grundsätze für die Aus- und Weiterbildung der Werk-

---

1) Freese, R., Probleme des Frauensonderstudiums, a.a.O., S. 104

2) Freese, R., Probleme des Frauensonderstudiums, a.a.O., S. 104/105

tätigen."[1] In den "Grundsätzen" wurden als spezifische Organisationsformen der Qualifizierungsmaßnahmen für berufstätige Frauen mit besonderen familiären Bedingungen bzw. mit langjährigen Berufs- und Arbeitserfahrungen "Intervall- und Intensivlehrgänge", d.h. "Quasifrauensonderklassen" im Produktionsbereich empfohlen.
Die Förderungsmaßnahmen müssen einerseits den Frauen, deren Bedürfnissen und Interessen entsprechen, andererseits den Bedingungen des Betriebes Rechnung tragen und außerdem auf das eigentliche Ziel, den Erwerb des Facharbeiterbriefes, hin orientiert sein. Die berufspraktischen Fähigkeiten sollen im Arbeitsprozeß erworben werden.
Kuhn bemerkt, "daß sich bei der Vermittlung von berufstheoretischen Kenntnissen vor allem die Bildung von Ausbildungsgruppen, in denen die Teilnehmerinnen mit annähernd gleichem Ausgangsniveau zusammengefasst sind, bewährt haben."[2]
Im landwirtschaftlichen Bereich führt der DDR-Fernsehfunk im Zusammenhang mit den Kreisvolkshochschulen Qualifizierungslehrgänge in der Landwirtschaft durch.
Von den LPGs werden dabei in Zusammenarbeit mit den Volkshochschulen sogenannte Konsultationspunkte eingerichtet.
In diesen Konsultationspunkten, einer Art Mittelpunktzentren, können Bäuerinnen ohne langen Anmarsch in die Stadt in Seminaren und Kurzlehrgängen zusammen mit Fachkräften das in den vorangegangenen Fernsehsendungen Gelernte aufarbeiten.
Es liegen keine Daten dazu vor, wie viele Frauen sich mithilfe von Intervall- und Intensivlehrgängen qualifiziert haben.

2.2.2.4 Die Frauensonderaspirantur

Es liegen keine Daten darüber vor, wieviele Frauen seit 1972 Gebrach von den Vergünstigungen der Frauensonderaspirantur

---

1) vgl. dazu die genannte Anordnung zur Förderung von vollbeschäftigten Frauen für die Ausbildung zu Produktionsfacharbeiterinnen, vom 12. 12. 1972
2) Kuhn, M., Mehr Frauen zu Produktionsfacharbeiterinnen qualifizieren., in: Berufsbildung, 1973, H. 2, S. 50

in den DDR machten.[(1)]

2.2.2.5 Frauenakademien

Seit 1964 widmet der DFD seine besondere Aufmerksamkeit der Entwicklung von Frauenakademien in Kreisen und Bezirken. Darin bietet man meist Vortragszyklen von 5-6 Vortragsabenden über Themen der Literatur, Bildung und Kultur, Haushalt und Gesundheitslehre an.
Insgesamt lernten 1970 z.B. in 390 solcher Bildungseinrichtungen über 54.000 Frauen aus städtischen und dörflichen Wohngebieten.[1)(2)]

2.2.3 In der beruflichen Fort- und Weiterbildung der ČSSR und UdSSR

In diesen Ländern liegen keine Daten vor, die auf besondere Förderungsmaßnahmen für Frauen, wie sie die DDR kennt, schließen lassen.
Selbstverständlich gibt es auch hier Formen der Fort- und

---

1) Hilfen für die lernende Frau, in: Neues Deutschland, 13.10.1971, S. 3

(1) An der Humboldt-Universität Berlin z.B. beträgt der Frauenanteil an den außerplanmäßigen Aspiranturen im Jahre 1969 nur 15 %. (vgl.: Rohde, E., Frauenförderung als System, in: Das Hochschulwesen, Mai 1969, H.5, S. 315)

(2) Die Frauenakademie Berlin-Lichtenberg bot z.B. im Jahre 1969 folgende Themen an: "Mein Haushalt und der Haushalt der Republik", "Technik und Chemie im Haushalt","Gesunde Lebensweise - Gesunde Ernährung", "Wie richte ich meine Wohnung ein?"
Im Eröffnungsjahr 1968 dieser Frauenakademie nahmen an Kursen z.B. 128 Frauen teil, davon 66 Hausfrauen und 62 Berufstätige. Den Hauptanteil der Kursteilnehmer bildeten dabei die 35-45jährigen. (vgl.: Gedankenaustausch für die Hausfrau, in: Neue Zeit, 3. Mai 1969, S. 4)

Weiterbildung der Werktätigen. Dabei stehen ebenfalls Studienformen des Fern- und Abendstudiums im Vordergrund. Für die ČSSR bemerkt Obschlies[1], daß schon eine allmähliche Einschränkung des Fernstudiums empfohlen wird, da aufgrund der schlechten Wirtschaftslage die Betriebe Mühe haben, die Absolventen des Normalstudiums unterzubringen.
Obschlies zitiert ebenfalls Aussagen tschechoslowakischer Fachleute, die u.a. bemerken: "bisherige Untersuchungen brachten mehrheitlich eine Gleichgültigkeit der Betriebe bzw. eher negative Einstellung zur Unterstützung des Studiums von Werktätigen an den Tag."[2](1)
Für die UdSSR werden aufgrund des vorliegenden Materials keinerlei relevante Tendenzen bezüglich der Situation der Werktätigen im Bereich der Fort- und Weiterbildung deutlich. Der Anteil der Werktätigenstudenten an der Gesamtzahl der Studenten ist hier - wie auch in der ČSSR - nicht sehr hoch.(2)

---

1) Obschlies, W., Schule der "neuen Intelligenz"?, Berichte des Bundesinstitutes für ostwissenschaftliche und internationale Studien, Köln 13/1973, S. 30
2) Obschlies, W., Schule der "neuen Intelligenz"?, a.a.O.,S.31
(1) Offensichtlich im Zusammenhang mit dem von Obschlies genannten Grund, daß die tschechoslowakische Wirtschaft ihren Bedarf an qualifizierten Arbeitskräften mit "Normalstudenten" decken kann, sank z.B. die Zahl der werktätigen tschechoslowakischen Studenten an Fach- und Fachmittelschulen von 92.708 im Schuljahr 1960/61 auf 67.310 im Schuljahr 1971/72, also um 27,4 %.
Während darunter im Jahre 1960/61 nur 26.714 Frauen waren, befanden sich allerdings im Jahre 1971/72 31.186 Frauen, d.h. annähernd 50 % darunter.
Eine sinkende Tendenz der werktätigen Studenten ist auch für die Hochschulen festzustellen. Im Schuljahr 1960/61 studierten noch 26.740 Werktätige, im Schuljahr 1970/71 sank die Zahl auf 21.997, nachdem sie z.B. im Jahre 1964/65 auf 52.095 gewachsen war. (vgl. in: Statistická ročenka, a.a.O., S. 492 und S. 503)
(2) Das Ausmaß der Höherqualifizierung von männlichen und

weiblichen Werktätigen ist auf der unteren Qualifikationsebene und mittleren Qualifikationsebene sehr unterschiedlich.
Eine Untersuchung in Krasnojarsk - Land ergab, daß an den Betriebskursen für die Erhöhung der Qualifikation 5,8 % Männer und 3,5 % Frauen, also ein erheblich niedrigerer Teil an Frauen, teilnahmen.
Im mittleren Qualifikationsbereich können sich Werktätige der UdSSR z.B. im Abendstudium an beruflich - technischen Schulen bzw. Lehrinstituten qualifizieren.
Von 5.351 solcher Schulen waren im Jahre 1971 430 Abendschulen. Von den hier im gleichen Jahr 2.380.000 Lernenden waren 224.000 Werktätige.
Im Schuljahr 1970/71 studierten in den Abendklassen der mittleren technischen Fachschulen 654.000 Werktätige; 1.185.000 waren hier im gleichen Jahr für ein Fernstudium eingeschrieben.
Im akademischen Qaulifikationsbereich ist feststellbar, daß im Schuljahr 1970/71 von 4.581.000 Hochschulstudenten 658.000 Werktätigenstudenten an den Abendabteilungen waren und 1.682.000 Werktätige ein Fernstudium absolvierten.
(vgl. Danilova, M., Socialn'ye problemy..., a.a.O., S. 49; Mel'nikov, B., Sistemy i met_ody povyšenija kvalifikacii rukovodjaščich rabotnikov, in: Socialističeskij trud , 1969/5, S. 88, und: CSU SSSR, Narodnoe chozjajstvo SSSR, Moskva 1971, S. 527 u. 637)

Hauptteil C

1 Zusammenfassende Darstellung konkreter Ansatzstellen zur aktiven Förderung der beruflichen Bildungschancen von Frauen in der DDR, ČSSR und UdSSR

Für die in diesem Teil der Studie behandelten Länder kann zusammenfassend folgendes gesagt werden:

- Die sozialistischen Staaten leiten aus bestimmten Prinzipien der marxistisch-leninistischen Gesellschaftstheorie die Notwendigkeit der gleichberechtigten Integration der Frau in das Erwerbsleben ab. Um diese zu verwirklichen, unterstützen sie die Frau - insbesondere in der DDR - vorrangig durch spezielle rechtliche, sozial- und bildungspolitische Grundsätze und Förderungsmaßnahmen.

Trotz dieser Bemühungen sind jedoch jetzt auch die dortigen individuellen und teilweise wohl auch kollektiven Einstellungen noch weitgehend von der Vorstellung geprägt, daß vor allem die Frau eine Doppelrolle zu spielen hat, daß biologische Mutterschaft insbeondere pflegerische und erzieherische Funktionen zwangsläufig nach sich zieht. Der Grundsatz des allmählichen Abbaus der privaten Hauswirtschaft z.B. ist dementsprechend kaum verwirklicht. Hausarbeit und Kindererziehung wird in der Praxis weiterhin von der Frau übernommen. Die Doppelrollenerwartung an den Mann ist offensichtlich nicht stark verbreitet. Damit wird auch von der Möglichkeit der möglichst gleichmäßigen Rollentausches zwischen den Geschlechtern noch selten Gebrauch gemacht.

- Die vorhandenen Daten zeigen deutlich, daß sowohl in der DDR wie auch in der ČSSR und UdSSR z.B. die Beteiligung der Männer an der anfallenden Hausarbeit gering ist, daß sowjetische Ehemänner z.B. geneigt sind, Hausarbeit wenn möglich sogar außer auf die eigene Ehefrau auf die Schwiegermutter oder die eigene Mutter abzuwälzen. Entsprechend werden sich weiterhin bei Mädchen und Frauen wie auch bei Jungen und Männern traditionelle Rollenvorstllungen perpetuieren. Dies wird u.a. durch entsprechende Einstellunguntersuchungen an Jugendlichen in der DDR bestätigt.

Sozialisationsdefizite der Mädchen, die insbesondere die Wahl ihrer Ausbildungsgänge negativ beeinflussen, d.h. u.U. ihre beruflichen Bildungschancen schmälern, sind also auch für

diese Länder nicht auszuschließen.
- Die allgemeinen rechtlichen Voraussetzungen für bessere berufliche Bildungschancen und damit einer möglichst weitgehenden und qualifizierten Teilnahme der Frauen am Erwerbsleben sind in den behandelten Ländern als gut zu bezeichnen. Die Verfassungen von DDR, ČSSR und UdSSR bekennen sich eindeutig zum Prinzip des "gleichen Lohnes für gleiche Arbeit, von Mann und Frau". Die Verfassung der DDR zeigt zudem, daß die Förderung der Frau hinsichtlich ihrer beruflichen Qualifizierung als eine besondere gesellschaftliche Aufgabe verstanden wird. Konsequenterweise ergibt sich dort daraus die Pflicht der Mädchen zu einer Berufsausbildung.
Die Verfassungen dieser Länder akzeptieren daneben selbstverständlich auch die Mutterschaftsfunktionen der Frau und die Schutzwürdigkeit von Ehe und Familie, in der beide Ehepartner grundsätzlich die gleichen Rechte und Pflichten haben. Auf die Bedeutung der Mutterschaftsfunktion hebt wohl am meisten die Verfassung der ČSSR ab.
Familien- und Arbeitsgesetzbücher, Gesetze zum Schutz von Mutter und Kind sowie spezielle sozialversicherungsrechtliche Regelungen greifen die Prinzipien der Verfassung selbstverständlich auf und formulieren entsprechende Rechtsvorschriften.
Interessant ist u.a., daß im Arbeitsgesetzbuch der DDR die Frage der Teilzeitarbeit der Frau ausdrücklich positiv angesprochen wird.
Arbeitsmarktpolitische Erwägungen wirken hier sichtbar stärker als grundsätzliche ideologische Überlegungen.
Alle Arbeitsgesetzbücher betonen die Notwendigkeit der Verbesserung der Arbeitsbedingungen und der Qualifizierungsmöglichkeiten der Werktätigen, jedoch nur das Arbeitsgesetzbuch der DDR stellt auf die speziellen Forderungen der Frau ab. Interessant ist die allen Ländern gemeinsame Regelung der Betriebskollektivverträge, durch die die gegenseitigen Rechte und Pflichten von Werktätigen und Betrieben geregelt werden; hingegen allein in der DDR kennt man sogenannte Frauenförderungspläne, die feste Bestandteile dieser Kollektivverträge

sind. Über die Ausgestaltung dieser Pläne wachen vor allem sogenannte Frauen-Kommissionen, die den Betriebsgewerkschaften unterstellt sind. Zudem weisen Paragraphen der Arbeitsgesetzbücher, wie es die Zitate bezüglich der ČSSR und der UdSSR zeigen, darauf hin, daß entsprechende infrastrukturelle Maßnahmen durchgeführt werden müssen, um der Frau ihre Rolle als Berufstätige und Mutter zu ermöglichen.
Der letztgenannte Problempunkt wird für den Fall der DDR u.a. auch noch im "Bildungsgesetz" angesprochen, das die besonderen Erfordernisse von Mädchen und Frauen, die sich bilden, qualifizieren und weiterbilden wollen, herausstellt.
Alle Familiengesetzbücher legen fest, daß beide Ehepartner in der Familie gleiche Rechte und Pflichten haben.
An einer entsprechenden Formulierung des Familiengesetzbuches der DDR wird deutlich, daß damit auch gemeint ist, daß beide Ehegatten <u>ihren</u> Anteil bei der Erziehung und Pflege der Kinder und der Führung des Haushaltes leisten müssen.
Sämtliche Gesetzgebungen stellen zudem auf die ökonomische Unabhängigkeit der Ehepartner ab.
- Eine Betrachtung des allgemeinbildenden Schulsystems der in Frage stehenden Länder zeigt, daß hier überall keine ausreichenden Überlegungen bestehen, die fortbestehenden Einstellungsdefizite der Mädchen und auch ihrer Eltern, insbesondere was den Wunsch nach guter und auch technischer Qualifizierung angeht, faktisch auszugleichen. Trotzdem sind z.B. die in den Schulen der DDR vorfindbaren und geforderten Maßnahmen der Berufsaufklärung und -orientierung durchaus kleine konkrete Ansatzstellen, die langfristig zu einer Förderung der konkreten Bildungschancen von Mädchen beitragen können, ebenso die auch für den Fall der DDR genannten technischen Arbeitsgemeinschaften für Mädchen. Daß der in allen behandelten Ländern durchgeführte polytechnische Unterricht darüberhinaus eine Hilfe für die Mädchen sein kann, ist anzunehmen. Der Umfang dieser Hilfe ist jedoch offensichtlich nirgendwo genauer untersucht.

- Vor allem im Bereich der individuellen Einstellungen und Rollenerwartungen liegen gemäß der Praxis der Familiensituation in allen behandelten Ländern noch erhebliche Hemmnisse für eine befriedigende Praxis der bildungsmäßigen und beruflichen Integration der Frauen vor. Entsprechende Daten der DDR zeigen, daß positive Einstelllungen zu Beruf und Qualifizierung bei den betroffenen Frauen umso stärker sind, umso höher sie schon qualifiziert sind. Allerdings besteht auch hier für Höherqualifizierte hinsichtlich der Übernahme von Leitungsfunktionen eine Konfliktsituation, die sich aus der möglichen Überbelastung wie auch aus einem "schlechten Gewissen" gegenüber der Mutterrolle ergeben kann.
Arbeitszufriedenheit schon berufstätiger Frauen, die als ein möglicher Faktor für größere Motivierung zur Höherqualifizierung von Frauen anzusehen ist, rührt offensichtlich auch in den sozialistischen Staaten, wenn man entsprechenden Untersuchungsergebnissen der DDR Glauben schenkt, zu einem großen Teil aus der Güte der menschlichen Beziehungen her. Die Tatsache, daß dieser Faktor für die Frauen wesentlich ist, beweisen auch ähnliche Untersuchungsergebnisse der UdSSR. Dadurch, daß man diesem Faktor in der konkreten Praxis und der ideologischen Propagierung mehr Beachtung gäbe, allerdings nicht nur im Sinne einer glatten "Human-Relation-Technik", könnten u.U. positive Einstellungsveränderungen der Betroffenen und auch der noch nicht berufstätigen Frauen bewirkt werden.
Bemerkenswert im Zusammenhang mit Einstellungsuntersuchungen an Männern ist das tschechoslowakische Ergebnis, das eine Diskrepanz zwischen der kognitiven Ebene der Erwartung und der mehr emotionalen der Hoffnung hinsichtlich der Berufstätigkeit der Frauen in leitenden Positionen aufweist. Erziehungsprogramme jedweder Form, die solche Diskrepanzen und auch die Einstellungsdefizite der Männer beseitigen helfen könnten, sind für keines der bearbeiteten Länder bekannt.

- Die materiellen Bedingungen am Arbeitsplatz selbst sind in allen diesen Staaten aufgrund entsprechender arbeitsrechtlicher Bestimmungen insbesondere in Hinsicht auf Frauen als günstig zu bezeichnen.
Trotzdem bestehen in den auch hier noch zu bemerkenden faktischen Lohnunterschieden zu den Männern z.B., vor allem in der ČSSR, aber auch in der DDR und UdSSR, gleichgültig welche objektiven oder subjektiven Gründe dafür angegeben werden können, noch manche Hemmnisse. Die Tatsache,daß auch dort in den gewerkschaftlichen Führungspositionen aller Ebenen noch vorwiegend Männer sitzen, kann allerdings nur teilweise erklären, weshalb es bis jetzt nicht gelungen ist, solche Lohndiskriminierungen der Frauen konsequent zu beseitigen, bzw. unbedingt auf qualifikationsgerechteren Einsatz zu drängen.
Für manche Produktionsbereiche, wie z.B. die Lage in der Textilindustrie in der ČSSR und UdSSR zeigt, besteht auch in den sozialistischen Ländern der "geteilte Arbeitsmarkt",
- Andere Gesichtspunkte der materiellen Gestaltung des Arbeitsplatzes in Form von technischen Verbesserungen, die stärker auf die besonderen physischen und psychischen Bedingungen des weiblichen Organismus abzielen, werden in der DDR mehr als in der ČSSR und der UdSSR berücksichtigt; überall aber noch nicht in befriedigendem Ausmaß.
Allerdings sucht man in der DDR das Interesse der in der Produktion arbeitenden Frauen an ihrer Tätigkeit z.B. dadurch zu heben, daß man ihnen mithilfe von sogenannten "Frauenarbeitsplatzkatalogen" vom Anfang ihrer Einstellung an,stärkere Einsicht in die Art des Arbeitseinsatzes einzelner Berufsbilder, die dazu notwendigen Qualifikationen und Fertigkeiten, bzw. die eventuellen Höherqualifizierungsmöglichkeiten zu geben versucht.
- Zu den speziellen Regelungen in verschiedenen Rechtsbereichen, die für Frauen aufgrund ihres Geschlechts oder ihrer biologischen Mutterschaftsfunktion aufrechterhalten werden, gehören auch in den sozialistischen Ländern Arbeitsverbote,

die sich, da sie Wettbewerbseinschränkungen darstellen, hinderlich auf ihre beruflichen Bildungschancen auswirken können.
Es bestehen auch hier z.B. grundsätzliche Verbote mit bestimmten Stoffen umzugehen, Untertage zu arbeiten, nachts zu arbeiten; doch können von den letzten beiden Verboten großzügige Ausnahmen gemacht werden.
- Die Regelungen, die in den behandelten Ländern im Zusammenhang mit der schwangeren Berufstätigen bestehen, sind nur bedingt günstiger als in vergleichbaren Westländern. Außer in der CSSR, wo man bekanntermaßen eine Politik des Bevölkerungswachstums verfolgt, ist z.B. die zeitliche Regelung des Mutterschaftsurlaubs nach der Geburt nicht optimal.
In der CSSR wird jedoch nur 90% des Nettoverdienstes während des Mutterschaftsurlaubs gewährt.
Generell wäre wohl die Regelung eines dreimonatlichen Mutterschaftsurlaubs <u>nach</u> der Geburt bei voller Lohnzahlung angemessen. Erst eine solche Möglichkeit würde Frauen in stärkerem Umfang motivieren, Mutterrolle und höherqualifizierte Berufsrolle als vereinbar anzusehen und damit auch potentiell ihre beruflichen Bildungschancen fördern.
Eine nennenswerte Ansatzstelle zur Förderung der beruflichen Motivation und damit auch der beruflichen Bildungschancen für Frauen sind jedoch die Bestimmungen, die berufstätigen Müttern (wie übrigens auch Vätern) mit erkrankten Kindern, unter bestimmten Bedingungen Arbeitsfreistellung gewähren; z.B. in der DDR je nach Kinderzahl 4-13 Wochen, unter Zahlung von 90% des Nettoverdienstes in den ersten Tagen, und in der CSSR gewöhnlich drei Tage bei einer Lohnausgleichzahlung von 50-70% des Nettodurchschnittsverdienstes.
Wie diese Beispiele zeigen, wird auch in den sozialistischen Ländern in diesem Zusammenhang keineswegs die optimale Forderung - volle Lohnfortzahlung, erfüllt.
- Schließlich haben diese Staaten dafür, daß Frauen die gesellschaftlich wertvolle Funktion der Mutterschaft erfüllen, teilweise Sonderregelungen der Rentenversicherung für diese geschaffen.

In der DDR z.B. insofern, als den Frauen einerseits angesichts ihres allgemein niedrigeren Rentenalters zusätzliche Berufsjahre angerechnet werden (bei 20 - 40 Berufsjahren und darüber 1 - 5 Jahre mehr) und ihnen darüberhinaus ein Jahr Berufstätigkeit jeweils zusätzlich für die Geburt eines Kindes angerechnet wird beziehungsweise von dem zweiten Kind ab erlaubt ist, je ein Jahr weniger als die gesetzliche Versichrungsfrist von 15 Jahren (d.h. 15 Jahre muß grundsätzlich insgesamt gearbeitet werden) für den Rentenbezug vorzuweisen.
Gerade am Beispiel dieser Rentenbestimmungen wird allerdings erneut die Ambivalenz der Gesellschaft bezüglich der an die Frau gestellten Erwartungen bzw. Aufgaben deutlich.
Relativ gesehen schlägt sich die besondere Belastung der Frau, die mit der Erziehung von Kindern unter den noch gegebenen Umständen in der Kleinfamilien verbunden ist- selbst wenn man die Hilfeleistungen durch z.B. durch Kindereinrichtungen anerkannt- in den rentenversicherungsrechtlichen Leistungen nur unzureichend nieder.
Auch aus diesem Grund können solche Frauen, die grundsätzlich bereit sind, die Doppelrolle zu übernehmen, dazu veranlaßt werden, sich nur eingeschränkt für eine Höherqualifizierung zu interessieren bzw. wenn möglich sich auf die Mutterrolle zu beschränken.
- Vor allem mittels der Kindereinrichtungen versuchen die sozialistischen Länder, allen voran die DDR, Hilfe zur Bewältigung der Rolle als Berufstätige und Mutter zu geben. Die Modalitäten und die Anzahl der Kinderkrippen und besonders der Kindergärten und Kinderwochenheime sind in der DDR sehr befriedigend, weniger befriedigend in der UdSSR und der ČSSR. In allen genannten Staaten sind dagegen die Maßnahmen, die zur Erleichterung der privaten Haushaltstätigkeiten führen könnten, äußerst unbefriedigend geregelt.
Aus Daten, die die ČSSR betreffen, ist jedoch abzulesen, daß sich eine gewissen Entlastung der berufstätigen Mütter von der Kochtätigkeit auch dadurch ergeben kann, daß in Schulkantinen der neunjährigen allgemeinbildenden Einheitsschulen

verpflegt wird. Im Jahre 1971 verpflegten sich dort z.B. 41,6 % aller Schüler dieses Schultyps.

- Im Rahmen der direkten Ansatzstellen zur aktiven Förderung beruflicher Bildungschancen für Frauen ist zu sagen, daß ähnlich wie im allgemeinbildenden Schulsystem auch in dem "normalen" System der Berufsausbildung für Jugendliche in den beschriebenen Ländern für gewöhnlich keine besonderen Förderungsmaßnahmen für Frauen zu finden sind, wenn man von den spezifischen Möglichkeiten des Fern- und Abendstudiums auf Fach- und Hochschulebene absieht und wenn man die Existenz der Frauenförderungspläne in der DDR von der Betrachtung ausnimmt.

In allen sozialistischen Ländern ist der Anteil der Frauen an technischen Ausbildungen auf den verschiedensten Ebenen und in den verschiedensten Bereichen absolut immer noch gering.

Allerdings ist er z.B. in der UdSSR auf der Ebene der Fach- und Hochschule im Bereich Bauwesen, Industrie und Transport relativ hoch; vor allem im Vergleich zur ČSSR und auch im Vergleich zur DDR.

An den aus der DDR vorliegenden Daten zeigt sich, daß die meisten Frauen eine Ausbildung in Berufen der nicht-materiellen Produktion absolvieren.Sie stellten z.B. 1961 nur 8,8 % bzw. 1,9 % der Lehrlinge in der metallerzeugenden und -verarbeitenden Industrie, bzw. im Bauwesen. Sicherlich sind auch diese Anteile im Vergleich zur BRD z.B. schon bemerkenswert.

Im Zusammenhang mit unserer Fragestellung muß auch die Bedeutung der institutionellen und finanziellen Hilfen unterstrichen werden, die z.B. in der DDR Studentinnen und studierenden werdenden Müttern, bzw. werdenden Müttern im Lehrverhältnis zur Erleichterung ihrer Situation gewährt werden.

- Wesentliche direkte konkrete Ansatzstellen zur Förderung der beruflichen Bildungschancen von Frauen stellen schließlich die in der DDR praktizierten und durch z.T. sehr dataillierte Rechtsregelungen oder staatliche Empfehlungen abgesicherten Maßnahmen zur besonderen Unterstützung von vorrangig technischer Fort- und Weiterbildung schon berufstätiger Frauen dar.

So können über Intervall- und Intensivlehrgänge, Frauensonderklassen und die sogenannten Frauensonderaspiranturen geignete Frauen auf der Grundlage eines Förderungs- bzw. Studienvertrages unter Berücksichtigung des Auszubildenden für einen spezifischen Einsatz im Rahmen des Kaderperspektivplans des Betriebes, wenn es sich um einen zukünftigen Kader handelt, besonders gefördert werden. Es kann sich dabei stets um innerbetriebliche und außerbetriebliche Qualifizierungsmaßnahmen handeln; zum größten Teil finden sie während der Arbeitszeit statt. Die Frauen im Sonderstudium erhalten bis zu 20 Stunden Arbeitszeitvergünstigungen. Die Frauen in der Sonderaspirantur bekommen monatlich bis zu 800,- M bezahlt, im Falle der sich höherqualifizierenden Produktionsarbeiterinnen erfolgt eine Ausgleichszahlung in Höhe des Durchschnittverdienstes.
Es scheint eine gezielte und bewußte Strategie der Verantwortlichen in der DDR zu sein, die Frauen vorrangig separat von den Männern höher zu qualifizieren und ihnen in geschlechtsspezifischen Gruppen erst die nötige Sicherheit für Aufstieg und Leitungsfunktionen zu vermitteln. Zwar ist im Rahmen der hier angesprochenen Förderungen in der DDR das praktisch Erreichte ebenfalls noch nicht zufriedenstellend, jedoch ist hier zu bedenken, daß die meisten dazu ergangenen Rechtsregelungen erst seit 1970 in Kraft traten, sodaß erst langfristig größere Erfolge möglich sind.
Aus den vorliegenden Daten zur ČSSR und UdSSR sind entsprechende Frauenförderungen nicht ersichtlich. Vielmehr wird für den Fall der ČSSR eine gewisse Vorsicht gegenüber dem Studium von Werktätigen deutlich; der Anteil der studierenden Werktätigen sank sowohl im Bereich der Fachschul- wie die Hochschulausbildung.
Auch für die UdSSR weisen entsprechende Daten darauf hin, daß auf dem Niveau der Fach- und Hochschulqualifikationen die Zahl der sich qualifizierenden Werktätigen nicht allzu hoch ist. Weder für die ČSSR noch für die UdSSR liegen Daten zur Anzahl studierender Frauen und Mädchen vor, die werktätig sind.

2 Vergleichende Zusammenfassung konkreter Ansatzstellen zur aktiven Förderung beruflicher Bildungschancen von Frauen in der BRD, Frankreich, Schweden (Westländer) und DDR, ČSSR und UdSSR (Ostländer).

Hierzu wird auf Hauptteil C, Punkt 2 des Teils I der Studie verwiesen.

Literaturverzeichnis

- . - Arbeitspapier der Arbeitsgemeinschaft Sozialdemokratischer Frauen, Vergleich der Gesellschaftssysteme der BRD und der DDR unter besonderer Berücksichtigung der Situation der Frau, Berlin 10.-12. 10. 1972, S. 54

Baláž, O. Vzťahy pracovnej výchovy k professionálnej a školskej orientácii, in: Pedagogika, 1973/2, S. 185 - 197

Bártová, E. Postoje k problému ženy a rodiny , in: Sociologický časopis, 1972/1, S. 44 - 61

Baštýř, I. Rozbor rozdílů v úrovni odměňování za práci mužu a žen, in: Politická ekonomie, 1971/9, S. 803 - 820

Bernholz, D. In den Oberschulen entscheidet sich: Werden mehr Mädchen Technik studieren?, in: Das Hochschulwesen, Okt. 1965, Nr. 10 S. 665 - 676

- . - Berufstätigkeit der Frau und die Geburtenrate, aus: Literaturnaja gazeta, Nr. 9, 1968, in: Ostprobleme 1968/11, S. 262 - 264

- . - Beschluß über Lohnerhöhungen, aus: Kommunist Nr. 14, 1967, in: Ostprobleme, 1968/11, S. 254 - 256

- . - Bildungsreformen in Osteuropa, Hrsg. Anweiler, O., Stuttgart 1969

Blum, S. Probleme der Diskriminierung der berufstätigen Frauen, in: Marxistische Blätter, 1974, Nr. 1, S. 56 - 62

Busse, H. — Erfahrungen bei der Ausbildung in Frauensonderklassen, in: Die Fachschule, 1969, H.3, S. 37 - 77

Čižová, L.; Lagutin, N. — Ekonomisty o ženskom trude, in: Vorprosy Ekonomiki, 1967/2, S. 153 - 155

- . - CSU SSSR Itogi vsesojuznoj perepisi naselenija 1970 goda, Moskva 1972

- . - CSU SSSR, Narodnoe chozjajstvo SSSR v 1970 g., Statističeskij ežegodnik, Statistika 1971, Moskva 1971

Danilova, E.Z. — Social'nye problemy truda ženščiny-rabotnicy, Moskva 1968

- . - Ein dringendes Problem, aus: Literaturnaja gazeta, Nr. 7/1967, in: Ostprobleme, 1967/ 16, S. 436 - 439

Eisenblätter, O. Esche, M. — Aktuelle Probleme zur Rolle der berufstätigen Frauen im Prozeß der sozialistischen Rationalisierung, in: Wissenschaftliche Zeitung, 1969, H. 5, S. 669-687

Engels, F. — Der Ursprung der Familie, des Privateigentums und des Staates, Berlin 1952

Erkrath, F. — Einige sozial- und arbeitshygienische Probleme der Frauenarbeit im Bauwesen, in: ZdfgM, 1967, S. 318 - 322

- . - Familiengesetze sozialistischer Länder, Berlin/Ost 1971

- . - Frauenarbeit in der Sowjetunion, in: Osteuropa, 1967/7,S.459 - 462

Freese, R. — Probleme des Frauensonderstudiums, in: Arbeit und Arbeitsrecht, 1972, H. 4, S. 99 - 105

Friedrich, W. — Jugend, Ehe und Beruf , in: Junge Generation, 4, 1965, S. 42 - 47

- . - Gedankenaustausch für Hausfrauen, in: Neue Zeit, 3. Mai 1969

- . - Aus dem Gesetz über den Fünfjahresplan für die Entwicklung der Volkswirtschaft der DDR 1971 - 1975, in: dokumentation der zeit (ddz), 1972, 1. Februarheft, S. 33 - 36

Gordon, L.; Levin, B. Nekotorye social'no-bytovye posledstvija pjatidnevki v bol'šich[i] malych gorodach, in: Voprosy ekonomiki, 1968/4, S. 138 - 142

Háková, L. K postavení ženy v socialistické společnosti, in: Politická ekonomie, 1965/7 ,S. 687-689

Hartke, W. Die gesellschaftliche Stellung der Frau und die Aufgaben der Wissenschaft, in: Frau und Wissenschaft, Hrsg. von der Forschungsgruppe des wissenschaftlichen Beirates "Die Frau in der sozialistischen Gesellschaft", bei der DAdW, Berlin 1968, S. 15 - 31

Hartmann, U. Mehr Frauen in leitende Funktionen, in: Presse-Informationen vom 21.5. 1969

Hegelheimer, A. Berufsausbildung in Deutschland, Frankfurt 1973

Herber, R.; Jung, H. Kaderarbeit im System sozialistischer Führungstätigkeit, Berlin 1968

Heuer, K. Mehr Frauen für leitende Funktionen ausbilden, in: Die Fachschule, 1968, H. 2 S. 34 - 37

Hieblinger, I. Frauen in unserem Staat, Berlin/Ost 1967

Hildebrandt, K. Die Lage des weiblichen wissenschaftlichen Nachwuchses, in: Das Hochschulwesen, 1967, Nr. 9, S. 601 - 608

- . - Hilfen für die lernende Frau, in: Neues Deutschland, 13. Okt. 1971

Hoffmann, W. Grundelemente der Wirtschaftsgesellschaft, Reinbek 1969

Kalenská, M. Žena v pracovním poměru, Praha 1967

- . - Kleine Enzyklopädie, Die Frau, Leipzig 1973

Kluge, R.-D. Die Rolle der Frau in der Sowjetgesellschaft, in: Osteuropa 1966/10, S. 662-670

Knauer, A. Forderungen des Frauenkommuniques im Perspektivplan durchsetzen, in: Die Wirtschaft, vom 7.1.1965

Kuhn, M. Mehr Frauen zu Produktionsfacharbeiterinnen qualifizieren, in: Berufsbildung, 1973, H.2, S. 49-50

- . - Kulturpolitik der Sowjetunion, hrsg. von Anweiler, O. und Rüffmann, K.-H., Stuttgart 1973

Kussmann,Th. Berufslenkung, Berufswahl und Berufsberatung in der UdSSR, in: Berichte des Bundesinstitutes für ostwissenschaftliche und internationale Studien, Köln, 47/1968

Lange, I. Mehr Frauen für technische Berufe qualifizieren, in: Einheit, 1965, Nr. 6, S. 82 - 89

Mannschatz, E. Einführung in die sozialistische Familienerziehung, Berlin 1971

Mel'nikov, B. Sistemy, formy i metody povyšenija kvalifikacii rukovodjaščich rabotnikov, in: Socialističeskij trud, 1969/5, S. 86 - 95

Mielke, M. Die weibliche wissenschaftliche Intelligenz im sozialistischen Industriebetrieb, in: AÖ, 1967, S. 215 - 221

Oschlies, W. Schule der "neuen Intelligenz"? Zur Entwicklung und gegenwärtigen Situation des Fernstudiums in der Tschechoslowakei, in: Berichte des Bundesinstituts für ostwissenschaftliche und internationale Studien, Köln, 13/1973

Otto, W. Wer stellt die Blumen in die Vase?, in: Neues Forum, 23/69, S. 8

Pankin, M. L'goty ženščinam - rabotnicam i služaščim, in: Socialističeskij trud, 1969/3, S. 135 - 140

Paul, E. Zu Fragen des Einflusses der wissenschaftlich - technischen Revolution auf die Lebensbedingungen der Frau und ihrer Familie in der Periode des entfalteten Aufbaus des Sozialismus, in: ZfdgH, 1968, S. 289 - 295

Plat, W. Die Familie in der DDR, Frankfurt 1972

Pospielovsky, D. Unterbeschäftigung und Arbeitslosigkeit in der Sowjetunion, in: Osteuropa, 1967/4, S. 219 - 236

- . - Prokofjewf's Forderungen, aus: Kommunist, 2/ 1967, in: Ostprobleme, 1967/7, S. 196 - 201

Pross, H. Gleichberechtigung im Beruf?, Frankfurt 1973

Renker, U. Zu einigen Problemen der Frauenarbeit, in: ZfdgM und ihre Grenzgebiete, 1960, S. 167 - 171

Riemer, J.S. Probleme der Berufsfindung und der Berufstätigkeit der Frauen in der DDR, Dissertation Köln, 1970

Röthel, M. Die Erfüllung des Planes der Neueinstellung von Schulabgängern für die Berufsbildung, in: Berufsbildung, 1966, H.1, S. 1 - 11

Rohde, E. Frauenförderung als System ,in: Das Hochschulwesen, Mai 1966, Nr. 5, S. 309 - 318

Rühl, M. Frauen und Sozialversicherung, in: Arbeit und Arbeitsrecht, 1969, H. 11, S. 341-345

Schneider, G. Berufsaufklärung, Berufsorientierung, Berufsvorbereitung, in: Polytechnische Bildung und Erziehung, 1968, H. 4, S. 137 - 140

Schneider, G. Vorbereitung von Mädchen für technische Berufe in technischen Arbeitsgemeinschaften, in: Pädagogik, 1967, H. 6, S. 519 - 531

- . - Das schöne Geschlecht, Redaktion: Aus erster Hand, Berlin 1971

Schröer, G. Zum 2. Frauenkongress der DDR, Planmäßige Qualifizierung der Frauen - wichtiges Anliegen unserer sozialistischen Gesellschaft, in: Berufsbildung 1969, H.6, S. 294 - 296

- . - Škola i vybor professii, Hrsg. Golomštok, A.E., u.a., Moskva 1969

Sokolewska, M. Frauenemanzipation und Sozialismus, Reinbek b. Hamburg 1973

Solov'ev, A. Aktual'nye voprosy social'nogo obespečenija, in: Socialističeskij trud, 1969/4, S. 149 - 151

- . - Sovetskoe trudovoe pravo, Hrsg. Andreev, V.S., Moskva 1971

Spiegelberg, K. Das Verhältnis der Frauen zur Berufstätigkeit, in: Die Wirtschaft, 6.3.1968, Nr. 10

Spiegelberg, K. Zum Verhältnis der Frau zur Berufstätigkeit, in: Soziologische Aspekte der Arbeitskräftebewegung, hrsg. von Braunreuther, K., u.a., Berlin 1967

- . - Staatliche Dokumente zur Förderung der Frau in der DDR, Berlin 1973

Stadlmeyer, H. Zur Gestaltung von Frauenarbeitsplätzen, in: Arbeit und Arbeitsrecht, 1969, H. 9, S. 267-269

- . - Statistická ročenka 1972, Praha 1972

- . - Statistisches Jahrbuch der DDR, Berlin 1973

Štíbalová, B. Služby a volný čas, in: Plánované hospodářství, 1965/11, S. 74 - 79

Stiebeiner, E. Mehr und bessere Dienstleistungen - mehr Freizeit, in: Presse-Informationen vom 30.4.1969

Stiebeiner, K. Frauenarbeitsplatzkatalog - ein Mittel zur Förderung und Qualifizierung von Frauen, in: Arbeit und Arbeitsrecht, 1965, H. 11, S. 250 - 253

- . - Studium mit Garantie, in: Neue Zeit, vom 26.4.1964

Šubkin, V.N. Molodež' vstupaet v žizn', in: Voprosy filosofii, 1965/5, S. 57 - 70

Thomale, F.M. Die Mitteldeutsche Kritik an der Verwirklichung des Gleichberechtigungsgrundsatzes (Art. 3, Abs. II GG) in der DDR, Dissertation Kiel 1973

- . - Tschechoslowakische Frau heute, Hrsg. Tschechoslowakischer Frauenbund, Prag, o.J.

Ulbricht, H. Die volkswirtschaftliche Nutzung der Arbeitskraft der Frau, in: AÖ und AS, 1960, S. 234 - 245

- . - Die Verfassung der ČSSR, Prag 1964

- . - Verfassung der Union der sozialistischen Sowjetrepubliken, Moskau 1965

Vogt, H. Bildung und Erziehung in der DDR, Stuttgart 1969

- . - Warum ergreift man einen Beruf?, aus: Literaturnaja gazeta, 1967/17, in: Ostprobleme 1967/16, S. 439 - 441

- . - Wie lebt man in der DDR?, Redaktion: Aus erster Hand, Berlin 1973

- . - Zákoník práce (a předpisy souvisíci) Praha 1966

Zerle, H. Neue Beziehungen zwischen Mann und Frau, in: Pädagogik, 1963, Ausgabe B, S. 1054 - 1062

Žižková, J. K otázkám dlouhodobého vývoje zaměstnanosti žen v ČSSR, in: Demografie, 1972/3, S. 213 - 218

Schriften der Kommission für wirtschaftlichen und sozialen Wandel

Band 1: **Berufliche Leistungsfähigkeit im mittleren und höheren Erwachsenenalter**
Eine Analyse des Forschungsstandes
von Prof. Dr. Hans Thomae und Prof. Dr. Ursula Lehr unter Mitarbeit von Dr. Gernot Dreher und Dr. Werner Opgenoorth
1973. XVI/98 Seiten. Kart. 18,— DM. ISBN 3-509-00615-1

Band 2: **Organisation für Innovationsentscheidungen**
Das Promotoren-Modell
von Prof. Dr. Eberhard Witte
1973. X/74 Seiten. Kart. 13,50 DM. ISBN 3-509-00616-X

Band 3: **Regionale Strukturpolitik in der Bundesrepublik**
Kritische Bestandsaufnahme
von Prof. Dr. J. Heinz Müller
1973. X/40 Seiten. Kart. 8,80 DM. ISBN 3-509-00592-9

Band 4: **Alternative Verwendungsmöglichkeiten wachsender Freizeit**
Ökonomische und sozialpolitische Implikationen
von Prof. Dr. Bernhard Külp und Dipl.-Ökonom Robert Mueller
1973. VIII/166 Seiten. Kart. 22,80 DM. ISBN 3-509-00591-0

Band 5: **Herausforderungen des deutschen Managements und ihre Bewältigung**
untersucht von Booz-Allen & Hamilton, Unternehmensberatung, Düsseldorf, mit einer kritischen Stellungnahme von Prof. D. Heinz Hartmann, Münster
1973. VI/112 Seiten. Kart. 19,— DM. ISBN 3-509-00629-1

Band 6: **Anforderungen an ein Berufsbildungssystem**
Aus gesellschaftlicher, individueller und betrieblicher Sicht
von Dr. W. Dietrich Winterhager
1973. VIII/118 Seiten. Kart. 19,50 DM. ISBN 3-509-00649-6

Band 7: **Der Lernerfolg im Erwachsenenalter**
Ergebnisse psychologischer, soziologischer und didaktischer Forschung
von Prof. Dr. Alois G. Brandenburg
1974. X/142 Seiten. Kart. 21,50 DM. ISBN 3-509-00651-8

Band 8: **Umweltbelastung — Sozialökonomische Gegenkonzepte**
Zur Internalisierung externer Nachteile
von Prof. Dr. Konrad Littmann unter Mitarbeit von Dipl.-Volksw. Dr. Berend Krüger, Dipl.-Volksw. Volkmar von Obstfelder und Dipl.-Volksw. Rudi Ulbrich
1974. VIII/108 Seiten. Kart. 22,80 DM. ISBN 3-509-00665-8

Verlag Otto Schwartz & Co., Göttingen

Schriften der Kommission für wirtschaftlichen und sozialen Wandel

Band 9: Tätigkeitsspezifische Eignungstests

Entwicklungs- und Anwendungsprobleme
von Dr. Wolfgang Schneider, Dipl.-Psych. Harald Heim und Dr. Peter A. Wacker, Institut Mensch und Arbeit, München
1975. VIII/136 Seiten. Kart. 23,— DM. ISBN 3-509-00755-7

Band 10: Patentwesen und technischer Fortschritt

Kritische Würdigung der Zusammenhänge in ausgewählten Branchen der Bundesrepublik Deutschland anhand empirischer Untersuchungen
Ifo-Institut für Wirtschaftsforschung, München. ISBN 3-509-00773-5

Teil I: *Die Wirkung des Patentwesens im Innovationsprozeß*
von Dipl.-Holzw. Dr. Klaus Grefermann, Dipl.-Volksw. Dr. Karl Heinrich Oppenländer, Dipl.-Ing. Dr. Elfried Peffgen, Dipl.-Kfm. Dr. Karl Röthlingshöfer, Dipl.-Volksw. Lothar Scholz
1974. XIV/242 Seiten. Kart. 22,— DM. ISBN 3-509-00754-9

Teil II: *Patent- und Lizenzpolitik der Unternehmen*
von Dipl.-Holzw. Dr. Klaus Grefermann und Dipl.-Kfm. Dr. Karl Röthlingshöfer
1974. XIV/186 Seiten. Kart. 22,— DM. ISBN 3-509-00772-7

Band 11: Struktur und Finanzierung der Aus- und Weiterbildung

Eine Untersuchung zum Zusammenhang von Finanzierung und sachlicher Steuerung
von Prof. Dr. Friedrich Edding (Projektleiter), Dr. Ullrich Boehm, Gisela Dybowsky und Dr. Hedwig Rudolph
1974. XII/174 Seiten. Kart. 23,50 DM. ISBN 3-509-00662-3

Band 12: Perspektiven des technischen Wandels und soziale Interessenlage

Eine empirische Untersuchung über die Einstellung zum technischen Wandel von Spitzenmanagern, Naturwissenschaftlern und Ingenieuren aus industrieller Forschung und Entwicklung und kaufmännischen Angestellten der Industrieverwaltung
von Klaus Barck M. A., Dipl.-Ing. Otfried Mickler, Dr. Michael Schumann unter Mitarbeit von Dipl.-Volksw. Frank Gerlach, Dr. Martin Osterland, Dr. Hans Jürg Schaufelberger, Rolf Schröder M. A., Hans Albert Wulf M. A.
1974. VIII/160 Seiten. Kart. 23,— DM. ISBN 3-509-00746-8

Band 13: Analyse mobilitätshemmender Motivationen

von Dipl.-Soz. Dr. Manfred Werth, Institut für Sozialforschung und Sozialwirtschaft, Saarbrücken
1974. XII/300 Seiten. 37 Seiten Anhang. Kart. 18,— DM.
ISBN 3-509-00756-5

Verlag Otto Schwartz & Co., Göttingen

Schriften der Kommission für wirtschaftlichen und sozialen Wandel

Band 14: Freizeit und Alltag
Probleme der zunehmenden Freizeit
von Dipl.-Soz. Felizitas Lenz-Romeiß
1974. VIII/80 Seiten. Kart. 14,— DM. ISBN 3-509-00763-8

Band 15: Motive und Steuerungen von Ausbildungs-Entscheidungen in verschiedenen sozialen Schichten
von Dr. Karl-Michael Kuntz
1974. VIII/52 Seiten. Kart. 12,— DM. ISBN 3-509-00771-6

Band 16: Die Innovationsentscheidung
Bestimmungsgründe für die Bereitschaft zur Investition in neue Technologien
von Prof. Dr. Alois Günter Brandenburg, Peter Brödner, Prof. Dr. Hans-Wilhelm Hetzler und Gerd Schienstock unter Mitarbeit von Ingeborg Arndt, M. R. Felde und Dipl.-Ing. Friedrich Hamke
1975. VIII/198 Seiten. Kart. 17,— DM. ISBN 3-509-00777-8

Band 17: Verbraucherinteressen und Verbraucherpolitik
von Prof. Dr. Gerhard Scherhorn u. a.
1975. XIV/248 Seiten. Kart. ca. 28,— DM. ISBN 3-509-00778-6

Band 18: Rationalisierungsschutzabkommen
Wirksamkeit und Probleme — Untersuchung zur Vermeidung sozialer Härten bei technischen und wirtschaftlichen Veränderungen
von Dipl.-Soz. Fritz Böhle und Prof. Dr. Burkart Lutz, Institut für sozialwissenschaftliche Forschung, München
1974. VIII/74 Seiten. Kart. 16,— DM. ISBN 3-509-00776-X

Band 19: Aktuelle Probleme regionaler Mobilität
Ergebnisse und Lücken der Forschung
von Prof. Dr. Rainer Mackensen (Projektleiter), Dipl.-Soz. Monika Vanberg und Dipl.-Kfm. Klaus Krämer
1975. X/202 Seiten. Kart. ca. 18,50 DM. ISBN 3-509-00779-4

Band 20: Die Entwicklung neuer Formen der Arbeitsorganisation
Internationale Erfahrungen und heutige Problemstellungen
von Lisl Klein B. A., Tavistock Institute of Human Relations, London
1975. VIII/117 Seiten. Kart. 19,50 DM. ISBN 3-509-00780-8

Band 21: Technologie und Innovation in der industriellen Produktion
Theoretischer Ansatz und empirische Analyse am Beispiel der Mikroelektronik
von Dr. Lothar Scholz
1974. XVI/322 Seiten. Kart. 19,40 DM. ISBN 3-509-00781-6

Verlag Otto Schwartz & Co., Göttingen

Schriften der Kommission für wirtschaftlichen und sozialen Wandel

Band 22: Berufsbildung in Großunternehmen

Eine Untersuchung der Bildungsmaßnahmen in ausgewählten Unternehmen

von Dipl.-Sozialw. Lore Seifert und Dipl.-Hdl. Heinz Uebele, Deutsche Gesellschaft für Personalführung e. V., Düsseldorf

1974. X/72 Seiten. 40 Seiten Tabellen. Kart. 12,60 DM.
ISBN 3-509-00782-4

Band 23: Betriebliche Personalplanung

Eine Literaturanalyse

von Prof. Dr. Eduard Gaugler unter Mitarbeit von Dipl.-Kfm. Karl-Heinz Huber und Dipl.-Kfm. Christoph Rummel

1974. X/356 Seiten. Kart. 19,40 DM. ISBN 3-509-00783-2

Band 24: Methoden und Informationserfordernisse der technologischen Vorausschau

von Dipl.-Ing. Erhard Ulrich und Ing. grad. Manfred Lahner

1974. X/88 Seiten und 20 Übersichten. Kart. 12,60 DM.
ISBN 3-509-00784-0

Band 25: Die Garantie des Rechts auf Arbeit

von Dr. Michael Rath

mit einem Anhang über die rechtliche Vereinbarkeit und wirtschaftliche Realisierbarkeit

von Ulrich Lohmann

1974. VIII/214 Seiten. Kart. 16,— DM. ISBN 3-509-00785-9

Band 26: Arbeitsmarktstrukturen und öffentliche Arbeitsmarktpolitik

Eine kritische Analyse von Zielen und Instrumenten

von Prof. Dr. Burkart Lutz und Dr. Dipl.-Soz. Werner Sengenberger, Institut für sozialwissenschaftliche Forschung, München

1974. X/152 Seiten. Kart. 16,— DM. ISBN 3-509-00786-7

Band 27: Politische Planung im Regierungssystem der Bundesrepublik Deutschland

von Prof. Dr. Heribert Schatz

1974. VIII/112 Seiten. Kart. 12,60 DM. ISBN 3-509-00787-5

Band 28: Politische Durchsetzbarkeit innerer Reformen

von Prof. Dr. Fritz W. Scharpf unter Mitarbeit von Lutz Mehwald M. A. und Dipl.-Verw.-Wiss. Rainer Schmitges

1974. X/138 Seiten. Kart. 12,60 DM. ISBN 3-509-00788-3

Schriften der Kommission für wirtschaftlichen und sozialen Wandel

Band 29: **Chancen und Probleme der beruflichen Integration von Schulabgängern ohne Hauptschulabschluß**
Untersuchungen zu Art, Umfang und pädagogischer Orientierung berufsfördernder Schulungsmaßnahmen für Lernbehinderte und -gestörte
von Klaus-Peter Klein
1974. VI/246 Seiten. Kart. 16,— DM. ISBN 3-509-00789-1

Band 30: **Gesellschaftsbezogene Unternehmensrechnung**
von Prof. Dr. Peter Eichhorn
1974. VI/132 Seiten. Kart. 12,60 DM. ISBN 3-509-00790-5

Band 31: **Die Leistungsfähigkeit des Betrieblichen Vorschlagswesens**
Aufbereitung und Darstellung der bisherigen Erkenntnisse
von Dipl.-Kfm. Richard Bessoth, Institut für Sozialforschung und Sozialwirtschaft, Saarbrücken
1975. XVI/300 Seiten. Kart. 18,50 DM. ISBN 3-509-00799-9

Band 32: **Umweltbelastungen und ihre Verteilung auf soziale Schichten**
von Dipl.-Volksw. Jan Jarre, am Institut für Europäische Wirtschaftspolitik der Universität Hamburg
Direktor: Prof. Dr. Harald Jürgensen
1975. 112 Seiten. Kart. 16,— DM. ISBN 3-509-00820-0

Band 33: **Wirtschaftswachstum und Umweltpolitik**
Umweltpolitik als Begrenzung oder Voraussetzung für wirtschaftliches Wachstum
von Privatdozent Dr. Erich Hödl
1975. VIII/76 Seiten. Kart. 19,— DM. ISBN 3-509-00800-6

Band 34: **Vermögenspolitische Konzepte in der Bundesrepublik Deutschland**
Analyse der Ziele, Mittel und Wirkungen
von Dr. Wolfgang J. Mückl, Institut für Angewandte Wirtschaftsforschung, Tübingen
1975. X/112 Seiten. Kart. 19,— DM. ISBN 3-509-00801-4

Band 35: **Berufliche Bildungschancen von Frauen**
Analyse der Literatur in der Bundesrepublik Deutschland, Frankreich, Schweden sowie in der CSSR, DDR und UdSSR
von Ursula Linnhoff und Dr. Brunhilde Sauer unter Mitarbeit von Lujza Szücs
1975. VIII/318 Seiten. Kart. 28,— DM. ISBN 3-509-00821-9

Band 36: **Technologietransfer als Instrument staatlicher Innovationsförderung**
Analyse internationaler Transfermaßnahmen
von Dr. Erik Rupp
1975. ca. 200 Seiten. Kart. ca. 27,— DM. ISBN 3-509-00822-7

Verlag Otto Schwartz & Co., Göttingen

Schriften der Kommission für wirtschaftlichen und sozialen Wandel

---

Band 37: Wettbewerb, Unternehmenskonzentration und Innovation

Literaturanalyse zur These vom Wettbewerb als Entdeckungsverfahren
von Prof. Dr. Udo Müller unter Mitarbeit von Dipl.-Volkswirt Peter Stahlecker
1975. ca. X/260 Seiten. Kart. ca. 26,— DM. ISBN 3-509-00823-5

Band 38: Unternehmensgröße, Unternehmenskonzentration und technologische Entwicklung

Literaturanalyse von Dipl.-Volksw. Lioba Jüttner-Kramny
1975. VIII/254 Seiten. Kart. 21,— DM. ISBN 3-509-00824-3

Band 39: Arbeitszeitverteilung und Freizeitgestaltung

Eine Projektion über die Möglichkeiten der Arbeitszeitverteilung und ihre Auswirkungen auf die Freizeitgestaltung der Bevölkerung
von Annekathrin Klemp und Jürgen Klemp
1975. VIII/187 Seiten. Kart. 18,80 DM. ISBN 3-509-00825-1

Band 40: Diskrepanz zwischen Aufgabenentwicklung und Finanzierung in den Gemeinden

von Heinz Zielinski M. A.
1975. VIII/140/IV (Literaturverzeichnis) Seiten. Kart. 16,60 DM
ISBN 3-509-00826-X

Band 41: Perspektiven der Sozialpolitik

Synopse sozialpolitischer Vorstellungen der Bundesregierung, SPD, FDP, CDU, CSU, DAG, des DGB und der Bundesvereinigung der Deutschen Arbeitgeberverbände
von Dipl.-Volksw. Dr. Gerhard Wilhelm Brück und Dipl.-Polit. Harald Eichner unter Mitarbeit von Dipl.-Volksw. Maria Kuhkalani
1974. VI/312 Seiten. Kart. 19,40 DM. ISBN 3-509-00803-0

Band 42: Definition und Entwicklung der Staatsquote

Abgrenzung, Aussagekraft und Anwendungsbereiche unterschiedlicher Typen von Staatsquoten
von Prof. Dr. Konrad Littmann, Institut für Finanzwissenschaft der Universität Hamburg, unter Mitarbeit von Dipl.-Volksw. Dr. Berend Krüger
1975. XII/204 Seiten. Kart. 16,— DM. ISBN 3-509-00804-9

Band 43: Stabilitätspolitik bei steigender Staatsquote

von Prof. Dr. Alois Oberhauser, Freiburg
1975. VIII/93 Seiten. Kart. 12,60 DM. ISBN 3-509-00805-7

Band 44: Voraussetzungen erfolgreicher Umweltplanung in Recht und Verwaltung

von Dr. Hans-Georg Flickinger und Dr. Stefan Summerer
1975. XII/210 Seiten. Kart. 16,— DM. ISBN 3-509-00806-5

Verlag Otto Schwartz & Co., Göttingen

Schriften der Kommission für wirtschaftlichen und sozialen Wandel

---

Band 45: **Konjunktur und Arbeitsmarkt**

Eine empirische Studie

von Dr. Heiner Abels, Prof. Dr. Paul Klemmer, Prof. Dr. Heinz Schäfer und Dipl.-Ökonom Wolfgang Teis

1975. VI/125 Seiten. Kart. 12,60 DM. ISBN 3-509-00807-3

Band 46: **Einflüsse der Europäischen Gemeinschaft auf die Regionalpolitik der Bundesrepublik Deutschland**

von Dr. Fritz Franzmeyer, Dr. Siegfried Schultz, Dr. Dieter Schumacher und Dipl.-Volksw. Bernhard Seidel, Deutsches Institut für Wirtschaftsforschung, Berlin

1975. VI/230 Seiten und 44 Seiten Anhang sowie zahlr. Tab. u. Übers. Kart. 16,— DM. ISBN 3-509-00808-1

Band 47: **Verkehr und Kommunikation**

Möglichkeiten zur Minimierung des Verkehrsaufkommens. Ein Beitrag zur langfristigen Lösung des Verkehrsproblems

von Dieter W. Kreuz und Rainer Schultz-Wild, Sozialwissenschaftliche Arbeitsgruppe München, unter Mitarbeit von Herbert Fischer

1975. XIV/240 Seiten. Kart. 16,— DM. ISBN 3-509-00809-X

Band 48: **Möglichkeiten der Reform des Gesundheitswesens in der Bundesrepublik Deutschland**

Eine Literaturanalyse

von Dr. rer. pol. Peter Rosenberg, Deutsches Institut für Wirtschaftsforschung, Berlin

1975. X/362 Seiten. Kart. 19,40 DM. ISBN 3-509-00810-3

Band 49: **Die Luft- und Raumfahrtpolitik der Bundesrepublik Deutschland**

Forschungs- und Entwicklungsprogramme in der Kritik

von Dr. Jürgen Schulte-Hillen unter Mitarbeit von Dipl.-Ing. Dr. Ing. U. Sprengel und Dipl.-Ing. N. Treinies

1975. IV/200 Seiten. Kart. 16,— DM. ISBN 3-509-00811-1

Band 50: **Möglichkeiten der Verbesserung der Einkommens- und Vermögensstatistik**

Konzeption einer Verteilungsrechnung für die Bundesrepublik Deutschland

von Prof. Dr. Hans-Jürgen Krupp

1975. X/210 Seiten. Kart. 16,— DM. ISBN 3-509-00812-X

Band 51: **Der Arbeitsmarkt für Akademiker in Japan**

von Ulrich Teichler und Yoko Teichler-Urata

1975. 262 Seiten. Kart. 19,40 DM. ISBN 3-509-00813-8

Verlag Otto Schwartz & Co., Göttingen

Schriften der Kommission für wirtschaftlichen und sozialen Wandel

---

Band 52: **Der Arbeitsmarkt für Akademiker in Schweden**
von Akad. Rat Dr. Egon Jüttner
1975. X/118 Seiten. Kart. 12,60 DM. ISBN 3-509-00814-6

Band 53: **Beschäftigungsprobleme von Hochschulabsolventen im internationalen Vergleich**
von Dipl.-Volksw. Manfred Tessaring und Dipl.-Volksw. Heinz Werner
1975. ca. 350 Seiten. Kart. 19,40 DM. ISBN 3-509-00833-0

Band 54: **Bürgerbeteiligung in der Bundesrepublik**
— Zur Freizeitaktivität verschiedener Bevölkerungsgruppen in ausgewählten Beteiligungsfeldern (Kirchen, Parteien, Bürgerinitiativen und Vereinen) —
von Bernt Armbruster und Dr. Rainer Leisner
1975. XIV/292 Seiten. Kart. 19,40 DM. ISBN 3-509-00834-0

Band 55: **Konflikte solidarischer Lohnpolitik**
— Zur ökonomischen und sozialen Problematik tarifpolitischer Lohnstrukturnivellierung —
von Dr. Hans-Adam Pfromm
1975. VI/156 Seiten. Kart. 16,— DM. ISBN 3-509-00835-9

Band 56: **Zur Polarisierung von Arbeit und Freizeit**
— Desintegration von Sozialfunktionen und Ansätze zur Reintegration von Arbeit und Freizeit in der Industriegesellschaft —
von Frauke Höbermann
1975. VI/150 Seiten. Kart. 12,60. ISBN 3-509-00836-7

Band 57: **Regionale Planung berufsbezogener Bildungseinrichtungen**
— Analyse bestehender Einrichtungen und Entwicklung optimaler Konzeptionen zum Abbau des regionalen Gefälles im Angebot von Berufsbildungsplätzen —
von Dipl.-Volksw. Hans-Joachim Back, Dipl.-Ökonom Peter Böhle, Dipl.-Ökonom Johannes Löser und Cand. lbs. Rita Pieper
Institut für Regionale Bildungsplanung — Arbeitsgruppe Standortforschung — GmbH, Hannover
unter Mitarbeit von Cand. phil. Hans-Hermann Bünte, Dipl.-Pädagoge Peter Henning und Cand. arch. Cornelia Hirschfeld
1975. VIII/177 Seiten. Kart. 16,— DM. ISBN 3-509-00837-5

Band 58: **Neue Bildungsmedien und -technologien in der Schul- und Berufsausbildung**
von Prof. Dr. Helmar Frank, Institut für Kybernetik, Berlin und Paderborn
Mit einer kritischen Stellungnahme von Prof. Dr. Felix von Cube, Universität Heidelberg
1975. ca. 300 Seiten. Kart. 19,40 DM. ISBN 3-509-00838-3

Schriften der Kommission für wirtschaftlichen und sozialen Wandel

---

Band 59: Die Verteilungswirkungen der Inflation auf den privaten und öffentlichen Sektor

— Ermittlung von Inflationswirkungen nach alternativen Berechnungsansätzen unter besonderer Berücksichtigung des Problems der Produktivitätsmessung im öffentlichen Sektor —

von Dr. Bernd Görzig, Deutsches Institut für Wirtschaftsforschung, Berlin

1975. X/116 Seiten. Kart. 12,60 DM. ISBN 3-509-00839-1

Band 60: Die Wirkungen der Inflation auf die Einkommens- und Vermögensverteilung

— Zwei Literaturstudien —

Teil A von Prof. Dr. Richard Hauser

mit einem Anhang von Dipl.-Volksw. Michael Diefenbach

Teil B von Dr. Wolfgang J. Mückl, Institut für Angewandte Wirtschaftsforschung, Tübingen

1975. Teil A ca. 300 Seiten. Teil B ca. 170 Seiten. Kart. 28,— DM. ISBN 3-509-00840-5

Band 61: Koordinierung in der Raumordnungspolitik

von Dr. rer. pol. Konrad Roesler und Dr. rer. pol. Wilhemine Stürmer, Prognos AG, Basel

unter Mitarbeit von Heidi Moser (Graphik)

1975. XIV/178 Seiten. Kart. 16,— DM. ISBN 3-509-00841-3

Band 62: Tertiärer Sektor und Regionalpolitik

von Privatdozent Dr. Johannes Frerich und Dr. Rainer Pötzsch

1975. 660 Seiten. Kart. 28,— DM. ISBN 3-509-00842-1

Band 63: Volkswirtschaftliche Gesamtrechnung — Revision und Erweiterung

von Dr. Peter Walser

Projektbetreuer: Dr. Max Baltensperger, Eidgenössische Statistisches Amt, Bern und Prof. Dr. Bruno Fritsch, Eidgenössische Technische Hochschule Zürich

1975. IX/127 Seiten. Kart. 12,60 DM. ISBN 3-509-00843-X

Band 64: Konzeption einer interdisziplinär organisierten Arbeitswissenschaft

von Prof. Dr. Friedrich Fürstenberg

1975. ca. 145 Seiten. Kart. 12,60 DM. ISBN 3-509-00844-8

Band 65: Perspektiven einer internationalen Forschungspolitik

— Problemskizze am Beispiel der Europäischen Gemeinschaften —

von Dr. Dieter Schumacher, SYSTEMPLAN e. V., Heidelberg

1975. VI/108 Seiten. Kart. 12,60 DM. ISBN 3-509-00845-6

Verlag Otto Schwartz & Co., Göttingen

Schriften der Kommission für wirtschaftlichen und sozialen Wandel

Band 66: **Die Chancen staatlicher Innovationslenkung**
— Ansätze für eine staatliche Beeinflussung der Richtung und des Umfangs der Innovationen auf der Unternehmensebene —
von Prof. Dr. Konrad Littmann
unter Mitarbeit von Dipl.-Volksw. Inge Bornemann und Dipl.-Volksw. Rainer Paulenz
1975. 256 Seiten. Kart. 19,40 DM. ISBN 3-509-00846-4

Band 67: **Freizeitpolitik in der Bundesrepublik**
von Dipl.-Soz. Felizitas Lenz-Romeiß
1975. 175 Seiten und 20 Seiten Anhang. Kart. 16,— DM.
ISBN 3-509-00847-2

Band 68: **Ansätze zur Lösung des Jungarbeiterproblems**
von Prof. Günter Wiemann
unter Mitarbeit der Studienreferendare Karl-Heinz Böse, Horst Biermann, Joachim Düffert, Peter Heilhoff, Hans-Adolf Knopp, Hans-Georg Kappler und Christoph Markert
1975. 523 Seiten. Kart. 28,— DM. ISBN 3-509-00848-0

Band 69: **Argumente für und gegen eine beschäftigungsorientierte Bildungspolitik**
— Literaturanalyse —
von Dipl.-Volksw. Gerhard Kühlewind und Dipl.-Volksw. Manfred Tessaring
1975. XII/160 Seiten. Kart. 16,— DM. ISBN 3-509-00849-9

Band 70: **Arbeitsbedingungen im Wandel**
— Ein Literatur- und Materialbericht —
von Dipl.-Sozialwirt Ulrich Mergner, Dr. Martin Osterland und M. A. Klaus Pelte, Soziologisches Forschungsinstitut Göttingen (SOFI)
mit Stellungnahmen des Instituts für angewandte Arbeitswissenschaft e. V., Köln und des Wirtschafts- und Sozialwissenschaftlichen Instituts des DGB, Düsseldorf
1975. ca 350 Seiten. Kart. 19,40 DM. ISBN 3-509-00850-2

Band 71: **Die Umverteilung der Einkommen durch den Staat in der Bundesrepublik in den Jahren 1960—72**
von Dr. Martin Heilmann
1976. ca. 160 Seiten. Kart. 16,— DM. ISBN 3-509-00851-0

Band 72: **Neue Strukturen der Arbeitszeitverteilung**
— Möglichkeiten, Voraussetzungen und Konsequenzen —
von Dr. Bernhard Teriet
1976. ca. 150 Seiten. Kart. ISBN 3-509-00852-9

Verlag Otto Schwartz & Co., Göttingen

Schriften der Kommission für wirtschaftlichen und sozialen Wandel

Band 73: **Die internationale Verflechtung der Umweltproblematik**
von Dipl.-Volksw. Rainer Buhné, am Institut für Europäische Wirtschaftspolitik der Universität Hamburg
Direktor: Prof. Dr. Harald Jürgensen
1976. 140 Seiten. Kart. ISBN 3-509-00853-7

Band 74: **Staatliche Förderung „umweltfreundlicher" Technologien**
von Prof. Dr. Karl William Kapp
unter Mitarbeit von lic. rer. pol. Hans Baumann und lic. rer. pol. Peter Wachtl
1976. 238 Seiten. Kart. ISBN 3-509-00854-5

Band 75: Der Anteil staatlich-administrierter Preise am Preisindex
— Eine empirische Untersuchung für die Periode 1950 bis 1973 —
von Dr. Helmut Bott
1976. 140 Seiten. Kart. ISBN 3-509-00855-3

Band 76: **Warenkennzeichnung — ein Mittel der Verbraucherinformation**
von Adrian Weser unter Mitarbeit von Ingrid Annuk
1976. 137 Seiten. Kart. ISBN 3-509-00856-1

Band 77: Verdeckte Arbeitslosigkeit
— Probleme der Messung in der Bundesrepublik —
von Dipl.-Volksw. Franz Egle, Dipl.-Volksw. Angelika Ernst und Dipl.-Volksw. Peter Schnur
1976. ca. 220 Seiten. Kart. ISBN 3-509-00857-X

Band 78: **Abgrenzung regionaler Aktionsräume der Arbeitskräftepolitik**
— Zwei Gutachten zur regionalen Arbeitsmarktpolitik und zur Typisierung von Arbeitsmarktregionen —
von Dr. Ursula Engelen-Kefer und Prof. Dr. Paul Klemmer
1976. ca. 200 Seiten. Kart. ISBN 3-509-00858-8

Band 79: Niveau- und strukturorientierte Umweltpolitik
— Instrumentenanalyse und internationaler Vergleich —
von Dipl.-Volksw. Peter Stamer, am Institut für Europäische Wirtschaftspolitik der Universität Hamburg
Direktor: Prof. Dr. Harald Jürgensen
1976. ca. 210 Seiten. Kart. ISBN 3-509-00859-6

Band 80: **Instrumente der Umweltpolitik**
— Informationsvoraussetzungen, Erfolgsbedingungen, Wirkungsanalyse —
von Prof. Dr. Horst Siebert unter Mitarbeit von Dipl.-Volksw. Wolfgang Vogt
1976. 270 Seiten. Kart. ISBN 3-509-00860-X

Verlag Otto Schwartz & Co., Göttingen

Schriften der Kommission für wirtschaftlichen und sozialen Wandel

Band 81: Die Flexibilität öffentlicher Ausgaben
— Eine Analyse der Restriktionen ausgabenpolitischer Handlungsspielräume —
von Dr. Dieter Ewringmann, Finanzwissenschaftliches Forschungsinstitut an der Universität Köln
1975. ca. 170 Seiten. Kart. 16,— DM. ISBN 3-509-00861-8

Band 82: **Die Verteilung von Gütern und Diensten auf die verschiedenen Bevölkerungsschichten**
— Eine Literaturstudie zu Problemen der Messung und der politischen Beeinflußbarkeit —
von Dr. Klaus-Dirk Henke
1975. VI/158 Seiten. Kart. 12,60 DM. ISBN 3-509-00862-6

Band 83: **Die Steuerungsfunktion von Zertifikaten und formalisierten Ausbildungsgängen für das Beschäftigungssystem**
von Dipl.-Volksw. Dr. Klaus Schweikert und Dorothea Grieger M. A.
1975. 209 Seiten. Kart. 16,— DM. ISBN 3-509-00863-4

Band 84: **Steuerungssysteme des Arbeitsmarktes**
— Vergleich von Frankreich, Großbritannien, Schweden, DDR und Sowjetunion mit der Bundesrepublik Deutschland —
von Dr. Günther Schmid
1975. 355 Seiten. Kart. 19,40 DM. ISBN 3-509-00890-1

Band 85: **Die Förderungsprinzipien und Instrumente der Forschungs- und Technologiepolitik**
— Eine Analyse ihrer Wirksamkeit —
von Dipl. Volksw. Gerhard Bräunling und
Dr. rer. nat. Dirk-Michael Harmsen
Institut für Systemtechnik und Innovationsforschung, Karlsruhe
1975. 339 Seiten. Kart. 19,40 DM. ISBN 3-509-00891-X

Band 86: **Neue Formen gesellschaftlicher Selbststeuerung in der Bundesrepublik Deutschland**
— Diskussion an Beispielen aus den Bereichen Bildung, Soziale Sicherung und Kommunale Selbstverwaltung —
von Prof. Dr. Eckart Pankoke, Dipl. Sc. Soc. Hans Nokielski, Dipl. Sc. Soc. Dr. Theodor Beine
Universität Essen
1975. ca. 200 Seiten. Kart. 16,— DM. ISBN 3-509-00892-8

Band 87: **Die Entwicklung von „Randgruppen" in der BRD**
— Literaturstudie zur Entwicklung randständiger Bevölkerungsgruppen —
von Alfred Kögler, GEWOS e. V.
1975. ca. 500 Seiten. 28,— DM. ISBN 3-509-00893-6

Verlag Otto Schwartz & Co., Göttingen

Schriften der Kommission für wirtschaftlichen und sozialen Wandel

Band 88: **Berufsberatung und Berufslenkung**
Teil I: Vergleich der Systeme der Berufsberatung und Berufslenkung in Schweden, DDR, USA, Schweiz und Bundesrepublik Deutschland im Hinblick auf die weitere Entwicklung der Berufsberatung
von Dipl. Pol. Harald Eichner
Dr. phil Udo Wagner
Teil II: Länderstudien
— Berufsorientierung und Berufsberatung in Schweden —
von Dipl.-Volksw. Dr. Jürgen Hartmann
— Berufsberatung und -lenkung im System der Arbeitskräfteplanung der DDR —
von Ulrich Lohmann, unter Mitarbeit von Hartmut Fischer
— Berufsberatung in den USA —
von Dipl.-Pol. Harald Eichner
— Berufsberatung in der Schweiz —
von Dr. phil. Udo Wagner
1976. ca. 350 Seiten. Kart. 19,40 DM. ISBN 3-509-00894-4

Band 89: **Politische Beteiligung in der Bundesrepublik Deutschland**
von Thomas Ellwein, Ekkehard Lippert und Ralf Zoll
unter Mitarbeit von Detlef Bald
1975. ca. 220 Seiten. Kart. 16,— DM. ISBN 3-509-00895-2

Band 90: **Aufgaben und Qualifikation der öffentlichen Verwaltung**
von Prof. Dr. Gerhard Brinkmann
1976. ca. 180 Seiten. Kart. 16,— DM. ISBN 3-509-00896-2

Band 91: **Politische Planung im Ruhrgebiet**
— Analyse der staatlichen Planungen und Maßnahmen zur Strukturverbesserung des Ruhrgebietes —
von Dipl.-Volksw. Dr. Hans-Winfried Lauffs und
Dipl.-Sozw. Werner Zühlke
1976. ca. 170 Seiten. Kart. 16,— DM. ISBN 3-509-00897-9

Band 92: **Gesellschaftliche Bedürfnislagen**
— Möglichkeiten und Grenzen ihrer wissenschaftlichen Bestimmung —
von Dipl.-Soz. Katrin Lederer und Prof. Dr. Rainer Mackensen
1975. ca. 150 Seiten. Kart. 12,60 DM. ISBN 3-509-00898-7

Band 93: **Politik und Koordinierung**
— Untersuchung ausgewählter Verfahren der Ziel- und Programmkoordination innerhalb und zwischen Ressorts sowie zwischen Gebietskörperschaften —
von Bodo A. Baars, Karl B. Baum, Jobst Fiedler
1975. ca. 230 Seiten. Kart. 16,— DM. ISBN 3-509-00899-5

Band 94: **Die Umverteilungswirkungen der Einkommensteuerreform 1975**
von Dr. Martin Heilmann
Institut für Finanzwissenschaft der Christian-Albrechts-Universität, Kiel
1975. ca. 135 Seiten. Kart. 12,60 DM. ISBN 3-509-00900-2

Verlag Otto Schwartz & Co., Göttingen

Schriften der Kommission für wirtschaftlichen und sozialen Wandel

Band 95: Technischer Fortschritt
— Kritische Beurteilung von Meß- und Prognosekonzepten —
Untersuchung durchgeführt unter der Leitung von Prof. Dr. Gottfried Bombach und Dr. Niklaus Blattner
mit Beiträgen von Lic. rer. pol. Christoph Bauer, Dr. Niklaus Blattner, Prof. Dr. Gottfried Bombach und Lic. rer. pol. Anton Hoffarth
1976. ca. 400 Seiten. Kart. 28,— DM. ISBN 3-509-00901-0

Band 96: Weiterbildung und Arbeitsmarktpolitik
— Ansätze zu einer arbeitsmarktorientierten Steuerung beruflicher Weiterbildung —
von Prof. Dr. A. Günter Brandenburg
1975. ca. 170 Seiten. Kart. 16,— DM. ISBN 3-509-00902-9

Band 97: Raumordnungspolitik als integrierte Entwicklungspolitik
— Kritische Analyse, Zielsysteme, Reformansätze —
von Prof. Dr. Ulrich Brösse
Institut für Wirtschaftswissenschaften, Rheinisch-Westfälische Technische Hochschule Aachen
1975. ca. 320 Seiten. Kart. 19,40 DM. ISBN 3-509-00903-7

Band 98: Die Familienhaushalte im wirtschaftlichen und sozialen Wandel
— Rationalverhalten, Technisierung, Funktionswandel der Privathaushalte und das Freizeitbudget der Frau —
von Prof. Dr. Rosemarie von Schweitzer und Prof. Dr. Helge Pross
Unter Mitarbeit von: Dipl. rer. pol. Boetticher, Dipl. oec. troph. Boland-Weinhuber, Prof. Dr. Bottler, Dipl. oec. Dern, Dipl. oec. troph. Gröschner, Dipl. oec. troph. Leonhäuser, Dipl. oec. troph. Dr. Pfannkuch, M. A. Pieper, Dipl. oec. troph. Dr. Seel, Prof. Dr. Schmucker, Dipl. oec. troph. Dr. Watz
1976. ca. 450 Seiten. Kart. 28,— DM. ISBN 3-509-00904-5

Band 99: Stabilitätspolitik
— Ein Überblick über die aktuelle Diskussion und Perspektiven einer Neuorientierung —
von Dr. Heinz Kock, Dr. Eduard Leifert, Dr. Alfons Schmid, Dr. Ludwig Stirnberg
Universität Augsburg
1976. ca. 145 Seiten. Kart. 12,60 DM. ISBN 3-509-00905-3

Band 100: Zur Relativierung des Zieles der Geldwertstabilität
von Prof. Dr. Erich Streissler, Dr. Lutz Beinsen, Dr. Hannes Suppanz
Institut für Wirtschaftswissenschaften der Universität Wien
Mit einer Stellungnahme von Prof. Dr. Kurt W. Rothschild, Hochschule für Sozial- und Wirtschaftswissenschaften, Linz
1976. ca. 350 Seiten. Kart. 19,40 DM ISBN 3-509-00906-1

Verlag Otto Schwartz & Co., Göttingen

Schriften der Kommission für wirtschaftlichen und sozialen Wandel

Band 101: **Multinationale Unternehmen und staatliche Wirtschaftspolitik**
von Dr. rer. pol. Frohmund G r ü n ä r m l
Philipps-Universität Marburg
1975. 212 Seiten. Kart. 16,— DM. ISBN 3-509-00907-X

Band 102: **Strukturräumliche Ordnungsvorstellungen des Bundes**
— Zentralörtliches Prinzip und Agglomerationskonzepte —
von Dipl.-Ing. Klaus K u m m e r e r, Dipl.-Volksw. Norbert S c h w a r z, Prof. Dipl.-Ing. Heinz W e y l
Technische Universität Hannover
1975. ca. 150 Seiten. Kart. 16,— DM. ISBN 3-509-00908-8

Band 103: **Freizeit und regionale Infrastruktur**
— Probleme wachsender Freizeit für die regionale Infrastruktur unter besonderer Berücksichtigung der Ballungsgebiete —
von Dipl.-Soz. Joachim B r a u n, Dr. rer. pol. Wolfgang M a t h i a s
1975. 177 Seiten. Kart. 16,— DM. ISBN 3-509-00909-6

Band 104: **Perspektiven und Probleme räumlicher Entwicklungen**
— Ergebnisse einer kritischen Auswertung zukunftsbezogener Literatur —
von Dipl.-Kfm. Jörg M ö l l e r
Arbeitsgruppe Kommunale Wirtschaftsberatung, München
1975. 179 Seiten. Kart. 16,— DM. ISBN 3-509-00910-X

Band 105: **Ökonomische Alternativen zur Ausländerbeschäftigung**
— Rationalisierung, Automatisierung und Verlagerung ins Ausland als Instrumente zur Lenkung der Ausländerbeschäftigung —
von Dr. Klaus H ö p f n e r
1975. 210 Seiten. Kart. 16,— DM. ISBN 3-509-00911-8

Band 106: **Bürgerinformation im politischen Willensbildungsprozeß**
— Problemstudie für die Umweltschutz- und Infrastrukturplanung —
von Dr. Klaus-Peter F e h l a u und Dipl.-Ing. Martin N e d d e n s
1975. ca. 140 Seiten. Kart. 12,60 DM. ISBN 3-509-00912-6

Band 107: **Stand und Entwicklungstendenzen der Konzentration in der Bundesrepublik Deutschland**
von Dr. Jürgen M ü l l e r und Dr. Rolf H o c h r e i t e r
Internationales Institut für Management und Verwaltung, Berlin
1976. ca. 300 Seiten. Kart. 19,40 DM. ISBN 3-509-00913-4

Band 108: **Die Motorisierung und ihre Auswirkungen**
— Untersuchung zur Frage der Realisierbarkeit der Technikfolgen-Abschätzung (technology assessment) anhand von ex post-Projektionen —
von Dipl.-Ing. Eberhard J o c h e m
unter Mitarbeit von Dipl.-Wirtschaftsingenieur Herrmann Hertz, Gerlind Bossel, Martha Hoeflich
Institut für Systemtechnik und Innovationsforschung, Karlsruhe
1975. ca. 340 Seiten. Kart. 19,40 DM. ISBN 3-509-00914-2

Verlag Otto Schwartz & Co., Göttingen

Schriften der Kommission für wirtschaftlichen und sozialen Wandel

Band 109: **Technologische Entwicklung**

Teil 1: Prinzipien und allgemeine Tendenzen

von Prof. Dr. Ing. Hans Rumpf, Dr. rer. nat. Helmut Rempp und Dipl.-Ing. Manfred Wiesinger

1976. ca. 200 Seiten. Kart. 16,— DM. ISBN 3-509-00915-0

Teil 2: Energie, Transport und Verkehr, Information (einschl. Meßtechnik), Rohstoffe, Werkstoffe, Produktion

von Prof. Dr. Ing. Hans Rumpf, Dr. rer. nat. Helmut Rempp und Dipl.-Ing. Manfred Wiesinger

1976. ca. 370 Seiten. Kart. 19,40 DM. ISBN 3-509-00916-9

Teil 3: Chemie, Maschinenbau, Bautechnik, Lebensmitteltechnik, Umweltschutz

von Prof. Dr. Ing. Hans Rumpf, Dr. Ing. Manfred H. Pahl, Dr. rer. nat. Helmut Rempp, Dipl.-Wi.-Ing. Heinz Reinhardt und Dipl.-Ing. Manfred Wiesinger

1976. ca. 360 Seiten. Kart. 19,40 DM. ISBN 3-509-00917-7

Band 110: **Der Staat und die Steuerung der Wissenschaft**

— Analyse der Forschungs- und Technologiepolitik der Bundesregierung —

von Prof. Dr. phil. Ulrich Albrecht, Claus Koch, Prof. Dr. phil. Wolf-Dieter Narr, Dipl.-Ing. Rainer Riehle und Dipl.-Phys. Karl Schmitz

1976. ca. 530 Seiten. Kart. 28,— DM. ISBN 3-509-00918-5

Band 111: **Die Massenmedien in der postindustriellen Gesellschaft**

Konsequenzen neuer technischer und wirtschaftlicher Entwicklungen für Aufgaben und Strukturen der Massenmedien in der Bundesrepublik Deutschland

von Horst Decker, Prof. Dr. Wolfgang R. Langenbucher und Günter Nahr

Arbeitsgemeinschaft für Kommunikationsforschung e. V., München unter Mitarbeit von Jürgen Huber und Dietrich Steinhorst

1976. 475 Seiten. Kart. 28,— DM. ISBN 3-509-00919-3

Band 112: **Massenmedien und ihre Wirkungen**

Kommunikationspolitische Konsequenzen für den publizistischen Wandel Literaturexpertise — Bibliographie

von Dr. Josef Hackforth

unter Mitarbeit von Ilka Heiner, Christina Holtz, Hans-Joachim Möller, Wilhelm Noelke, Werner Pöhler, Ingrid Rieskamp, Dieter Stein, Sibylle Voss

1976. 276 Seiten. Kart. 19,40 DM. ISBN 3-509-00920-7

Band 113: **Privates Anlagekapital für die staatliche Forschungspolitik**

Alternative Finanzierungsmöglichkeiten der staatlichen Forschungs- und Technologiepolitik unter besonderer Berücksichtigung der Ertragsbeteiligung der Öffentlichen Hand

von Dipl.-Ing. Friedrich Hamke

1976. ca. 200 Seiten. Kart. 16,— DM. ISBN 3-509-00921-5

Schriften der Kommission für wirtschaftlichen und sozialen Wandel

---

Band 114: **Nachholbedarf an haushaltsorientierter Infrastruktur in den Regionen der Bundesrepublik Deutschland**

Eine empirische Bestandsaufnahme

von Dipl-Volksw. Stefan Heckhausen
Deutsches Institut für Wirtschaftsforschung, Berlin

1976. 524 Seiten. Kart. 28,— DM. ISBN 3-509-00922-3

Band 115: **Verwaltungseffizienz und Motivation**

Anreize zur wirtschaftlichen Verwendung öffentlicher Mittel durch die Titelverwalter

von Jochen Denso, Dipl.-Volksw. Dr. Dieter Ewringmann, Prof. Dr. Karl-Heinrich Hansmeyer, Dipl.-Pol. Dr. Rainer Koch, MinDirig. Dr. Herbert König, Prof. Dr. Heinrich Siedentopf

1976. ca. 150 Seiten. Kart. 16,— DM. ISBN 3-509-00923-1

Verlag Otto Schwartz & Co., Göttingen

